“十三五”国家重点出版物出版规划项目
铁路科技图书出版基金资助出版

基于通信的列车运行控制(CBTC)系统

郜春海　主编

中国铁道出版社
2018年·北京

内 容 简 介

基于通信的列车运行控制(CBTC)系统,是保障列车安全、高效运行的关键技术,是城市轨道交通信号技术的发展方向。本书主要内容包括:CBTC系统综述、关键技术、内外接口、工程设计、测试验证、运营保障体系、培训系统、全生命周期安全保障体系与评估方法、发展趋势与展望等。

本书适用于城市轨道交通信号领域工作人员、研究人员、相关设备制造领域工作人员,也可作为高等学校自动化、铁道信号、交通信息工程及控制、控制理论和控制工程等专业研究人员的参考资料和培训用书。

图书在版编目(CIP)数据

基于通信的列车运行控制(CBTC)系统/郜春海主编. —北京:中国铁道出版社,2018.3 (2018.7重印)

ISBN 978-7-113-23827-8

Ⅰ.①基… Ⅱ.①郜… Ⅲ.①城市铁路-交通信号-信号系统 Ⅳ.①U239.5

中国版本图书馆CIP数据核字(2017)第233262号

书　　名: **基于通信的列车运行控制(CBTC)系统**
作　　者: 郜春海　主编

策　　划: 崔忠文
责任编辑: 崔忠文　　**编辑部电话:** (市)010-51873146　　**电子信箱:** dianwu@vip.sina.com
封面设计: 郑春鹏
责任校对: 苗　丹
责任印制: 高春晓

出版发行: 中国铁道出版社(100054,北京市西城区右安门西街8号)
网　　址: http://www.tdpress.com
印　　刷: 中煤(北京)印务有限公司
版　　次: 2018年3月第1版　2018年7月第2次印刷
开　　本: 787 mm×1 092 mm　1/16　印张:18.5　字数:444千
书　　号: ISBN 978-7-113-23827-8
定　　价: 92.00元

前　言

随着我国经济的飞速发展，城市化进程不断加快，城市轨道交通在现代城市公共交通中的地位日益显著。城市轨道交通系统作为大容量公共交通工具，其安全性直接关系到广大乘客的生命安全，其运行效率直接影响到广大乘客的出行时间，而轨道交通列车运行控制系统是确保行车安全和高效运营的核心技术、关键装备。

列车运行控制系统是基于计算机、通信及控制等现代信息技术应用，实现全过程实时控制列车运行的复杂自动控制系统。随着高密度城市轨道交通而快速发展起来的基于通信的列车运行控制（CBTC）系统，是保障列车安全、高效运行的关键技术，相比于之前的其他列车运行控制系统，CBTC 系统具有系统化、网络化、智能化的特点。CBTC 系统是城市轨道交通信号技术的发展方向，为城市轨道交通全自动运行系统的发展奠定了坚实的技术基础。目前，我国城市轨道交通新建及改造线路均采用 CBTC 系统。

交控科技股份有限公司历经自主化 CBTC 系统从原理开发、关键技术研究、成果产品转化，到示范应用、工程应用的全过程，全面掌握 CBTC 关键技术的自主知识产权。我国自主创新的列车运行控制系统实现健康良性的发展，将目标瞄准世界先进水平。本书是交控科技股份有限公司有关技术人员在系统总结城市轨道交通列车运行控制理论和实践经验的基础上编写而成，反映了我国 CBTC 自主创新的研究成果。

全书共十章，主要内容包括：CBTC 系统综述，关键技术，内外接口，工程设计，测试验证，运营保障体系，培训系统，全生命周期安全保障体系与评估方法，发展趋势与展望等。

本书由郜春海主编，参加编写的人员有：王伟（第一章），刘超（第二、五章），刘宏杰（第三章），张强（第四章），杜恒（第六章），张日新（第七章），姜子旺（第八章），燕飞、袁彬彬（第九章）和孙军国（第十章）。全书由罗铭统筹组织整理。

本书的编写得到了中国铁道学会自动化委员会卜长堃教授、北京交通大学唐涛教授等专家的大力支持和帮助,并提出了许多宝贵的建议和意见,在此对他们表示衷心的感谢!

在编写过程中广泛参阅了国内外有关文献资料,谨向这些文献资料的作者和出版单位表示衷心的感谢!

本书适用于城市轨道交通信号领域工作人员、研究人员、相关设备制造领域工作人员,也可作为高等学校自动化、铁道信号、交通信息工程及控制、控制理论和控制工程等专业研究人员的参考资料和培训用书。

由于作者的水平和能力有限,且时间仓促,书中错漏之处在所难免,恳请广大读者批评、指正。

编　者

2017年10月

目　　录

第一章 绪　论

随着经济的飞速发展，我国的城市化进程不断加快，为了满足人们快捷、舒适的出行需求，城市轨道交通在现代城市公共交通中的地位日益显著。城市轨道交通作为城市交通系统的一部分，对缓解城市交通压力、实现绿色出行起着重要的作用，是解决城市拥堵问题的根本解决方案。

城市轨道交通系统作为大容量公共交通工具，其安全性直接关系到广大乘客的生命安全，为保证该系统有计划、有组织、安全、高效地运行，需要有制定行车计划和组织行车的行车组织系统、保障各个部门协调工作的通信联络系统及指挥列车准点、安全、高效运行的信号系统。

第一节　信号系统的定义与功能

一、信号系统

信号系统是传统的“信号、联锁、闭塞”的总称，是由各类信号显示、轨道电路、道岔转辙机等设备及其他附属设施构成的完整的体系。信号系统担负着路网上各种行车设备、运行列车的实时控制及状态监督任务。形象地说，它犹如人的“耳目”和“中枢神经”，在轨道交通运输中发挥着协调列车、地面设备运行的重要作用。

铁路信号系统是为了保证运输安全而诞生和发展的，它的第一使命是保证行车安全，没有铁路信号，就没有铁路运输的安全。由铁路信号构成的信息与控制系统、铁路固定设备（线路、桥、隧）和移动设备（机车、车辆）等是铁路运输系统不可分割的技术基础，在铁路运输中占有非常重要的地位。

信号系统的主要作用可概括为：

(1)确保行车安全；

(2)缩短运行间隔，提高线路通过能力；

(3)提高列车运行自动化水平；

(4)提高运输组织效率；

(5)改善职工劳动条件。

二、列车运行控制系统（现代信号系统）

随着列车运行速度提高、追踪间隔加密，完全靠人瞭望、人工驾驶列车不能保证行车安全。因此，必须装备列车运行控制系统（简称列控系统），以实现对列车间隔和速度的自动控制，提高运输效率，保证行车安全。列控系统涉及很多关键技术，包括车—地间大容量、实时、可靠的信息传输，以及列车定位，列车精确、安全控制等，可以称为现代铁路信号系统。

为了实现高速度、高密度、安全可靠的交通运输,必须采用先进的信号技术。特别是现代通信技术和信号技术的互相渗透和结合,以及电子和计算机技术在信号系统中的应用,使得信号系统的作用更为突出。城市轨道交通系统作为大容量、高密度的公共交通工具,需要有一套安全可靠的列车自动控制(Automatic Train Control,简称 ATC)系统。

城市轨道交通 ATC 系统是保证行车安全、提高区间和车站通过能力,实现行车指挥和列车运行控制自动化、提高运输效率关键设备的总称。一般它由自动列车监督(Automatic Train Supervision,简称 ATS)系统、列车自动防护(Automatic Train Protection,简称 ATP)系统、自动驾驶(Automatic Train Operation,简称 ATO)系统、计算机联锁(Computer Interlock,简称 CI)系统四部分组成(注:为便于描述,本书中提到的 ATC 包含 ATS、ATP、ATO、CI 四部分)。

城市轨道交通 ATC 系统中最核心的子系统是列车自动防护 ATP 系统,ATP 安全控制技术的发展方向是基于通信的列车运行控制(Communication Based Train Control,简称 CBTC)系统,采用 CBTC 系统实现移动闭塞变得更为简单和可行,一般将基于点式应答器的 ATP 系统作为 CBTC 系统的后备模式。这些系统之间的关系如图 1-1 所示。

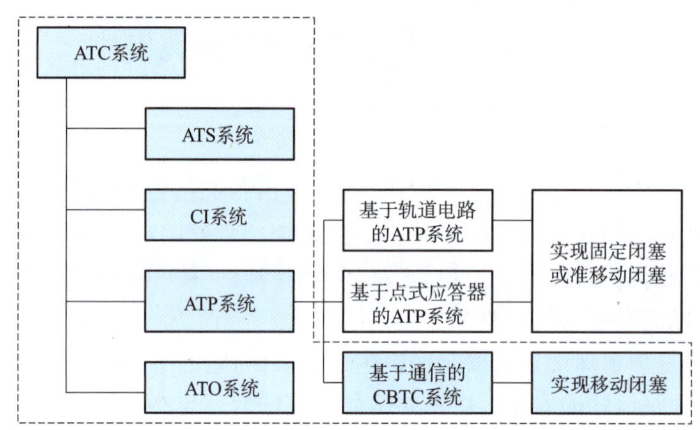

图 1-1　ATC 系统的组成关系框图

安全、快捷、可靠、准点、舒适、节能、人性化是城市轨道交通发展的目标,这些目标很大程度上需要城市轨道交通 ATC 系统来实现,具体体现为:

(1)"安全",即任何影响因素不能导致超速、撞车、翻车等涉及安全的事故,安全完善性等级达到最高的 SIL4 级;

(2)"快捷",即可以实现列车追踪为 90 s 甚至更小的设计间隔;

(3)"可靠",即要求系统全天候不间断运行,任何一个小故障将影响效率;

(4)"准点",即通过系统自动调整,保证列车准点到发,误差在 5 s 内;

(5)"舒适",即列车自动驾驶,运行中乘客不用抓扶手,停车精度 30 cm;

(6)"节能",即通过线路节能坡、单列车和列车群优化控制,节约能源 10%以上;

(7)"人性化",即提高系统自动化,完善自动驾驶和推进无人驾驶,解放司机与调度员烦琐重复性劳动,通过实现多线路间的互联互通,减少乘客换乘次数和换乘时间,最终提供更优质的服务。

第二节 信号系统的发展历史

随着铁路信号技术的发展和铁路信号的广泛应用，铁路信号成为提高铁路区间和车站通过能力、增加铁路运输经济效益、改善铁路员工劳动条件的一种现代化科学管理手段和技术。信号系统的发展趋势是系统控制越来越安全、列车追踪间隔越来越小，支持列车运行速度越来越高。下面从安全技术和闭塞技术两个角度来详细介绍信号系统的发展历史。

一、安全技术的发展

信号系统的首要任务是保证行车安全。由于微电子、信息、网络、通信技术，特别是计算机技术在铁路信号的各个领域的广泛应用，促进了信号技术的大发展，信号技术和产品正经历由传统的继电逻辑、模拟电路、分散孤立的控制模式向数字化、网络化、智能化和综合化发展的升级换代的历史转变。传统的“故障—安全(Fail-Safe)”技术经过“至关重要的计算机(Vital Computer)”已经发展至现在的“安全苛求系统(Safety Critical System)”。

(一)“故障—安全”概念的产生

安全技术是人们在汲取血的教训基础上发展进步的，实际上，安全技术首先是从铁路信号开始的，而且是以铁道历史和当时科学技术水平为背景不断发展进步的。

早在1825年世界上出现了第一条铁路——英国的斯托克顿—达灵顿(Stockton-Darlington)铁路，当时在夜间是用车站窗口的蜡烛烛光指挥行车的，约定以烛光点亮为停车信号，以烛光熄灭作为允许运行信号。由于烛光常被风吹灭而发生多次冒进停车地点的行车事故，从那时起人们就开始研究安全对策了。

19世纪铁路刚刚出现后，人们用人工手势来解决安全问题。例如，双手上举表示“停车”，单手举起表示“注意”等等，显然，该方法只适于列车少且速度慢的铁路初期阶段。

1841年戈雷格里(Gregory)发明了易于被司机辨认的臂板信号机，铁路信号由人工式控制转为机械式控制。这种信号机白天利用臂板的位置、形状来显示信号，夜间用灯光的颜色和数目来表示。它模仿人们举手发出信号的动作，并约定以举起臂板作为停车信号，但是由于牵引臂板动作的导线常发生折断事故，在应该发出停车信号时不能发出停车信号，使列车冒进而造成伤亡事故，于是人们开始意识到应使设备在发生故障的情况下，造成的后果应导向安全方面，也称安全侧。这就是“故障—安全”的概念。

改进后的臂板信号机能够在系统发生故障是借助重力自动恢复到发出停车信号的位置。从此，故障导向安全成为铁路信号领域必须贯彻的原则，铁路信号安全技术以“故障—安全”为核心逐步发展起来。

1912年出现色灯信号机，1920年开始采用探照式三显示色灯信号机。色灯信号机采用不同的灯光颜色及其组合来表达信息含义。

(二)轨道电路的发明与“故障—安全”继电器的应用

1869年，美国人William Robinson发明了轨道电路，可谓是铁路信号史上的革命性事件。以轨道电路为基础，研制了自动闭塞设备，提高了列车在区间运行的安全性和效率。轨道电路一直沿用至今。早期的轨道电路都是直流的，主要用于检测列车的存在，不能用来传输车地信息。后来先后发明了工频、音频轨道电路,使利用钢轨的交变电磁场传输车地信息成为可能。

信号机、进路和道岔三者之间有着一定相互制约关系,这种关系即为联锁。1856 年,英格兰的 Bricklayer Arms 车站装设了世界上第一个由 Saxby 首创的车站联锁装置——萨氏联锁机(机械集中式联锁)。

早期轨道电路的逻辑和执行单元由“故障—安全”继电器构成,在系统故障时借助重力导向安全侧以实现故障—安全。但是随着 I/O 数量的增加,继电器系统的缺点也慢慢显现出来,如配线麻烦、逻辑难以更改等等。为了克服继电器的缺点,开发了其他系统,如固态系统(Solid State System)。1985 年英国开发出了 SSI(Solid State Interlocking)系统,采用三取二冗余结构来保证系统的安全性。

(三)电子计算机在信号系统的应用

20 世纪 80 年代以来,计算机和网络技术越来越深入到工业、交通、国防以及日常生活领域中,对铁路信号系统的影响也是革命性的,计算机联锁系统、车地实时通信的实现等使得铁路运输自动化程度大大提高。使用计算机控制系统能够降低成本,增强系统功能,给系统设计和维护带来很多便利,可以最大限度地减少人为出错的概率,有利于提高信号系统的安全性。但是,计算机应用于信号系统对于系统的安全性也带来了新的挑战。

首先,基于计算机的系统比较复杂。计算机由硬件和软件组成,硬件方面,即使是最简单的计算机系统也包含数以万计的元器件和非常复杂的行为状态;对于软件来说,比较简单的软件程序也可能有数以千计的执行路径。而复杂性对于系统安全的保证是一个难题,复杂的系统很难设计开发,寻找错误和安全隐患也比较困难。

其次,就计算机软件来说,它没有物理的损耗,系统安全性的证明非常困难。尽管如此,计算机系统在信号系统中的应用日益广泛和深入,人们将“故障—安全”技术和计算机技术结合起来,形成了一些新的安全方法和技术:

(1)故障监测与诊断技术,即能够尽快地发现故障,以便及时修复或投入备份,使系统恢复功能或者给出安全侧输出的技术。

(2)计算机容错技术,即利用冗余去屏蔽错误的影响和利用重构保证系统缓慢地降级。当所容许的错误可能导致安全相关的失效时,容错就是一种达到安全的方法。通常采用冗余技术来实现容错,利用额外的备份以提高系统可靠性和安全性的技术称作冗余技术,它包括硬件冗余、软件冗余、时间冗余、信息冗余 4 种。硬件冗余包括静态冗余、动态冗余、混合冗余 3 种方式。

信号系统中应用的计算机一般称之为安全计算机(Vital Computer)。信号系统中硬件冗余应用的比较多的是“二乘二取二”和“三取二”系统,软件冗余有 N-Version 编程和恢复块技术。

(四)安全苛求系统

随着对于计算机系统安全技术研究的深入,人们已经把和安全功能有关的计算机系统看作安全苛求系统单独进行研究。安全苛求系统是指对组成系统的软件、硬件安全性级别要求很高的计算机、电子或电气系统,系统出现故障后可能导致人员伤亡、重大经济损失或环境破坏等严重后果。Safety critical System 在计算机词典中的解释为“A computer, electronic or electromechanical system whose failure maycause injury or death to human beings”,即系统出现故障后可能导致人员伤亡的计算机、电子或电气系统。它和一般计算机系统应用的区别在于安全苛求系统往往涉及人员伤亡、重大财产损失等安全问题，如核工业、交通运输、航空航天领域等。

安全苛求系统强调的是没有绝对的安全，安全性的提高是以人力、物力、财力的投入为代价的，要根据系统的应用领域和用户的需求确定可以容忍的安全度，在安全性和经济性找到平衡点。安全的对立面是风险和故障，在安全苛求系统的设计开发之前应当明确系统边界，对系统进行危险和风险分析(Hazard Analysis and Risk Analysis)，找出系统可能的所有安全隐患和危险模式，确定系统当前的安全度和目标安全度之间的差距，这样才能在系统设计开发时采取相应的对策以降低故障率，使得最终的系统满足用户对于安全性的要求。

IEC 61508 用安全完善性等级 SIL(Safety Integrity Level)来说明安全相关系统的安全目标。所谓安全完善性就是在规定的时间周期内所有规定的条件下，安全相关系统成功地完成所需安全功能的能力。安全完善性分为系统故障和随机故障完善性，表 1-1 是安全完善性等级分级标准，同时也是随机故障安全完善性的定量目标，而对于系统故障完善性，标准中是用质量管理、安全管理和技术安全等定性指标作为目标的。定义一个安全相关系统的安全完善性等级相当重要，应当根据系统安全要求计算出可以容忍的故障率，然后参照表 1-1 得出系统安全完善性等级，如果等级定低了会直接威胁到系统的安全性，如果等级定高了会浪费大量的人力、物力和财力。

表 1-1　安全完善性等级分级标准

安全完善性等级	执行的平均故障率(执行频率低)	危险故障率(执行频率高)
4	$10^{-5}\sim10^{-4}$	$10^{-9}\sim10^{-8}$
3	$10^{-4}\sim10^{-3}$	$10^{-8}\sim10^{-7}$
2	$10^{-3}\sim10^{-2}$	$10^{-7}\sim10^{-6}$
1	$10^{-2}\sim10^{-1}$	$10^{-6}\sim10^{-5}$

欧盟以 IEC 61508 国际标准为基础，吸收该国际标准的精髓，开发行业标准。欧洲电气化标准委员会(CENELEC)下属 SC9XA 委员会，制定了以计算机控制的信号系统作为对象的铁道信号标准，它包括图 1-2 所示的 4 个部分。

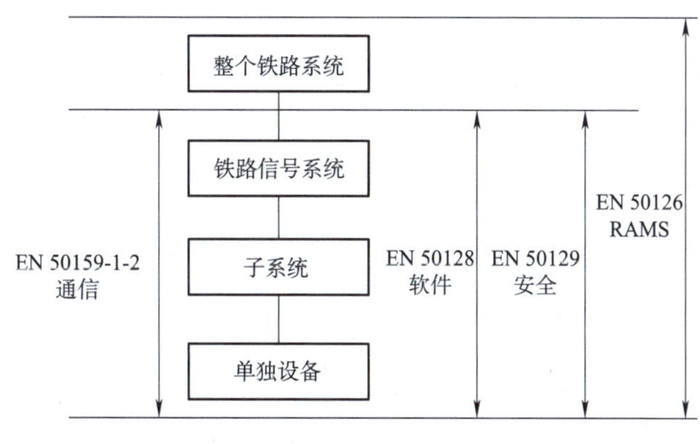

图 1-2　CENELEC 铁路标准关系

二、闭塞技术的发展

防止列车冲突的传统做法是把铁路线路划分成许多线段,在车站之间的线段称为区间,在车站内的线段称作进路。对于区间来说,以检查前方区间内确实无车存在,即在空闲状态时,防护该区间的信号才能开放。信号开放后,区间就处于"闭塞"状态,区间另一端的防护信号(如果有此信号的话)就不能开放了。列车一旦根据信号显示进入区间后,该信号立即关闭。这样就保证在一个区间内仅有一个列车运行,防止列车冲突事故的发生。这类保证列车在区间运行安全的信号系统称作区间闭塞系统。实际上,可将区间再划分为几个分区,允许几个列车在区间运行,这就提高了区间通过能力,或者说缩短了列车的追踪间隔,提高了运输效率。

信号系统发生了几次革命性的变革。首先是1841年从无信号到手动闭塞信号的过渡,接着是向自动固定闭塞信号系统的演进,基本是基于轨道电路的自动闭塞系统。随着列车速度和密度不断加大,基于车载信号控制的轨道交通得到很大发展,出现了机车信号、自动停车和列车自动防护(ATP)系统。ATP的出现和不断更新,使列车运行安全和高效得到进一步的保障。

不同闭塞方式下的轨道交通运行控制系统如图1-3所示。

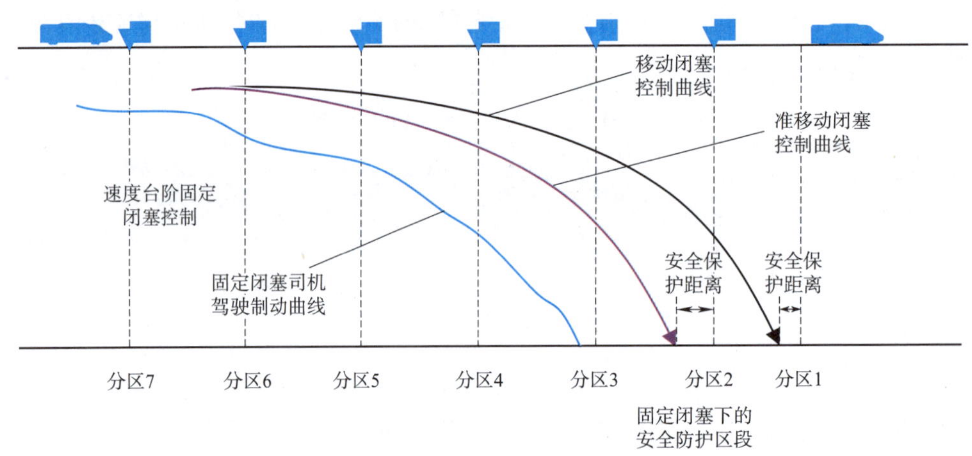

图1-3　不同闭塞方式下的轨道交通运行控制系统

(一)固定闭塞

1842年英国人库克提出了空间间隔法,即先行列车与后续列车间隔开一定空间的运行方法。这种方法要求对正在行驶的车辆有正确的定位。当时没有列车定位方法,仅能以车站来划分,两站间区域设定为封闭区域。火车从当前车站出发后,当前车站到下一站之间的区间进行锁闭。此时,行车凭证的发放完全依靠人工,称之为人工自动闭塞。

随着技术的进步,产生了半自动闭塞装置,该装置提高了行车凭证发放的效率。半自动闭塞是区间两端车站各装设一台具有相互电气锁闭关系的半自动闭塞机,并以出站信号机开放显示为行车凭证的闭塞方法。此时,在车站进站信号机内侧设有一小段专用轨道电路,它和闭塞机、出站信号机间也具有电气锁闭关系。其特点是:出站信号机不能任意开放,它受闭塞机控制,只有区间空闲时,双方办理闭塞手续后(双线半自动闭塞为前次列车的到达复原信号)才能开放。列车出发离开车站时,出站信号机自动关闭,并使双方闭塞机处于“区间闭塞”状态,直到列车到达接车站办理到达复原时止。

自动闭塞是利用信号机把区间划分为若干个装设轨道电路的闭塞分区,通过轨道电路将列车和通过信号机的显示联系起来,使信号机的显示随着列车运行位置而自动变换的一种闭塞方式。在每个闭塞分区始端都设置一架防护该分区的通过色灯信号机,平时显示绿灯,称为“定位开放式”;只有当列车占用该闭塞分区或发生断轨故障时,才自动显示红灯,要求后续列车停车。开始由于轨道电路信息量比较少,采用基于台阶方式的速度控制的固定闭塞系统(图1-3),在该类系统中,需要列车间保留若干闭塞分区作为安全间隔。闭塞分区的划分是以最坏性能的列车为依据并结合线路参数来确定的。自动闭塞又可以根据信号显示的不同分为三显示自动闭塞、四显示自动闭塞等。

(二)准移动闭塞

随着乘客的增加,要求在现有线路上能够实现更大的列车数量和乘客容量。在无需对现有车辆和轨道设施进行重大升级的情况下,基于速度-距离模式曲线控制的准移动闭塞系统(DTG)得以发展,为列车安全间隔提供更灵活的控制,但是仍然在每个分区中,只允许有一列车占用,还是以前行列车所占用的轨道分区的距离作为后续跟踪列车运行目标点,这就是准移动闭塞。

(三)移动闭塞

为了进一步压缩列车的追踪间隔,发展了移动闭塞,后续列车基本上以前行列车车尾为跟踪运行的目标点。在移动闭塞系统中,关键是需要地—车大容量、双向的信息传输和列车的准确定位。

20 世纪 80 年代,随着地—车信息传输量的增加、自动控制技术的完善和微电子技术的发展,使得列车运行控制系统的车载设备功能不断扩大,如实时计算速度-距离模式曲线、自动实施常用制动和紧急制动、自动驾驶、节能运行等。20 世纪 90 年代的城市轨道交通 ATC 系统采用数字化 ATC 技术,以钢轨或轨道间交叉环线作为信息传输媒体,采用信息编码传送目标速度、目标距离和轨道电路长度等信息,实现列车与地面之间的通信,因此列车运行的安全性得到增强,效率得到提高,效益明显改善。

CBTC 系统摆脱了用地面轨道电路设备判别列车占用和信息传输的束缚,实现了移动闭塞。在 CBTC 系统中充分利用通信传输手段,实时或定时地进行列车与地面间的双向通信,后续列车可以及时了解前方列车运行情况,通过实时计算,后续列车可给出最佳制动曲线,从而提高区间通行能力,减少频繁减速制动,改善旅客乘车舒适度。地面设备可以及时向车载控制设备传递车辆运行前方线路限速情况,指导列车按线路限制条件运行,大大提高列车运行安全性。

基于通信的列车运行控制(CBTC)系统不是通过轨道电路来确定列车的位置,向车载设备传递信息,而是利用通信技术,通过车载设备、现场的通信设备与车站或列车控制中心实现信息交换完成速度控制。随着技术的发展和需求的增加,人们开始采用基于无线通信的列车运行控制系统。在列车和轨旁设置无线电台实现列车与地面控制系统之间连续的双向通信,做到真正的双向“车地通信”,从而实现基于通信的列车运行控制(CBTC)系统。其技术体制属于移动闭塞系统,与传统的基于轨道电路的信号系统相比,CBTC 系统具有下列优势:

(1)运行间隔缩短;

(2)硬件数量相对减少,施工维修也更为简单;

(3)传输方式更为优越;

(4)系统的灵活性和安全性更高。

小　结

铁路信号历经100多年的发展,从“骑马”信号到CBTC系统的出现,由人工防护的信号系统逐渐演变为自动防护的信号系统,由分散控制逐渐演变为集中控制,行车速度得到极大提高,行车密度越来越大。借助于全新的设计理念,计算机网络控制技术的应用,集成电路、电子元器件和机电部件的可靠性提高,生产制造工艺技术的革新等,已使城市轨道交通系统的RAMS水平持续提高。高速度、高密度及重载运输的需求离不开信号系统的飞速发展,而信号系统的发展得益于以下技术的进步:

(1)随着计算机技术、微电子技术、新材料技术和系统冗余技术的发展,“故障—安全”技术得到迅速发展,安全技术的提高给信号系统的发展打下良好基础。

(2)嵌入式系统的发展出现了实时操作系统(RTOS),基于RTOS平台开发出的程序可移植性强,有利于实现设备的独立,给系统带来更高的可靠性。

(3)计算机网络技术的发展,使信号系统实现网络化、信息化和智能化,为调度集中系统的出现和发展提供强有力的技术支持。

(4)通信技术和控制技术的结合,为控制系统的发展提供强大的推力。基于通信的列车运行控制系统能够减少轨旁设备的数量、提升信号传输的连续性、缩短列车运行间隔。

(5)伴随经济全球化的发展,信号系统的规范化和标准化提高了产品的兼容性,降低设备造价,逐步实现设备之间的互联互通。

城市轨道交通技术正进入一个崭新的时期,智能化、自动化、信息化、网络化技术的发展推动CBTC系统向着集约化、自动化、网络化方向加速前进。

第二章　基于通信的列车运行控制(CBTC)系统综述

第一节　CBTC 系统组成结构

基于通信的列车运行控制(Communication Based Train Control,简称 CBTC)系统集先进的控制技术、计算机技术、网络技术和通信技术为一体,具有系统化、网络化、信息化、智能化的特点。随着系统功能的强大,结构组成越来越复杂,与线路、运输组织、车辆等专业的关系越来越密切。为了实现复杂的系统功能,需要对系统的组成结构进行合理划分,本章将对 CBTC 系统的组成结构进行详细介绍。

一、CBTC 系统总体组成

CBTC 系统是一个复杂的分布式控制系统,主要由控制中心设备、车站设备、轨旁设备、车载设备及网络通信设备五大部分组成,整个系统的组成结构示意如图 2-1 所示。

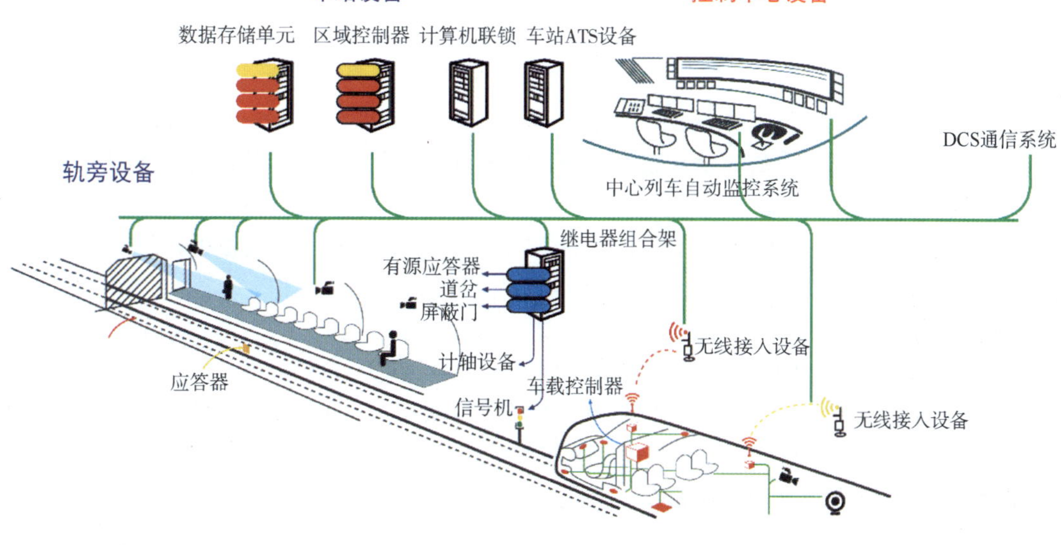

图 2-1　CBTC 系统组成结构示意

控制中心设备主要包括 ATS 子系统设备,负责列车整体运行控制及调整功能。

车站设备主要包括区域控制器设备、数据存储单元设备、计算机联锁设备及车站 ATS 设备,负责联锁逻辑处理、临时限速管理、移动授权计算、车站级运行控制等功能。

轨旁设备主要包括应答器设备、计轴设备等，负责列车位置校正、后备级别下的移动授权授予、区段占用/空闲状态监测等功能。

车载设备主要包括车载ATP设备、车载ATO设备、人机交互设备(MMI)等，负责列车运行中的安全防护、列车自动驾驶以及系统与司机间的人机交互等功能。

网络通信设备由有线网络设备与车地无线通信网络设备组成，负责CBTC系统各部分设备间的网络连接，其中控制中心设备、车站设备及轨旁设备通过有线骨干网进行连接，而上述三部分设备与车载设备间的通信通过沿线布置的车地无线通信网络设备实现。

通过这五大部分设备的协同工作，组成完整的CBTC信号系统。

二、控制中心设备

控制中心设备主要由CBTC系统中ATS子系统的设备构成。ATS子系统是CBTC系统的重要组成部分，主要负责站场信息、列车信息的监督和对列车运行的控制功能。为了实现上述功能，ATS系统在控制中心设置了应用服务器、数据库服务器、通信前置机、运行图/时刻表编辑工作站、调度员工作站、ATS维护工作站等一系列设备。控制中心的设备布置情况如图2-2所示。

各设备的功能及组成如下：

1. 应用服务器

应用服务器是控制中心ATS的核心处理设备。它从其他系统获取现场信号设备状态数据和列车状态数据，从调度员工作站接收控制指令，并进行相应处理。应用服务器具有自动功能，包括：自动列车追踪、自动进路办理、自动运行调整、自动分配运营任务。

应用服务器由应用服务器应用软件和双机热备平台组成。应用服务器应用软件运行在双机热备平台上。

2. 数据库服务器

数据库服务器是ATS子系统的中心数据库。它所存储的数据至少包括：线路数据、列车数据、运行图数据、ATS子系统设备数据、报警数据、日志数据、用户数据。数据库服务器能够保存180天的系统运行数据。

数据库服务器由数据库服务器应用软件、数据库软件和商用双机热备平台组成。数据库服务器应用软件和数据库软件都运行在商用双机热备平台上。

3. 通信前置机

通信前置机是控制中心ATS与外部系统(如时钟系统、无线系统、乘客信息系统、广播系统、综合监控系统等)的接口设备。同时，通信前置机也是ATS子系统的时钟服务器，利用通信前置机，可以完成ATS子系统各个设备的校时。

通信前置机由通信前置机应用软件和双机热备平台组成。应用软件运行在双机热备平台上。

4. 运行图/时刻表编辑工作站

运行图/时刻表编辑工作站是地铁运营计划的管理平台。它提供计划运行图/时刻表的编制、修改、删除、上传、下载、导入、导出、查询、浏览、打印等功能。该工作站提供人工和自动两种编图方式。所编制的计划运行图/时刻表在上传到数据库服务器之前，自动进行冲突检查、有效性检查，确保正确有效。利用计划工作站，可以方便查询数据库中的既有计划运行图/时刻表。

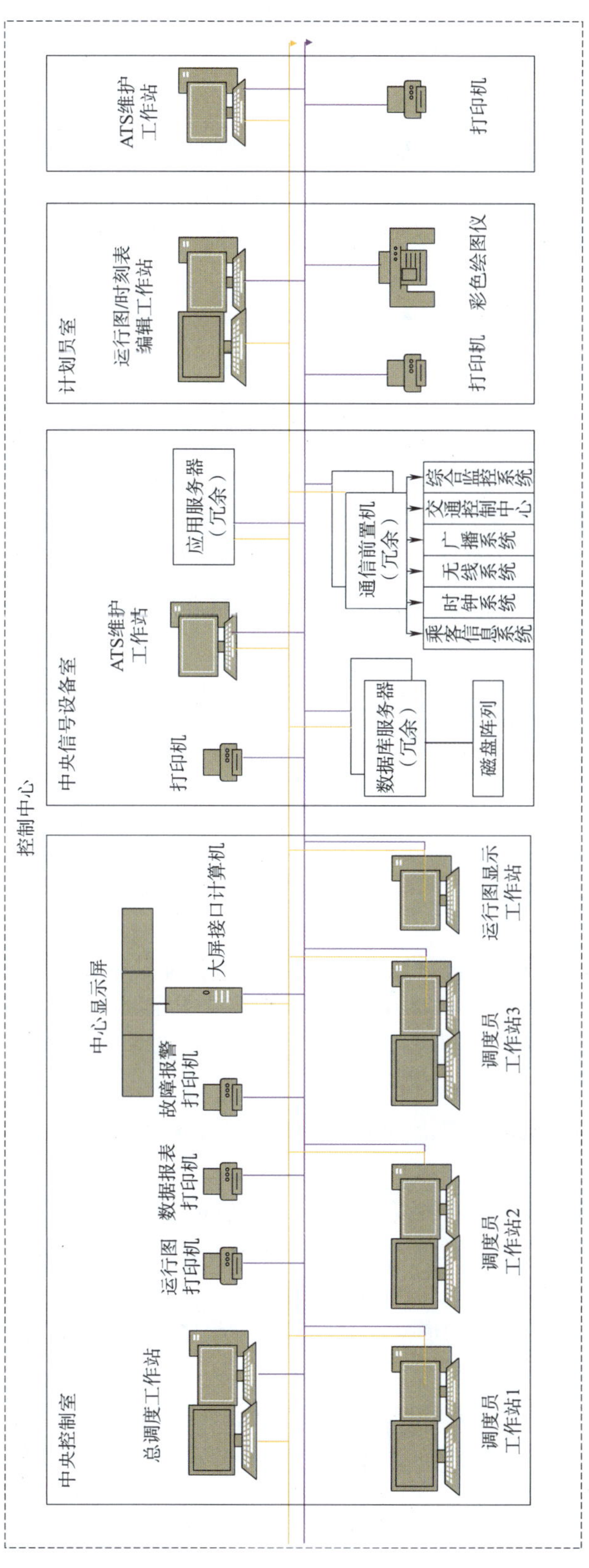

图2-2　控制中心设备布置示意

运行图/时刻表编辑工作站由运行图/时刻表编辑工作站应用软件和一台计算机组成。应用软件运行在计算机上。

5. 调度员工作站

调度员工作站是中心调度人员和系统的人机接口设备。它向调度员显示站场状态、列车运行信息、当日计划运行图/时刻表和实际运行图/时刻表信息。调度人员可以在调度工作站上操作,控制现场信号设备和列车运行。调度工作站还具有控制区域管理、系统设备连接状态监视、历史数据备份与恢复、列车运行信息查询等功能。

调度工作站由调度工作站应用软件和一台计算机组成。调度工作站应用软件运行在计算机上。

6. ATS 维护工作站

ATS 维护工作站是 ATS 子系统的维护平台。在 ATS 维护工作站上,可以和调度工作站一样监视全线现场信号设备状态和列车运行情况,监视接口状态,监视设备状态,报警管理与查询等;可以对整个系统的参数进行配置;可以对 ATS 维护工作站所显示的站场状态、列车运行和操作日志等历史数据进行回放;可以对系统保存的历史数据进行查询和备份。

ATS 维护工作站由 ATS 维护工作站应用软件和一台计算机组成。应用软件运行在计算机上。

控制中心是线路各处信息集中汇总处理的平台,而为了获取线路各处的信息,必须依靠分散于沿线各站的车站设备,下面将对车站设备进行介绍。

三、车站设备

CBTC 系统的车站根据设备布置和功能需求的不同,分为设备集中站和非设备集中站两种类型,绝大多数的车站设备位于设备集中站里,因此以设备集中站(以下简称为集中站)为例,对车站设备进行介绍。

集中站设备涉及多个子系统设备,包括计算机联锁子系统设备、区域控制器子系统设备、数据存储单元子系统设备、ATS 车站分机设备等,典型集中站的设备布置如图 2-3 所示。

各设备的功能及组成如下。

1. 计算机联锁设备

设备集中站配置的计算机联锁(CI)设备包括联锁机、驱采机、现地控制工作站、维护工作站。

现地控制工作站是所辖区域的人机接口设备,采用显示器与鼠标相结合的操作方式。联锁机是进行联锁运算的计算机设备。现地控制工作站具有进路办理、重复开放信号、进路取消或者人工解锁、区段故障解锁、道岔监控、扣车等功能。

驱采机用于对所辖区域内车站的道岔、信号机、计轴设备、紧急停车按钮等信号设备进行状态采集和控制。

维护工作站实时监视车站联锁系统的运行情况,记录车站值班人员的操作情况、车站运行情况及故障记录。通过友好的操作界面,为故障分析、事故分析、信号维护人员维修计算机联锁系统提供帮助。

计算机联锁设备分层结构及连接关系如图 2-4 所示。

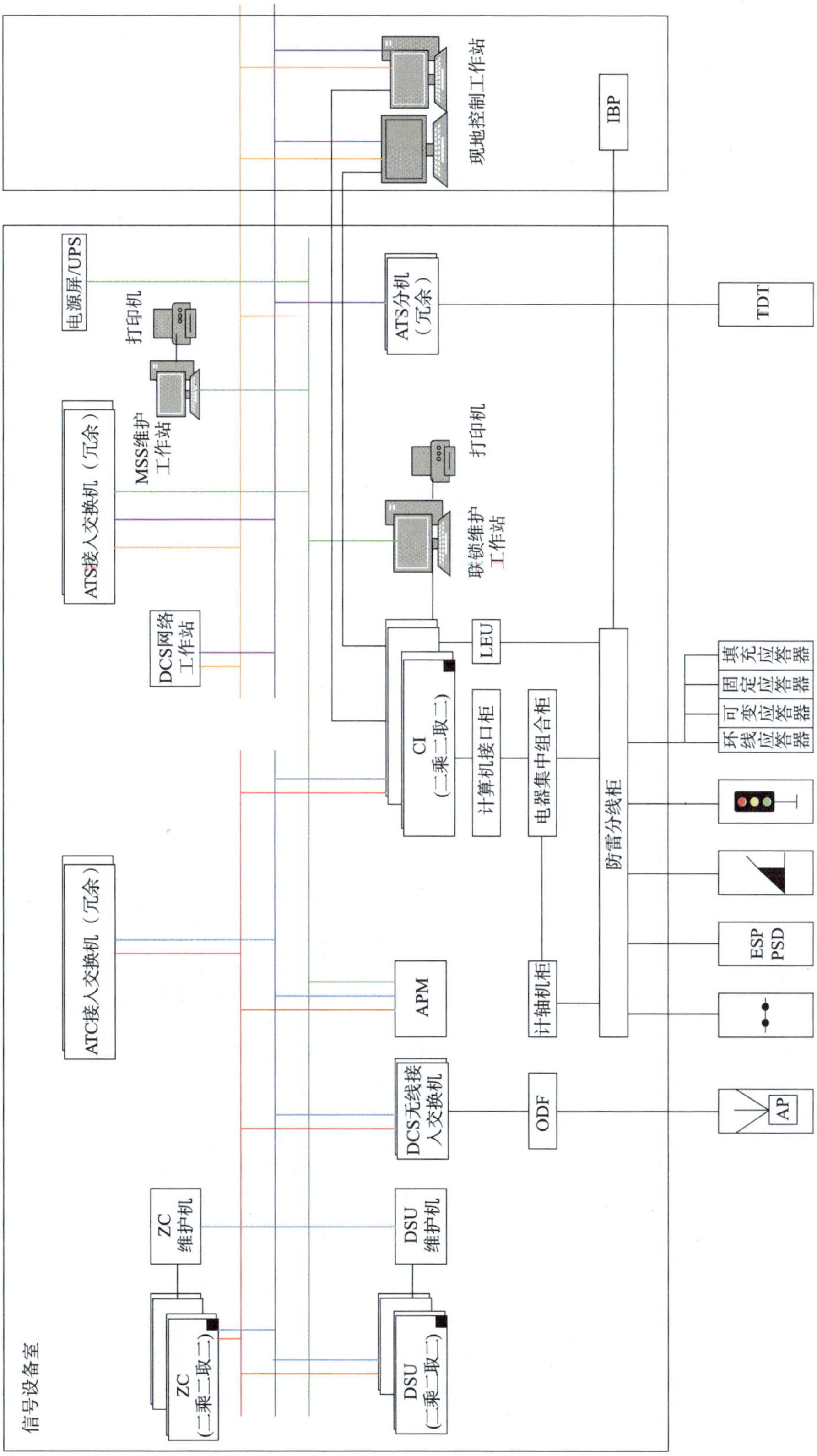

图 2-3　典型集中站设备布置示意

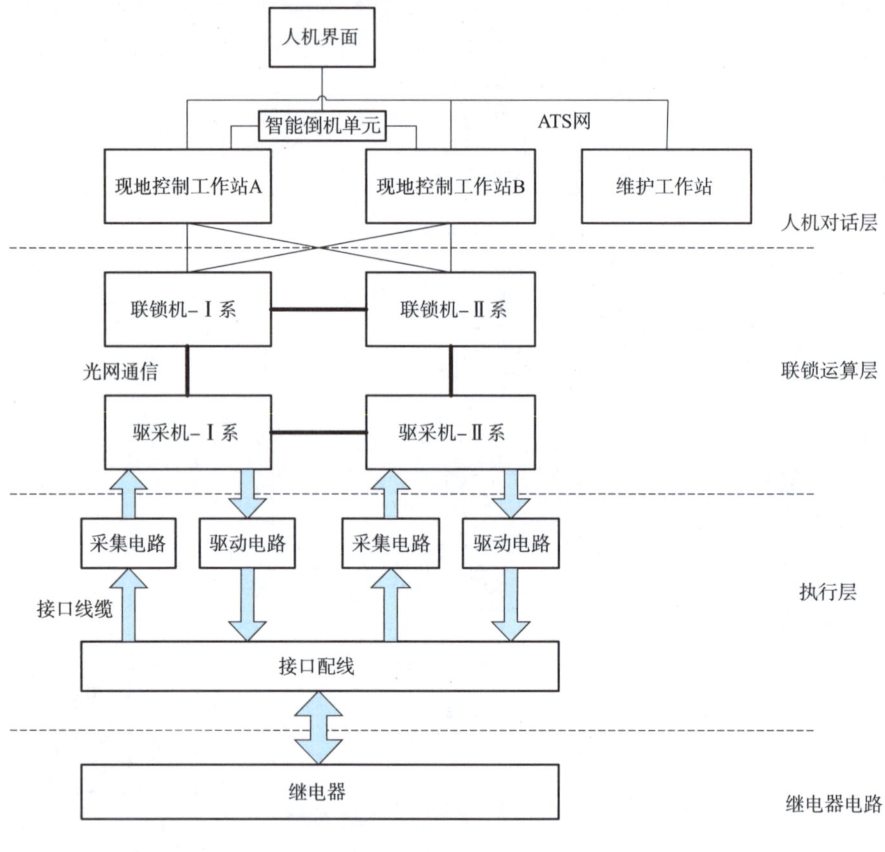

图 2-4　计算机联锁设备分层结构及连接关系

作为 SIL4 级要求的安全设备，计算机联锁必须采用安全计算机平台作为载体，目前联锁设备一般采用“二乘二取二”安全计算机平台。

2. 区域控制器

区域控制器(Zone Controller，简称 ZC)是 CBTC 系统 ATP 子系统核心控制设备，是车地信息处理的枢纽，与联锁一样，作为 SIL4 级安全产品，区域控制器采用“二乘二取二”冗余结构的安全计算机平台。区域控制器的主要工作职责是根据 CBTC 列车所汇报的位置信息以及联锁所排列的进路和轨道占用/空闲信息，为其控制范围内的 CBTC 列车计算生成移动授权(MA)，确保在其控制区域内 CBTC 列车的安全运行。

区域控制器设备主要由主机处理单元、通信控制器、容错安全管理单元(Fault Tolerant and Safety Management，简称 FTSM)、维护机等部分组成，如图 2-5 所示。

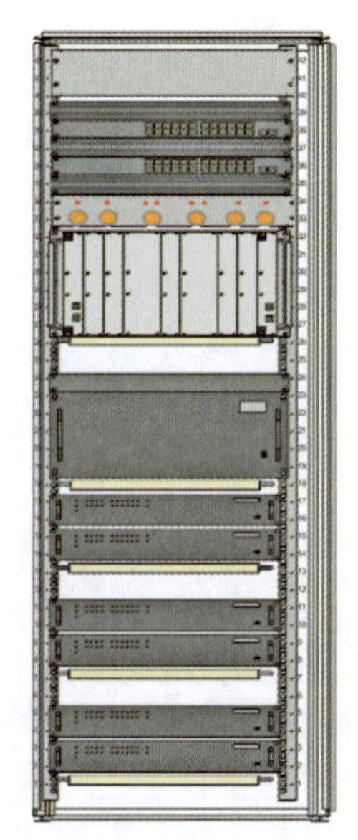

图 2-5　区域控制器组成示意

区域控制器同样采用了二乘二取二安全计算机平台。

3. 数据存储单元

数据存储单元(Data Storage Unit,简称 DSU)子系统是 CBTC 系统中重要的地面控制设备,主要负责全线临时限速存储和下载功能,以及数据存储和数据库版本管理等功能。

在 CBTC 控制级别下,ATP 子系统需要对数据库版本进行管理,通过策略保证车载设备与地面设备、地面设备与地面设备之间使用的数据库是一致的,以保证系统运行的安全。

ZC 需与 DSU 进行数据库版本号比较,比较确认数据库版本号一致后,才允许对其管辖范围内的列车进行控制,并将数据库版本号作为与列车的交互信息发送,用于保证车地使用相同的数据库等功能。

同样,车载 ATP 子系统需确认其数据库版本与其控制设备是一致的,才允许列车运行在 ATP 模式下。

数据存储单元与区域控制器、计算机联锁一样,采用了“二乘二取二”安全计算机平台,下面对此平台进行介绍。

车站设备中,联锁子系统设备、区域控制器设备及数据存储单元设备均采用“二乘二取二”安全计算机平台。此安全计算机平台采用安全冗余设计,带独立“故障—安全”检验的安全冗余系统,其硬件平台从硬件设计上采用“二乘二取二”结构、双系并行工作的“二乘二取二”安全计算机系统,内部通信和外部通信都采用冗余通道设计。双系之间采用隔离技术,对其中一系进行维修与替换不会对另外一系以及其他子系统正常工作有任何影响,任何一个计算机或网络设备不能正常工作,整个系统仍可继续正常运行,不会导致其他子系统的无故切换。“二乘二取二”安全计算机平台的结构如图 2-6 所示。

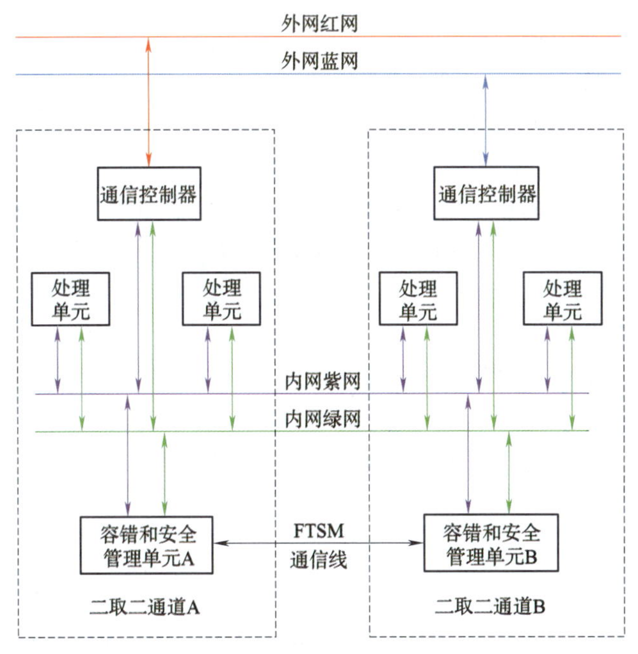

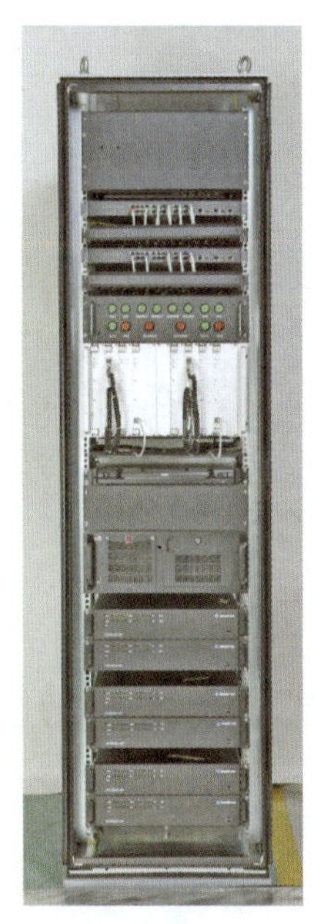

图 2-6 “二乘二取二”安全计算机平台结构示意

二取二通道的两台计算机通过同时工作的双冗余 100 Mbit/s 内部和外部以太网进行数据通信，单路通信应能够保证通信安全，同时工作的双冗余方式保证数据通信的可用性。出于冗余设计的考虑，设置了 2 个相互独立而功能相同的通信控制器。通信控制器分别向 2 系转发 CBTC 系统中的其他设备发送给地面 ATP 子系统的信息，从而完成外网和内网信息的相互传递。这样通信控制器的存在，使地面 ATP 子系统对于 CBTC 系统中的其他设备而言，表现为单一的 IP 地址，同时通信控制器起到安全计算机平台内部网络与外部网络隔离的作用。

“二乘二取二”安全计算机平台包括 2 个 FTSM 单元，每个 FTSM 单元负责控制一系内双机的运行和与另一个 FTSM 单元共同控制 2 个通信控制器。2 个 FTSM 单元相互作用来维持整个“二乘二取二”结构的正常运行。2 个 FTSM 单元之间的互锁/自锁逻辑完成“主”“备”转换，所以只要有 1 个二取二通道处于“正常”模式，2 个 FTSM 单元之间的互锁/自锁逻辑就可以“判决”出“主”通道。2 个 FTSM 单元之间的互锁/自锁逻辑原理框图如图 2-7 所示。

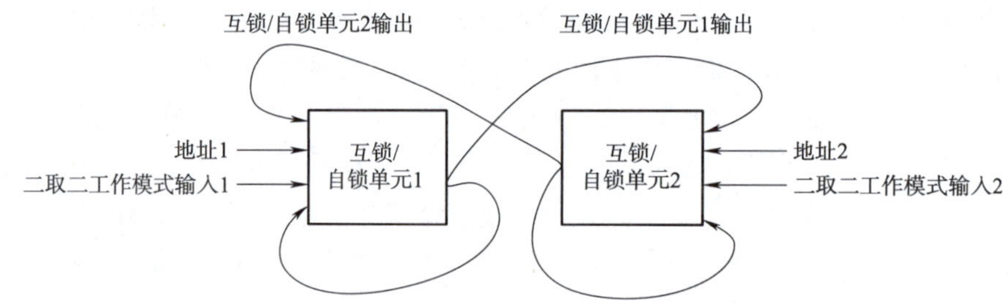

图 2-7　FTSM 单元之间的互锁/自锁逻辑原理框图

上述各部分协同工作，构成了完整的“二乘二取二”安全计算机平台，为计算机联锁、区域控制器、数据存储单元的安全性、可靠性和可用性提供保障。

4. ATS 车站分机设备

ATS 车站分机是设备集中车站 ATS 的核心处理设备。它负责处理本集中站所辖线路范围内的现场信号设备状态数据和列车状态数据，接收现地控制工作站的控制指令，进行相应处理，保证内部逻辑控制对象属性与实际现场一致。它主要实现对本集中站范围内列车的追踪、进路自动办理、车次号的自动分配功能。

ATS 车站分机由 ATS 车站分机应用软件和双机热备平台组成。应用软件运行在双机热备平台上。

车站设备向控制中心设备发送了线路相关信息，而这些信息的基础采集来自于轨旁的基础设备，下面对轨旁设备进行介绍。

四、轨旁设备

轨旁设备主要包括计轴系统和应答器系统，主要功能为区段占用/空闲状态监测、列车定位及向列车发送后备模式下的移动授权信息等。

1. 计轴系统

计轴系统由室内设备和室外设备组成，具备外接复零条件以及与联锁和计算机监测等设备的接口，其组成框图如图 2-8 所示。

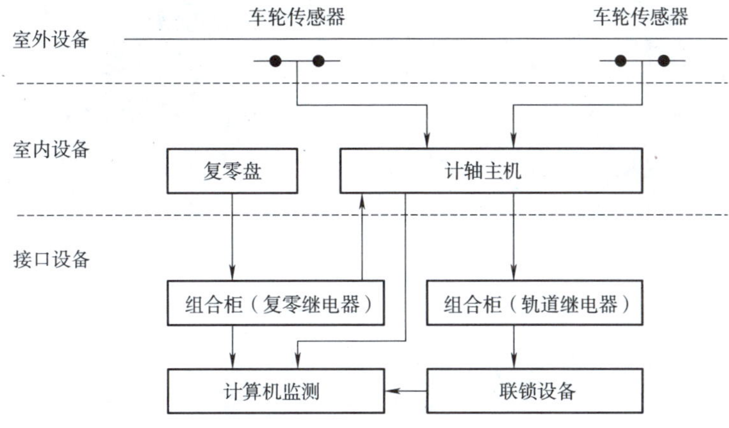

图 2-8　计轴系统组成框图

计轴系统室外电子设备为：车轮传感器。室内设备主要包括：放大板、计轴板、输出板、复零板和电源板等单元。其中车轮传感器与放大板组成车轴检测单元，计轴板与输出板等组成计轴运算单元。其功能框图如图 2-9 所示。

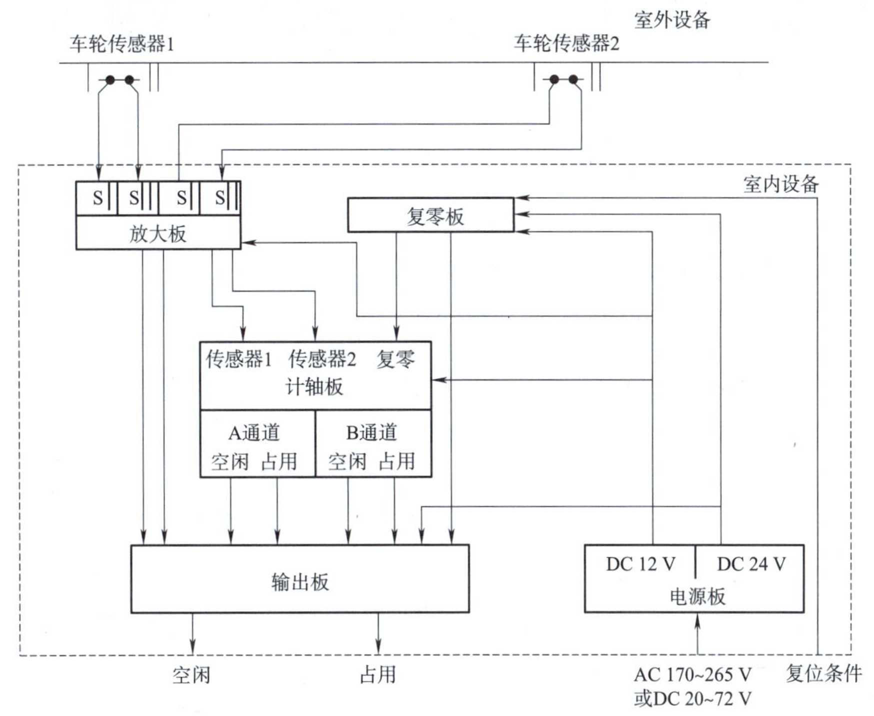

图 2-9　计轴系统功能框图

车轮传感器是计轴系统用于监测轨道占用/空闲情况的室外设备，安装在钢轨上，根据使用条件的不同，可采用打孔式安装方式或夹具式安装方式，如图 2-10、图 2-11 所示。

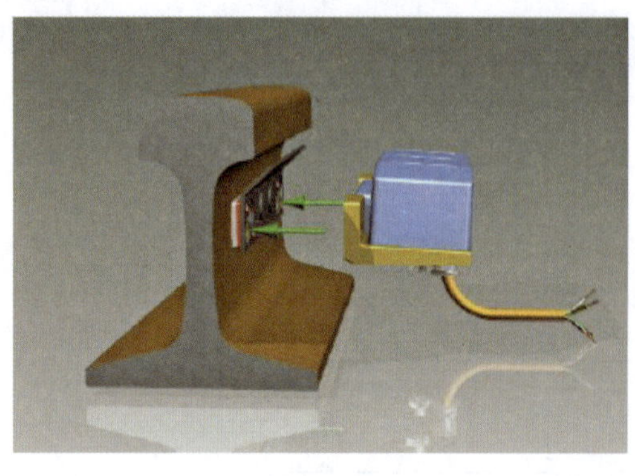

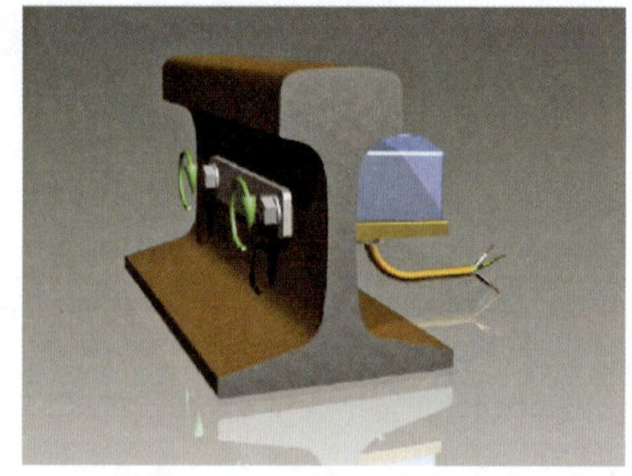

图 2-10　车轮传感器打孔式安装方式示意

图 2-11　车轮传感器夹具式安装方式示意

计轴系统设备的室内部分为计轴机柜，内含下列主要板卡：

(1)电源板输入 50 Hz 交流 220 V 电源，输出直流 12 V 和 24 V 电源，为其他板件提供工作电源。

(2)车轮驶过传感器作用区域时，车轮传感器产生轮轴信号，并将该信号输出至放大板。

放大板接收到车轴传感器的轮轴信号，经放大和整形，形成轮轴脉冲，为计轴板和输出板提供工作条件。

(3)计轴板有 2 套独立的计轴运算单元，分别根据放大板传送的车轮传感器信息，判断列车行进方向，并完成经过的列车轴数计入和计出统计，当两套计轴运算单元计算结果完全相同时，才输出空闲信息给输出板。

(4)输出板由 12 个继电器组成，完成车轮传感器的状态输出和区间空闲或占用的条件输出。

(5)复零板执行所属区段计轴电路的复零。

典型的计轴系统设备机柜结构如图 2-12 所示。

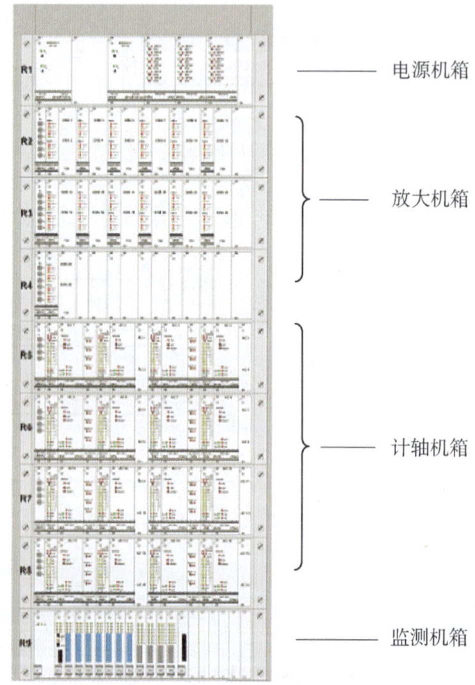

图 2-12　典型计轴系统设备机柜结构示意

2. 应答器系统

应答器系统是为点式级别列车提供移动授权(MA)信息,并为 CBTC 级别列车和点式级别列车提供位置信息的重要轨旁设备。

应答器系统主要由应答器、轨旁电子单元(Lineside Electronic Unit,简称 LEU)组成。应答器可以分为有源应答器、无源应答器、环线应答器三类,符合欧标应答器各项标准、要求。通过应答器对在线运营列车进行安全可靠的定位检测,定位精度可满足列车控制和追踪间隔要求。

(1)有源应答器

有源应答器用于发送移动授权和复示信号机的信号显示。

有源应答器布置在进路始端信号机前,向经过的点式列车发送点式 MA 信息。

有源应答器用以复示前方信号机的状态信息时,根据牵引计算的结果进行设置,用以提高线路的通过能力。

有源应答器如图 2-13 所示。

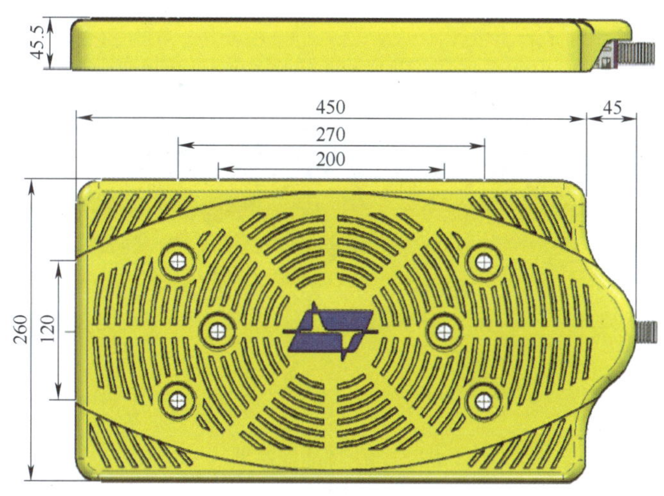

图 2-13 有源应答器(单位:mm)

(2)无源应答器

无源应答器中存储的信息包含应答器标识信息,该标识对于整个线路上的每个应答器是唯一的。应答器标识同样包含在储存于车载 ATP 里的静态线路描述中,当列车经过应答器时,车载 ATP 通过查询获得应答器的信息,可实现列车的位置校正。

无源应答器如图 2-14 所示。

无源应答器和有源应答器的外形完全一致,不同之处在于有源应答器需要外部供电带有双绞线接入用以改变存储信息,而无源应答器不需要外部双绞线接入。

(3)环线应答器

环线应答器可以看作是一种特殊的有源应答器,其作用也是为点式级别列车提供移动授权(MA)信息,并为 CBTC 级别列车和点式级别列车提供位置信息。环线应答器比一般的应答器要长,其长度可达 4 m,确保列车在对位停车时,能够持续接收到环线应答器发送的点式

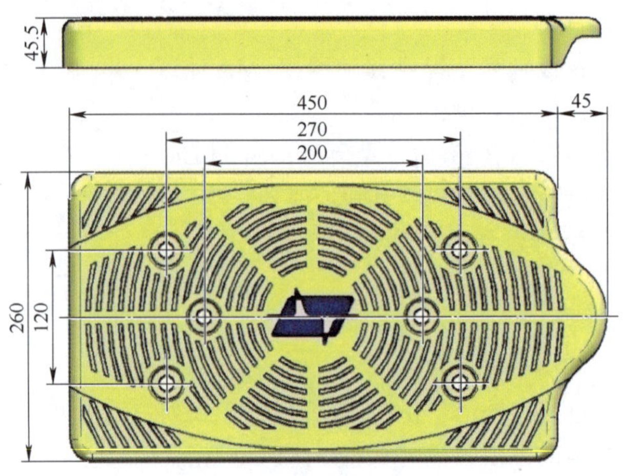

图 2-14　无源应答器(单位:mm)

移动授权信息,从而保证列车不会在前方发车进路没有开放时误出发。

环线应答器如图 2-15 所示。

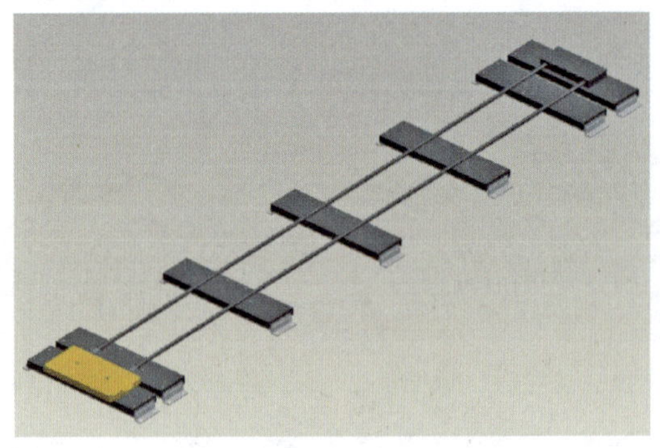

图 2-15　环线应答器

(4)轨旁电子单元

轨旁电子单元(LEU)是与有源应答器直接连接的设备,是在 CBTC 降级备用 ITC (Intermittent Train Control,点式列车控制)模式下使用的 ATP 地面设备。LEU 向有源应答器和环线应答器传输点式级别下的移动授权信息,满足应答器上行链路数据传输的需要。LEU 设备如图 2-16 所示。

图 2-16　轨旁电子单元

在点式级别下，LEU 接收联锁发送的控制命令，选择相应的点式移动授权信息，并将该点式移动授权信息发送到可变应答器和环线应答器，车载 ATP 接收到移动授权信息后，对列车进行 ITC 模式下的安全控制。

控制中心设备、车站设备和轨旁设备都是为车载设备服务的，所有的控制信息和指令最终均由车载设备进行执行，下面将对车载设备进行介绍。

五、车载设备

CBTC 系统的车载设备一般称为 VOBC（Vehicle on-board Controller，车载控制器）或 CC（Carbone Controller，车载控制器），车头、车尾各一套，头尾两端通过通信线缆相连，用以实现头尾两端设备之间的通信以及车地无线通信的双路冗余。车载 ATP 子系统为 SIL4 级系统设备，采用单端“三取二”的安全冗余技术或双端各一套“二取二”，双端共同构成“二乘二取二”的安全冗余技术，确保车载设备的安全性、可靠性及可用性。车载设备的典型配置如图 2-17 所示。

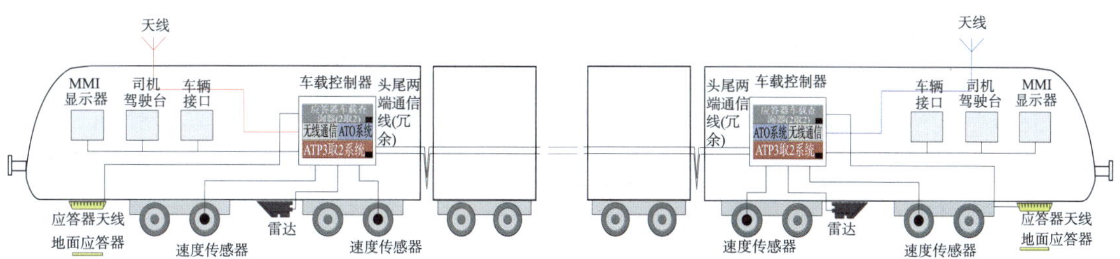

图 2-17　车载设备典型配置

车载设备的组成主要包括：

（1）ATP 安全冗余单元：车头、车尾各安装一套 ATP 车载设备，采用冗余安全计算机结构，设备转换时间不影响列车正常运行或司机正常驾驶，且不会导致车辆控制端的改变。

（2）雷达传感器：车头、车尾分别安装一个雷达传感器，与速度传感器完成冗余的列车速度和走行距离测算与验证。

（3）速度传感器：车头、车尾在不同车轴安装独立的速度传感器，与雷达传感器完成冗余的列车速度和走行距离测算与验证。

（4）BTM 应答器主机单元：车头、车尾各设置一个，与应答器接收天线一起，实现对应答器报文解析和列车位置矫正等。

（5）应答器接收天线：车头、车尾各设置一个，接收地面应答器发送的报文。

（6）车载无线单元：车头、车尾各安装一套车载无线单元，双端互为冗余。

（7）车载无线天线：车头、车尾各设置一套车载无线天线，接收/发送来自沿线无线信号。

（8）MMI 单元：车头、车尾各配备一套 MMI 单元设备，向司机提供驾驶信息的显示与操作控制。

（9）两端车载设备贯通线：车头、车尾设置贯通线，用于两端车载设备信息的交互。

车载设备的三个主要组成部分为列车自动防护（ATP）、列车自动驾驶（ATO）及人机界面（MMI）。

1. 列车自动防护(ATP)设备

ATP 设备是车载设备中负责列车运行安全的重要设备,根据从车站设备获取的移动授权信息及线路上的障碍物信息,结合与车站设备进行了版本校验的电子地图,列车自动防护设备将对列车的运行行为进行全面监控,一旦出现威胁列车运行安全的情况,列车自动防护设备将立刻采取措施,保证列车运行安全。

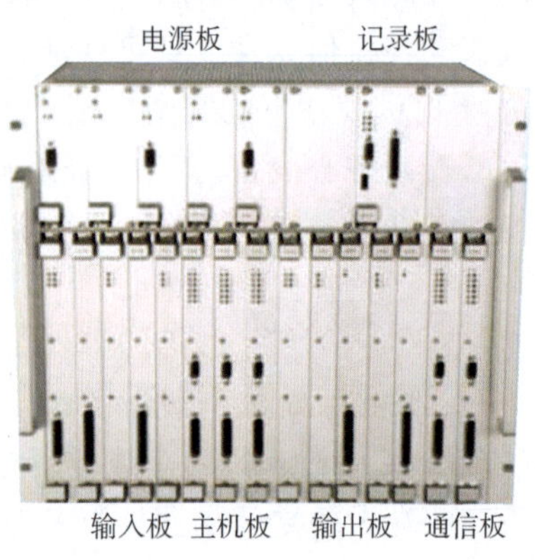

图 2-18　列车自动防护设备组成

列车自动防护设备的组成如图 2-18 所示。

如前所述,列车自动防护设备采用“二乘二取二”或“三取二”安全计算机平台,“二乘二取二”平台已在本节车站设备中有所介绍,下面对“三取二”平台进行介绍。

工业控制计算机系统中,由于通用电子元器件本身不具备故障状态的不对称性,造成基于计算机的系统不具有故障状态的不对称性。为了提高计算机系统的可靠性,普遍采用冗余技术,例如三取二冗余方案。

在计算中,三模冗余(Triple Modular Redundancy,简称 TMR)是一个容错形式的 *N*-模冗余,其中三系统执行一个过程,结果由表决系统进行处理以产生一个单一的输出。如果表决失败,则整个系统就会失败。一个良好的三模冗余系统的表决系统比其他组成部分可靠。

三取二系统结构如图 2-19 所示。

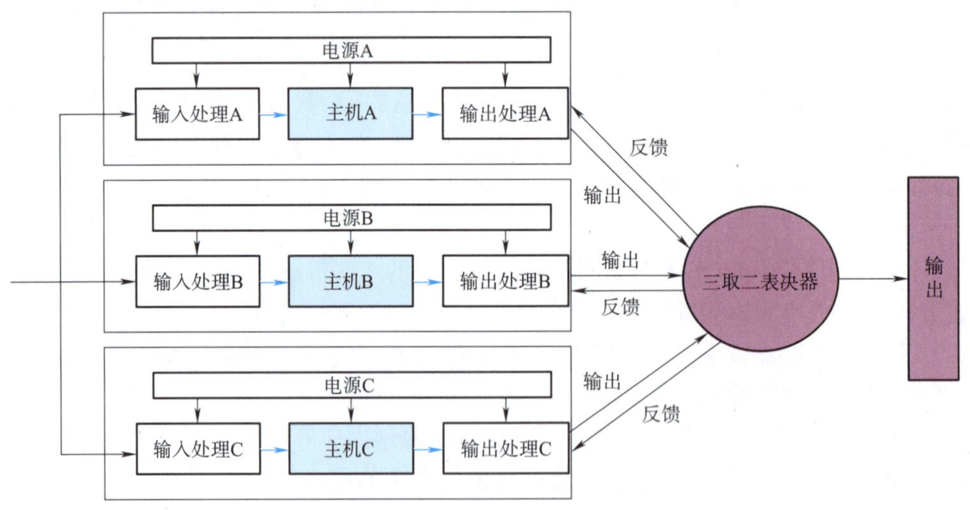

图 2-19　三取二系统结构

三取二冗余系统采用 3 路独立电源为主机 A、B、C 独立供电,3 个主机独立运行,对输入进行处理,输出信息通过三取二表决器表决后输出。三取二系统采用故障屏蔽技术来保证系统的安全,提高系统的可靠性,即 3 套同时独立运行的 CPU 控制单元两两进行比较,有任何 2 个或 2 个以上的 CPU 控制单元工作正常且输出一致则认为系统工作正常。

2. 列车自动驾驶(ATO)设备

ATO 设备是车载设备中负责对列车进行自动驾驶的设备，在列车自动防护设备的安全防护下，列车自动驾驶设备通过与车辆系统的接口，发出牵引、制动指令，控制列车进行站间运行及停站、启动作业，并能够根据控制中心设备所发出的控制、调整指令，实现站间运行调整的功能。

列车自动驾驶设备组成如图 2-20 所示。

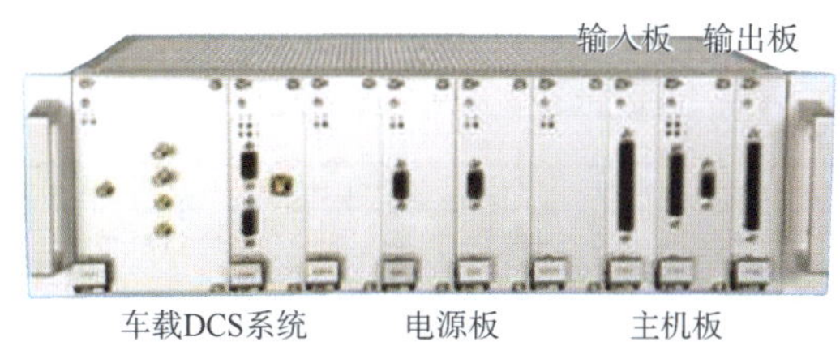

图 2-20　列车自动驾驶设备组成

由于列车自动驾驶并非 SIL4 级安全设备，因此一般采用单机结构或采用双机热备的方式提高设备的可用性和可靠性。

3. 人机界面(MMI)设备

MMI 设备用于辅助司机进行列车的安全驾驶，通过显示屏向司机提供清晰、直观的驾驶信息，通过触摸屏操作辅助司机完成一系列信息录入和设备日检功能。

人机界面提供丰富的设备运行状态、级别，列车运行速度、目标距离、牵引制动状态，当前控制级别及驾驶模式，控制信息等显示，司机可通过人机界面对系统的运行状态进行观察或进行调整。

典型的人机界面如图 2-21 所示。

图 2-21　典型的人机界面示意

六、网络通信设备

作为一个分布式控制系统,CBTC系统的各个设备间需要通过可靠的骨干通信网络进行相互通信,车载设备与地面设备间也需要通过车地无线通信网络实现双向大容量无线通信。

网络通信系统在结构设计上具备完全冗余的特性。冗余概念应用在DCS子系统设计的所有层次上,包括交换机、光纤链路和空中的无线链路。整个网络通信系统的典型结构如图2-22所示。

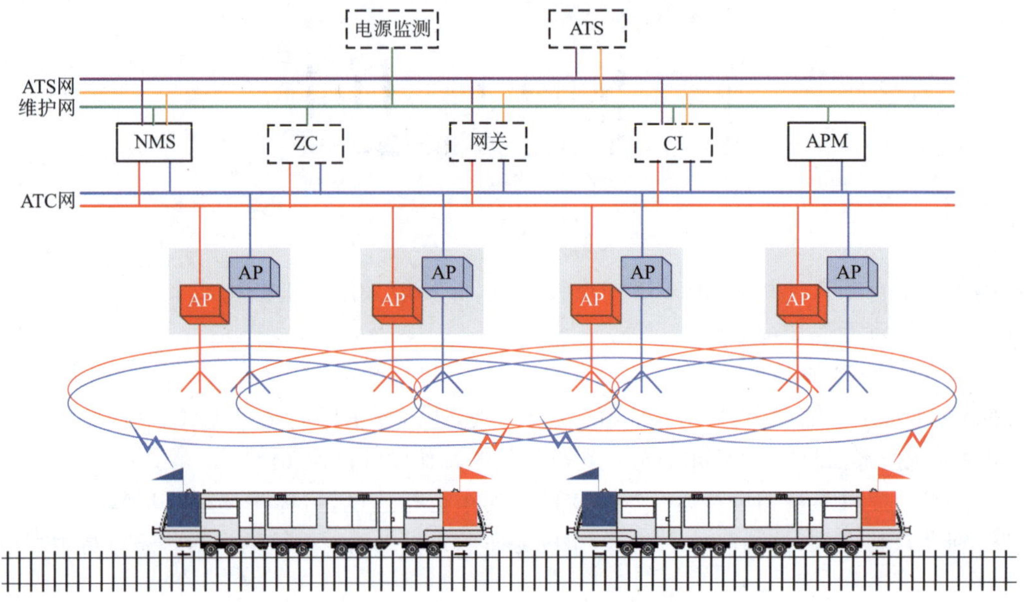

图2-22 网络通信系统结构示意

1. 地面骨干网络

网络通信系统中的有线网络一般由商业级骨干网络(SDH、RPR等)或工业以太网交换机组成,采用环形网络结构。地面骨干网络为信号系统提供专用有线信息传输,为控制中心设备、车站设备及轨旁设备间提供信息的透明传输通道。以SDH网络和工业以太交换机网络为例进行介绍。

(1)SDH网络

同步数字体制(Synchronous Digital Hierarchy,简称SDH),是不同速度的数字信号传输提供相应等级的信息结构,包括复用方法和映射方法,以及相关的同步方法组成一个技术体制,是一种成熟的商业级骨干网络解决方案。

SDH网络系统的各个部分通过冗余的光纤骨干网互相连接起来。骨干节点和骨干网接入交换机构成了轨旁网络的一部分,该轨旁网络通过光纤沿线路延伸,构成整个信号系统的有线网络系统。

骨干网由多个节点组成,分布到线路的典型站内。骨干网结构示意如图2-23所示。

骨干网设计提供了完善有效的SDH网络自愈保护方案,从而根据不同的网络拓扑实现灵活可靠的自愈保护倒换。

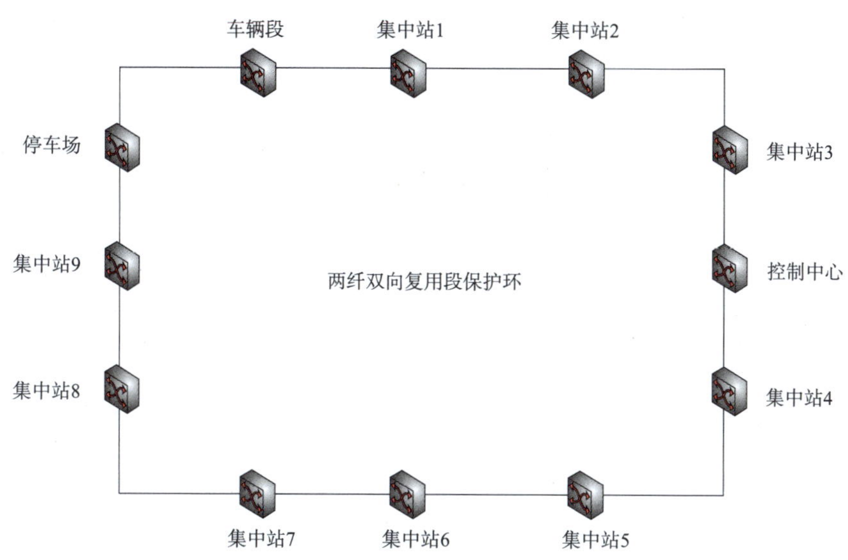

图 2-23　SDH 骨干网结构示意

车站有线网络采用成熟的基于 IP 的以太网技术接入到骨干网;接入网的设备为以太网交换机,接入交换机通过 RJ45 以太网接口与骨干网节点设备相连。

与有线网络连接的应用系统主要包括:ATP/ATO 子系统、ATS 系统、联锁系统、MSS 系统及电源监测系统。逻辑上,根据应用数据的安全性和可靠性,划分有线网络为 5 个独立网络:2 个冗余的 ATC 网、2 个冗余的 ATS 网和 1 个维护网(含电源监测)。

(2)工业以太交换机网络

工业以太网交换机,即应用于工业控制领域的以太网交换机设备。由于采用的网络标准其开放性好、应用广泛;能适应低温高温,抗电磁干扰强,防盐雾,抗震性强,使用的是透明而统一的 TCP/IP 协议,因此以太网已经成为工业控制领域的主要通信标准。

工业以太网交换机网络系统设备的各个部分通过冗余的光纤骨干网互相连接起来。一段骨干网络以及相应的节点和以太网交换机构成了轨旁网络的一部分,该轨旁网络沿线路延伸,构成整个信号系统的有线网络系统。

工业以太网交换机网络全部采用工业级以太网交换机。骨干网由 5 个独立的网络组成,其中 ATC 网络为 2 个冗余备份的环网,ATS 网络为 2 个冗余备份的环网,维护网为 1 个环网。网络结构如图 2-24 所示。

工业以太交换机网络可采用的交换机品牌很多。分别支持不同的私有网络协议技术,在网络上拥有大量交换机组成环网的情况下,保证快速完全恢复所有业务通信。

与有线网络连接的应用系统主要包括:ATP/ATO 子系统、ATS 系统、联锁系统、MSS 系统及电源监测系统。逻辑上,根据应用数据的安全性和可靠性,划分有线网络为 5 个独立网络:2 个冗余的 ATC 网、2 个冗余的 ATS 网和 1 个维护网(含电源监测)。

2. 车地通信网络

地面骨干网络实现了地面设备间的相互通信,而车载设备与地面设备间的双向大容量无线通信则是通过车地通信网络实现的。车地通信网络由冗余的红、蓝双网共同构成,技术方案

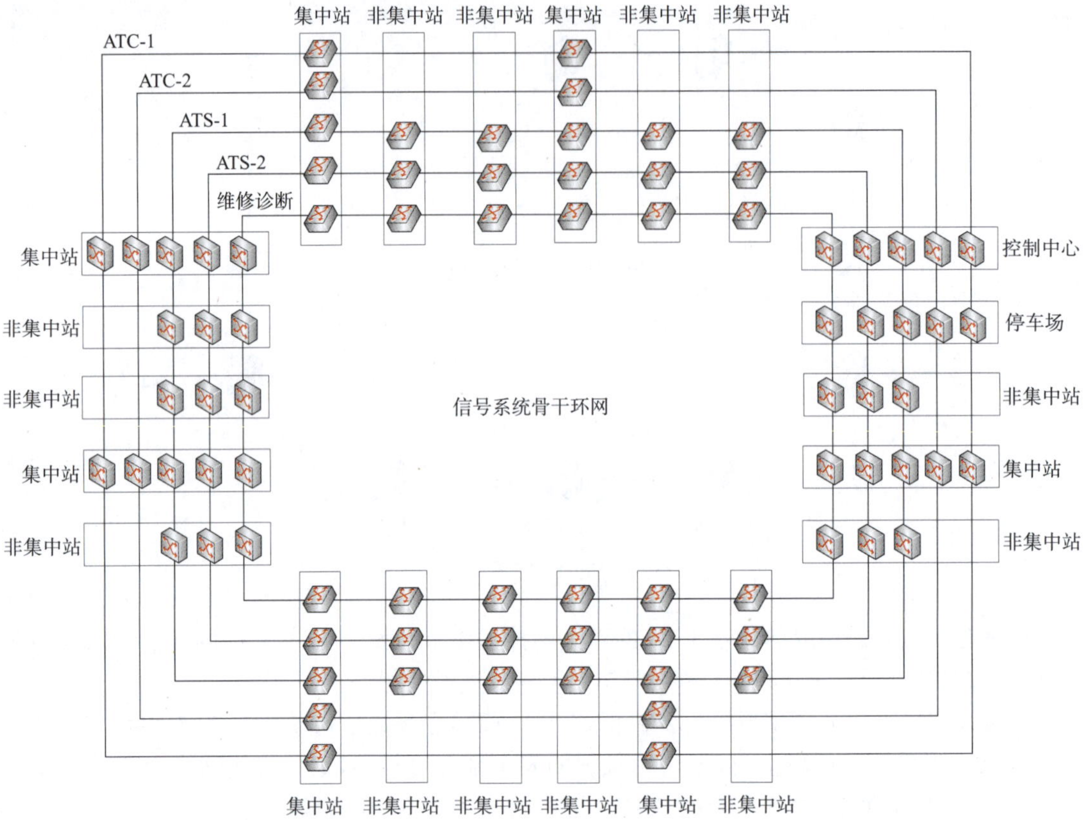

图 2-24　工业以太骨干网结构示意

主要有 WLAN 方案及 LTE 方案两种。

(1)WLAN 方案

采用 WLAN 方案的车地通信网络采用类似 IEEE802. 11g 的专用通信协议，无线网络工作在 2. 4 GHz(2. 4～2. 483 5 GHz)开放频段；采用冗余双网设计，双网分别对应有线网络的冗余 ATC 网，轨旁无线单元与车载无线单元都是冗余配置。

WLAN 方案的车地通信网络可采用多种传输方式或传输方式的组合，如无线自由波方式、波导管方式及漏缆方式等，适应隧道、地面、高架等各种城市轨道交通的工程条件。

车地无线网络在轨旁配置轨旁无线接入点(AP)和轨旁定向天线。一个 AP 箱内一般配置 2 个 AP 模块，分别为 2 个不同的 ATC 网 AP 模块，轨旁天线在一个点配置两组连接不同 ATC 网的定向天线。

在站台区域实现站台门联动控制时，车地无线网络在车站内为站台与站台门的联动提供地—车无线通道，实现站台门与列车车门的联动打开和关闭。

车地无线网络在列车上配置信号系统车载无线单元(Client)、车载天线。在车头、车尾分别安装一套信号车载无线单元及车载天线，通过安装在车体上的无线天线发送/接收无线自由波信号，车头与车尾的无线单元分别与两个 ATC 骨干网上的 AP 相关联，同时利用两个 ATC 骨干网发送/接收数据。

车地无线网络结构如图 2-25 所示。

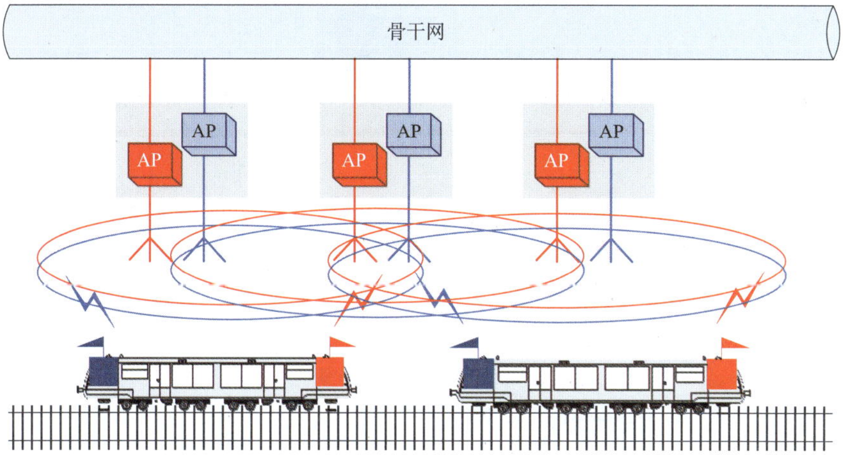

图 2-25　基于 WLAN 技术的 DCS 车地无线网络示意

为了减少干扰,车地无线网络可以采用 5 MHz 窄带通信技术,另外还采取多种抗干扰措施,如定向天线、双频冗余覆盖、电磁兼容设计等。

车地无线网络设备包括轨旁接入点、定向天线、车载无线单元、车载天线以及各种射频电缆,所有无线设备均使用工业化、模块化的 COTS 产品,可以方便地升级、维护和扩展。

(2)LTE 方案

除 WLAN 方案外,随着无线通信技术的不断演进,最新的 TD-LTE 技术也开始逐渐应用到 CBTC 信号系统的车地无线网络中。LTE 技术是基于 3GPP 相关规范开发的,与现有 3GPP 系列无线接入技术(GSM、WCDMA、HSPA 等)具有良好的兼容性。最重要的是,LTE 具有极高的频谱利用率和灵活性,从 1.4 MHz 到 20 MHz,从连续的频谱资源到非连续的频谱资源,从 TDD 的频谱资源到 FDD 的频谱资源,LTE 可以在灵活使用频谱资源的基础上获得最高的频谱利用率。LTE 是未来移动数字生态网络的重要组成部分。

LTE 系统同时定义了频分双工(Frequency Division Duplexing,简称 FDD)和时分双工(Time Division Duplexing,简称 TDD)两种方式。信号系统多采用 TDD-LTE 制式,TDD-LTE 具备频谱申请灵活、上下行资源可调配的特点。

LTE 技术采用了正交频分复用(Orthogonal Frequency Division Multiplexing,简称 OFDM),多输入多输出(Multiple-Input Multiple-Output,简称 MIMO),自适应调制编码(Auto Modulation and Coding,简称 AMC)及混合自动重传(Hybrid Automatic Repeat Request,简称 HARQ)等技术,在 20 MHz 频谱带宽下能够提供下行 150 Mbit/s 与上行 75 Mbit/s 的峰值速率,同时在改善小区边缘用户的性能、提高小区容量和降低系统延迟等方面都有显著提升。

车地无线网络采用 LTE 技术进行信号系统车地无线传输时,从逻辑上可以分为 3 个部分:核心层、接入层、终端层。基于 LTE 的 DCS 系统车地无线网络系统结构示意图如图 2-26 所示。

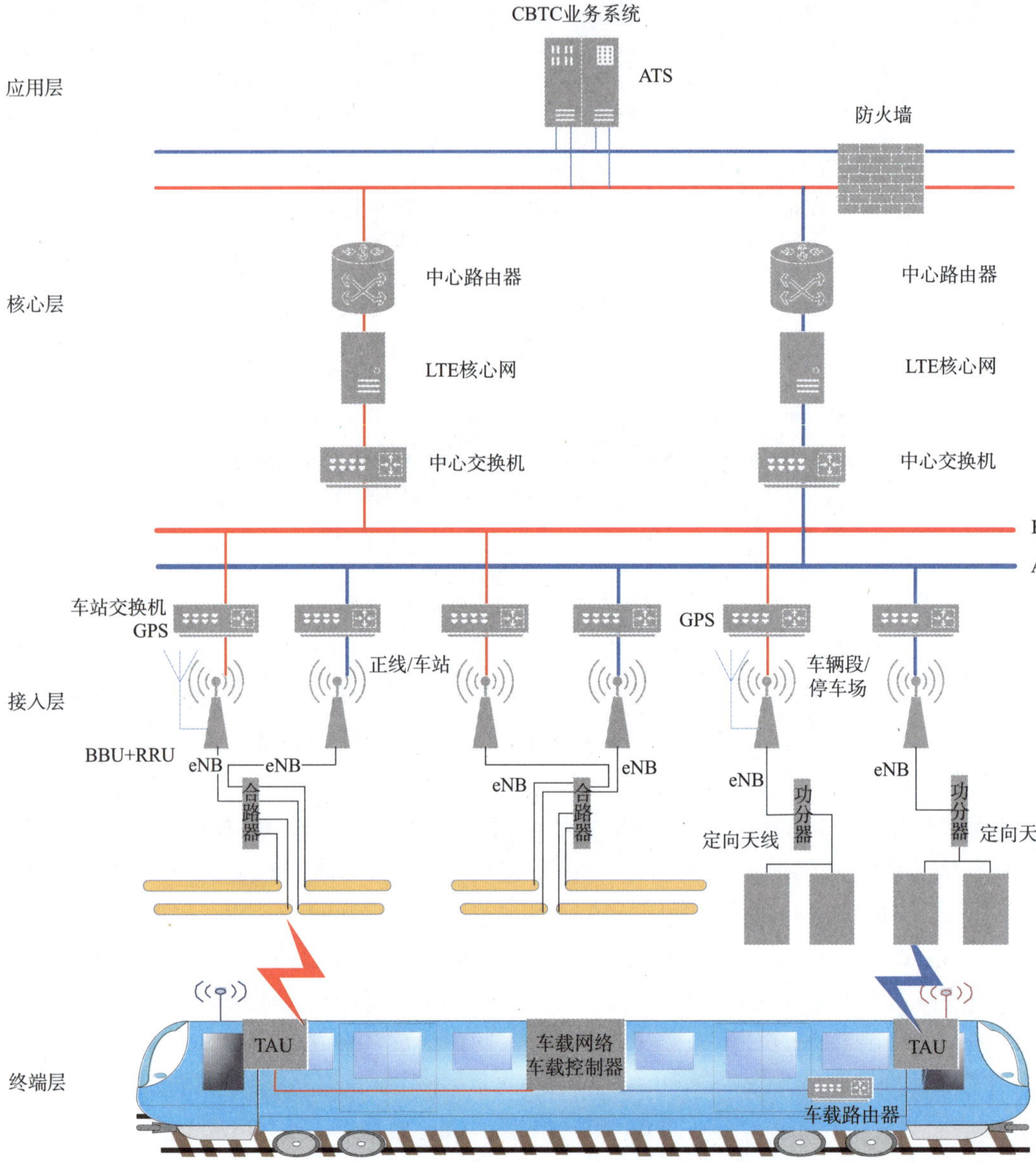

图 2-26　基于 LTE 技术的无线网络系统结构示意

核心层是整个无线网络的关键部分,完成无线传输数据的汇聚与分发,与其他业务子系统互联,提供可靠的双向数据通信服务。所有的无线接入数据都需要通过核心层与外部系统通信。同时核心层负责整个网络的管理与维护。

接入层提供沿线无线接入服务,同时上行接入地面有线网络,与中心子系统对接,完成对各类业务的数据传输。

终端层由车载无线终端组成,用于连接轨旁无线网络。

第二节　CBTC 系统功能

作为一个结构复杂的分布式控制系统，CBTC 系统提供了丰富且强大的功能，本节将对 CBTC 系统的主要功能进行描述，并对 CBTC 系统各主要组成子系统在各项功能中的分配情况进行介绍。

一、系统功能描述

根据城市轨道交通信号系统的功能需求，结合 CBTC 系统的自身特点，CBTC 系统的功能主要分为以下五大类：

(1)保证行车安全；

(2)保护和辅助乘客；

(3)辅助列车运行；

(4)辅助驾驶；

(5)提供技术支持。

1. 保证行车安全

保证列车运行、运营中的行车安全，是信号系统最主要的功能，为了实现对列车行车安全的保护，CBTC 系统各子系统间需要协同工作，对列车运行进行全方位的监控。

(1)确定轨道占用信息

CBTC 系统对于列车的追踪和控制基于对列车位置的精确获取，区域控制器在接受到来自于车载设备的位置汇报后，根据安全算法，确认列车所占用的轨道区段状况，并以此为依据为后车计算移动授权。

(2)列车追踪间隔控制

根据所确定的轨道占用信息、列车相对位置及障碍物状态，区域控制器将按照移动闭塞原则，为列车计算移动授权。列车移动授权以前车车尾作为闭塞终点，结合安全控制原则，在保证后续列车安全的前提下，缩短列车追踪间隔。

(3)生成信号机强制命令

移动闭塞模式下，司机以信号系统车载设备的显示为基准驾驶列车，地面信号机的显示不作为主要行车依据。因此一般情况下，采用 CBTC 系统的线路，当系统运行在 CBTC 级别时，地面信号机采用灭灯显示。但对于降级模式列车，仍以信号显示作为行车依据，故降级列车前方一定范围内的信号机需要点亮。信号机的亮灭由区域控制器根据接近的列车类型进行判断，并生成强制命令发送给联锁系统执行。

(4)列车自主测速定位

列车在运行过程中，CBTC 系统车载设备需要持续不断地对自身在线路上的位置进行计算和确认。CBTC 系统车载设备包含了用于测速测距的速度传感器、加速度计、雷达，通过测速测距算法，对自身走行距离进行计算。同时，通过获取地面应答器/信标的位置信息，对自身位置进行校准。

(5)列车轮径校正功能

列车的车轮轮径是车载设备进行测速测距的重要参数,因此CBTC系统需对列车轮径进行管理。一般而言,CBTC系统在车辆段或正线设置专门用于进行轮径矫正的应答器/信标设备,布置于平直轨道上,间距固定。当列车匀速通过轮径矫正设备时,车载设备将计算列车轮径,并以计算所得的轮径作为计算依据。

(6)驾驶模式和运行级别管理

CBTC系统提供三级驾驶级别(CBTC级别、点式后备级别、联锁级别)和多种驾驶模式[AM模式(自动驾驶模式)、CM模式(编码人工驾驶模式)、RM模式(限制人工驾驶模式)、EUM模式(紧急非限制人工驾驶模式)等],根据当前的列车运行状况及线路条件,对驾驶模式及运行级别进行管理。一般情况下,由低级别模式向较高级别模式的转换是自动完成的,而高级别向低级别的转换,特别是安全防护的主体由CBTC系统变为司机的转换(转换至RM模式或EUM模式)必须停车并由司机进行人工确认。

(7)列车追踪速度曲线计算

CBTC系统的车载设备根据自身测速测距情况和区域控制器发送的移动授权等信息,实时计算用于列车追踪及安全防护的速度-距离曲线。曲线包括紧急制动触发曲线、牵引切断曲线(可选)、推荐速度曲线等。车载设备将严格根据速度-距离曲线对列车的速度进行防护。

(8)列车超速防护

根据实时计算所得到的速度-距离曲线,CBTC系统车载设备对列车的运行速度进行严格监控,若列车的运行速度超过推荐速度曲线,设备将发出声光报警提示司机;若列车的运行速度超过牵引切断速度,设备将自动切断列车牵引;若列车运行速度继续上升触及紧急制动触发曲线,则设备将立即实施紧急制动,保证列车在安全防护范围内停车。

(9)退行防护

在列车运行过程中,CBTC系统不但监控列车的运行速度,也会监控列车的运行方向。若列车的运行方向与期望运行方向不相符,系统将判定列车进行了退行。系统允许列车在一定范围内有限的退行,但退行一段距离后即会实施紧急制动提醒司机谨慎操作。一般来说,CBTC系统允许列车三次退行,退行的允许距离为2 m、2 m、1 m。若超过了总计累积误差或总计退行次数,系统将紧急制动不缓解。

(10)红灯误出发防护

当列车在车站停靠时,若出站进路未被排列或其他原因导致出站信号未开放时,CBTC系统将切断列车牵引回路,防止司机因误操作或误判断导致列车越过红灯信号,从而实现对列车安全出站的防护。

(11)列车完整性监督

列车本身的完整性是CBTC系统对列车运行进行安全防护的基础,若列车完整性不能保证,则CBTC系统无法实现对列车的控制和防护。因此,CBTC系统在列车运行过程中需要实时对列车完整性进行监督,一旦丢失列车完整性信号,CBTC系统将立即采取紧急制动措施,最大程度保证列车安全。

(12)管理临时限速

作为运营调整的有效手段,临时限速在出现突发情况需要对线路某一区段进行速度限制时使用。CBTC系统可以对调度人员下达的临时限速进行管理,包括临时限速设置、二次确

认、存储、上电确认、取消等一系列作业，保证临时限速命令的完整性。

(13)管理数据库版本

在CBTC系统的各个子系统中，均存在数据库信息，为使系统整体的完整性和一致性得到保证，必须确保各子系统所使用的数据库版本统一。CBTC系统的数据存储单元作为统一的数据源，对各关键子系统提供版本检验，若数据版本不一致，则CBTC系统不能进入列车控制，确保系统的安全性。

(14)联锁功能

联锁子系统是保证列车行车安全的基础设备，主要任务是按一定程序和条件控制道岔、信号，建立列车或调车进路，实现与列车运行和行车指挥等系统的结合，实现进路的人工或自动控制，显示区段占用和进路状态、信号开放和道岔状态、遥控和站控等各种表示和声光报警。

(15)道岔控制功能

道岔是控制线路方向转换的重要基础设备，CBTC系统的联锁子系统提供对于道岔的控制功能，除正常排列进路时的道岔选动、锁闭、解锁外，还提供了特殊情况下控制道岔的单操、单锁、强扳、封锁命令，以便根据运营实际情况，在保证安全的情况下对道岔进行灵活控制。

(16)区域(信号)的封锁和解封

CBTC系统的联锁子系统还提供了区域封锁和信号封锁功能，当运营过程中遇到突发情况，需临时对通过某一区段或信号机的列车进行限制时，可采用封锁命令。命令下达后，相关进路始端信号将不再开放，防止列车越过封锁区域。当突发情况解除时，可通过解封命令取消封锁。

(17)提供车地双向通信

通过车地双向大容量冗余通信网络，CBTC系统实现了车载设备与地面设备的信息交互。在列车运行过程中，系统将实时监测车地双向通信状态，一旦通信延迟超过系统所允许的门限值，系统将立即实施紧急制动，保证列车的运行安全。

2. 保护和辅助乘客

除保证列车运行安全外，保护和辅助乘客也是CBTC系统非常重要的功能，系统需要防护车门、安全门、紧急停车按钮等与乘客相关的区域或设备，保证乘客在站台乘降、列车运行过程中的安全。

(1)管理列车车门

CBTC系统对于列车车门的监控是实时的，在区间运行时，若系统监测到车门失去“关闭且锁闭”状态，则将采取切断牵引或紧急制动措施，提醒司机确认车门状态，保证乘客安全。在站台区域，若车门控制方式为自动，则CBTC系统将按照停站时间自动打开、关闭车门，若出现非系统授权的车门打开，系统将限制列车移动，保证站台和车上乘客的安全。

(2)管理站台安全门

站台安全门也被CBTC系统纳入监控范围，在系统运行过程中，将持续监测各站的安全门状态。若在列车进站前，某站安全门打开，则系统将限制列车不可进入站台，以避免发生危险。列车在站正常停车过程中，系统将通过车地无线通信实现车门与站台安全门间的同步开启和关闭。当列车在站台范围内监测到非预期的安全门打开时，将立刻采取措施限制列车移动，保证站台和车上的乘客安全。

(3)检查列车安全停靠站情况

当列车到达站台停车时,为了保证车门与安全门的对准以及乘客的安全乘降,只有当列车停靠在指定区域(称为“停车窗”)内时,系统才允许列车车门及站台安全门打开,否则即便司机发出开门命令,系统也将禁止该命令的执行,以保护站台和车上乘客的安全。

(4)授权驶离站台

当列车进站开关门作业完成,旅客乘降完成后,CBTC 系统将对列车的发车条件进行检查,当出站进路已排列且信号开放、所有站台安全门关闭且锁闭、所有车门关闭且锁闭、紧急停车按钮全部未按下等安全条件全部具备后,系统将给出离站移动授权,确保列车能够安全离站。

(5)管理站台紧急停车按钮

站台紧急停车按钮是紧急情况下临时封锁站台的专用设备,也是 CBTC 系统的防护对象之一。在系统运行过程中,将持续监测各站的紧急停车按钮状态,若在列车进站前,某站紧急停车按钮按下,则系统将限制列车不可进入站台,以避免发生危险。当列车在站台范围内监测到紧急停车按钮按下时,将立刻采取措施限制列车移动,保证站台和车上的乘客安全。

3. 辅助列车运行

除去安全防护功能外,CBTC 系统为了辅助列车运行,也提供了一系列的功能,这些功能涵盖设备自检、提供驾驶信息、进路控制及运营调整等各个方面,使得运营人员可以方便地对系统工作状态进行了解,并通过 CBTC 系统对列车运行状态进行监控。

(1)设备上电自检

CBTC 系统设备在断电后再次上电时,将进行全面的自检作业,若设备存在故障情况,则将进行声光报警,提示运营人员对设备状况进行检查。

(2)设备自诊断

在运行过程中,CBTC 设备将实时不间断对自身运行情况进行诊断,若出现故障情况,将视故障的严重程度进行不同的处理,从而给出报警提示、声光报警直至导向安全侧(宕机,并提示系统降级等)。

(3)车载设备日检

CBTC 系统车载设备是系统与车辆、车载广播、TMS 等系统的直接接口,除进行设备自身的上电自检外,车载设备还提供了日检功能,以便运营人员对关键接口情况进行验证。日检包括列车试闸、车地无线网络状态监测等内容,还可根据运营需求,实现车载广播测试等功能。

(4)向司机显示详细驾驶信息

CBTC 系统车载设备中,包括与司机进行人机交互的车载人机界面(MMI)设备,MMI 将向司机显示详细的驾驶信息,包括列车当前最高预设驾驶级别及模式、列车当前实际驾驶级别及模式、列车实时速度、紧急制动触发速度、推荐速度、故障信息、时间信息、车门/安全门状态信息、列车完整性信息、目的地及下一站信息、跳停/扣车/提前发车信息、是否在停车窗内信息、牵引/制动/惰行状态信息等,这些信息用于辅助司机了解系统运行情况,在 CBTC 系统的安全防护下驾驶列车。

(5)子系统之间通信状态监测

如前所述,CBTC 系统是一个复杂的分布式系统,系统设备分布在控制中心、车站、轨旁、

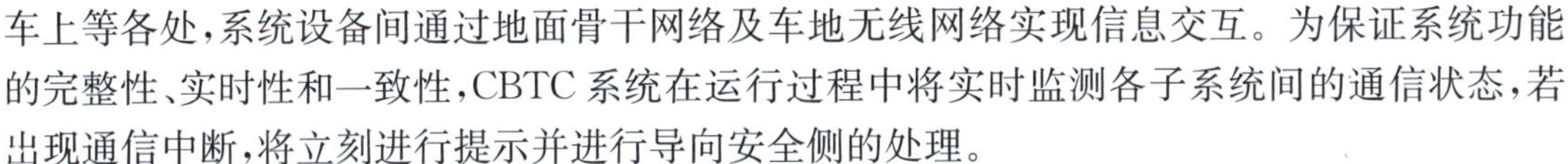

车上等各处，系统设备间通过地面骨干网络及车地无线网络实现信息交互。为保证系统功能的完整性、实时性和一致性，CBTC 系统在运行过程中将实时监测各子系统间的通信状态，若出现通信中断，将立刻进行提示并进行导向安全侧的处理。

(6)站控遥控切换功能

正常情况下，线路上列车的运行及运营调度由控制中心行车调度统一指挥和控制，此时系统处于遥控状态。系统同时提供站控功能及站遥控切换功能，当某集中区出现需现场确认或现场处理的作业时，车站值班员可通过一定的操作将控制权转换至本地进行处理。待处理完毕后，车站值班员可将控制权再次交回控制中心。

(7)操作防护功能

CBTC 系统的联锁系统为车站值班员提供了对进路、道岔、区段的控制功能，这些功能中很多与行车安全直接相关。为了防止值班员误操作对运营秩序和运营安全产生不利影响，这些与安全相关的操作/功能均提供了防护功能，在启用这些功能或进行这些操作时，车站值班员必须输入密码，并进行二次确认，有效地避免误操作的发生。

(8)车站操作员工作站的功能

车站操作员工作站(现地工作站)为车站值班员提供了用于现地控制所需的所有功能，包括进路排列/取消、总人解、站遥控转换、区段故障解锁、自动进路设置/取消、全站点灯、信号元素封锁、扣车、区段复位、道岔单操、道岔单锁、道岔总定/总反、引导进路等。

(9)各级操作工作站权限管理

CBTC 系统中，ATS 子系统是组成最为复杂的系统，所辖的工作站数量众多，在提供丰富功能的同时，ATS 子系统对各级操作工作站及不同用户角色也做出严格的权限管理，使用不同的用户角色登录，仅可获得此用户角色权限范围内的相应权限，避免了误操作的可能性。

(10)进路操作

作为列车运行管理的监控系统，CBTC 系统的 ATS 子系统在控制中心为行车调度提供丰富的进路操作功能，包括按照时刻表/运行图自动触发进路、按照目的地自动触发进路、人工排列进路、人工取消进路、进路属性设置等。

同时，在车站级，ATS 系统与联锁系统合设现地控制工作站，在站控级别下，也提供了丰富的进路操作功能，包括人工排列进路、人工取消进路、进路总人解、进路区段故障解锁、进路自动排列等。

(11)列车追踪

在列车运行过程中，CBTC 系统持续地对列车位置进行追踪，并通过 ATS 子系统对列车的车次号进行统一管理，列车的车次窗将随着列车移动而移动，时刻向行车调度及其他运营人员展示列车运行情况及运营任务情况，以便运营人员进行整体把控。

列车位置和车次信息也会发送至现地控制工作站，并展示给车站值班员。

(12)运营调整

为应对运营中可能出现的情况，CBTC 系统为运营人员提供了运营调整功能，当偏差较小时，系统自动调整列车运行计划并控制列车运行至正点状态。当偏差较大时，系统发出报警，经调度员确认后对全线列车运行进行调整。

调度员认为有必要对计划运行图/时刻表进行修改时，可人工介入调整列车运行计划，系统自动执行调整计划并控制列车运行。

(13)时刻表/运行图管理与编辑

时刻表/运行图是CBTC系统对列车运行进行自动控制的基础,在系统交付时,将提供基本的时刻表/运行图供运营方使用。系统也提供了强大的时刻表/运行图编辑功能,运营方可在基本时刻表/运行图的基础上进行修改,也可创建全新的时刻表/运行图以供使用。CBTC系统提供时刻表/运行图的检查功能,以保证修改/新建的时刻表/运行图是合理且可用的。

4. 辅助驾驶

CBTC系统提供了列车自动驾驶功能,以减轻司机工作量,辅助司机对列车进行驾驶。同时,ATO子系统与其他子系统相互配合,能够提供更多的功能。

(1)列车自动启动

当列车在站台停车时,由于发车时机受到诸多因素的影响和限制,因此需要由司机对列车的发车时机进行判断并启动列车。但列车在区间信号机前停车时,由于没有站台乘降作业,因此情况较为单一。在这种情况下,当列车的移动授权已经向前延伸,系统判断列车继续向前运行安全时,若驾驶模式为自动驾驶模式(AM),则ATO可在ATP的防护下自动启动列车,继续向前运行。

(2)列车运行时分调整

如前所述,ATS子系统可对列车的站间运行进行调整,此项功能是在ATO子系统的配合下实现的。为保证ATO对站间运行时间的精确控制,根据ATS发送的站间运行时间,ATO对牵引、制动与巡航阶段分别调整,来控制列车准点节能运行,ATO子系统可根据ATS的指令实现秒级精度的区间走行时间调整。

(3)管理跳停

跳停作业时列车运营调整的手段之一,用于控制列车在指定站台不停车,直接运行通过。ATO驾驶下的列车可以在接收到ATS的跳停命令后,在ATP的授权下直接驾驶列车越过指定站台。

(4)管理扣车

与跳停作业相同,扣车作业也是列车运营的调整手段之一,用于控制列车在指定站台不发车。ATO驾驶下的列车在接收到ATS的扣车命令后,将自动停于指定站台,若门控方式为自动,在接收到扣车命令后,ATO不会自动关闭车门,保持车门、安全门处于打开状态。

(5)列车节能运行

当列车在区间运行时,反复的牵引制动会导致耗电量远大于经常处于惰行状态下的列车,所以节能最大化就是列车惰行时间最大化。

ATS根据列车运营情况,可通过ATO采用节能运行曲线控制列车运行实施不同的节能运行方案。ATO根据地面控制中心发送的到达目的站的时间和当前运行时间之差,调整对列车牵引制动的控制,保证列车在这个时间段内惰行最大化。

(6)控制列车进站停车

列车进站时,在进站停车过程中,考虑到运行舒适度与效率,ATO计算出既高效且冲击率较小的一次性制动曲线。ATO根据进站停车制动曲线,控制列车采用连续的制动,恒定的制动率,一次性制动至目标停车点。中途制动不缓解,且为了保证进站的运行效率,进站前不设置非线路限速要求的减速。

(7)站间运行时间控制

为保证ATO对站间运行时间的精确控制,根据ATS发送的站间运行时间,ATO对牵引、制动与巡航阶段分别调整,来控制列车准点节能运行。ATO可根据ATS的指令实现秒级精度的区间走行时间调整。

牵引/制动阶段,在保证冲击率符合要求的前提下,ATO根据运行时间控制牵引力与制动力的大小,调整列车的加速和制动时间。巡航阶段,ATO在区间巡航过程中通过计算ATS发送的站间运行级别与当前的运行速度得出可满足的惰行余量,在此基础上尽量保证惰行工况,以实现列车的准点运行并降低列车运行能耗。

(8)自动驾驶舒适度控制

ATO控制曲线以列车性能、载重为基础,充分借鉴优秀司机的驾驶习惯,在保证列车运行效率的同时,优化乘车舒适度。出站牵引过程采用二阶速度曲线,保持冲击率恒定,区间运行过程采用长惰行策略,使得列车在区间大部分走行时间内无冲击运行,进站制动过程采用连续的恒定减速度制动,在确保精确停车的同时,减少进站过程中的列车冲动。

(9)计算牵引和制动命令

当列车在AM模式下,一旦生成离站命令,ATO子系统会给出详细的驾驶命令,包括加速、制动和惰行指令和指令值的大小。

当列车在AM模式下,向列车发送的牵引/制动信息从请求的目标加速度命令转化后得出,同时考虑列车参数,以及当前列车位置和速度。

列车进站时ATO子系统采用连续的制动率制动至目标停车点,中途不缓解,在进站前不会出现非线路限速要求的减速台阶。

(10)管理列车折返

通过连接两端车载设备的贯通线,CBTC系统的车载设备在折返轨时可以方便地交换位置信息,从而实现列车的折返作业。列车在折返过程中仍将保持运行级别。

CBTC系统还提供了无人自动折返功能。在终端站,乘客乘降完毕列车具备发车条件时,司机可通过一系列的作业激活无人自动折返功能,系统将驾驶列车自动进入折返轨,完成换端并自动驶回对端站台,打开车门和屏蔽门,等待司机进行下一步操作。整个过程中无须司机人为操作。

5. 提供技术支持

在为运营人员提供用于列车监控的功能的同时,CBTC系统还提供了用于系统问题分析、维护管理的技术支持功能。

(1)时钟同步

为保证CBTC系统使用统一的时钟信息,系统提供时钟同步功能。ATS通过与时钟系统的接口,周期性地获得当前的时钟信息,并向CBTC系统内其他各子系统发出校时命令,各子系统通过ATS发送的时钟信息,统一校准自身时间,从而保证系统整体的时钟同步。

(2)数据记录

为了便于出现故障后的问题分析及了解设备运行状态,CBTC系统各子系统均配备了数据记录功能,记录各子系统的运行状态、命令发送时间、接收时间、执行时间、故障代码、设备报警等信息。基于时钟同步功能,数据记录能够实现出现问题时各系统时间点的统一,便于问题的分析和查找。

(3)系统故障报警

CBTC系统中的信号维护监测(MSS)子系统是整个信号系统的设备状态监测和维护的辅助工具,其设备利用计算机网络和通信技术,完成对信号系统所有设备状态的集中监视和报警,实时监测信号设备的使用情况,定位故障地点,统计故障时间,管理维修作业,以实现预防故障发生,提高系统维护管理水平。

MSS子系统对正线信号系统(包括ATS、ATP、ATO、联锁、DCS等各子系统设备、配套电源设备、计轴设备、室外信号设备、微机监测设备、道岔缺口监测设备等)和车辆段/停车场信号系统(包括联锁系统设备、配套电源设备、微机监测设备、室外信号设备、道岔缺口监测设备等)的工作状态进行监测和报警,并在相应的人机界面上进行集中显示。

(4)培训设备功能

CBTC系统为运营人员提供了独立的培训系统,培训系统为行车运营人员和信号维修人员提供全面丰富的培训内容,可完成室内外模拟培训、实物培训等功能,以满足行车运营人员、信号维修人员的日常培训、现场故障模拟及处理的培训需求。培训系统构成齐全、功能全面、故障信息层次清晰、状态信息全面。

(5)运营记录和统计报表

ATS中,中央调度员和车站值班员的所有操作,列车运行状况和设备工作状态均采用标准的文件格式记录和保存在系统数据库中,保留时间一般为180天,并可进行统计和分析。

中央调度员和车站值班员的所有操作,列车运行状况和设备工作状态能自动或按调度员的指令进行回放和输出到指定的存储及打印设备,CBTC系统为这些数据的外部读取提供软硬件接口。

(6)系统回放

ATS维护工作站是ATS维护平台。在ATS维护工作站上,可以和调度工作站一样监视全线现场信号设备状态和列车运行情况,接口状态监视,设备状态监视,报警管理与查询等;可以对整个系统的参数进行配置;可以对ATS维护工作站所显示的站场状态、列车运行和操作日志等历史数据进行回放;可以对系统保存的历史数据进行查询和备份。

(7)网络管理

地面骨干网络和车地无线网络是CBTC系统的重要组成部分,为更好地对网络进行管理,CBTC系统中配备了网络管理系统,为系统运营和维护提供全方位的网络管理。

网络管理系统管理正线、停车场、车辆段及其列检库等所有站点的DCS设备,可以查询网络设备的工作状态,并可以设定网络设备的参数等。其功能如下:

①展现网络拓扑结构,进行网络拓扑管理;

②及时监测各种网络设备的工作运行状态;

③监控并分析网络流量;

④网络故障报警。

二、系统功能分配

CBTC 系统的功能依靠 CBTC 系统中各子系统(ATS、CI、ATP、ATO、DCS、MSS)协同工作,共同完成,并需要落实到各个子系统,其中,与安全相关的功能由符合 SIL4 安全完善等级的系统执行,非安全功能合理分配到各子系统实现。

在上述功能划分原则基础上,对 ATS、CI、ATP、ATO、DCS、MSS 各子系统进行了具体功能划分,见表 2-1。

表 2-1　系统功能划分

功　能	ATS	CI	ATP	ATO	DCS	MSS	安全功能
F1:保证行车安全							
F1.1 确定轨道占用信息			√				√
F1.2 列车追踪间隔控制			√				√
F1.3 生成信号机强制命令			√				√
F1.4 列车自主测速定位			√				√
F1.5 列车轮径校正功能			√				√
F1.6 驾驶模式和运行级别管理			√	√			√
F1.7 列车追踪速度曲线计算			√				√
F1.8 列车超速防护			√				√
F1.9 退行防护			√				√
F1.10 红灯误出发防护			√				√
F1.11 列车完整性监督			√				√
F1.12 管理临时限速	√		√	√			√
F1.13 管理数据库版本			√	√			√
F1.14 联锁功能		√					√
F1.15 道岔控制功能		√					√
F1.16 区域(信号)的封锁和解封		√					√
F1.17 提供车地双向通信					√		
F2:保护和辅助乘客							
F2.1 管理列车车门			√	√			√
F2.2 管理站台安全门			√	√			√
F2.3 检查列车安全停靠站情况			√	√			√
F2.4 授权驶离站台			√	√			√
F2.5 管理站台紧急停车按钮			√				√
F3:辅助列车运行							
F3.1 设备上电自检			√	√			√
F3.2 设备自诊断			√	√			√
F3.3 车载设备日检			√	√			√

续上表

功　能	ATS	CI	ATP	ATO	DCS	MSS	安全功能
F3.4 向司机显示详细驾驶信息			√	√			
F3.5 子系统之间通信状态监测			√	√			√
F3.6 站遥切换功能		√					√
F3.7 操作防护功能		√					
F3.8 车站操作员工作站的功能		√					
F3.9 各级操作工作站权限管理	√						
F3.10 进路操作	√	√					
F3.11 列车追踪	√	√					
F3.12 运营调整	√			√			
F3.13 时刻表/运行图管理与编辑	√						
F4:辅助驾驶							
F4.1 列车自动启动			√	√			
F4.2 列车运行时分调整				√			
F4.3 管理跳停			√	√			
F4.4 管理扣车			√	√			
F4.5 列车节能运行				√			
F4.6 控制列车进站停车				√			
F4.7 站间运行时间控制				√			
F4.8 自动驾驶舒适度控制				√			
F4.9 计算牵引和制动命令				√			
F4.10 管理列车折返			√	√			√
F5:提供技术支持							
F5.1 时钟同步	√		√	√			
F5.2 数据记录		√	√	√		√	
F5.3 系统故障报警	√	√	√	√		√	
F5.4 培训设备功能	√	√					
F5.5 运营记录和统计报表	√					√	
F5.6 系统回放	√					√	
F5.7 网络管理					√		

注:"√"表示此系统参与该功能的实现;安全功能中的"√"表示此功能为安全功能。

小　结

基于通信的列车运行控制(Communication Based Train Control，简称 CBTC)系统集先进的控制技术、计算机技术、网络技术和通信技术为一体,具有系统化、网络化、信息化、智能化

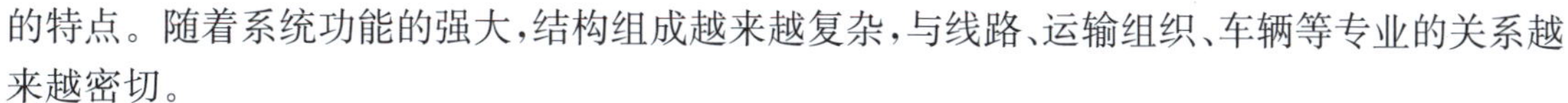

的特点。随着系统功能的强大，结构组成越来越复杂，与线路、运输组织、车辆等专业的关系越来越密切。

CBTC 系统由控制中心设备、车站设备、轨旁设备、车载设备及网络通信设备五大部分组成，各个部分的主要设备及功能如下：

(1)控制中心设备主要由 CBTC 系统中 ATS 子系统的设备构成，负责站场信息、列车信息的监督和对列车运行的控制功能。

(2)车站根据设备布置和功能需求的不同，分为设备集中站和非设备集中站两种类型。绝大多数的车站设备位于设备集中站，包括区域控制器设备、数据存储单元设备、计算机联锁设备、车站 ATS 设备等，负责联锁关系运算、移动授权计算、数据库及临时限速管理、车次号追踪等功能。

(3)轨旁设备主要包括应答器设备和计轴设备，主要功能为区段占用/空闲状态监测、列车定位及向列车发送后备模式下的移动授权信息等。

(4)车载设备主要包括车载控制器、测速测距设备、人机交互设备、应答器车载设备和无线车载设备，主要功能包括列车自动防护、列车自动驾驶及与司机进行人机交互。

(5)网络通信设备包括地面骨干通信网络和车地双向大容量通信网络两部分，负责 CBTC 系统各子系统间的高速、安全、实时数据传输。

作为一个结构复杂的分布式控制系统，CBTC 系统提供丰富且强大的功能，各子系统协同合作，实现保证行车安全、保护和辅助乘客、辅助列车运行、辅助驾驶及提供技术支持五大功能。

第三章　CBTC 系统关键技术

为了实现城市轨道交通安全、高效、大容量快捷、准点的运行，要求防护列车安全运行和辅助运营指挥的信号系统必须具备以下特性：

(1)安全性要求高，核心防护系统要求实现最高安全完善性等级(SIL4)。

(2)通过能力大，可实现小间隔、高密度运行(追踪间隔小于 90 s)。

(3)RAM 要求高，要求做到设备无故障或少故障，通过冗余等方式实现单点故障不影响列车运行，且设备故障修复准确迅速。

(4)自动化程度高，通过采用自动化的标准作业流程取代人员操作，减少人因错误导致的故障或系统运行延误。

CBTC 系统能够很好地满足上述要求，从而成为城市轨道交通运行控制系统的发展趋势。

第一节　列车空间分隔技术

行车间隔控制是信号系统防止列车相撞等危险事故的基本功能和有效方法，可分为时间分隔法和空间分隔法。时间分隔法是指列车按照事先规定好的时间由车站发车，前行列车和追踪列车之间保持一定时间间隔的行车方法。这种行车方法由于追踪列车不能确切地得到前行列车的运行状况，故不能确保列车在区间内的运行安全，目前已基本不使用。空间分隔法是把铁路划分为若干个区段，根据列车位置进行列车分隔，在每个区段内同时只准许一列列车运行的行车方法。这种行车方法能严格地使前行列车和追踪列车之间保持一定距离，把列车分隔在两个空间之内，从而有效地防止列车追尾和正面冲突。空间间隔方法是目前广泛使用的间隔控制方法。

铁路一般以车站(或线路所)为分界点将铁路划分为若干区间。单线以两个车站的进站信号机柱的中心线为车站与区间的分界线，而双线或多线则以各条线路的进站信号机柱或站界标的中心线为车站与区间的分界线。列车在区间内运行速度高、制动距离长且不能避让，因此列车由车站向区间发车时，必须确认区间内没有列车，并需遵循一定的规定和信号组织行车，以免发生列车正面冲突或追尾等事故。这种遵循一定规定，使用信号或凭证，来保证列车按照空间间隔制运行的技术方法，叫作闭塞行车法，简称闭塞。根据闭塞区段的大小及其实现方式，可分为固定闭塞、虚拟闭塞和移动闭塞。

一、固定闭塞

固定闭塞指两列运行列车之间的空间间隔是若干个长度固定的闭塞分区，地面一般设通过信号机，保证列车按照空间间隔制运行的技术方法。固定闭塞基本原则如下。

(1)不能授权列车进入已被另一列车占用的分区；

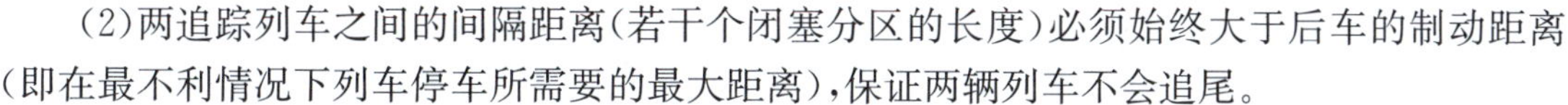

(2)两追踪列车之间的间隔距离(若干个闭塞分区的长度)必须始终大于后车的制动距离(即在最不利情况下列车停车所需要的最大距离),保证两辆列车不会追尾。

二、虚拟闭塞

虚拟闭塞是在地面闭塞中心(如无线闭塞中心 RBC)的线路数据库(电子地图)中以虚拟方式将区间划分为若干个“固定”闭塞分区,并设置虚拟信号进行防护。列车运行中,由车载定位系统确定列车的安全位置,并通过车地传输系统报告给地面闭塞中心。地面闭塞中心通过线路数据库(电子地图)查询列车并确定列车所占用的虚拟闭塞分区,进而按照上述闭塞分区以固定闭塞方式确定虚拟信号机“显示”,以此来控制列车追踪运行。

虚拟闭塞方式仍然属于固定闭塞,与传统固定闭塞不同的是不再利用实际的地面轨道占用检测设备(如轨道电路、计轴器等)将区间进行划分。

三、移动闭塞

固定闭塞或虚拟闭塞制式下,分区只能按线路运行性能最差列车的制动性能参数进行划分。通过轨道电路或计轴器等设备只能确定列车在哪个分区内,而无法知道其在分区内的具体位置。也就是说,固定闭塞中列车轨道占用是以分区为单位的,列车驶入分区就把整个分区“划归”给该列车占用,列车跨分区运行时甚至还同时占用了两个或多个分区,使得不同列车间的安全间隔较大,降低了运输效率和行车密度,影响了线路的使用效率。

实际上,列车在轨道上只是占用与其长度相同的轨道。为防止列车“追尾”和“相撞”事故,只需给列车“划分”与列车长度“相当”的、随列车运行而“移动”的轨道线路,后行列车即可以前行列车的尾部——移动的闭塞分区的“入口”为目标,实时与前车保持安全制动距离,就可以保证安全运行,这种闭塞分区随车移动的自动闭塞方式称为移动闭塞。显然,移动闭塞系统缩小列车间隔,提高列车追踪效率。

移动闭塞实现的前提是实时精确、安全地检测所有列车的运动状态,及时将前行列车的位置传送给后行列车作为运行终点,并确保后行列车可在所设定的运行终点前安全停车。因此,移动闭塞系统必须以精确安全的列车定位技术,双向、大容量车地通信技术,以及列车安全制动模型和间隔防护技术为保障,也就是说,必须采用基于通信的列车运行控制技术。

基于通信的列车运行控制(CBTC)系统是采用不依赖轨旁列车占用检测设备的列车主动定位技术和连续车地双向数据通信技术,通过能够执行安全功能的车载和地面处理器而构建的连续式列车自动控制系统。CBTC 系统是由 ZC、车地通信设备、车载控制设备以及相应的输入、输出设备构成的分布式控制系统,目标是实现列车车辆和线路资源的安全、高效利用,以尽可能低的成本和代价更快更好地完成旅客安全输送服务,可实现列车安全高效追踪,提高运输能力和运营服务质量。

CBTC 系统列车追踪示意图如图 3-1 所示。

与传统的信号控制系统相比,CBTC 系统的关键技术和主要优势如下。

(1)采用列车自主测速定位技术取代传统的通过检测轨道区段占用的方式来获取列车的实时位置和速度信息,列车定位不再局限于固定划分的轨道区段,而是可以随着列车运行实时检测列车位置(列车位置分辨率≤6.25 m,列车位置最大测量误差≤2%,用于 ATP 功能

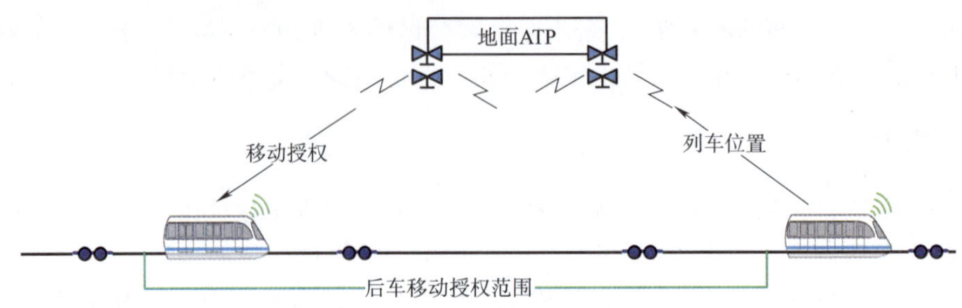

图 3-1　列车追踪示意

的列车测速误差≤3 km/h)，提高列车定位的精度和安全性，并为移动闭塞列车追踪提供基础。

(2)通过对全线列车进行排序，全过程实时监督轨道区段和基础设施的状态，并通过移动授权的方式将其使用权为各列车进行合理分配，确保列车运行的安全性和有序性。

(3)通过一次连续速度-距离曲线形式的列车安全制动模型实时计算列车紧急制动触发速度并对列车速度进行实时监督，确保列车追踪的安全性和高效性。

(4)采用无线通信方式取代轨道电路，实现车地双向、大容量的信息传输，既实现了信息传输的实时性，又减少了电缆敷设和维护成本，为移动闭塞列车追踪提供基础。

(5)通过车载和地面智能处理器和先进的软件技术，实现了列车的自动驾驶技术和多目标优化驾驶技术，并能够通过地面系统的操作实时对自动驾驶的目标进行调整。

(6)通过列车自动驾驶技术和列车运行规划以及列车制动系统的特性，实现列车运行的节能优化。

第二节　列车测速定位技术

精确、安全的列车自主测速定位是保证列车安全运行和高效追踪的基础，列车测速定位技术在 CBTC 系统中的作用主要体现在以下方面。

(1)区域控制器根据列车位置信息进行全线列车的正确排序，并根据相邻列车的位置信息和已排列的进路信息为列车分配合适的移动授权(即为后车确定合适的追踪目标点)，保证列车安全运行。

(2)ATP 车载设备根据收到的移动授权和列车安全制动模型计算紧急制动触发(Emergency Brake Intervention，简称 EBI)速度曲线，并实时比较当前列车实际速度和 EBI 速度的关系，对列车提供超速防护功能，避免列车速度超过最大允许的运行速度或列车位置超出允许的运行范围。

(3)ATO 设备可根据列车的位置和速度信息，根据运行目标和自动驾驶模型计算最优驾驶曲线，并依据曲线对列车控制命令进行调整。

综上所述，列车的速度和位置信息既用于列车间隔防护等安全功能，也用于列车自动驾驶等运营需求，因此既要保证列车测速定位的安全性，又要保证其准确性。

CBTC 系统需要为每个正常运行的列车确定速度、位置和运行方向信息，并能弥补列车速度和位置测量时的不准确带来的影响。列车自主测速定位技术可分为列车测速和列车定位两个部分，其中列车测速包括列车速度测量和测速误差估计，列车定位包括列车位移测量、列车绝对位置测量（相对于线路坐标系）和列车定位误差估计，如图 3-2 所示。

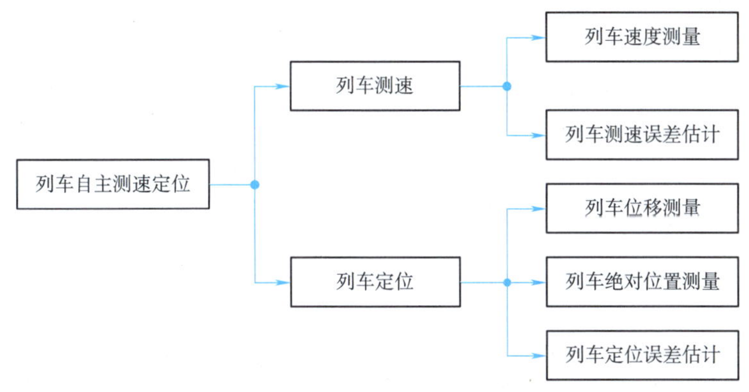

图 3-2　列车自主测速定位技术分类

根据列车位移、速度和加速度的积分关系[式(3-1)]，列车速度测量和列车位移测量技术可使用能够测量位移、速度和加速度三者之一或其任意组合的传感器。

$$\begin{cases} s = \int v\mathrm{d}t \\ v = \int a\mathrm{d}t \end{cases} \tag{3-1}$$

式中，s 为列车位移；v 为列车速度；a 为列车加速度。

列车定位技术的目标是在任意时刻获得列车在线路上的实时位置，其实现方法可使用能够实时获得列车绝对位置的传感器，也可以与列车位移测量技术相结合，在列车初始绝对位置基础上通过不断累加列车位移来获取列车的绝对位置，如式(3-2)所示。

$$S_n = S_{n-1} + \Delta S_n \tag{3-2}$$

式中，S_n 为任意时刻的列车绝对位置；S_{n-1} 为上一时刻的列车绝对位置；ΔS_n 为上一时刻开始至当前时刻的列车位移。

一、常用列车测速定位传感器

可用于列车测速的传感器有很多，本节对目前 CBTC 及相关系统中常用的测速传感器进行介绍。

（一）轮轴速度传感器

1. 轮轴速度传感器原理及应用

轮轴传感器是指安装在列车轮轴上，通过测量列车车轮的转动角速度进而获得列车运行线速度的传感器，目前轨道交通中普遍采用脉冲测速传感器。

脉冲测速传感器的优势如下。

(1)传感器的输出信号为脉冲信号，不易受外部噪声干扰，对测量电路无特殊要求。

(2)结构比较简单，成本低，性能稳定可靠。

脉冲速度传感器安装在列车轮轴上,轮轴每转动一周,传感器输出一定数目的脉冲,使脉冲频率与轮轴转速成正比。输出的脉冲经隔离和整形后直接输入计算机 CPU 进行频率测量,再经换算从而得出列车车轮转换的角速度,结合车轮周长可获得列车运行的线速度,其工作原理如图 3-3 所示。

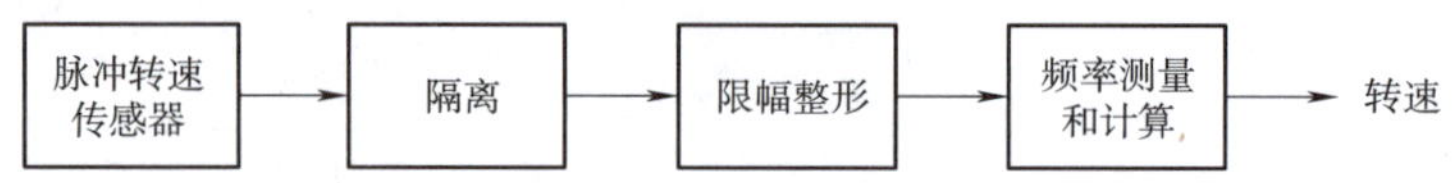

图 3-3　脉冲速度传感器工作原理

脉冲速度传感器在列车上的安装方式如图 3-4 所示。

图 3-4　脉冲速度传感器安装示意

脉冲速度传感器用于列车测速的基本工作原理为:利用车轮的周长作为"尺子"测量列车的走行距离,根据测量得到的列车走行距离测算出列车运行速度,其基本公式为

$$v=\phi\pi D=\frac{\Delta n}{N}\pi D \tag{3-3}$$

式中,D 为车轮直径;ϕ 为车轮转速;Δn 为单位时间内脉冲测速传感器输出的脉冲数;N 为转速传感器随车轮每旋转一圈发出的脉冲数。

从式(3-3)可以看出,列车速度的测量精度与车轮转速的测量精度以及车轮直径的测量精度均存在正比关系,因此采用轮轴速度传感器测量列车速度时必须同时保证两者的测量精度满足系统要求。列车车轮直径可以通过人工定期校正方式或者系统自动校正方式获得,而列车车轮转速的获取则必须通过传感器实时测量。

使用脉冲速度传感器的关键在于脉冲数量的测量,常用的方法有定时计数法(测频法)、定数计时法(测周法)和同步计数计时法(频率周期法)及其改进方法。定时计数法(测频法)在测量上有±1 的误差,低速时误差较大;定数计时法(测周法)也有±1 个时间单位的误差,在高速时误差较大;同步计数计时法综合了上述两种方法的优点,在整个测量范围都达到了很高的精度,误差率在万分之五以下的频率测量仪表(转速表、流量表、频率计)基本都是这种方法。

(1)定时计数法(测频法)

定时计数法(测频法)简称“F”法,系统设置固定的时间闸门 T,在 T 内计数接收到的脉冲数,根据计数值求出脉冲频率,如图 3-5 所示。

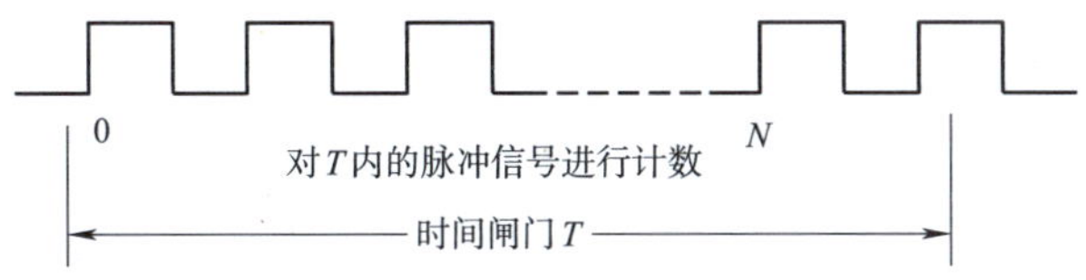

图 3-5　定时计数法(测频法)示意

测频法的测量误差取决于两点:一是闸门时间 T 的准确程度;二是计数值 N 的准确性,实际是±1 误差的大小,而计数精度 $E\propto\frac{1}{f_m T}$。

为减小误差,可以加大闸门时间 T 或提高被测脉冲的频率。根据以上特性,测频法主要用于测量高频信号。

(2)定数计时法(测周法)

定数计时法(测周法)简称“T”法,其时基信号为高频(与被测信号相比)脉冲,对被测信号一个周期内的时基脉冲进行计数,由计数值求出信号频率,如图 3-6 所示。

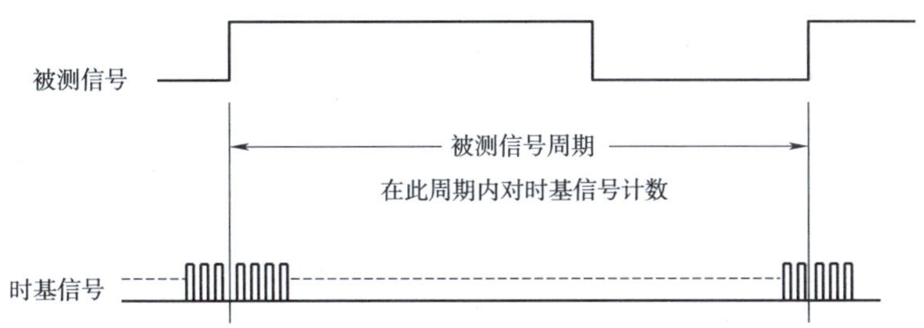

图 3-6　定数计时法(测周法)示意

设时基信号频率为 f,被测信号一个周期内的计数值为 N,则被测信号频率为

$$f_m=\frac{f}{N} \tag{3-4}$$

测周法的测量精度取决于两点:一是时基信号的频率精确度;二是计数值的准确性,即±1 误差的大小,而计数精度 $E\propto\frac{1}{fT_m}$。

为减小误差,可以提高时基信号的频率 f 或加大被测脉冲的周期 T_m,因此测周法主要用于测量低频信号。

(3)多周期法

多周期法,简称“MT”法,是在测周法的基础上提出的,其基本原理是根据被测信号频率范围的不同选择不同的被测信号周期数的方法,使总的计数时间与时基信号的周期相比很大,从而减小±1 误差,如图 3-7 所示。

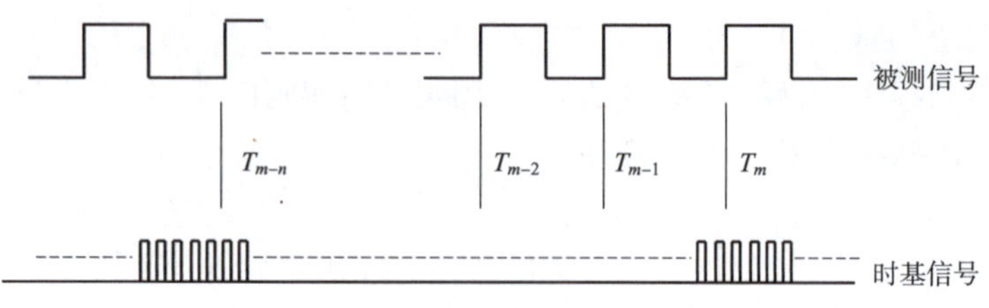

图 3-7　多周期法示意

计数时间为

$$\Delta T=nT=T_m-T_{m-n} \tag{3-5}$$

式中，ΔT 为计数时间；T 为被测信号的周期。

为保证低频至高频内都具有较高的测量精度，对不同的频率范围采用不同的计数时间，即令变量 n 与被测信号频率成正比。当 $n=1$ 时，多周期法转化为测周法。

(4)同步计数计时法

测频法和测周法适用于脉冲频率固定的场合，对于运动中的列车测速系统来说，脉冲频率是随时变化的，因此必须对上述方法加以改进，采用测频和测周相结合的办法，即"FT"法。

"FT"法的基本思路是设置一个时间闸门 T_s，在闸门时间内记下每一个脉冲的到来时刻，以及输入脉冲的个数，用最后一个脉冲到来的时刻减去第一个脉冲到来的时刻得到实际的时间闸门 T，根据 T 和统计的脉冲个数计算出脉冲频率。其示意图如图 3-8 所示。

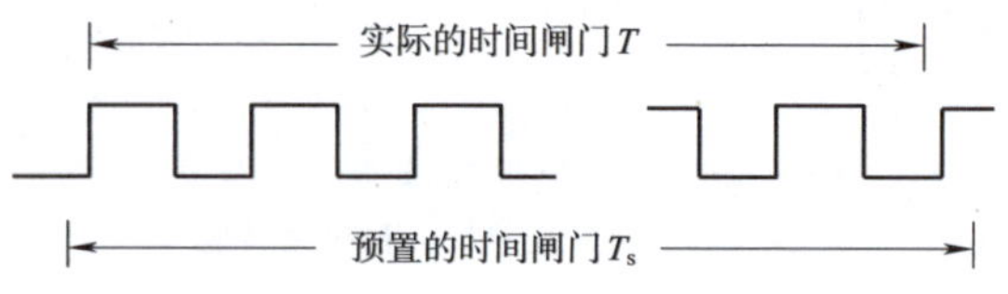

图 3-8　同步计时计数法(频率周期法)示意图

可设置软件定时器每隔 T_s 时间中断一次来处理脉冲(相当于测频法)，而实际处理时采用精确的 T 时间内统计的脉冲个数($n-1$)来计算脉冲频率(相当于测周法)，故称之为频率周期法。脉冲频率的计算式为

$$f_m=\frac{n-1}{T} \tag{3-6}$$

频率周期法要求在一个时间闸门内被测信号至少有两次正跳变，即时间闸门大于被测信号周期，因此这种方法对频率很低的信号仍不适用。但在满足上述条件的情况下，当在一个处理周期(时间闸门 T_s)内被测信号的频率变化不显著时，频率时间法的适用性很强，而且精度较高，误差与时钟频率 f_c 只有±1 的误差。

(5)改进的同步计时计数法(频率周期法)

改进的同步计时计数法(频率周期法)与原来的方法相比有两点不同：

①与实际的时间闸门 T 的定义不同。T 定义为本次处理周期内最后一个脉冲到来时刻与前一个处理周期内最后一个脉冲的到来时刻之差。

②在被测信号频率极低的情况下，通过增加处理周期数实现频率测量，这样就抛开了处理周期大于被测信号周期的限制，从而扩大了速度测量范围。

改进的频率周期法与原有方法相比，对高频信号的测量精度基本相同，低频信号时测量精度有所提高，图 3-9 是改进的频率周期法示意图。

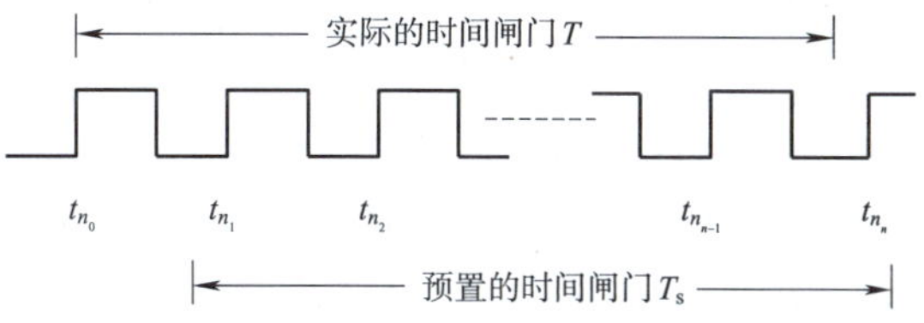

图 3-9　改进的同步计时计数法（频率周期法）

若在实际时间闸门 T 内测得 n 个脉冲周期，则脉冲频率的计算式为

$$f=\frac{n}{T}=\frac{n}{t_{n_n}-t_{n_0}} \tag{3-7}$$

改进的频率周期法误差与时钟频率 f_c 只有 ±1 的误差，与脉冲频率无关。设系统实时时钟的周期为 t_c，测量脉冲周期的相对误差约为 $\frac{t_c}{T}$。

由改进的频率周期法的基本原理可以看出，系统的测量精度和频率测量范围均与处理周期 T_s 有关。因此在软件编制过程中必须选择适当的处理周期，至少考虑以下因素：

(1)测速的实时性。处理周期过长，则测速系统的实时性差，测速的滞后时间过大，直接影响测速和系统控制的精度。

(2)测速范围（主要是低频一侧）。改进的 FT 法要求每 N 个处理周期内，至少有一个完整脉冲，因此，处理周期如果选择过小，会造成测速范围减小。

(3)测速精度。脉冲的测量精度与 T_s 有关，T_s 小则测量精度低。

(4)处理时间。在每个处理周期内，系统必须完成脉冲频率的计算、空转和滑行检测以及系统诊断。处理周期必须满足以上处理工作对时间的要求，否则会造成程序错乱，导致失败。

列车上的脉冲速度传感器能够计算出列车的行驶里程，根据列车在一维线路上的里程位置，可以确定列车的具体位置。在 t 时刻，由脉冲速度传感器测得的列车运行位置为

$$s_0(t)=\frac{n(t)-n(t-1)}{\Phi}\pi D \tag{3-8}$$

式中，$n(t)$ 为 t 时刻的脉冲数；$n(t)-n(t-1)$ 即为本周期内车轮累积脉冲数；Φ 为车轮每旋转一圈输出脉冲数；D 为轮径。

采用脉冲速度传感器进行列车测速的误差主要来自于两个方面：计数误差和轮径磨耗。其中，计数误差主要由车轮空转、滑行、蠕滑等造成；轮径磨耗是由于车轮磨损引起轮径变化，继而影响里程的计算。

空转较多发生在列车牵引时。由于列车是惯性体，其速度和加速度总是连续变化的，不可能发生突变，在正常情况下，车轮与钢轨接触面上的点的切线速度和加速度都应该与列车的速度和加速度是相等的。列车牵引时，当发动机（或电动机）供给车轮的角加速度很大，而车轮与钢轨之间又没有足够的摩擦力时，车轮就会空转，此时车轮与钢轨接触面上的点的切线速度和加速度都要比列车大得多。列车在运行中因轮轨摩擦力不足而打滑，其机理与启动时空转一致。

在列车运行过程中,车轮在不断地磨耗,特别是在列车实施紧急制动之后,车轮磨损更为明显。如果在计算车速的过程中一直使用预设的固定轮径,必然会引起较大的测量误差。如此则由测量得到的列车速度应当包含以下三部分:

$$v=v_R+v_P+v_D \tag{3-9}$$

式中,v_R为列车真实运行速度;v_P是因空转或滑行造成的轮对运行的速度误差,空转时为正,滑行时为负;v_D是车轮轮径误差对速度测量造成的影响。

同样,采用脉冲速度传感器进行列车定位的误差主要来自于计数误差和车轮磨损两个方面,t 时刻的列车运行位置 $s_o(t)$由以下三部分构成:

$$s_o(t)=s_r(t)+s_s(t)+s_d(t) \tag{3-10}$$

式中,$s_r(t)$为列车在 t 时刻的真实位置;$s_s(t)$为车轮空滑造成的影响,空转时会导致 $s_o(t)$增大,滑行时使其减小;$s_d(t)$为车轮轮径造成的误差。

2. 轮轴传感器分类

轮轴速度传感器按传感器与车辆的安装形式分为接触式和非接触式两类。

(1)接触式

接触式轮轴传感器与被测对象直接接触,当被测对象运动时,摩擦力带动接触式轮轴传感器的滚轮转动,从而使装在滚轮上的转动脉冲传感器发送出一连串的脉冲。每个脉冲代表着一定的距离值,从而就能测出线速度。

接触式轮轴传感器结构简单,使用方便。但是接触滚轮的直径是与被测对象始终接触着,滚轮的外周可能会磨损从而影响滚轮的周长。而每个传感器转动一圈的脉冲数又是固定的,因此会影响传感器的测量精度。

(2)非接触式

非接触式轮轴传感器与被测对象无直接接触,因而得到大规模的应用。根据非接触式测量的原理不同,常用的非接触式轮轴传感器主要有:光电式轮轴传感器、磁电式轮轴传感器、霍尔式轮轴传感器。

①光电式轮轴传感器

叶轮的叶片边缘贴有反射膜,流体流动时带动叶轮旋转,叶轮每转动一周光纤传输反光一次,产生一个电脉冲信号。可由检测到的脉冲数,计算流速。

光电式轮轴传感器由光电模块、光栅、外壳、传动轴、软性连接器、多芯防水插头及外附屏蔽电缆等组成。光电式轮轴传感器有单、双、3 和 4 个通道可供选择,其原理为通过轮轴转动带动光栅盘扫描,输出方波脉冲频率,每转输出固定数量的脉冲供机车电控系统对速度、方向、空转、打滑的检测。各模块通道间彼此隔离并带极性保护,输出短路也采取了保护措施,如图 3-10 所示。

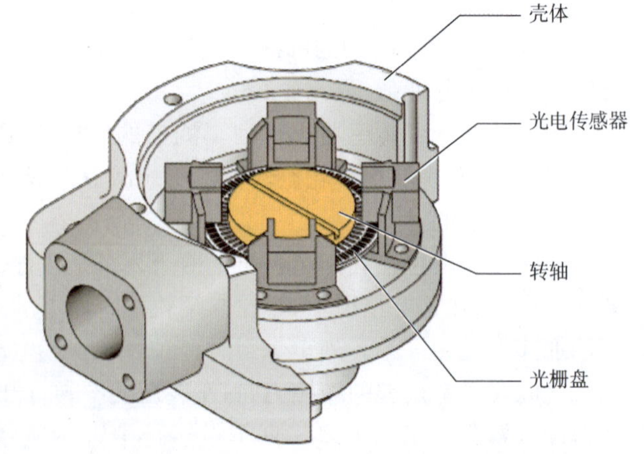

图 3-10　光电式轮轴传感器示意

②磁电式轮轴传感器

磁电式轮轴传感器由永磁性磁芯和线圈组成。磁力线从磁芯的一极出来，穿过齿圈和空气，返回到磁芯的另一极。由于传感器的线圈绕在磁芯上，因此，这些磁力线也会穿过线圈。当车轮旋转时，与车轮同步的齿圈（转子）随之旋转，齿圈上的齿和间隙依次快速经过传感器的磁场，其结果是改变了磁路的磁阻，从而导致线圈中感应电势发生变化，产生一定幅值、频率的电势脉冲。脉冲的频率，即每秒钟产生的脉冲个数，反映了车轮旋转的快慢，如图 3-11 所示。

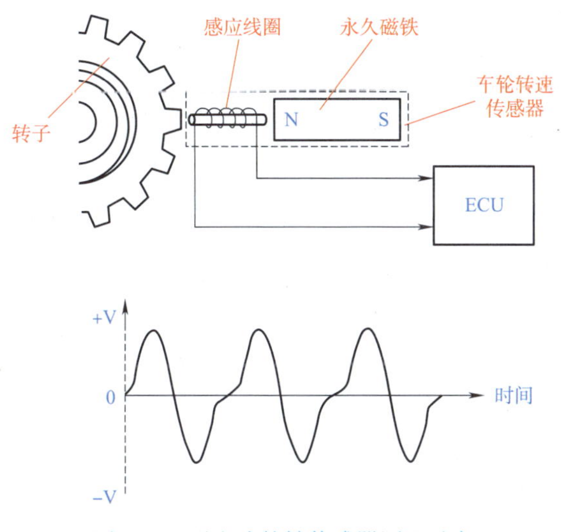

图 3-11　磁电式轮轴传感器原理示意

③霍尔式轮轴传感器

霍尔式轮轴传感器由传感头和齿圈组成。传感头由永磁体、霍尔元件和电子电路等组成，如图 3-12 所示。

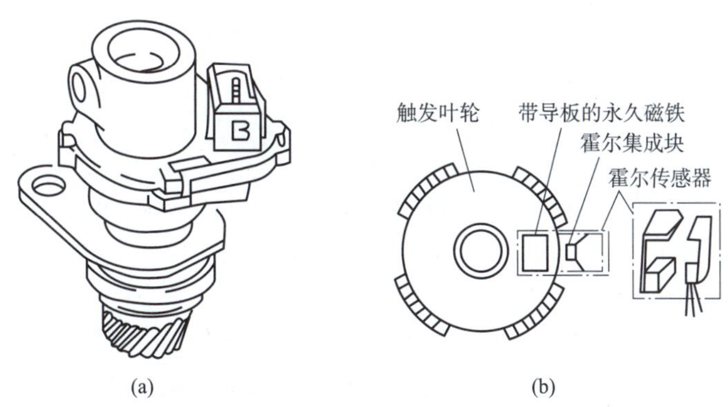

图 3-12　霍尔式轮轴传感器结构示意

霍尔式轮轴传感器利用霍尔效应原理，即在半导体薄片的两端通以控制电流，在薄片的垂直方向上施加磁感应强度为 B 的磁场，则在薄片的另两端便会产生一个大小与控制电流、磁感应强度 B 的乘积成正比的电势，这就是霍尔电势。

用霍尔元件作为列车车轮转速传感器时，多采用磁感应强度 B 作输入信号，通过磁感应

强度 B 随轮速变化，产生霍尔电势脉冲，经霍尔集成电路内部的放大、整形、功放后，向外输出脉冲序列，其空占比随转盘的角速度变化而变化。齿盘的转动交替改变磁阻，引起磁感应强度变化，即可测取传感器输出的霍尔电势脉冲。

如图 3-13 所示，永磁体的磁力线穿过霍尔元件通向齿轮，齿轮相当于一个集磁器。

a. 当齿轮位于图(a)所示位置时，穿过霍尔元件的磁力线分散，磁场相对较弱。

b. 当齿轮位于图(b)所示位置时，穿过霍尔元件的磁力线集中，磁场相对较强。

c. 齿轮转动时，使得穿过霍尔元件的磁力线密度发生变化，因而引起霍尔电压的变化，霍尔元件将输出一个 mV 级的准正弦波电压，此信号再经过电子电路转换成标准的脉冲电压。脉冲的频率，即每秒钟产生的脉冲个数，反映了车轮旋转的快慢，因此通过测量脉冲的频率即可得知车轮转速。

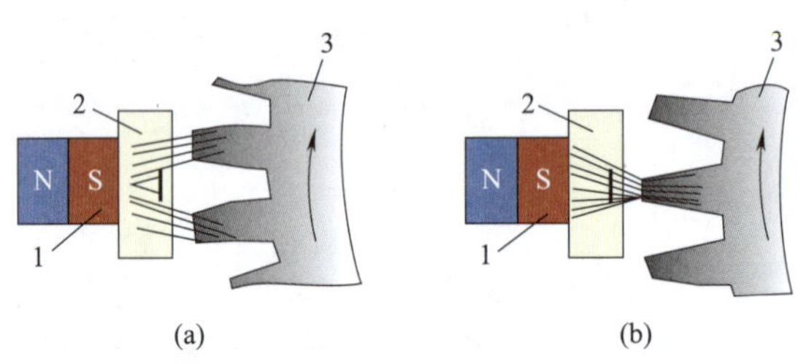

图 3-13 霍尔式轮轴传感器原理示意

1—永磁体；2—霍尔元件；3—齿轮

(二)多普勒雷达

为了防止车轮空转打滑对轮轴速度传感器的影响，可在列车上安装多普勒雷达测速传感器进行列车速度和位置的精确测量。多普勒雷达测速传感器依据的基本原理是多普勒效应。多普勒效应的原理是：波是由频率及振幅所构成，而无线电波是随着波而前进的。当无线电波在行进的过程中，碰到物体时，该无线电波会被反射，而且反射回来的波，其频率及振幅都会随着所碰到的物体的移动状态而改变。若无线电波所碰到的物体是固定不动的，那么所反射回来的无线电波其频率是不会改变的。然而，若物体是朝着无线电线发射的方向前进时，此时所反射回来的无线电波会被压缩，因此该电波的频率会随之提高；反之，若物体是朝着远离无线电波方向行进时，则反射回来的无线电波的频率会随之降低。例如，远方疾驶过来的火车鸣笛声变得尖细(即频率变高，波长变短)，而离去的火车鸣笛声变得低沉(即频率变低，波长变长)，就是多普勒效应的现象，这一现象最初是由奥地利物理学家多普勒 1842 年发现的。

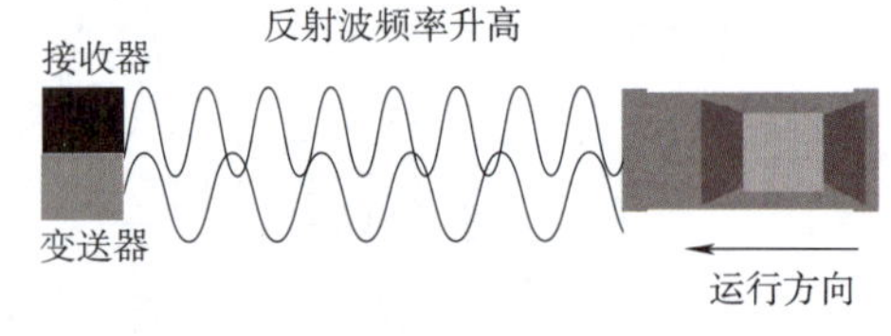

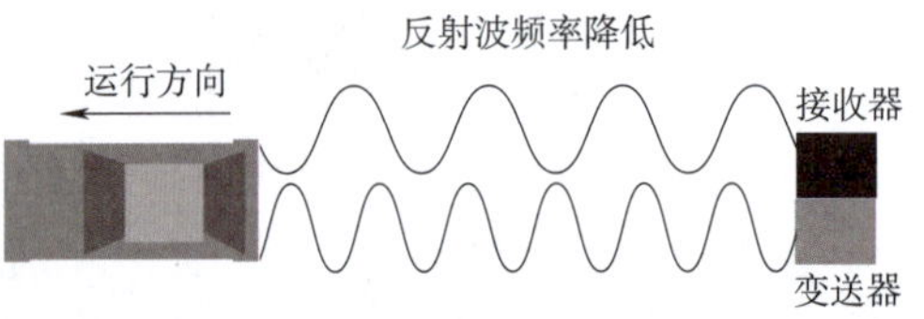

图 3-14 多普勒效应的基本原理

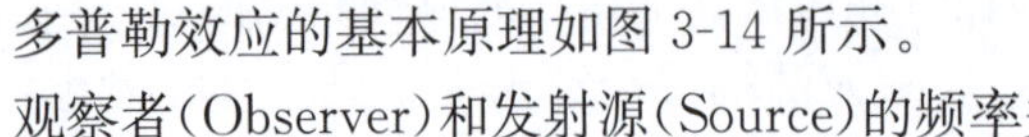

多普勒效应的基本原理如图 3-14 所示。

观察者(Observer)和发射源(Source)的频率关系为

$$f'=\left(\frac{v\pm v_o}{v\mp v_s}\right)f \tag{3-11}$$

式中，f'为观察到的频率；f为发射源于该介质中的原始发射频率；v为波在该介质中的行进速度；v_o为观察者相对于介质的移动速度，若接近发射源则前方运算符号为＋号，反之则为－号；v_s为发射源相对于介质的移动速度，若接近观察者则前方运算符号为－号，反之则为＋号。

多普勒雷达利用多普勒效应进行测速测距，多普勒雷达安装在列车底部，如图 3-15 所示。

图 3-15　多普勒雷达示意

雷达发射一固定频率的脉冲波对空扫描时，由于机车和轨面之间有相对运动，根据多普勒频移效应原理，回波的频率与发射波的频率出现频率差，称为多普勒频率。根据多普勒频率的大小，可测出目标对雷达的径向相对运动速度；根据发射脉冲和接收的时间差，可以测出目标的距离。基于多普勒雷达的列车测速原理如图 3-16 所示。

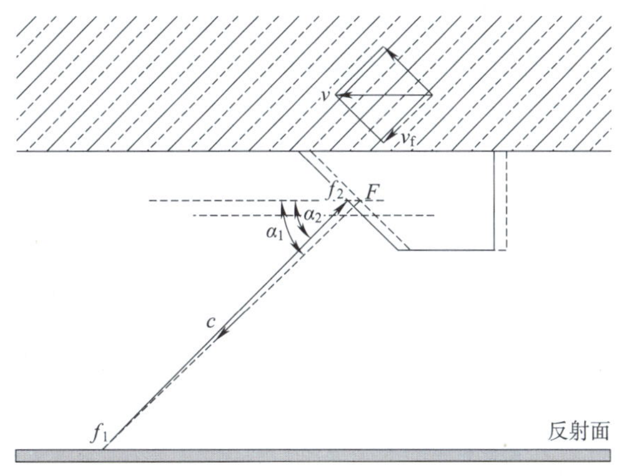

图 3-16　基于多普勒雷达的列车测速原理

雷达发射电磁波的频率为 F，在介质中的传播速度为 c，发射角为 α_1，当雷达以速度 v 平行于反射面运动(反射面静止)，则在反射面接收到的波频率为

$$f_1=F\frac{c}{c-v\cos\alpha_1} \tag{3-12}$$

而此时反射面把波反射回去，相当于波源(静止)，雷达接收反射回来的波，相当于观察者(平行反射面速度为 v)，由于雷达的运动，入射角为 α_2，则雷达接收到的波频率为

$$f_2=f_1\frac{c+v\cos\alpha_2}{c}=F\frac{c+v\cos\alpha_2}{c-v\cos\alpha_1} \tag{3-13}$$

发射波与接收波的频移为

$$f_r=f_2-F=F\left(\frac{c+v\cos\alpha_2}{c-v\cos\alpha_1}-1\right)=F\frac{v(\cos\alpha_2+\cos\alpha_1)}{c-v\cos\alpha_1} \tag{3-14}$$

由于雷达运动的速度 v 远远小于电磁波的速度 c，可以近似认为入射角 $\alpha_2\approx\alpha_1$，则频移为

$$f_r\approx F\frac{2v\cos\alpha_1}{c-v\cos\alpha_1} \tag{3-15}$$

将上式展为泰勒级数，并舍去高次项，可得

$$\hat{f}_r \approx F\frac{2v\cos\alpha_1}{c} \tag{3-16}$$

也就是说,发射波与入射波之间的频移$\hat{f}_r$与雷达的速度v沿发射波方向的分量的大小成正比。如果发射角α_1固定,则频移$\hat{f}_r$就与雷达速度v成正比,只要量测出频移$\hat{f}_r$的值,就可以计算出雷达的运动速度v。由于雷达安装位置偏差以及列车走行时的振动将导致雷达测速误差。

(三)惯性导航系统

惯性导航系统(Inertial Navigation System,简称 INS)是一种自主式全天候导航系统,其工作时不需要任何外来信息,仅依靠系统本身就能在全天候条件下进行连续的三维空间定位和定向。正由于其工作的自主性、信息的全面性,惯性导航系统在航空航天、航海以及陆地导航等许多领域得到广泛运用,成为一种主要的导航定位手段。

惯性定位的基本工作原理是以牛顿力学定律为基础,利用一组加速度计连续地进行测量,然后从中提取运动载体相对某一选定的导航坐标系(可以是人工建立的物理平台,也可以是计算机存储的"数学平台")的加速度信息。通过一次积分运算(载体的初始速度已知)便得到载体相对导航坐标系的即时速度信息。

$$\begin{cases} v_e(t_k) = v_e(t_0) + \int_{t_0}^{t_k} a_e \mathrm{d}t \\ v_n(t_k) = v_n(t_0) + \int_{t_0}^{t_k} a_n \mathrm{d}t \\ v_u(t_k) = v_u(t_0) + \int_{t_0}^{t_k} a_u \mathrm{d}t \end{cases} \tag{3-17}$$

对速度再通过一次积分运算(载体初始位置已知)即可得到载体相对导航坐标系的即时位置信息。

$$\begin{cases} \lambda = \lambda_0 + \int_{t_0}^{t_k} \frac{v_e}{(h+N)\cos\phi} \mathrm{d}t \\ \phi = \phi_0 + \int_{t_0}^{t_k} \frac{v_n}{M+h} \phi \, \mathrm{d}t \\ h = h_0 + \int_{t_0}^{t_k} v_u \mathrm{d}t \end{cases} \tag{3-18}$$

采用惯性导航的列车定位中,则需要在获得列车实时三维位置后,对其进行坐标变换,得出列车的一维距离信息及其相对位置,从而用于列车控制。

从上述定位原理可以看出,用于列车定位的一个完整的惯性导航系统应包括以下部分:

(1)加速度计,用来测量载体运动的加速度。

(2)陀螺稳定平台,模拟一个导航坐标系,把加速度计的测量轴稳定在导航坐标系,并用模拟的方法给出载体的姿态和方位信息。

(3)导航计算机,完成导航计算和平台跟踪回路中指令角速度信号的计算。

常用的惯性测量器件如图 3-17 所示。

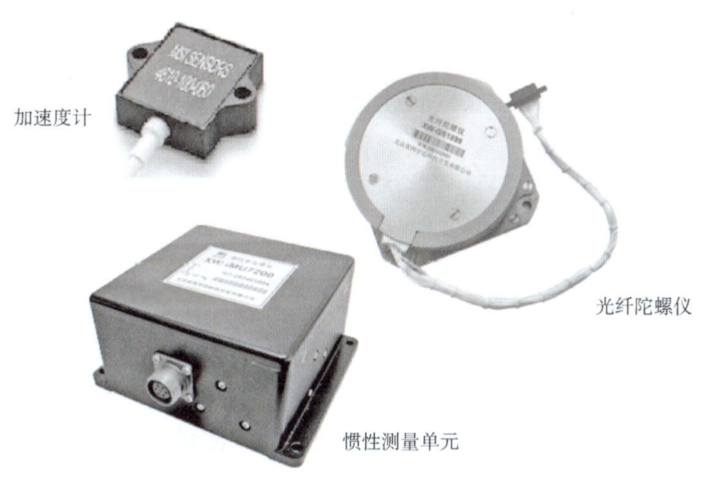

图 3-17　常用的惯性测量器件示意

(四)基于卫星的列车测速定位技术

全球导航卫星系统(Global Navigation Satellite System,简称 GNSS)能够在全球范围内提供精确的、适时的定位导航服务。目前民用的卫星导航系统包括美国的 GPS、俄罗斯 GLONASS、欧洲的伽利略(Galileo)以及中国的北斗卫星定位导航系统。

GNSS 通过导航卫星提供定位服务。GNSS 接收机接收导航卫星发送的导航定位信号,以导航卫星作为动态已知点,实时地测定解算出接收机当前的位置、速度和时间(PVT)。GNSS 的显著特点是高精度和低成本,且误差不随时间积累。

基于卫星的列车测速定位原理如图 3-18 所示,以 GPS 为例,卫星不间断地发送自身的星历参数和时间信息,车载接收机接收到这些信息以后,经过计算求出接收机的位置、速度及时间信息。

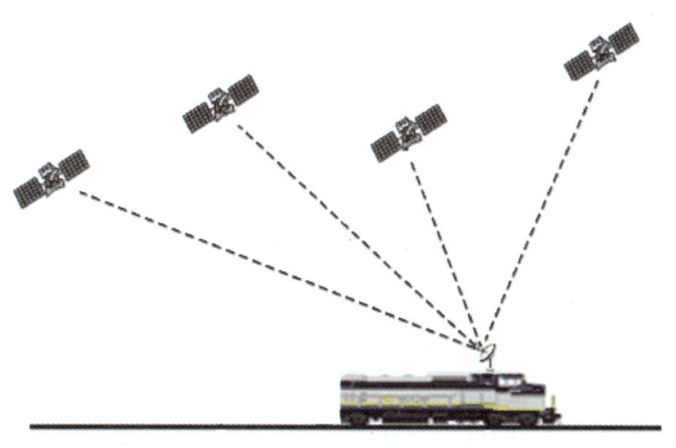

图 3-18　基于卫星的列车测速定位原理

测量卫星发射电波至接收机接收到电波的时间差 τ,乘以光速 c 即可求得距离 ρ,即

$$\rho=c\cdot\tau=c(t_{r}-t_{s}) \tag{3-19}$$

式中,t_r、t_s分别为接收机接收时刻和卫星发射电波的时刻。由于卫星的时钟和接收机时钟不同步,存在钟差,因此需要对上面的距离进行修正,加入卫星钟差的改正

$$\rho'=c\cdot\tau'=c(t_{r}-t_{s})+c\Delta t_{r} \tag{3-20}$$

一般很难以足够的精度测定接收机的钟差,因此可以把它作为一个待定参数与接收机的位置坐标一并解出。将上式写为

$$\rho'=\sqrt{(X-X_j)^2+(Y-Y_j)^2+(Z-Z_j)^2}+c\Delta t_{r} \tag{3-21}$$

式中,X_j、Y_j、Z_j表示第j颗卫星在地球协议坐标系中直角坐标,它们可以利用卫星发播的导航电文计算得到,故可以看作已知量;而X、Y、Z为列车在同一坐标系下的位置,与接收机钟差同为待求量;公式中共4个未知数,因此只需对4颗卫星进行观测,即可通过解算得到列车的三维位置,进而计算出列车在一维定位坐标系下的里程位置(列车在轨道上的位置)。

由于卫星定位过程中不可避免地包含误差,为了更有效地提高列车定位精度,一个有效的解决方案是采用差分技术,即在一个测站对两个目标的观测量、两个测站对一个目标的观测量或一个测站对一个目标的两次观测量之间进行求差,从而消除公共项(包括公共误差和公共参数),使定位精度得到进一步的提高。青藏线ITCS就采用了这一方式。

采用GNSS技术进行列车定位的主要优势在于:

(1)GNSS技术有助于降低列车运行控制系统成本。采用GNSS技术进行列车定位,可以去除轨旁信号机,减少轨道电路以及计轴设备,减少应答器,去除传统的联锁设备、闭塞设备、道口设备以及相关的电缆,等等。辅以无线通信方式,实现由列车控制中心统一控制必需的轨旁设备,最终实现车站无人值守,减少维护费用。

(2)GNSS技术可以提高列车定位的性能。常用的里程计定位性能易受打滑、抱死的影响,而采用GNSS技术的列车定位则不存在此问题,并且误差不随时间累积。

(3)GNSS技术易于实现不同列车控制系统的互操作。列车在装备多种制式的控制系统采用GNSS技术构建列车定位系统符合现代列车控制的要求,有着极大的优势。

但是应用基于GNSS的列车定位方法存在易受卫星信号遮挡影响、输出频率较低,且其使用易受人为干扰和控制等问题。

(五)多传感器信息融合

为了保证列车测速的精确性和安全性,避免单一传感器测量误差、使用限制或故障带来的严重影响,需要采用多传感器信息融合的方式进行列车速度测量,充分发挥不同传感器的优势,实现列车速度的精确测量。

多传感器信息融合技术是针对一个系统使用多种传感器这一问题而展开的一种关于数据处理的研究,它利用多个传感器获得的多种信息,得出对环境或对象的全面、正确认识,克服单一传感器给系统带来的误报风险大、可靠性和容错性低的缺点。多传感器信息融合的作用主要体现在:提高整个系统的容错能力、信息的可信度、空间和时间的覆盖范围,增大目标特征矢量的维数;同时降低获得信息的费用并且缩短获得信息的时间,因此多传感器信息融合可以提高整个融合系统的性能。多传感器信息融合需要完成同源、同质、非同源、非同质的测量信号融合。

图3-19为多传感器信息融合示意,传感器之间的冗余信息增加了系统的可靠性和安全性,传感器之间的互补信息则扩展了单一传感器的性能。

常用信息融合算法分类如下。

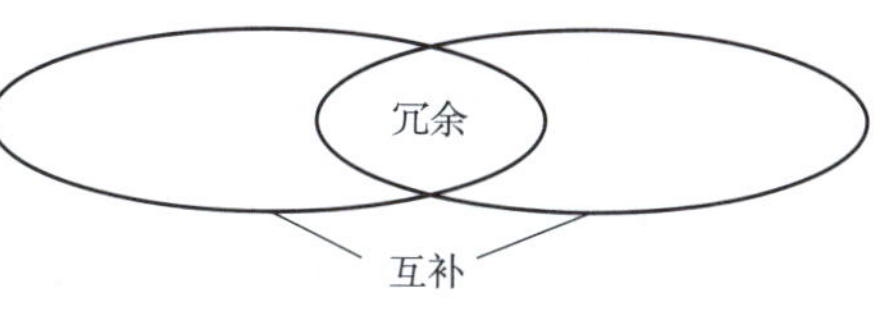

图 3-19　多传感器信息融合示意

融合算法是信息融合实现的基础工具。对于同源同质传感器信号的融合与非同源或和非同质传感器信号的融合，融合算法可能属于完全不同的研究领域。现有的融合算法基本可以分成以下 4 类：

(1)基于量测信号的数值算法

该方法的特点是基于多个传感器的量测信号，通过融合实现状态估计，包括非回归形式的加权平均、最小二乘法、回归形式的 Kalman 滤波、扩展 Kalman 滤波等状态估计方法。

(2)基于统计的方法

该方法的特点是利用多源数据的统计特性，目标是模式的分类，所以该方法基本属于统计模式分类的一些算法，包括聚类分析、参数化模板、学习矢量量化、K-平均聚类、自适应共振理论(ART)、ARTMAP、模糊 ART 网络等。

(3)基于不确定性测度的算法

该方法是统计推断的延伸，是基于各种不确定性测度条件下的融合方法，包括 Dempster-Shafer 理论、Bayes 规则、模糊逻辑等。

(4)基于人工智能的算法

该方法主要是利用人工智能的学习机制和推理机制实现对不确定性数据源的学习和基于学习进行推理，包括统计学习、人工神经网络，遗传算法等。

在选择足够数量的合适的传感器用于信息融合的基础上，选用适当的融合算法才能发挥多传感器信息融合技术的优势，是提高测速精度的关键。尽管这些融合算法本身已经在其他领域得到广泛应用并具有相对完整的理论体系基础，但是应用于信息融合领域时，针对不同来源甚至不同质的数据或者信息实现融合时，仍有不少问题值得研究。在列车测速定位研究中，目前比较流行的有加权平均法、卡尔曼(Kalman)滤波法等。下面对卡尔曼滤波法进行介绍。

卡尔曼滤波(Kalman filtering)是一种利用线性系统状态方程，通过系统输入输出观测数据，对系统状态进行最优估计的算法。

由于观测数据中包括系统中的噪声和干扰的影响，所以最优估计也可看作是滤波过程。数据滤波是去除噪声还原真实数据的一种数据处理技术，卡尔曼滤波在测量方差已知的情况下能够从一系列存在测量噪声的数据中，估计动态系统的状态。由于它便于计算机编程实现，并能够对现场采集的数据进行实时的更新和处理，卡尔曼滤波是目前应用最为广泛的滤波方法，在通信、导航、制导与控制等多领域得到较好的应用。

一般来说，根据观测数据对随机量进行定量推断就是估计问题，特别是对动态行为的状态估计，能实现实时运行状态的估计和预测功能。受噪声干扰的状态量是个随机量，不可能测得精确值，但可对它进行一系列观测，并依据一组观测值，按某种统计观点对它进行估计，使估计值尽可能准确地接近真实值，这就是最优估计。真实值与估计值之差称为估计误差。若估计值的数学期望与真实值相等，这种估计称为无偏估计。卡尔曼提出的递推最优估计理论，采用状态空间进行描述，算法采用递推形式，能够处理多维和非平稳的随机过程，是一种最优化自回归数据处理算法，适用于线性、离散和有限维系统。

如果存在一个离散控制过程的系统，可用一个线性随机微分方程(Linear Stochastic

Difference equation)来描述其状态方程为

$$\boldsymbol{X}_{(k)}=\boldsymbol{A}\times X_{(k-1)}+\boldsymbol{B}\times \boldsymbol{U}_{(k)}+\boldsymbol{W}_{(k)} \tag{3-22}$$

系统的测量值可表述为如下观测方程

$$\boldsymbol{Z}_{(k)}=\boldsymbol{H}\times \boldsymbol{X}_{(k)}+\boldsymbol{V}_{(k)} \tag{3-23}$$

式(3-22)、式(3-23)中,$\boldsymbol{X}_{(k)}$是k时刻的系统状态,$\boldsymbol{U}_{(k)}$是k时刻对系统的激励。$\boldsymbol{A}$和$\boldsymbol{B}$是系统参数,对于多模型系统,它们为矩阵。$\boldsymbol{Z}_{(k)}$是k时刻的测量值,$\boldsymbol{H}$是测量系统的参数,对于多测量系统,$\boldsymbol{H}$为矩阵。$\boldsymbol{W}_{(k)}$和$\boldsymbol{V}_{(k)}$分别表示过程和测量的噪声,它们被假设成高斯白噪声(White Gaussian Noise),协方差(covariance)分别是$\boldsymbol{Q}$、$\boldsymbol{R}$(假设不随系统状态变化而变化)。

使用卡尔曼滤波法进行多传感器信息融合来估算系统最优化输出的方法和步骤如下:

(1)利用系统的过程模型,根据系统的上一状态来预测当前状态$\boldsymbol{X}_{(k|k-1)}$。

$$\boldsymbol{X}_{(k|k-1)}=\boldsymbol{A}\times X_{(k-1|k-1)}+\boldsymbol{B}\times U_{(k)} \tag{3-24}$$

式中,$\boldsymbol{X}_{(k|k-1)}$是利用上一状态对当前状态的预测结果,$\boldsymbol{X}_{(k-1|k-1)}$是上一状态最优化估计的结果,$\boldsymbol{U}_{(k)}$为当前状态的控制量。

(2)更新对应于系统当前状态的预测结果$\boldsymbol{X}_{(k|k-1)}$的协方差$\boldsymbol{P}_{(k|k-1)}$。

$$\boldsymbol{P}_{(k|k-1)}=\boldsymbol{A}\times \boldsymbol{P}_{(k-1|k-1)}\times \boldsymbol{A}^{\mathrm{T}}+Q \tag{3-25}$$

式中,$\boldsymbol{P}_{(k|k-1)}$是对应于当前状态的预测结果$\boldsymbol{X}_{(k|k-1)}$的协方差,$\boldsymbol{P}_{(k-1|k-1)}$是对应于上一状态的最优化估计结果$\boldsymbol{X}_{(k-1|k-1)}$的协方差,$\boldsymbol{A}^{\mathrm{T}}$表示$\boldsymbol{A}$的转置矩阵,$\boldsymbol{Q}$是系统过程的协方差。至此已经完成对当前状态的预测结果。

(3)根据对当前状态的预测$\boldsymbol{X}_{(k|k-1)}$和当前状态的测量值$\boldsymbol{Z}_{(k)}$,得到对当前状态的最优化估计值$\boldsymbol{X}_{(k|k)}$。

$$\boldsymbol{X}_{(k|k)}=\boldsymbol{X}_{(k|k-1)}+\boldsymbol{K}_{g(k)}\times(\boldsymbol{Z}_{(k)}-\boldsymbol{H}\times \boldsymbol{X}_{(k|k-1)}) \tag{3-26}$$

式中,$\boldsymbol{K}_g$为卡尔曼增益(Kalman Gain),其满足:

$$\boldsymbol{K}_{g(k)}=\boldsymbol{P}_{(k|k-1)}\boldsymbol{H}^{\mathrm{T}}/(\boldsymbol{H}\times \boldsymbol{P}_{(k|k-1)}\times \boldsymbol{H}^{\mathrm{T}}+\boldsymbol{R}) \tag{3-27}$$

至此已经完成对当前状态的最优化估计。

(4)更新对应于系统当前状态的最优化估计值$\boldsymbol{X}_{(k|k)}$的协方差$\boldsymbol{P}_{(k|k)}$,以使卡尔曼滤波器能够持续运行下去直到系统过程结束。

$$\boldsymbol{P}_{(k|k)}=(\boldsymbol{I}-\boldsymbol{K}_{g(k)}\boldsymbol{H})\boldsymbol{P}_{(k|k-1)} \tag{3-28}$$

式中,$\boldsymbol{I}$为单位矩阵,对于单模型单测量,$\boldsymbol{I}=1$。

当系统进入下一状态时,对应于当前状态的$\boldsymbol{P}_{(k|k)}$就是对应于下一状态的$\boldsymbol{P}_{(k-1|k-1)}$。这样,算法就可以自回归地运算下去,直到系统过程结束。

二、多传感器信息融合列车测速技术

目前可用于列车测速的传感器很多,包括可用于直接测量列车车轮转动角速度的轮轴传感器,可用于测量列车移动速度和位移的多普勒雷达,可通过测量列车位置并进行差分获得列车速度和位置的GPS、北斗等卫星测速定位技术,可通过测量列车加速度并通过积分的方式获得列车速度的加速度计等。但传感器在测量过程和信息传输过程中不可避免地会受到外来干扰和内部噪声的影响,使得测量精度下降,而且容易造成误差的累计,如轮轴传感器在对列车速度的测量更加精确但容易受车轮空转或打滑的影响,多普勒雷达不受车轮空转或打滑的影响但在列车低速时测量误差较大且易受环境变化的干扰等。每种传感器均存在不同程度的测量误差和使用限制，无法满足CBTC系统全生命周期高可靠精确安全定位的要求，因此需要采用多传感器信息融合的方式进行列车速度测量，充分发挥不同传感器的优势，得到较单一测速传感器更加精确的列车运行速度。

为了提高列车速度测量的精度和测速系统的可靠性，CBTC系统采用多传感器信息融合的方式进行列车测速，该技术能够结合不同传感器的优点，弥补各自的缺点，通过冗余互补的方式提供更加可靠、精确的列车速度信息并估计测速误差。基于多传感器信息融合的列车测速方法的信息融合结构如图3-20所示。

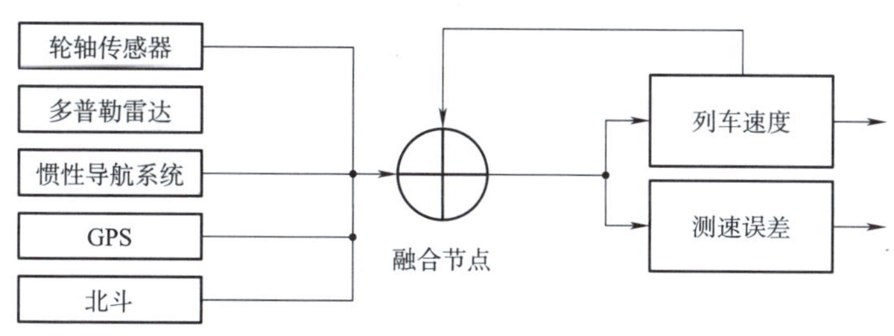

图3-20　基于多传感器信息融合的列车测速方法的信息融合结构

在具体应用中可以使用图3-20中所示传感器种类中的全部或几种，也可以使用其他类似的传感器进行信息融合。列车速度由测量速度估计值及测速误差估计值组成，如式(3-29)所示。

$$v=\bar{v}\pm\Delta v \tag{3-29}$$

式中，v为列车速度；$\bar{v}$为列车测量速度估计值；Δv为测速误差估计值。

多传感器信息融合过程是根据各基本传感器速度测量值和误差估计值，按照一定的融合算法计算列车速度估计值和测速误差估计值的过程，最终的测量结果取决于各传感器的测量值及其在不同场景下的权重。以图3-20为例，测量结果如下所示。

$$v=[\beta_1,\beta_2,\cdots,\beta_n]\times[v_1,v_2,\cdots,v_n]^{\mathrm{T}} \tag{3-30}$$

式中，$\beta_1,\beta_2,\cdots,\beta_n$为各传感器的信息分配权重系数，在不同场景下可以取不同数值；$v_1,v_2,\cdots,v_n$为各传感器的测量结果，包括速度估计值和测速误差估计值。

在利用多传感器信息融合技术进行列车速度测量时，各传感器同时将测量结果送到测速信息融合处理单元。测速信息融合处理单元需要将不同传感器测量的数据进行融合计算和误差修正，消除噪声干扰，以获得精确的列车运行速度。以卡尔曼滤波信息融合算法为例，测速信息融合处理单元按照先分散处理，再全局融合的思想，将多个测速传感器测量信息作为输入，以融合后的全局最优估计值作为系统的输出。该方法具有设计灵活，计算量小、容错性能好等特点，不仅能提高融合精度，而且在某一传感器故障的状态下仍然能够保证输出信号的精确度。对应于图3-20的多传感器信息融合列车测速方法信息处理步骤如图3-21所示。

图3-21中，列车测速信息融合系统由5个局部处理单元(子滤波器)和1个主处理单元(卡尔曼主滤波器)构成。各局部处理单元之间相互独立、并行工作，各测速传感器分别向测速信息融合单元提供原始测量数据。各局部处理单元将传感器测量数据进行局部处理，将得到的局部状态估计和估计误差送给主处理单元，主处理单元再将局部处理结果进行融合，得到全局最优估计。在此过程中，主处理单元根据信息分配原则，将初始状态信息、公共测量信息及动态噪声信息作为先验信息，分配给各局部处理单元，以得到各局部最优融合估计。

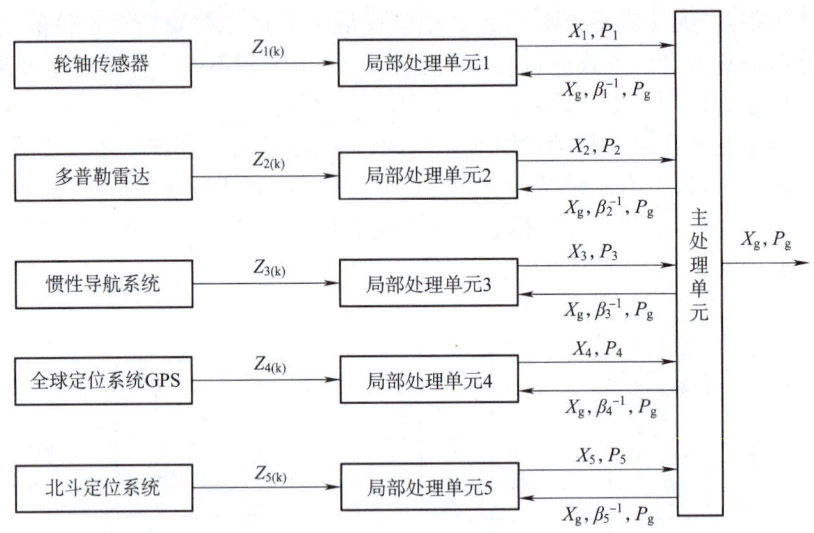

图 3-21　多传感器信息融合测速方法信息处理步骤

三、列车精确定位技术

列车精确定位技术是指对列车在线路上的位置进行估计，并确保位置估计的误差在规定范围内的技术。目前应用比较普遍的列车定位技术是采用列车自主定位与地面定位校正相结合的技术。

列车自主定位技术的关键可分为：

(1)测量并累加列车周期位移(相对位置)。

(2)列车获得初始定位(线路上的绝对位置)。

(3)在列车初始定位的基础上，结合周期位移的累加，实现列车持续定位。

(4)接收到地面定位信息时，对列车自主定位结果进行校正。

1. 列车位移测量

列车位移测量有两种方法：一是根据列车速度测量结果经过积分的方式计算出位移；二是通过某些传感器直接获得列车的位移信息。

2. 列车初始定位

列车位置信息应包括列车头及车尾的位置，因此系统在表示列车的位置时隐含了列车的实际长度信息。列车位置表示为

$$TL=[HL,RL] \tag{3-31}$$

式中，TL 表示列车位置，是由列车车头位置到列车车尾位置形成的区间；HL 表示列车车头位置；RL 表示列车车尾位置。实际工程中为了简化，也经常将列车车头位置简称为列车位置(下文中未做特别说明的地方，列车位置均代表列车车头位置)。

当列车经过一个地面固定位置铺设的绝对位置校正设备(如应答器或信标等，下文统称为应答器)时，车载 ATP 系统会接收到一个用于识别的应答器报文，并可通过在列车中存储的电子地图查询到此应答器的相关信息。列车的初始位置通常在经过两个连续的应答器后获得。当列车经过两个连续的应答器后，车载 ATP 系统可以根据数据库里存储的应答器信息获得列车的运行方向和位置信息，其中列车的运行方向为两个连续应答器的连接方向，列车的

位置为列车接收到第二个应答器时的位置与列车接收到应答器后的位移之和，即

$$HL = S_{bali} + S_{run} + D + d \tag{3-32}$$

式中，HL 为列车车头位置；S_{bali} 为第二个应答器的位置；S_{run} 为列车接收到第二个应答器后的位移；D 为应答器天线到列车车头的距离；d 为应答器辐射范围。

列车初始定位误差与应答器的安装和测量误差，列车位移的测量误差，应答器天线到列车车头的距离测量误差及应答器辐射范围的误差有关，在工程中通常按最不利情况取上述误差叠加后的固定值。

列车车尾位置根据列车车头位置和实际列车车长计算获得，见式(3-33)。

$$RL = HL - L_{train} \tag{3-33}$$

式中，RL 为列车车尾位置；HL 为列车车头位置；L_{train} 为列车车长。

3. 列车持续定位

列车持续定位是在列车初始定位的基础上，根据列车周期位移不断重新进行列车定位的过程，见式(3-2)。

在每次列车车头位置更新后，应根据式(3-33)立即更新列车车尾位置，以保证列车位置的完整性和连续正确性。

采用多传感器信息融合后，CBTC 系统列车定位精度通常与列车位移呈正比关系，如在列车位置校正点之间列车的定位误差不大于列车累积位移的 2%。

4. 列车位置校正

在列车运行过程中，车载 ATP 系统可接收到地面固定位置铺设的绝对位置校正设备(如应答器或信标等)的信息。与列车初始定位的处理过程类似，车载 ATP 系统可通过线路数据库查询到这些绝对位置校正设备的信息进而计算获得列车位置信息，从而对列车的测量位置进行校正。

列车位置校正时，车载 ATP 系统将比较列车测量位置与经过应答器获得的校正位置之间的偏差，只有在偏差符合规定要求(如小于测距误差)时才进行列车位置校正，否则会认为列车测速定位功能出现故障而导向安全侧(失去列车定位)。列车位置校正的过程是指将列车经过应答器获得的校正位置作为之后列车持续定位的初始位置的过程。通过以上分析可以看出，列车位置校正功能可以将列车定位误差在固定位置恢复到初始最小值，避免列车定位误差的持续累积，同时可发现列车测速定位系统可能出现的故障问题。

四、列车安全定位技术

CBTC 移动闭塞下，列车追踪是依靠列车自主定位和速度-距离曲线进行防护的，如果出现较大的测距误差而未正确估计到，则可能会发生列车追尾或碰撞等事故。CBTC 系统采用车载设备自主测速定位，地面系统结合列车的位置汇报与轨道空闲检测的结果，对列车的安全位置和轨道区域占用状态做出估计，列车定位的误差以及列车位置传输延迟过程中列车实际位置发生的变化，均对轨道占用状态的更新有影响。随着列车追踪间隔越来越小，列车位置估计的安全性和精确性极大地影响着列车追踪的安全和效率。为了确保行车安全，为地面系统提供安全的轨道占用状态，必须对列车的名义位置(列车运行控制系统使用的列车位置)进行合理处理以解决上述问题。寻找一种保证在当前定位方式的基础上也能实现列车的安全、高效运行的方法，就是列车的安全定位，即计算列车的“安全位置”。

列车的安全位置是保证列车实际位置(包括车载系统定位时的列车实际位置以及地面设

备使用该位置时的列车实际位置)以尽可能高的置信度位于其安全位置所形成的区域内的列车虚拟位置。列车的安全位置一般是在列车精确定位方法得出的列车位置(本节中称为"非安全位置")的基础上增加一定的列车安全包络得到的,用于地面系统更新轨道占用状态和列车的间隔控制,分为安全车头位置(Safety Head Location,SHL)及安全车尾位置(Safety Rear Location,SRL)两部分。其中,安全包络是指添加在非安全位置上以确保列车定位安全的一段距离。

列车的安全位置如图 3-22 所示。

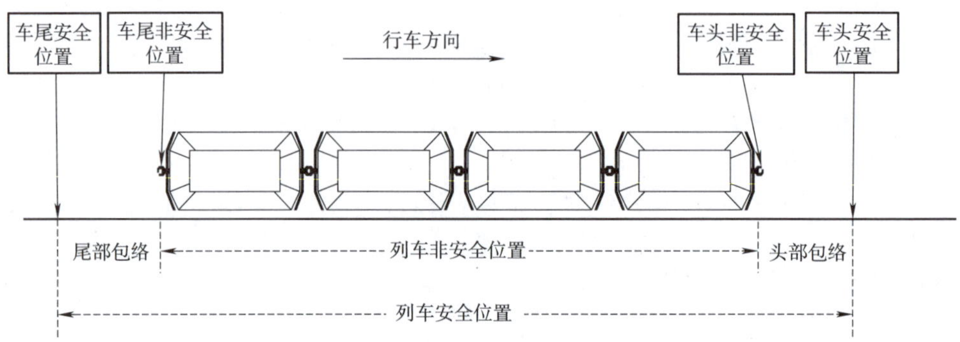

图 3-22　列车安全位置示意

列车的安全位置必须保证列车追踪时的安全性,防止列车发生追尾和碰撞;但又不能对安全包络估计过大,导致系统效率降低。列车的安全位置(Safe Train Location,STL)是在非安全位置(Non-Safe Train Location,NSTL)的基础上添加一定的安全包络(Safe Profile,SP)构成的,因此列车安全位置的计算主要是列车包络的设计和计算。列车安全位置由安全车头位置和安全车尾位置组成,列车非安全位置由非安全车头位置和非安全车尾位置组成,列车安全包络由车头安全包络和车尾安全包络组成,即

$$\begin{aligned}\mathrm{SHL}&=L(\mathrm{NSHL},\mathrm{SHP})\\ \mathrm{SRL}&=L(\mathrm{NSRL},\mathrm{SRP})\end{aligned} \tag{3-34}$$

式中,SHL 表示安全车头位置;SRL 表示安全车尾位置;NSHL 表示非安全车头位置;NSRL 表示非安全车尾位置;SHP 表示车头安全包络;SRP 表示车尾安全包络;L 表示两自变量相加或者相减(根据列车运行方向和线路方向的定义)。

下面对列车安全包络的设计和计算进行介绍。

无论列车采用何种定位技术和定位方式,测距误差均不能完全避免。在当前广泛应用的利用脉冲速度传感器和里程计进行定位的列车控制系统中,受列车车轮形状、车轮直径、线路误差、列车空转、转行等的影响,列车在通过里程计的累加确定非安全位置时即存在不可避免的误差(称为测距误差),即使周期性地利用应答器对列车位置进行校正也不能将定位误差消除(应答器本身存在安装误差,应答器接收时还存在应答器接收范围的误差),而且受成本影响,两应答器间安装距离较长,在两应答器间隔内上述测距误差会线性增加。因此,测距误差成为列车安全包络中的首要组成成分。

CBTC 系统中列车采用速度传感器进行自主定位后,列车的位置除了用于列车自身进行速度-距离曲线计算外,还要传送给地面控制系统使用,在列车估计出非安全位置到地面系统使用该列车的位置的过程中需要经过网络传输,受系统异步以及网络延迟等的影响,列车实际

位置可能会发生改变。根据列车在线路上运行时的不同情况，这种改变可能是列车向前或者向后运行，因此在车头和车尾均要添加相应的包络，通常车头处的包络一般较大，称为“估计的运行距离”，在列车车尾处为防止列车发生退行添加的包络称为“潜在的退行量”。

分别为列车车头和车尾处添加相应的安全包络可以保证列车的安全追踪，包括列车追踪前面障碍物以及本列车作为障碍物被后续列车追踪。通常还会在列车头尾包络中各添加一定的保护距离裕量以保证列车在最不利情况下的安全。

列车安全位置计算的方法如图 3-23 所示。

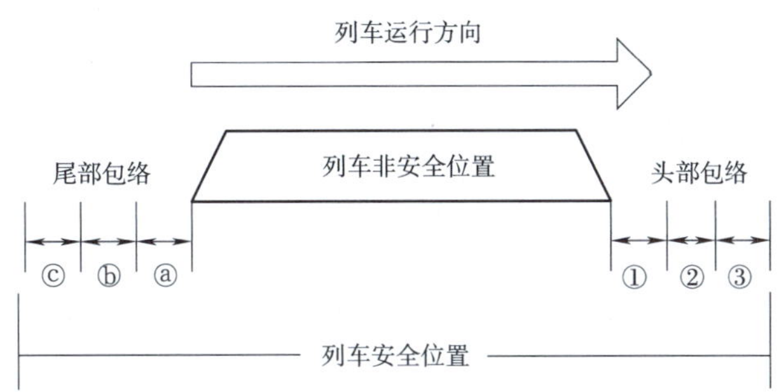

图 3-23　列车安全位置计算方法

图中，列车安全包络中的各成分含义分别为：①为测距误差，②为估计的运行距离，③为头部保护距离裕量；ⓐ为测距误差，ⓑ为潜在的退行量，ⓒ为尾部保护距离裕量。

由图 3-23 可以看出，列车安全车头包络（SHP）由测距误差（Distance Error，Dis_Err）、估计的运行距离（Estimated Travel Distance，Travel_Dis）及头部保护距离裕量（Head Reserved Distance，Head_Dis）组成，见式（3-35）。

$$SHP = Dis\_Err + Travel\_Dis + Head\_Dis \tag{3-35}$$

列车安全车尾包络（SRP）由测距误差（Dis_Err）、潜在的退行量（Rollback Potential，Back_P_Dis）及尾部保护距离裕量（Rear Reserved Distance，Rear _Dis）组成，见式（3-36）。

$$SRP = Dis\_Err + Back\_P\_Dis + Rear\_Dis \tag{3-36}$$

第三节　列车防护控制技术

CBTC 系统能够在保证安全的基础上实现高密度移动闭塞列车追踪间隔，依赖的是对安全高效的移动授权生成技术，和一次连续式速度-距离曲线列车安全制动模型的合理应用。

移动闭塞下列车移动授权生成原理如图 3-24 所示。

CI 系统是 CBTC 运行的基础，实现道岔、进路和信号机之间安全的联锁关系，并将相关联锁状态发送给 ZC 使用，确保列车不会闯入未锁闭的道岔或未开放的线路区段中。

ZC 通过接收列车位置汇报形成在线列车运行序列，并将列车位置和线路占用情况进行安全匹配，对每列车安全位置占用的线路轨道区段进行占用标示。

根据列车位置及其前方线路上区段占用情况和障碍物的状态，ZC 可为每列车计算和生成移动授权（MA）。

ATP 车载系统接收来自 ZC 的 MA，根据一次连续式速度-距离曲线列车安全制动模型计算列车紧急制动触发（EBI）速度，并实时监督列车实际速度与 EBI 速度之间的差值，当列车超

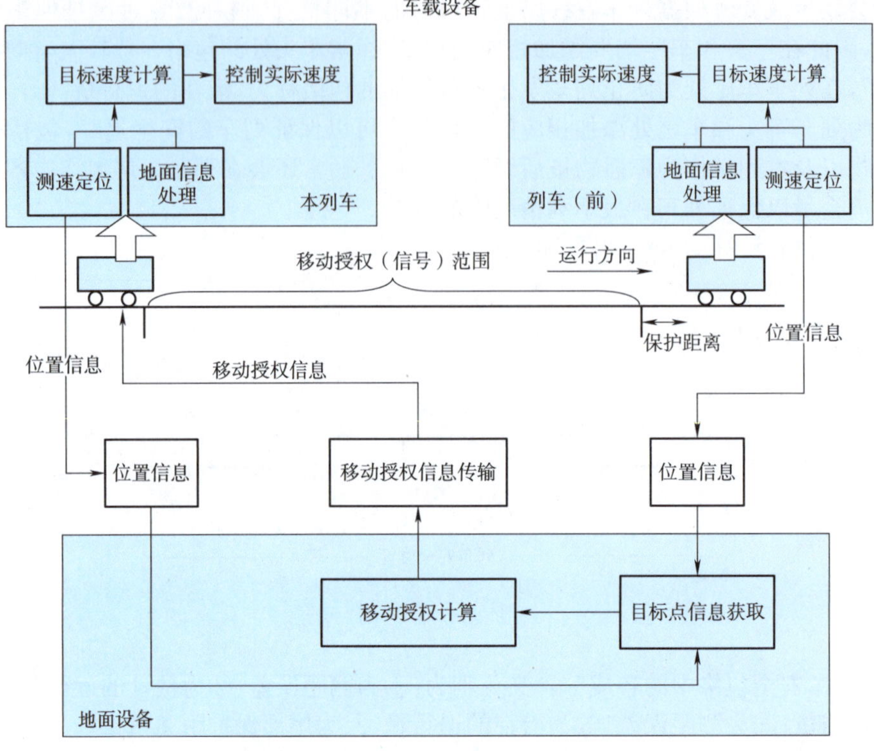

图 3-24　移动闭塞下列车移动授权生成原理

速时可立即触发紧急制动，以保证列车在 MA 范围内安全停车。

综上，在 CBTC 系统中，ZC 负责为列车计算和生成 MA 信息，保证列车在 MA 范围内运行时不会出现列车撞车等危险情况，ATP 车载系统负责根据 MA 信息计算 EBI 速度并实现超速防护，保证列车不出现越过 MA 防护范围以及超出 MA 或线路数据库规定的防护速度的危险情况，从而通过 ZC 和 ATP 车载系统的安全交互实现列车运行的安全防护。

一、列车管理和移动授权生成技术

ZC 通过为各列车计算移动授权的方式完成将线路资源向列车的分配，在保证行车安全的同时控制列车在线路上高效追踪。移动授权是指从列车车尾开始，到行驶前方终点障碍物的这段线路，移动授权允许列车在前方可用线路范围运行，其含义如图 3-25 所示。

(一)列车注册和注销

为保证所生成移动授权的安全性，ZC 需要对管辖范围内所有列车进行有效管理，不仅需要保证列车位置的安全性，还要保证列车在线路上运行的列车序列的正确性，因此需要对所有进入和退出其控制范围的列车实行准入注册和退出注销机制，在其控制范围内运行时要求列车实时汇报位置。特别的，对于从一个 ZC 管辖范围进入另一个 ZC 管辖范围时，要进行列车信息的交互，保证越区切换的安全性。

1. 列车注册

列车在进入 ZC 控制范围时，必须先提出注册申请，ZC 确认列车信息正确且前后无其他

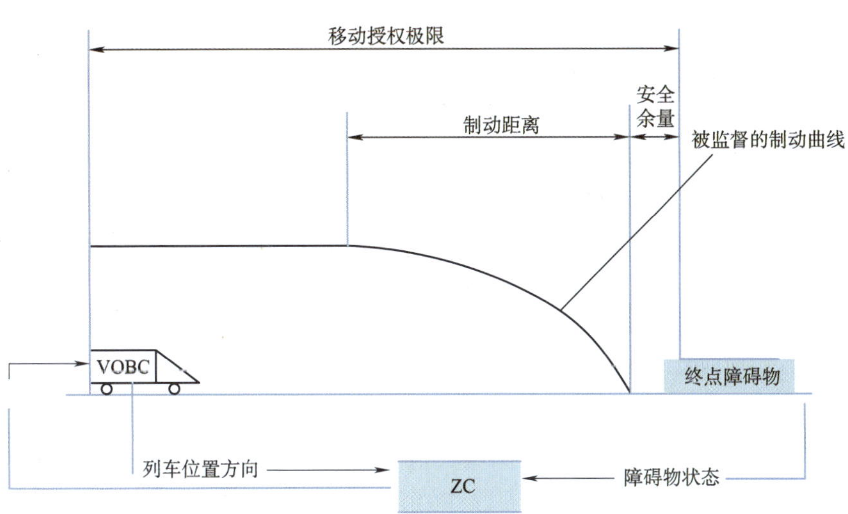

图 3-25 移动授权含义示意

列车影响时,才允许列车注册。

ZC 确认列车信息有 3 种方式,一是由人工确认;二是利用轨旁铺设的次级占用检查设备对列车的位置信息进行筛选确认(图 3-26),只有筛选通过才允许列车注册;三是 ZC 切换过程中相邻 ZC 自动进行列车信息的交互,从另一 ZC 范围内接收列车的相应信息(见越区切换部分)。

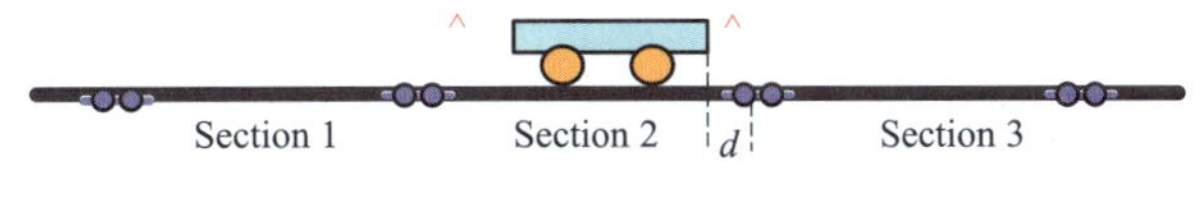

图 3-26 列车筛选示意

列车筛选分为前端筛选和后端筛选,其目的是确认列车前方和后方无其他隐藏列车(包括可能允许上线的所有列车和工程车等)。列车筛选的实现方法为:ZC 检查 VOBC 汇报的列车位置信息和轨道区段占用信息,当列车车头位置距离所占用区段边界小于线路上可能出现的最小车长,且其外方区段空闲时,则可认为列车筛选成功,允许列车注册。

以图 3-26 为例,当同时满足如下条件时认为列车前端筛选通过:

(1)Section2 状态为占用。

(2)$d<L_{min}$。d 为列车车头至该计轴的距离,L_{min} 为线路上可能出现的最小车长。

(3)Section3 状态为空闲。

同理可以对后端筛选的通过条件按照列车车尾后方区段的占用状态以及列车车尾至计轴的距离进行定义。

2. 列车注销

列车完成在 ZC 控制范围内的运行任务,退出 ZC 控制范围时,必须向 ZC 提出注销申请以释放相应线路资源。如果 ZC 控制范围内的列车没有进行注销而失去通信,则 ZC 将该列车作为故障车处理,将在线路上划分一定的防护区段,以保证相邻列车的安全。

列车注销过程为,VOBC 根据列车运行计划向 ZC 提出注销申请,ZC 接收申请后对列车位置进行检查，确认该列车已经或即将出清其控制范围后向 VOBC 发送注销确认信息，并持续检查列车位置直至其完全出清本 ZC 控制范围后将该列车信息从管理列车信息表中删除。

列车注销过程有三种：一是列车转为故障后，并按照故障车的处理流程出清 ZC 控制范围；二是 VOBC 退出运营时提出注销申请，ZC 检查列车满足条件后与 VOBC 通信确认允许列车注销；三是 ZC 切换过程中相邻 ZC 自动进行列车信息的交互，将列车纳入到另一 ZC 控制范围内(见越区切换部分)。

3. 越区切换

每个 ZC 拥有一定的管辖范围，只能授予列车在其辖区内活动的权限。当线路上有多个 ZC 分段控制，列车需要从一个 ZC 控制范围内运行到另一个 ZC 控制范围时，需要由 VOBC 和两个 ZC 共同配合完成越区切换流程。越区切换过程中，列车 MA 延伸到 ZC 边界时，ZC 会请求相邻的 ZC 为该列车计算 MA，ZC 切换过程由 VOBC 和两个相邻 ZC 自动完成，无须人工干预。

按照越区切换过程中列车越过 ZC 边界点的顺序，可分为触发切换、越过边界点和切换注销三个过程。越区切换过程如图 3-27 所示。

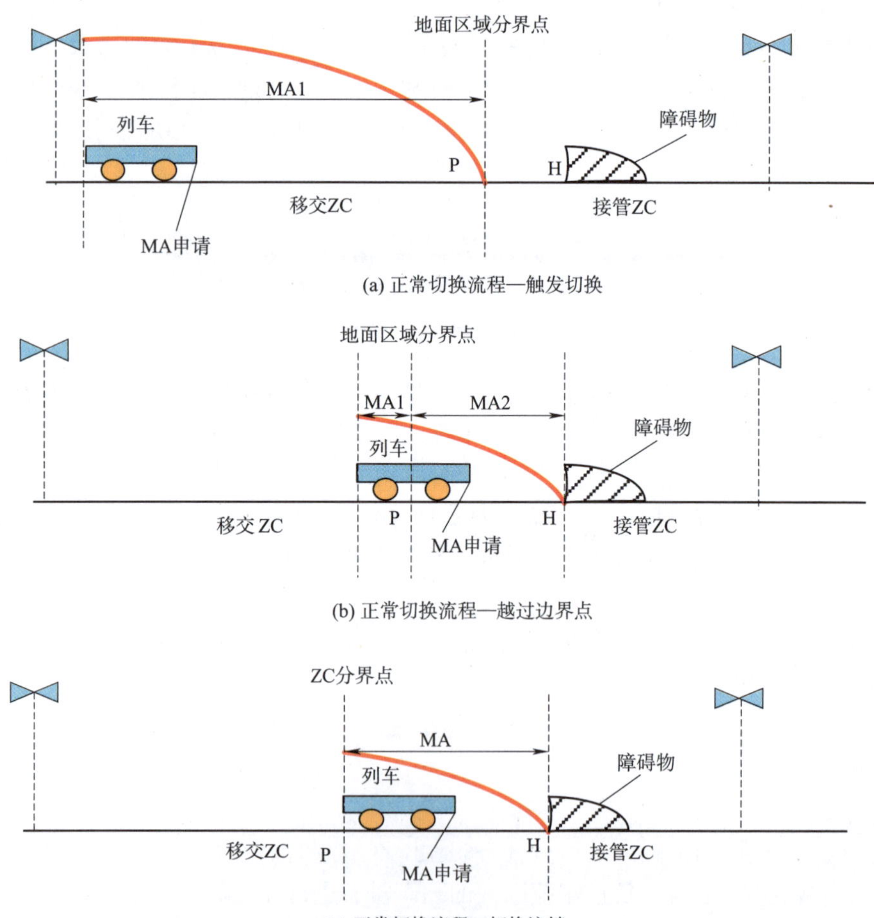

图 3-27 越区切换示意

(1)触发切换

当列车正常运行过程中,当前受控 ZC(移交 ZC)为列车计算的 MA(MA1)到达 ZC 管辖范围边界时,移交 ZC 将检查越区切换的条件。当移交 ZC 确认列车满足切换条件后,将开始与相邻管辖区的 ZC(接管 ZC)进行信息交互,向接管 ZC 发送即将切换的列车的运行信息和为其生成的 MA1 信息,并接收由接管 ZC 为该列车生成的允许列车在接管 ZC 范围内运行的 MA(MA2),移交 ZC 将 MA1 和 MA2 进行处理后生成整体的 MA 发送给 VOBC 使用。

(2)越过分界点

VOBC 按照移交 ZC 的 MA 运行,直到列车车头越过 ZC 分界点时,VOBC 开始与接管 ZC 通信,向接管 ZC 发送列车位置并申请 MA,同时保留与移交 ZC 的通信信息。VOBC 与接管 ZC 注册成功并收到其生成的完成 MA(混合了 MA1 和 MA2)信息后,VOBC 开始受接管 ZC 控制。

(3)切换注销

VOBC 按照接管 ZC 的 MA 运行,当列车车尾越过 ZC 边界后,VOBC 与移交 ZC 注销,释放在移交 ZC 范围内占用的资源。

在列车跨越 ZC 边界运行的整个过程中,为保证列车能够不降级或减速安全交接,移交 ZC 与接管 ZC 及列车之间存在着复杂的信息交互,详细信息交互过程如图 3-28 所示。

(二)列车排列和运行控制状态管理

为实现对其管辖范围内列车的动态管理,ZC 需要确定其管辖范围内的所有列车的安全位置,并根据确定的列车位置,结合列车的运行方向及联锁汇报的线路情况,确定在其管辖范围内线路上运行的所有列车的顺序关系,形成并持续更新列车运行序列信息。

在列车运行过程中,可能会存在正常运行的列车(称为通信列车)以及降级或故障列车(称为非通信列车)混合运行的情况。对于通信列车,ZC 只需要根据列车的位置汇报和计轴区段的占用/空闲信息,即可确认通信列车所在位置、运行方向以及在线路中的前后关系,从而明确列车在线路拓扑和列车运行序列中的位置;对于非通信列车,将只能够通过计轴区段的占用/空闲,以及进路的方向进行推断来完成,但可能无法确定一个计轴区段内存在的非通信列车数量。由于 ZC 列车分割的主要功能是用于通信列车的移动授权计算,因此对于非通信列车之间的列车分割并不需要精确地完成,只需要确定列车所在的大概区域,以及其在列车运行序列中先后顺序即可。

ZC 对于管辖范围内多车的管理是通过将每列列车的运行过程划分为不同的运行控制状态来实现的。对于处于不同运行控制状态的列车,ZC 会实施相应的操作,保证安全运行。根据列车的运行过程,一般把列车运行状态划分为:登录状态、接管状态、进入控制状态、正常运行状态、移交状态、折返状态、注销状态以及故障状态。列车运行控制状态的含义描述见表 3-1。

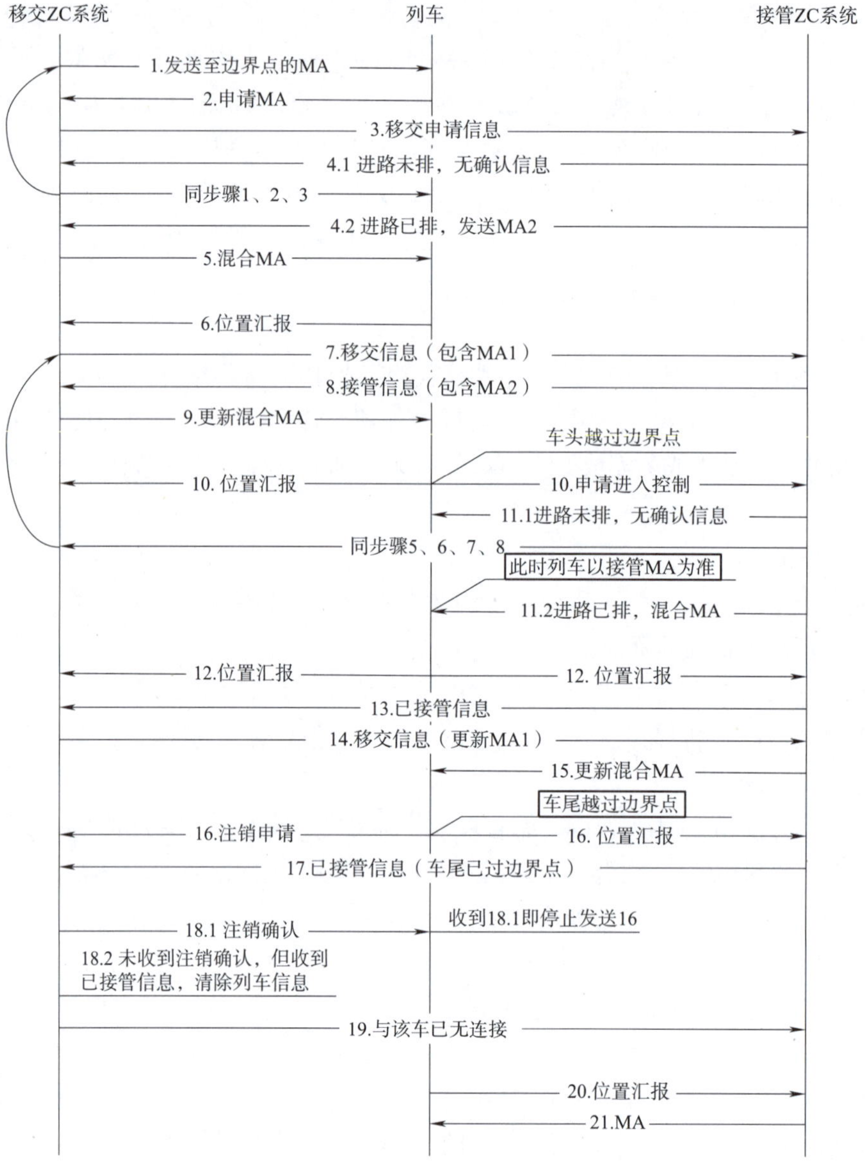

移交ZC系统
列车
接管ZC系统
1.发送至边界点的MA
2.申请MA
3.移交申请信息
4.1 进路未排，无确认信息
同步骤1、2、3
4.2 进路已排，发送MA2
5.混合MA
6.位置汇报
7.移交信息（包含MA1）
8.接管信息（包含MA2）
9.更新混合MA
车头越过边界点
10. 位置汇报
10.申请进入控制
11.1进路未排，无确认信息
同步骤5、6、7、8
此时列车以接管MA为准
11.2进路已排，混合MA
12.位置汇报
12. 位置汇报
13.已接管信息
14.移交信息（更新MA1）
15.更新混合MA
车尾越过边界点
16.注销申请
16. 位置汇报
17.已接管信息（车尾已过边界点）
18.1 注销确认
收到18.1即停止发送16
18.2 未收到注销确认，但收到已接管信息，清除列车信息
19.与该车已无连接
20.位置汇报
21.MA

图 3-28　ZC 切换场景信息交互

表 3-1　列车运行控制状态含义

运行控制状态	含　　义
进入控制状态	该状态下，列车已向 ZC 申请移动授权(MA)，由于联锁系统进路未排出等原因，ZC 暂时无法为列车生成 MA，未对该列车进行实际控制
正常运行状态	该状态下，ZC 每周期向列车发送 MA，列车按照 MA 在线路内正常运行
移交状态	该状态下，列车将要跨越地面区域边界，列车所在的 ZC 开始向相邻的 ZC 发送列车相关数据，准备对该列车进行移交
接管状态	该状态下，ZC 已收到列车所在的 ZC 发送的列车移交申请信息，但该列车还未进入 ZC 的控制范围，ZC 还未与该列车进行信息交互

续上表

运行控制状态	含　义
折返状态	该状态下，列车已进入折返处理流程，换端还未完成，在换端完成之前ZC与该列车不进行信息交互
注销状态	该状态下，列车正在出清所在的ZC，进入到下一个ZC或是退出列控系统，ZC在确认列车出清后清除列车相关信息
故障状态	该状态下，由于通信故障，ZC无法与列车交互信息，将对该列车进行故障处理，以保证其余列车能够安全运行

每列车在任意时刻只能处于某一种状态，不同列车有可能处于相同状态或不同状态。各运行控制状态间的转移有着明确的限制条件，在每一个处理周期内，ZC都会对其管辖范围内的列车控制状态进行更新处理。ZC能够根据每周期获得的联锁系统信息及列车信息，综合列车当前所处的运行控制状态，准确地判断列车是否能够转移至其他状态或是维持原状态。由于实际线路的不同及交互信息的时序不同，运行控制状态的转移复杂多变，ZC必须考虑到所有可能发生的情况，以保证列车运行控制状态管理的安全性。列车运行控制状态转移如图3-29所示。

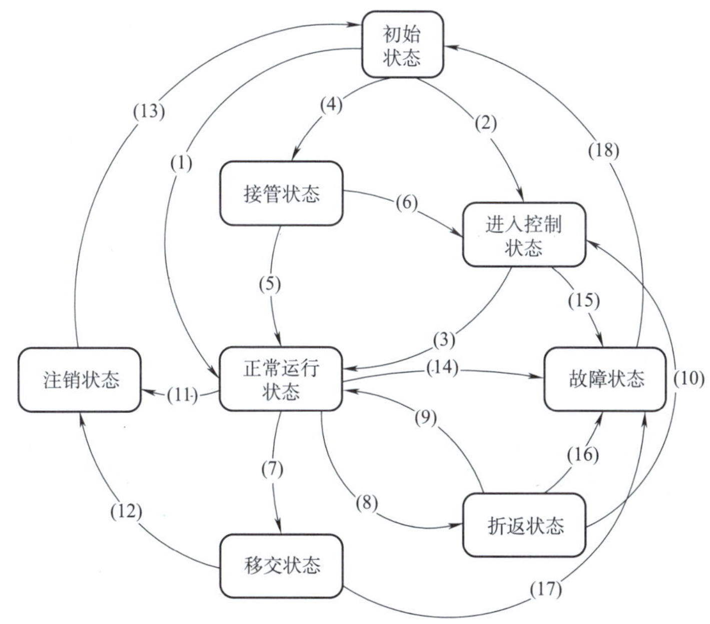

图3-29　列车运行控制状态转移

图3-29中列车运行控制状态转移的触发条件见表3-2。

表3-2　列车运行控制状态转移的触发条件

序号	当前状态	转移至	触发条件
(1)	初始状态	正常运行状态	列车申请移动授权，联锁系统排出进路
(2)	初始状态	进入控制状态	列车申请移动授权，联锁系统未排出进路

续上表

序号	当前状态	转移至	触发条件
(3)	进入控制状态	正常运行状态	联锁系统排出进路
(4)	初始状态	接管状态	相邻 ZC 申请移交列车
(5)	接管状态	正常运行状态	移交列车申请移动授权,联锁系统排出进路
(6)	接管状态	进入控制状态	移交列车申请移动授权,联锁系统未排出进路
(7)	正常运行状态	移交状态	列车申请移动授权,列车当前移动授权终点为 ZC 分界点
(8)	正常运行状态	折返状态	列车申请折返注销
(9)	折返状态	正常运行状态	列车换端完成,联锁系统排出进路
(10)	折返状态	进入控制状态	列车换端完成,联锁系统未排出进路
(11)	正常运行状态	注销状态	列车申请退出管理
(12)	移交状态	注销状态	列车申请出清本 ZC 管辖范围
(13)	注销状态	初始状态	清空列车信息
(14)	正常运行状态	故障状态	ZC 与列车通信故障
(15)	进入控制状态	故障状态	ZC 与列车通信故障
(16)	折返状态	故障状态	ZC 与列车通信故障
(17)	移交状态	故障状态	ZC 与列车通信故障
(18)	故障状态	初始状态	清空列车信息

ZC 实时根据列车的位置汇报进行排序并经过严格的逻辑判断,确定其管辖范围内各列车的运行控制状态,进而为计算列车移动授权提供基础条件。

(三)移动授权生成

CBTC 系统采用移动闭塞原理来控制列车间隔,确保列车间具有适当的距离,以保证列车始终能够在 ZC 提供的移动授权(MA)范围内安全运行。

VOBC 周期性地确定本列车的位置,并且向 ZC 发送位置信息以及列车行驶方向。ZC 基于本控制区域内及周边线路的线路设备状态信息、区段状态信息、道岔状态信息、列车当前位置和行驶方向以及进路等信息为其辖区内的每列列车确定 MA。当管辖范围内有多列车时,确认列车满足追踪条件后,ZC 会将后车的移动授权设置为前车的安全车尾位置并考虑足够的防护距离,以提高列车运行效率。

移动授权根据下列因素确定:

(1)列车位置和运行方向。

(2)进路状态、区段锁闭状态和锁闭方向、道岔状态、保护区段状态、信号机状态。

(3)前方装备 ATP 车载设备列车的尾部最不利位置。

(4)前方未装备 ATP 车载设备的列车或 ATP 车载设备失效的列车所占用区域的边界及最不利条件下的列车尾部位置。

(5)固定闭塞和准移动闭塞下,闭塞分区的边界。

(6)站台紧急关闭状态和站台门状态。

(7)车挡前端。

(8)封锁的轨道区段边界。

移动授权生成的具体过程如下。

(1)列车运行在 ZC 的管辖范围内时,车载设备向 ZC 汇报列车位置、测距误差以及移动授权申请等信息,地面 ZC 根据这些信息,计算列车的安全位置,如图 3-30 所示。

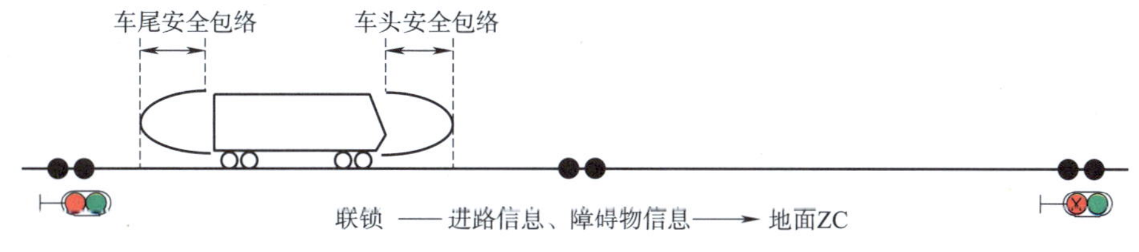

图 3-30 移动授权生成(1)

(2)地面 ZC 根据计算生成的列车安全位置,匹配列车占用的线路区段。

(3)联锁系统采集线路内障碍物状态(道岔、屏蔽门、紧急停车按钮、计轴区段等),向 ZC 发送障碍物信息及进路信息。

(4)确定移动授权的计算范围。地面 ZC 接收到联锁系统的进路信息和障碍物信息,并根据列车在线路上的位置信息,确定列车当前能够使用的进路范围。

如图 3-31 所示,列车运行在进路 R1 上,进路 R2、R3 均已排列,地面 ZC 通过线路上列车运行情况及信号机的接近区段情况判断该车为最接近进路 R2 和 R3 的受控列车,将进路 R1、R2、R3 均分配给该列车使用,这样就确定了为该列车计算移动授权需要考虑的范围。

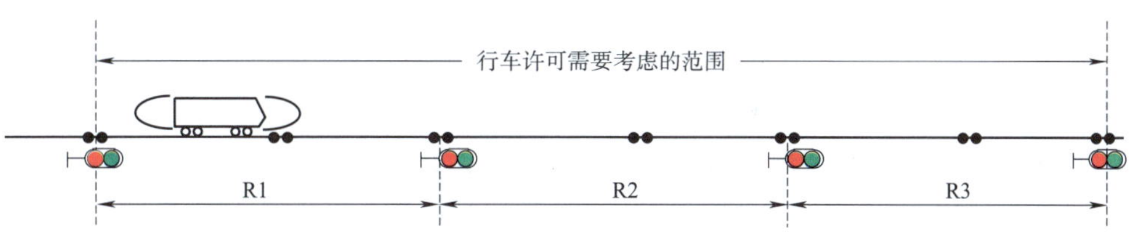

图 3-31 移动授权生成(2)

(5)静态障碍物状态检查。确定移动授权的计算范围后,ZC 按照从近到远的顺序遍历障碍物,对于静态障碍物,地面 ZC 需要从列车车尾安全位置(移动授权起点),按照由近到远的顺序,遍历线路上的静态障碍物(静态障碍物包括道岔、站台安全门、站台紧急关闭按钮等)的状态,检查是否会影响列车运行的安全。

①对于静态障碍物中的道岔而言,需要检查道岔的当前状态与进路要求的联锁系统状态是否相符,若当前状态与进路要求的联锁系统状态相符,则认为道岔不会影响列车运行安全,允许将移动授权延伸通过该道岔;否则,不允许移动授权延伸,将该道岔作为遍历静态障碍物确定的终点障碍物。

②对于静态障碍物中的站台安全门(或站台紧急关闭按钮),需要检查当前状态是否为打开状态(或激活状态),若检查发现障碍物状态为打开(或激活),将不允许移动授权延伸通过该障碍物,将站台安全门(或站台紧急关闭按钮)对应的站台区域的始端位置作为遍历静态障碍

物确定的终点障碍物;反之,则允许移动授权延伸通过该障碍物。

(6)动态障碍物检查。完成了静态障碍物的遍历后,ZC 还需要根据线路情况及列车情况,检查移动授权遍历范围内的其他列车运行情况和临时限速区域情况。根据前行列车的位置不同又可以划分为以下几种情况:第一种情况为前车位于站台区域内,如果运营要求某一时刻只允许一列车在站台区域内运行,此时后车的移动授权将不能延伸到站台区域内,将对应的站台区域的始端作为遍历动态障碍物确定的终点障碍物;第二种情况为两列车在区间追踪运行的情况,可将前车的安全车尾位置作为遍历动态障碍物确定的终点障碍物。如图 3-32 所示。

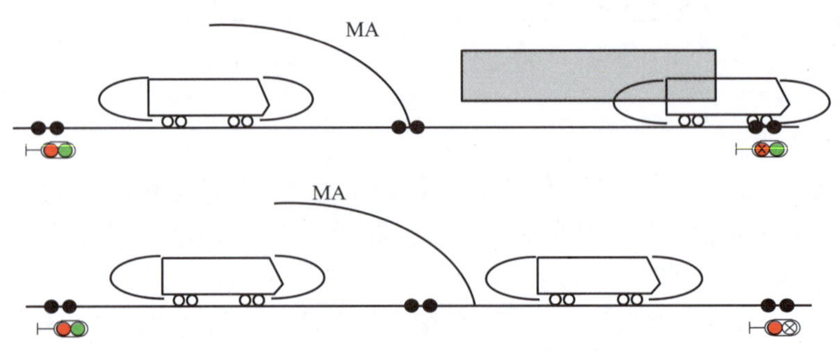

图 3-32　移动授权生成(3)

(7)形成移动授权。根据遍历静态障碍物及遍历列车的计算结果,确定出移动授权的终点,按照移动授权的具体实施格式将列车当前位置到终点这一段范围内的线路信息确定为移动授权。

三、列车安全制动模型

VOBC 根据从 ZC 接收到的移动授权,依据速度-距离曲线列车安全制动模型计算紧急制动触发(EBI)速度,并将列车速度与最高允许速度进行比较,提供列车运行全过程的超速防护。

(一)速度-距离曲线安全制动模型

VOBC 依据速度-距离曲线安全制动模型计算列车的 EBI 速度,进而防护列车间隔,保证列车的安全高效运行。该安全制动模型保证列车不会超过最具限制的速度,且列车将在防护点的前方停车。基于移动闭塞的速度-距离控制原理如图 3-33 所示。

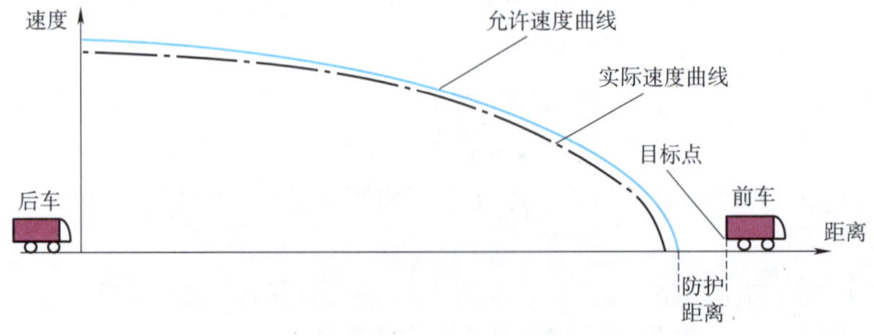

图 3-33　基于移动闭塞的速度-距离控制原理

采用速度-距离曲线安全制动模型进行列车安全防护时，ATP 车载设备可依据移动授权、列车制动模型和实际参数实时计算当前最大允许速度，可以列车实际性能自行控制其追踪间隔，使各个列车的性能得以充分发挥。

列车实际速度防护曲线是由列车运行全过程的各点位置的限制速度构成的。根据列车与移动授权终点的位置关系不同，列车速度防护曲线可分为顶棚速度监督区和速度-距离监督区，如图 3-34 所示。

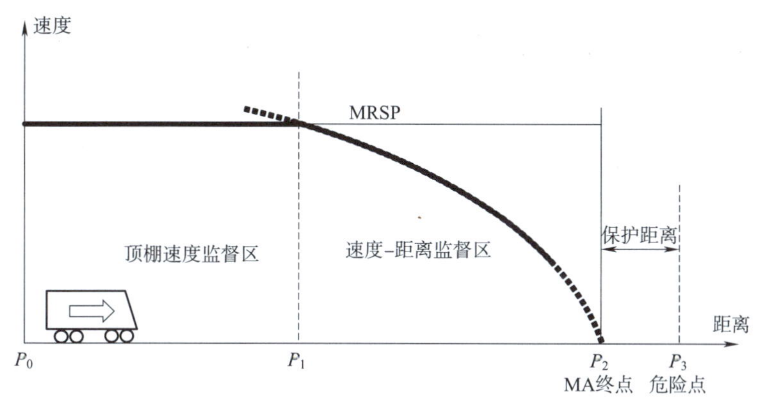

图 3-34　速度防护曲线示意

图 3-34 中，列车在顶棚速度监督区域运行时不需要考虑前方目标点，只需控制列车速度不超过该区域规定的各类固定限制速度的最小值即可，各类固定限制速度包括车辆限速、线路限速、临时限速等，如图 3-34 中的[P_0—P_1]区域。速度-距离监督区域是指列车防护速度按照一次速度距离曲线下降最终到达 0 的区域，如图 3-34 中的[P_1—P_2]区域，在此区域内需要按照速度-距离安全制动模型进行防护曲线计算，是列车速度防护曲线最关键和最复杂的区域。由于列车位置和各设备均存在一定的安装和测量误差，因此在列车 MA 终点和测量的危险点位置之间增加一段较小的保护距离，如图 3-34 中的[P_2—P_3]区域。

速度-距离曲线安全制动模型可依据牛顿第二定律规定的物理公式进行计算。模型根据列车制动过程中的一般物理规律分别描述了列车紧急制动曲线和紧急制动触发(EBI)曲线，如图 3-35 所示。紧急制动曲线包含安全防护点、列车保证的紧急制动减速度和线路的坡度加速度等，紧急制动触发曲线包含车载设备反应时间、紧急制动触发后的切断牵引和紧急制动施加过程延时等。

模型中，列车紧急制动过程被分为三个阶段(对应图中的①②③)

第一阶段，列车以最大牵引加速度持续加速，加速时间包括紧急制动前车载反应延时和车辆牵引切断的时间延迟。

第二阶段，牵引已切断，但紧急制动力尚未达到标称值，列车在紧急制动建立等效时间内惰行。

第三阶段，列车实施紧急制动，遵循速度-距离抛物线。

在不影响列车安全的基础上，为保证列车正常运营，当列车速度即将达到紧急制动触发速度前，系统可提前切断列车牵引，避免列车持续加速，减少列车因超速导致紧急制动的次数。

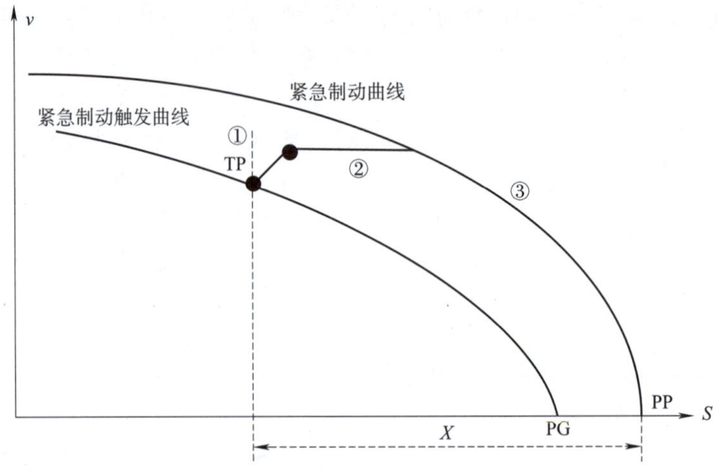

图 3-35　安全制动模型

(二)列车超速防护

1. 紧急制动触发速度曲线计算

根据物理定义,任意时间段(t_x,t_y)内加速度a、速度v、位移s满足如下关系

$$
\begin{cases}
s=\int_{t_x}^{t_y} v\,\mathrm{d}t \\
v=v_x+\int_{t_x}^{t_y} a\,\mathrm{d}t
\end{cases}
\tag{3-37}
$$

根据列车安全制动模型的阶段划分,设列车触发紧急制动的时刻速度、时间分别为(v_0,t_0),第一阶段结束时列车的速度、时间分别为(v_1,t_1),第二阶段结束时列车的速度、时间分别为(v_2,t_2),第三阶段结束时列车的速度、时间分别为(v_3,t_3)。

对 3 个阶段中的加速度进行简化可得

$$
a=\begin{cases}
a_T-r_1, t\in[t_0,t_1) \\
-r_2, t\in[t_1,t_2) \\
-B_e-r_3, t\in[t_2,t_3]
\end{cases}
\tag{3-38}
$$

式中,a_T为列车最大牵引加速度(正值);r_1为第一阶段等效坡度加速度(上坡为正,下坡为负,下同);r_2为第二阶段等效坡度加速度;r_3为第三阶段等效坡度加速度;B_e为列车可保证的紧急制动率(正值)。

根据各阶段时间定义可知

$$
\begin{cases}
t_1-t_0=T_1 \\
t_2-t_1=T_2 \\
t_3-t_2=T_3
\end{cases}
\tag{3-39}
$$

式中,T_1为第一阶段列车加速总时间,T_2为第二阶段列车惰行总时间;T_3为第三阶段列车紧急制动过程的总时间。

将式(3-38)代入式(3-37)可分别求得列车在 3 个阶段的运行距离(S_1,S_2,S_3)和各阶段末的列车速度(v_1,v_2,v_3),进一步根据物理规律可知:

$$\begin{cases} S_1+S_2+S_3=L \\ v_3=0 \end{cases} \tag{3-40}$$

式中，L 为紧急制动触发时刻列车到紧急制动停车点（PP 点）的距离。

根据式（3-37），可得 EBI 速度 v_0 与列车到 PP 点之间的距离 L 之间的函数关系式为

$$\begin{cases} L=\int_{t_0}^{t_3} v\mathrm{d}t \\ v=v_0+\int_{t_0}^{t_3} a\mathrm{d}t \end{cases} \tag{3-41}$$

汇总式（3-38）至式（3-41），按照列车与 PP 点之间的距离 L 的不同取值，即可得到速度-距离监督区各点的紧急制动触发（EBI）速度值。

汇总顶棚速度监督区和速度-距离监督区各点的计算结果，即得到列车运行全过程的列车防护曲线。但要注意的是，由于列车具有一定的长度，当列车车头越过障碍物（或出清限速区段）时，有可能列车车尾仍受障碍物（或限速区段）的限制，因此不能仅将列车看作单质点，而是需要考虑列车实际长度和测距误差的影响，确保列车车尾越过障碍物（或出清限速区段）前均受到此障碍物（或限速区段）的速度限制，这样的行为将其称为“车尾保持”。

2. 坡度对 EBI 速度计算的影响

根据速度-距离曲线计算列车防护曲线时，要保证各参数取正确可导向安全的数值，才能确保列车运行的安全性。其中线路坡度复杂多变且对列车加速度的影响较大，因此需要特别注意。

假定一段线路竖抛面示意图与其对应的坡度值之间的关系如图 3-36 所示。

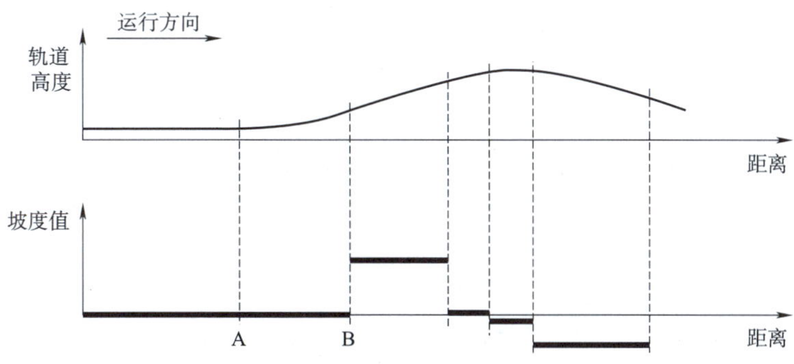

图 3-36　线路坡度与坡度值关系示意

其中坡度值符号按照上坡为正、下坡为负的原则定义。据图 3-36 可知，在列车长度范围内可能存在不同的坡度区段。

利用安全制动模型计算 EBI 速度时，坡度值的选取应注意：

（1）当前计算所选用的坡度值应为列车长度范围（或列车运行范围）内最不利的坡度值，所谓最不利的坡度值即为最小的坡度值。因为坡度值越小，表明越接近下坡，会导致加速度的增大或减速度的减小，符合“故障—安全”原则。

（2）充分考虑坡度对列车加速度的影响，一般通过对列车转动惯量的补偿来确定。列车受坡道影响的加速度包括两个因素：一是不考虑列车转动惯量时列车沿坡道方向重力的分力引

起的加速度影响,二是转动惯量对加速度的影响因素(由于列车上/下坡时一部分重力转化为转动力,而使加速度变小)。

假设列车转动惯量为已知量,可得到坡度加(减)速度计算公式,见式(3-42)。

$$A\_gradient = g \times grad / (1\,000 + 10 \times M\_rotating) \tag{3-42}$$

式中,$A\_gradient$ 为考虑转动惯量后的坡度加速度;g 为重力加速度(取 9.8 m/s^2);$grad$ 为列车行驶位置的坡度等效加速度(m/s^2);$M\_rotating$ 为转动惯量(常数)。

3. 多障碍物对 EBI 速度计算的影响

CBTC 系统不仅要保证列车不超过移动授权终点的限制,还要遵守列车运行轨迹上所有可能的障碍物(包括但不限于道岔、线路限速、站台限速等)的限制,列车超速防护使用的 EBI 速度要保证列车不会超过每个障碍物的限速。

在对 MA 中包含多个障碍物的情况进行 EBI 计算时,首先应根据安全制动模型计算出每个障碍物对应的 EBI 限速值 v_{EBIj},还要对所有障碍物对应 EBI 限速值进行比较,取其最小值作为最终计算的列车防护速度(EBI 速度值),即

$$v_{EBI} = \min\{v_{EBIj}\}, j \in [1, n] \tag{3-43}$$

式中,v_{EBI} 为多个障碍物对应的最终 EBI 限速值;v_{EBIj} 为各个障碍物分别计算的 EBI 限速值;n 为障碍物数量。

CBTC 系统应按下列因素中最严格的限制条件计算 EBI 限速值的最终结果:

(1)线路限速;

(2)轨旁障碍物(如道岔、安全门、紧急停车按钮等)状态限速;

(3)临时限速;

(4)列车限制速度;

(5)与 ATP 车载设备驾驶模式相关的限制速度;

(6)保证列车前端进入限速区段时,列车速度低于该区段的限制速度;

(7)保证列车末端出清限速区段前,列车速度低于该区段的限制速度;

(8)保证列车在移动授权终点前安全停车。

4. 列车速度实时防护

为防止列车超过最高允许速度限制或越过移动授权终点,VOBC 实时对列车速度与计算获得的 EBI 速度进行比较,当列车速度超过 EBI 速度时将立即输出紧急制动命令使列车减速,保证列车在相应的安全防护范围内停车,不超过移动授权范围内障碍物的速度和位置限制。

ATP 车载设备实施紧急制动时,列车停车前中途不得缓解。列车停车后,如果导致列车紧急制动的原因已解除,则紧急制动可自动缓解。但如果由于异常原因导致列车位置超出移动授权范围时,在故障排除前,VOBC 将一直输出紧急制动命令,以防止列车移动。

第四节　地车信息传输技术

CBTC 系统充分利用通信传输手段,实现控制中心设备、车站设备、轨旁设备和车载设备之间的连接和双向、大容量信息传输,支持对一列车、一组列车或者所有列车有选择地进行通

信，使得地面设备可以及时地向车载控制设备传递车辆运行前方线路限速情况，后续列车可以及时了解前方列车运行情况，通过实时计算给出最佳制动曲线，从而提高区间通行能力，减少频繁减速制动，改善旅客乘车舒适度，大大提高列车运行安全性。

由于列车的移动性，不可能使用固定连接的有线网络实现地车信息传输，因此只能寻找合适的无线通信手段。

最早的无线通信出现在前工业化时期，这些系统使用狼烟、火炬、闪光镜、信号弹或者旗语，在视距内传输信息。为了能传输更复杂的消息，人们又精心设计出了用这些原始信号组成的复杂信号。为了能传得更远，人们在山顶道路旁建立了一些接力观测站。直到 1838 年，这些原始的通信网才被莫尔斯发明的电报网替代，接着又被电话取代。在电话发明几十年后的 1895 年，马可尼首次从英国怀特岛到 30 km 之外的一条拖船之间成功进行了无线传输，现代意义下的无线通信从此诞生。从这一天开始，无线通信技术迅速发展，能够在更远的传输距离上实现更好的通信质量、更低的功耗、更小的体积和更便宜的价格，使公网和专网的无线通信、无线电视、无线网络等成为现实。

无线信道的传输特性决定了无线网络设计与有线网络设计的截然不同。随机的无线信道不是理想的传输媒介。

首先，无线频谱是稀缺资源，必须分配给不同的系统和业务使用，因此无线电频谱必须由区域性和全球性的管理机构控制，工作于给定频段的区域性全球性无线通信系统必须遵守相应管理机构对这一频段做出的种种规定。

其次，无线信道随机多变。当信号通过电磁波在无线信道中传播时，墙壁、地面、建筑物和其他物体会对电磁波形成反射、散射和绕射，从而导致信号通过多条路径到达接收机，造成多径效应，多径效应会导致信号的衰落。如果发射机、接收机或周围的物体在运动，多径反射和衰减的变化将使接收信号经历随机波动。而在有线通信中信号传输过程中仅有衰减和噪声的干扰，接收端的信号相对稳定没有多径效应和随机波动。无线信道的多径效应和事变特性限制了无线信道的频带利用率。

再次，由于无线电波能够全向传输的特性，导致一定区域范围内的无线信号可以相互干扰，为了克服干扰，必须把共享信道分成若干互不干扰的子信道，再分别分给各个用户，这大大限制了无线通信系统的容量；另外，无线电波能够全向传输的特性也使得无线通信的安全难以保证，任何人通过一部射频天线就可以轻松地截获电波。

而且，除了上述特性，无线通信对设备的要求也比有线通信高。除要求操作简单和维修方便外，还应保证在震动、冲击、高低温变化等恶劣环境中正常工作。

从上面的论述可以看出，在数据传输速率和可靠性方面，无线网络永远无法与有线网络相媲美。但是无线网络的不受连线束缚的方便特性，以及其组网迅速灵活，能应对临时突发需要的优点，促使了无线通信技术在近年来飞速发展，虽然其与有线网络有不可跨越的距离，但在巨大需求的趋势下，无线通信一直朝着速率更高，覆盖范围更加全面，服务更加便捷的方向快速发展。

数据通信系统(DCS)是地车信息传输技术的载体，由两个部分构成：冗余骨干环网(有线部分)和无线传输网络(无线部分)。无线传输网络采用由轨旁无线基站和车载无线设备组成，图 3-37、图 3-38 所示为无线传输网络的结构及链路。

以太网交换机
冗余骨干环网
轨旁无线基站
无线传输网络
车载无线设备

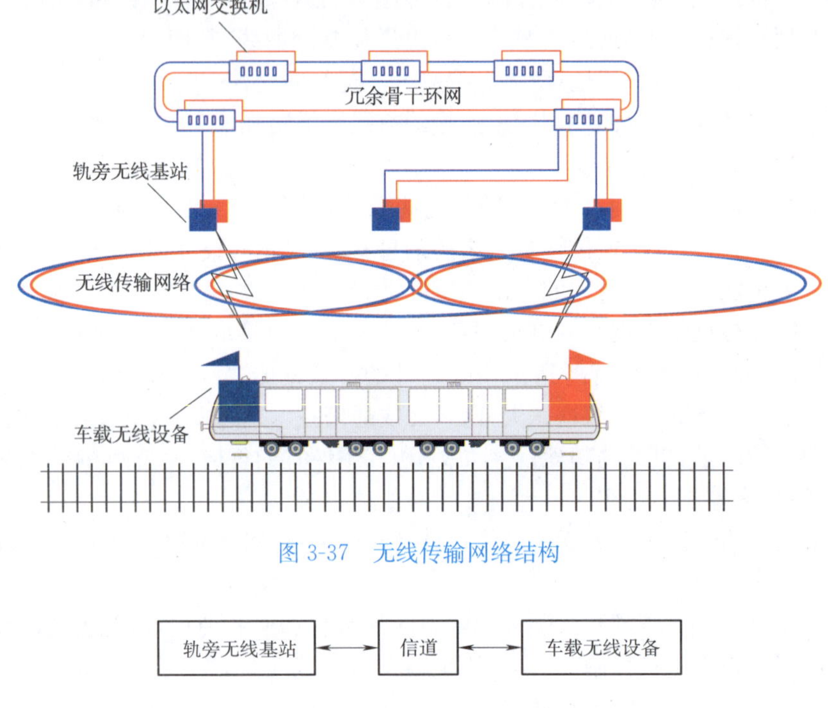

图 3-37　无线传输网络结构

轨旁无线基站
信道
车载无线设备

图 3-38　无线传输网链路

在轨旁的每一个点放置两台无线接入点(Access Point,简称 AP),这两台 AP 分别与两个冗余的骨干网连接。这两台 AP 同时工作,传输相同的信息。在列车的车头、车尾分别安装一套车载的无线 AP,分属于两个不同的网络,分别与轨旁的两个冗余 AP 相关联。这样做的目的是:列车的车头、车尾 AP 分别与两个骨干网连接,实现双网冗余。当一个网络因为故障不能正常工作时,系统仍能通过另一个网络收发数据。通常情况下,车头、车尾的 AP 不会同时切换,这样越区切换对系统的数据传输几乎没有影响。

CBTC 系统对车地通信技术传输通道的要求,分为地→车信息传输(下行无线链路)和车→地信息传输(上行无线链路)。其中,车对地(上行无线链路)的传输信息包括列车位置、列车实际速度、列车运行方向等信息,将所有数据进行编码组成的完整数据帧,单列车数据帧长大约 400 字节,通信周期为 200～500 ms。地对车(下行无线链路)的传输信息包括列车移动授权、临时限速等信息,将所有数据进行编码组成的完整数据帧,单列车数据帧长大约 200 字节,通信周期为 200～500 ms。

CBTC 系统采用成熟的数据传输系统作为其信息传输通道,安全性(safety)由车载和地面设备共同保证。车地无线通信在物理和通信协议上保持相对的独立性和透明性(如采用标准的 TCP/IP 或 UDP 协议),DCS 仅对传输的 CBTC 信息进行转发。但由于 CBTC 系统的安全苛求性和实时性等特点,对地车信息传输技术仍提出了不同于一般数据传输网络的要求,包括:

(1)传输时延:车地通信系统的信息传输端到端延迟时间不大于 150 ms。

(2)越区切换:CBTC 系统单端车地无线通信漫游切换时间小于 100 ms,车头车尾配合实现切换无中断。

(3)丢包率:CBTC 系统车地无线通信的丢包率应低于 1%。

(4)可靠性:DCS 的平均无故障间隔时间(MTBF)≥5×10^4 h,且应采用双网冗余结构,以确保单个设备故障不会导致系统通信中断。

(5)安全性:系统车地无线通信系统应制定安全策略,保证网络的安全性,网络应具有多种方式和层次的访问控制安全机制。如对无线接入设备实施身份验证和授权,无线设备对传输的信息具有至少 128 位的数据加密,且密钥是动态变化的。

为实现上述目标,目前 CBTC 系统中采用的无线通信技术主要包括 WLAN、LTE 等。

一、WLAN 技术

WLAN 是一种短距离无线通信技术,它是以无线访问接入点(AP)信号为传输媒介构成的计算机局域网络,通过无线射频等技术,在空中传输数据、话音和视频信号。

为了让 WLAN 技术能够被广为接受和使用,IEEE(Institute of Electrical and Electronics Engineers,电气电子工程师学会)802 标准化委员会成立了 IEEE 802.11 无线局域网标准工作组,主要研究对象为工作在 2.4 GHz 开放频段的无线设备和网络发展的全球标准。IEEE 802.11 标准定义了单一的 MAC 层和多样的物理层,其物理层标准主要有 IEEE 802.11b、802.11a 和 802.11g,以及下一代高速无线局域网通信标准 IEEE 802.11n。其中,IEEE 802.11g 在保持 802.11a 的传输速率的同时,又运行在 802.11b 的工作频段 2.4 GHz 下,所以,802.11g 协议可以做到在向下兼容 802.11b 的同时,提供更高速率的传输。而在安全性方面,802.11g 要比 802.11b 更可靠。无线网络的无形性使得 802.11g 得到更广泛的应用。IEEE 802.11g 结合了 802.11a 和 802.11b 的优点,目前的 CBTC 系统中主要采用了 IEEE 802.11g 标准,该标准的主要参数见表 3-3。

表 3-3　IEEE 802.11g 主要参数

	工作频段	最大传输速率	调制方式	频段划分数	非重叠频段数
802.11g	2.4 GHz	54 Mbit/s	OFDM	13	3

CBTC 系统中地车间的数据通信子系统是地面和车载设备之间通信的桥梁,通过它可建立列车车辆与地面设备之间的连续、双向、高速、可靠的数据通信,从而使得车辆控制信令以及车辆状态信息都可在车辆和地面设备间进行交互,这样系统主体(即地面设备)与受控对象(即列车)可紧密地连接起来。

如图 3-39 所示,采用 WLAN 技术的车地无线通信系统通常选择的无线传输媒介为自由波、裂缝波导管、漏泄电缆等三种方式。在地铁实际运行中,存在不同的运营环境(隧道、高架及车辆段),因此在不同的环境下根据需要选择其中的一种或多种传输媒介组合等方式进行无线组网。在使用多种传输媒介组合方式时,在轨旁无线设备和车载无线设备两端增加射频模块。通过射频模块对电磁波信号进行合路、功分和检波等。一般射频模块应采用无源器件,可以减少人为噪声对车地通信系统的影响。

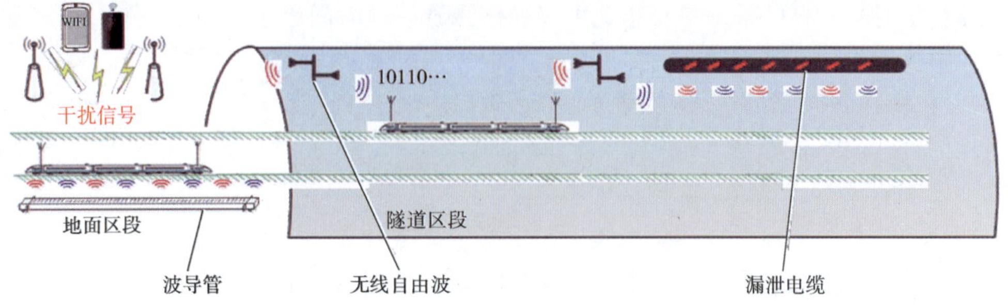

图 3-39　采用 WLAN 技术的车地无线通信系统

1. 自由波

自由波(free wave)是指在所有自由空间(包括空气和真空)中传播的电磁波的方式,其采用基于 IEEE802. 11 系列标准的 WLAN 无线网络作为信息传输的媒介,该方式为常见的电磁波传输方式,也是当前 CBTC 系统中使用最多的无线传输方式。

在这种方式下,在轨旁安装无线天线(一般为八木天线或者平板天线),AP(无线接入点)通过馈线与天线连接,用天线发送和接收无线信号。线路上的无线覆盖率通过在轨道沿线安装无线接入点得以实现。自由波传输方式属于可视距离传输模式,因此电磁波的接收机和发射机之间要求无遮挡物,否则将会增大传输损耗、多径干扰,影响整个系统的传输性能。

在 CBTC 系统中实际采用的都是双网结构,如图 3-40 所示。在一个地点放置两台 AP,每台 AP 用两副天线沿着轨旁两个方向进行无线覆盖。因为轨道交通线性覆盖的特点,一般采用定向天线。为了防止雷击,天线和 AP 之间还要加避雷器。

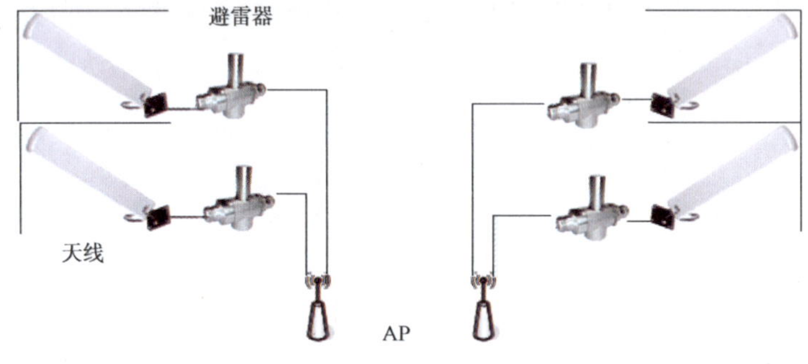

图 3-40　自由无线方式轨旁设备

轨旁 AP 的布置位置需保证车地之间的稳定通信,是决定信号传输距离、信号强度指标的重要因素。因此,在设计布置方案时,需综合考虑地形、线形、周围的环境或所设置 AP 的维护性等各种条件,必要时使用计算机进行模拟,对信号传输进行分析,以保证 AP 被布置于最适宜的位置。

综上所述,对 AP 进行布置设计时,主要需注意两点:无线信道设计、设置地点。一般来说,接入点间的典型距离应为 200～400 m。

2. 裂缝波导管

波导管是一种空芯的、内壁十分光洁的金属导管或内敷金属的管子,波导管用来传送超高频电磁波，常见横截面形状有矩形和圆形，通过它的脉冲信号可以以极小的损耗被传送到目的地。波导管内径的大小因所传输信号的波长而异。波导管在电路中呈现高通滤波器的特性：允许截止频率以上的信号通过，而截止频率以下的信号则被阻止或衰减。裂缝波导管是在波导管的纵向方向上开有周期性的槽孔，使得电磁波在波导管中纵向传输的同时通过槽孔向外界辐射电磁波。

在波导管中能够传播的电磁波可以归纳成两大类。其一为横电波（或磁波）——简写为 TE 波（或 H 波），磁场可以有纵向和横向的分量，但电场只有横向分量；其二为横磁波（或电波），简称为 TM 波（或 E 波）。它的电场可以有纵向和横向的分量，但磁场只有横向分量。至于电场和磁场的纵向分量都不为零的电磁波则可以看成由横电波、横磁波迭加而成。

在 CBTC 中所采用的波导管不同于普通意义上的波导管。CBTC 中所采用的波导管是裂缝波导管，需要在波导管表面以一定的形状和间距开孔。孔的形状、尺寸和孔的间距都将对传输损耗和耦合损耗产生影响。裂缝波导的结构如图 3-41 所示，最内层是开槽的波导管，然后加装一层防水，最外层是防护罩。

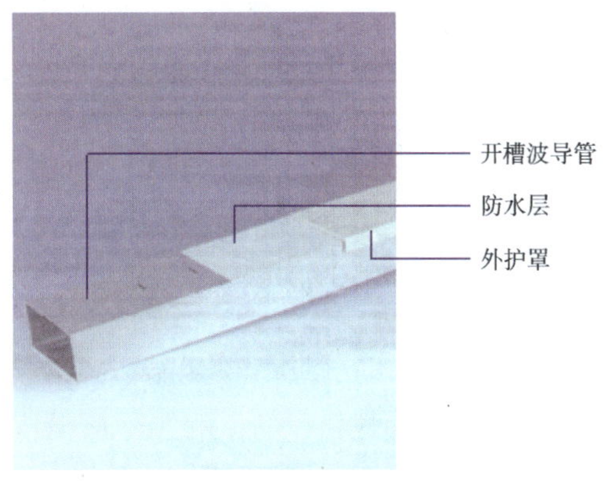

图 3-41　裂缝波导管结构

裂缝波导管模式因其传输频带宽、传输损耗小、可靠性高、抗干扰能力强得到较广泛应用。

3. 漏泄电缆

漏泄电缆是漏泄同轴电缆的简称（Leaky Coaxial Cable），通常又简称为泄漏电缆或漏缆，与普通同轴电缆的区别在于：其外导体上开有用作辐射的周期性槽孔。普通同轴电缆的功能是将射频能量从电缆的一端传输到电缆的另一端，并且希望有最大的横向屏蔽使信号能量不能穿透电缆，以避免传输过程中的损耗。但是漏泄电缆的设计目的则是特意减小横向屏蔽，使得电磁波在漏缆中纵向传输的同时通过同轴电缆外导体上所开的槽孔向外界辐射电磁波，同时外界的电磁场也可通过槽孔感应到漏缆内部并传送到接收端。

漏泄电缆的结构如图 3-42 所示，主要组成有：

（1）内导体：铜是内导体的主要材料，小电缆内导体是铜线或铜包铝线，而大电缆用铜管，以减少电缆重量和成本。对大电缆外导体进行轧纹，这样可获得足够好的弯曲性能。内导体对信号传输影响很大，因为衰减主要是内导体电阻损耗引起的。其电导率，尤其是表面电导率，应尽可能高。

（2）外导体：外导体通常由铜带纵向包覆而成。在外导体层上，开有纵向或横向的槽口或小孔。外导体有两个基本的作用：第一是回路导体的作用，第二是屏蔽作用。漏泄电缆的外导体还决定了其漏泄性能。

（3）绝缘介质：射频同轴电缆介质远不只是起绝缘作用，最终的传输性能主要是在绝缘之后才确定的，因此介质材料的选择和其结构非常重要。所有重要的性能，如衰减、阻抗和回波损耗，都与绝缘关系很大。

（4）护套：户外电缆最常用的护套材料是黑色线性低密度聚乙烯。当强调电缆的防火安全性时,应使用低烟无卤阻燃材料。

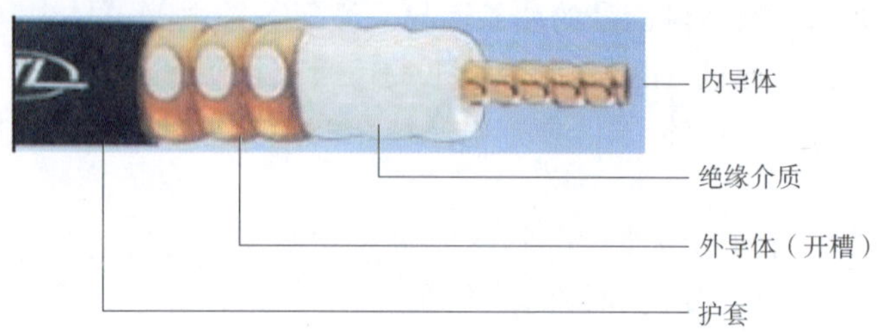

图 3-42　漏泄电缆结构

无线电通信信号的质量通常因为电缆外界电波电平波动情况不同而相差很大,电缆敷设方式和敷设环境对电缆辐射效果也有影响。大部分隧道内还有各种各样金属导体,比如沿两侧墙面安装的电力电缆、铁轨、水管等,这些导体将彻底改变电磁场的特性。

漏缆电性能的主要指标有纵向衰减常数和耦合损耗。

(1)纵向衰减常数是考核电磁波在电缆内部所传输能量损失的最重要特性。普通同轴电缆内部的信号在一定频率下,随传输距离而变弱。衰减性能主要取决于绝缘层的类型及电缆的大小。而对于漏缆来说,周边环境也会影响衰减性能,因为电缆内部少部分能量在外导体附近的外界环境中传播,因此衰减性能也受制于外导体槽孔的排列方式。

(2)耦合损耗描述的是电缆外部因耦合产生且被外界天线接收能量大小的指标,它定义为:特定距离下,被外界天线接收的能量与电缆中传输的能量之比。由于影响是相互的,也可用类似的方法分析信号从外界天线向电缆的传输。耦合损耗受电缆槽孔形式及外界环境对信号的干扰或反射影响。宽频范围内,辐射越强意味着耦合损耗越低。

上述三种无线传输媒介优缺点对比见表 3-4。

表 3-4　三种无线传输媒介优缺点对比

传输介质	优　　点	缺　　点
无线自由波	(1)采用定型天线方式,具有波束赋形功能,可以提高无线信号的强度,减少无线信号的覆盖范围,从而提高车地通信的抗干扰能力。 (2)定型自由波天线,加工简单,不需要使用过多的贵重金属,因此成本低。 (3)安装、维修方便,施工及日常维护费用低	(1)电磁波直接覆盖在空间中,信号易受监听及干扰。 (2)无线空间的插损较大,信号衰减较大,不利于远距离传输。 (3)可视距离要求,在弯道、坡道处布点受限制
裂缝波导管	(1)波导管可连续布设在线路两侧,因此电磁波信号覆盖稳定、平均,传输性能稳定。 (2)波导管传输损耗小,适合信号的远距离传输。 (3)波导管为独立金属导管,信号传输方向、信号泄漏范围可控,抗干扰能力强	(1)波导管截面形状和传输电磁波频率相关,因此波导管在生产、运输及安装过程中的防护要求较高,成本投入大。 (2)波导管一般使用金属制成,自身成本较高。 (3)受部分轨旁设备(转辙机、信号灯等)限制,波导管不能连续安装,需要跳轨安装,增加了安装难度。 (4)需要专用安装支架,支架受现场地形影响,形式多样工程实施难度较大。 (5)波导管安装要求高(水平、距离、气密性等),安装、维护成本高

续上表

传输介质	优　　点	缺　　点
漏泄电缆	(1)信号覆盖均匀,尤其适合隧道等狭小空间。 (2)漏泄电缆是宽频带系统,可同时用于 CDMA800、GSM900、GSM1800、WCDMA、WLAN 等信号的综合传输。 (3)漏缆绝缘采用高物理发泡的均匀细密封闭的微泡结构,在特性阻抗、驻波系数、衰减等传输参数更加均匀稳定,而且可抵御在潮湿环境中潮气对电缆的侵入可能导致的传输性能的下降或丧失,提高了产品的使用寿命和稳定可靠性	(1)采用贵金属材质,成本高。 (2)安装使用专用支架,必须采用吊装方式,不利于高架(露天)环境安装。 (3)运营维护复杂

二、LTE 技术

长期演进技术(Long Term Evolution,简称 LTE)是基于正交频分多址(Orthogonal Frequency Division Multiple Access,简称 OFDMA)技术、由第三代合作伙伴计划(3rd Generation Partnership Project,简称 3GPP)组织制定的全球通用标准,也是中国拥有核心自主知识产权的准 4G 国际通信标准技术,是一种专门为移动高宽带应用而设计的无线通信标准,包括 FDD 和 TDD 两种模式,用于成对频谱和非成对频谱。作为一种先进的无线通信技术,分时长期演进(Time Division Long Term Evolution,简称 TD-LTE)是由 3GPP 组织涵盖的全球各大企业及运营商共同制定的。TD-LTE 技术在设计时就考虑了满足高吞吐率的需求,在 20 MHz 带宽组网情况下,峰值速率下行可达 100 Mbit/s,上行可达 50 Mbit/s。同时要求采用扁平化架构,降低控制和用户平面时延。TD-LTE 采用了 OFDM、MIMO、HARQ 等先进技术有效提高数据速率、频谱效率和抗干扰性,提供综合业务承载的优先级调度和高速移动性支持,并通过抗干扰技术和安全机制保证无线数据业务的安全可靠传输。

TD-LTE 传输技术相比于 WLAN 无线传输技术有着完善的 QoS 传输管理策略设计,同时在数据链路层也采用了区别于 WLAN 自由竞争的接入策略,专门设计了控制平面和信令来处理多用户接入中出现的各种问题,因此数据传输稳定性较 WLAN 技术有较大的提升。可以实现 CBTC 信息、列车状态监测信息、视频监控(CCTV)、PIS(含紧急文本)等信息及时、准确地传输,为城市轨道交通系统的安全、高效运营提供有力支撑。

TD-LTE 技术能更好地匹配轨道交通车地生产业务数据的传输,其优点如下:

(1)传输时延小,LTE 技术采用扁平化网络结构,降低传输时延,理论端到端时延小于 100 ms,满足数据传输实时性要求。

(2)频谱利用率高,15 MHz 频宽下可提供上行 10 Mbit/s,下行 10 Mbit/s 的吞吐量。

(3)移动性支持好,采用自动频率校正技术确保高速移动场景下的无线链路质量,能满足列车运行速度 350 km/h 以下的移动性要求。

(4)多业务并发,采用空口调度算法和 QoS 配置等多种方法保证业务质量,可满足轨道交通多种业务并发需求,满足不同业务的传输质量要求。

(5)抗干扰能力强,LTE 采用小区干扰协调技术进行小区间的干扰协调和 IRC 干扰抑制合并技术,提供系统的抗干扰能力。

LTE 车地综合承载示意如图 3-43 所示。

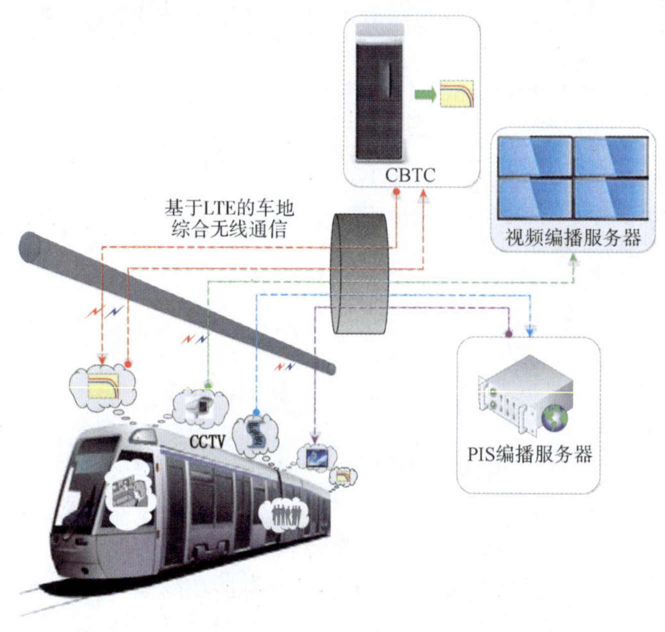

图 3-43　LTE 车地综合承载示意

针对 TD-LTE 在城市轨道交通中的运用,国内外也已经做了大量工作,华为公司提出一种链式的邻近小区优先级算法,这种算法充分考虑铁路系统中线性覆盖的特点,很好地解决乒乓切换的问题。北京交通大学吴昊等人,研究一种移动中继站点协助的切换算法,提出将双天线方法运用于基于 LTE 的铁路车地通信系统中。北京邮电大学的博士论文研究轨道交通 LTE 系统中一种预加载目标小区的切换算法来减少切换延迟。

截至 2014 年 2 月,TD-LTE 在全球已签署 75 个商用合同,其中 29 个网络已正式商用发布,另有 40 多家运营商正在建设和部署之中,TD-LTE 全球累计用户数接近一千万。中国移动 TD-LTE 网络也已在 2013 年底正式商用。从当前 TD-LTE 网络商用情况来看,TD-LTE 网络的产业现状已经成熟,网络覆盖、连续覆盖与切换等性能指标都已达到预期要求。

第五节　列车自动驾驶技术

CBTC 系统以更短的列车追踪间隔运行,在带来更高运行效率的同时,对司机的驾驶操作水平也提出了极高的要求。在北京等客流密度较大的地铁网络,以 CBTC 运行的线路,在高峰时段设计间隔可达到 90 s,运营压力巨大,司机面临很高的劳动强度,人员反应时间等的影响则又会影响系统的运行效率。这要求列车运行控制系统具备更高的自动化程度,确保列车能够自动高效运行,降低司机劳动强度,提高线路运营服务水平。

列车自动驾驶系统(ATO)能够对列车加速和减速模式进行自动修正,以达到性能和能量消耗的最优化,节省运营成本和提高乘客满意度。ATO 将列车驾驶员执行的工作完全自动

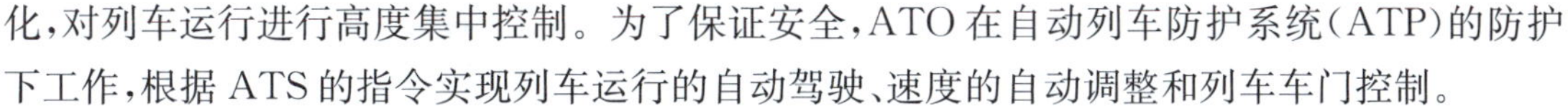

化，对列车运行进行高度集中控制。为了保证安全，ATO 在自动列车防护系统（ATP）的防护下工作，根据 ATS 的指令实现列车运行的自动驾驶、速度的自动调整和列车车门控制。

列车自动驾驶技术主要解决如下问题：

（1）自动生成牵引、制动的控制指令，代替司机进行列车操纵，控制列车自动完成出站启动、站间行驶、进站精确停车、停站作业等运行过程。确保列车高效运行，降低司机劳动强度，节约人力成本。

（2）采用多目标优化驾驶和自动运行调整技术，对列车精确停车、准点、舒适、节能等运行目标进行整体优化，选择最合适的方式自动运行，并可通过无线通信的方式从控制中心 ATS 接收列车运行调整命令，自动完成对列车运行的在线调整。

一、列车自动操纵技术

列车司机最为重要的职能是通过操纵牵引/制动手柄，驾驶列车行驶。对于城市轨道交通的列车，司机还需要在列车停站期间，控制列车车门打开和关闭，确保乘客完成乘降。自动驾驶技术的基本问题是，ATO 如何代替司机完成列车的自动操纵。

首先考虑司机操纵列车行驶的过程。司机以列车当前速度不能超过紧急制动触发（EBI）速度为限制条件，根据运行计划的要求，结合个人经验，在脑中形成当前列车的理想速度，通过肉眼观察速度表盘，得到列车当前的实际速度，通过比较实际速度和理想速度的差距，结合个人经验，在脑中形成以手柄牵引/制动级位为形式描述的控制策略，并通过操纵手柄的方式执行控制策略，直至实际速度达到理想速度为止。

列车自动操纵技术模拟了司机操纵列车行驶的过程。使用处理器代替人脑进行计算，在紧急制动触发（EBI）速度的限制下，综合运行计划、能耗控制、精确停车等多个控制目标计算得出列车当前的目标速度，通过与测速传感器获得列车当前的实际速度，使用自动控制器根据目标速度与实际速度的差值自动计算出列车期望的加速度，根据优秀司机的驾驶经验形成模糊控制器，对自动控制器输出的期望加速度指令进行优化，最终将控制指令转换成与车辆约定的接口形式（是否牵引、是否制动、指令的大小），并输出至车辆，控制效果以列车速度的形式反馈至控制器，从而完成对列车速度的闭环控制。

根据司机操纵列车的阶段性特征，将列车驾驶过程划分为出站启动阶段、站间行驶阶段、进站停车阶段和停站作业阶段共四个阶段，每个阶段采取不同的控制目标、控制器参数和驾驶策略。

（一）出站启动阶段

在出站启动阶段，列车在满足发车条件后发车启动，在保证安全和舒适度的前提下，列车尽快加速至区间最高速度。为保证行车安全，ATP 对 ATO 发车的条件进行监督，确保全部条件满足后允许 ATO 自动驾驶列车。ATP 检查的条件有：

（1）出站信号必须开放，且获得了准许出站的移动授权。

（2）站台屏蔽门和列车车门均处于关闭且锁闭的状态。

（3）以人工驾驶优先为原则，司机手柄不能处于牵引位或制动位。

(4)ATO 与 ATP 保持正常通信,可以实时从 ATP 获取最新的安全信息。

(5)ATO 工作正常。

(6)司机未禁止使用 ATO。

在满足了 ATP 检查条件后,ATO 发车前对如下条件进行检查:

(1)停站时间已结束。

(2)ATS 未发送扣车等不允许列车发车的调度命令。

满足全部发车条件后,ATO 提示司机对自动驾驶发车信息进行确认,司机按下确认按钮后,ATO 自动控制列车发车,在保证安全和舒适度的前提下,尽快加速至区间最高速度。ATO 控制列车加速以达到目标速度曲线,当接近或超过目标速度时,ATO 设备将自动通过减小牵引,施加惰行或制动等措施使列车平稳的接近目标速度曲线。

(二)站间行驶阶段

在站间行驶阶段,控制列车以不超过区间限速的速度行驶,并根据运行计划对列车在站间运行时间的要求调整运行速度,在保证准点的前提下尽可能以较为节能的方式行驶。

由 ATO 子系统执行的自动驾驶过程是一个闭环反馈控制过程,其基本关系如图 3-44 所示。测速单元向 ATO 发送列车的实际位置信息。反馈环路的基准输入是通过列车参数及运营要求计算得出的。ATO 根据计划运行时长,结合线路条件和车辆性能实时计算列车行驶至下一站的目标速度曲线。ATO 向车辆输出计算出的控制指令值,车辆做出相应控制动作,使列车以贴近目标速度曲线的实际速度行驶。

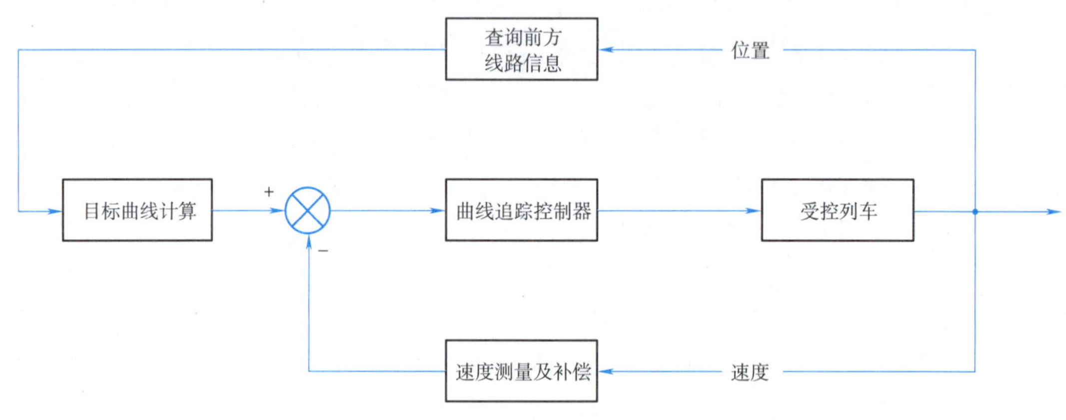

图 3-44　ATO 控制原理示意

ATO 在计算列车行驶至下一站的目标速度曲线时,考虑的因素如下:

(1)紧急制动限速曲线。

(2)站间运行时间。

(3)扣车、跳停命令。

(4)线路坡度。

(5)线路曲率。

(6)车辆加/减速性能。

(7)舒适度要求。

(8)车辆载重。

(9)节能要求。

(三)进站停车阶段

现代城市轨道交通线路的站台往往加装站台屏蔽门,以防止乘客跌入轨行区,发生与进出站过程中的列车发生碰撞等安全隐患。为保证乘客正常上下车,在进站停车阶段,ATO 在保证安全和舒适度的前提下,通过精确高效的定点停车技术,实现列车车门与站台安全屏蔽门的精准对位,确保乘客顺利乘降。

列车在进站停车过程中,考虑到运行舒适度与效率,需要计算出既高效又能保证冲击率较小的一次制动目标曲线,控制器根据进站停车制动目标曲线,控制列车采用连续、恒定的制动率,一次性制动至目标停车点。为了保证进站的运行效率,进站前不设置非线路限速要求的减速。

图 3-45 描述了列车进站时,ATO 控制列车运行的速度曲线图,在 ATO 的控制下,列车可以平稳地停在停车点上。

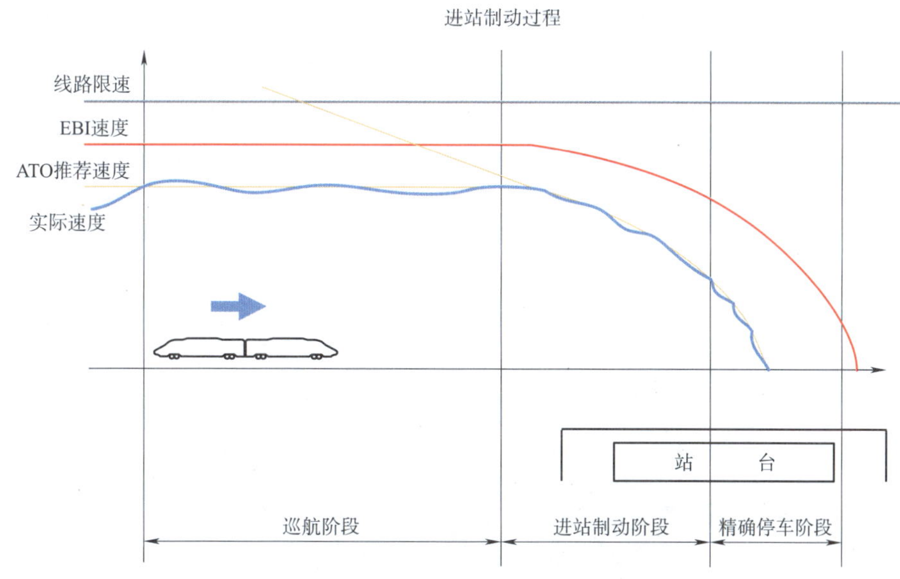

图 3-45　ATO 控制列车进站速度曲线

为了保证列车在站台的停车精度,首先需要保证列车测速定位的精度。因此,工程中通常沿着列车进站方向布置一组精确定位应答器,对列车停车过程中的测量位置进行多次校正。精确定位应答器是布置于站台的无源应答器,具有较小的安装容差,以保证 ATO 定位精度,通常一组精确定位应答器由 3～4 个应答器组成。精确定位应答器在站台的分布方式如图 3-46 所示。

适用于 6 编组 B 型列车的精确定位应答器布置点到停车点的典型距离见表 3-5,实际布置时应参考列车性能、车载应答器天线安装位置、测速定位系统精度、现场安装条件等因素作适当调整。

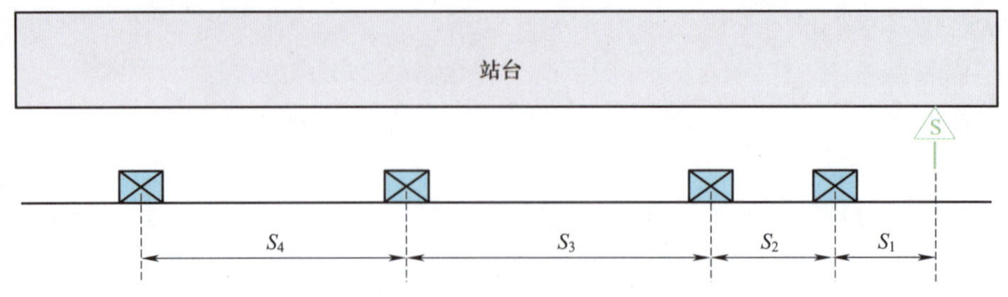

图 3-46　精确定位应答器布置方式示意图

表 3-5　应答器布置位置

距离	S_1	S_2	S_3	S_4
数值	8 m	7 m	45 m	44 m

列车制动加(减)速度的一致性对 ATO 自动操纵列车的舒适性和停站精度影响极大,因此 ATO 的控制效果需要较好的列车制动系统配合,并能够正确认识和适应列车制动过程模型。

地铁车辆常用制动一般采用电空混合制动的方式。空气制动加速度大于电制动,但是空气制动不能保证加速度的一致性和平稳性,而且制动后需要较长的时间进行充风,难以满足 ATO 自动驾驶过程中对列车控制状态的频繁调整需求,因此 ATO 通常使用电制动来控制列车减速。

地铁车辆制动特性典型曲线如图 3-47 所示。

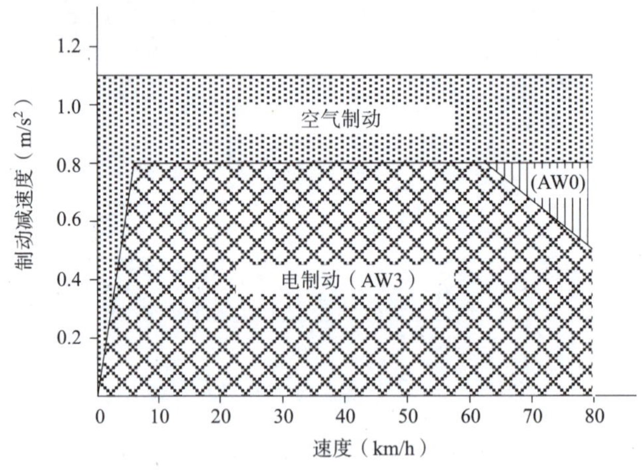

图 3-47　地铁车辆制动特性典型曲线

但由于在低速状态下,电制动不能发挥很好的制动效果,仍然需要用空气制动补偿。列车在高速运行时,当 ATO 发出制动指令后,优先采用电制动进行减速,当列车速度下降到较低速度时,电制动力开始退出,空气制动逐步代替电制动。电制动的退出与空气制动的补偿由车辆系统控制,并存在一个短时间的动态交替过程,在制动指令保持不变的情况下,理论上电制动和空气制动的合力效果应与制动指令的期望效果保持一致,如图 3-48 所示。

在实际应用中，由于系统响应时间、机械动作、物理特性、随机扰动等原因，造成列车在制动过程中，电制动的退出与空气制动的补偿并不能完全按照理论曲线执行，导致在制动指令保持不变的情况下，电制动和空气制动的合力效果与制动指令的期望效果无法保持一致，表现为空气制动补偿过小、过晚或过慢，或者空气制动补偿过大、过早或过快，如图 3-49 所示。

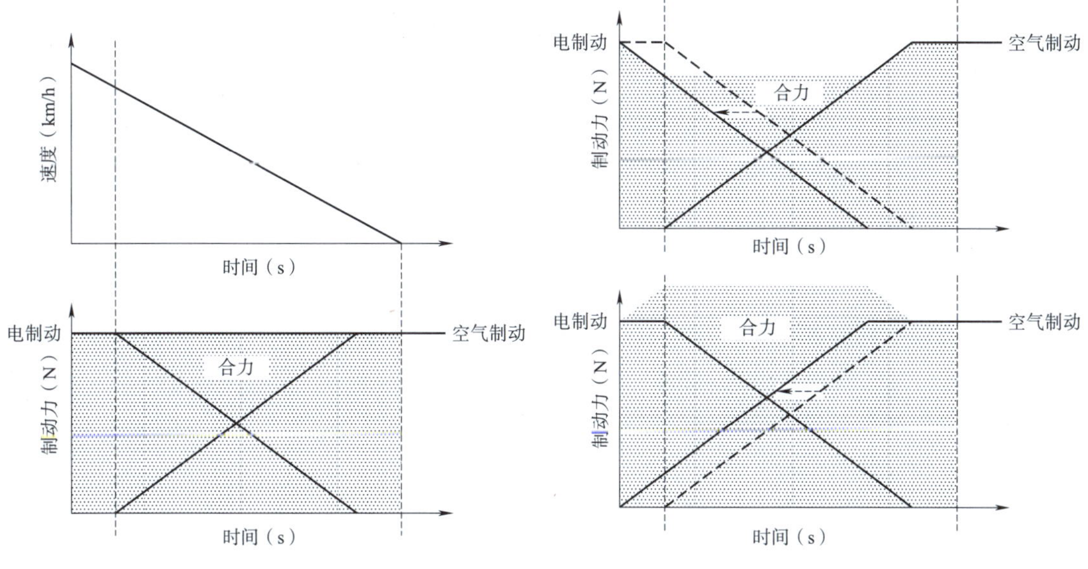

图 3-48　电空混合制动理想过程示意　　图 3-49　电空混合制动实际过程示意

为了保证列车整体制动效果的平稳性，ATO 与车辆系统就合力可能的变化范围进行约定。列车自动操纵技术需要考虑停车过程中电空混合制动对列车精确停车的影响，在每次制动停车过程中监控电制动退出的时间，以及制动合力的制动效果，根据混合制动的实际性能调整停车策略，并在混合制动性能发生较大变化时发出报警，提示维护人员对制动系统进行检修。

（四）停站作业阶段

在停站作业阶段，当列车停稳在 ATO 停车窗（运营停车点±0.5 m 范围，数值可根据需要进行配置）内时，ATO 与车辆配合施加保持制动确保列车不移动，并可自动完成列车车门的打开和关闭，在乘客换乘完成后，ATO 为下一次出站启动做好准备。

1. 保持制动

当 ATO 检测到列车即将停车时，输出保持制动命令，车辆接收命令并执行保持制动命令。列车停站作业过程中一直施加保持制动以防止列车溜逸。当满足发车条件，ATO 输出牵引时将取消输出保持制动命令，但保持制动的真正解除由车辆来负责，即 ATO 断开保持制动输出时，车辆并不会立即解除保持制动，而是等到车辆判断牵引力的大小能够保证列车前进时才真正缓解保持制动。

2. 自动开关列车门

CBTC 系统为列车司机提供以下 3 种开/关门模式，司机可通过操作面板上的开关进行选择：

(1)自动开车门,人工关闭车门(AM);

(2)人工开车门,人工关闭车门(MM);

(3)自动开、关车门(AA)。

ATO 自动驾驶列车在车站停车时,一旦列车检测到停靠正确,且满足所有其他安全条件,ATP 子系统将向 ATO 子系统发出开门程序的授权。当列车车门为自动开、关车门(AA)模式时,ATO 将控制车门自动打开,并对停站时间进行倒计时,停站时间达到规定数值时,ATO 子系统控制列车车门关闭。

在列车开关车门过程中,VOBC 向 CI 发送屏蔽门开/关的控制信号,并由 CI 控制屏蔽门进行开关,实现车门和屏蔽门联动。当确定所有车门及屏蔽门均已关闭并锁闭后,ATO 才可以控制列车离站。

根据列车自动化和智能化的程度不同,IEC 62290 将列车运行控制系统分为 GoA0～GoA4 共 5 个等级,分别为:

(1)GoA0:没有实现自动化。

(2)GoA1:可以实现列车自动防护(ATP)。

(3)GoA2:实现 ATP 防护下的列车自动驾驶(ATO 或 STO)。

(4)GoA3:实现无司机驾驶,但配备列车服务人员(DTO)。

(5)GoA4:实现全自动无人驾驶,车上无须配备运营服务人员(UTO)。

列车自动操纵的自动化水平取决于线路和设备条件、运营管理水平、司机驾驶水平、客流量、乘客素质等多方面的因素,通常需要结合线路实际情况选择系统方案和制定操作规程。

二、多目标优化驾驶和自动运行调整技术

ATO 系统由多目标运行规划单元和自动驾驶控制单元构成。多目标运行规划单元存储了轨道布局和坡度信息,在 ATP 的紧急制动触发速度防护之下,根据时刻表信息、线路信息、车辆信息及列车的运行状态数据,通过执行多目标优化算法,规划出满足精确停车、准点、舒适和节能约束的目标速度曲线。自动驾驶控制单元实现对规划曲线的准确跟踪,通过实时规划和精确控制,达到自动优化驾驶。

(一)多目标运行规划单元

ATO综合考虑运行时间、停车精度、运行舒适度、能耗等相关指标计算运行曲线,见式(3-44)。

$$K_{\text{curve}}=\xi_1 K_1+\xi_2 K_{\text{sa}}+\xi_3 K_{\text{jerk}}+\xi_4 K_{\text{energy}} \tag{3-44}$$

式中,K 表示各个指标[运行时间误差、停车误差、冲击率(表示舒适度)、能耗]的数值;ξ 作为权重表示各个指标的重要程度(取决于对运营的影响程度),综合计算出最优的速度曲线与相应的惰行时机和惰行门限。

ATO 提供全生命周期的自动驾驶服务,但在不同状态下,运营人员对 ATO 控制的要求可能会变化,例如在早晚高峰时期,可能需要列车以尽可能高的速度并准点运行以便更快地完成旅客输送,但在非高峰时期则可能允许列车以略低的速度和更为舒适的方式运行,以提供更好的运营服务质量,同时实现节能的目的。

ATO 与 ATS 配合,可以实现 ATO 运行目标的在线调整和自动执行。ATS 可以监督列

车实际运行图与计划运营图的匹配情况，当存在列车早晚点等情况时，可以自动做出调整；同时ATS还提供人工操作界面，运营操作人员可以通过在ATS上进行操作，对全线列车运营情况进行调整。ATO可通过车地无线通信接收ATS发送的运营调整指令，并据此调整多目标运行规划单元的相关参数，从而驾驶列车按照ATS自动调整的指令执行。

ATO与ATS运营调整的接口关系如图3-50所示。

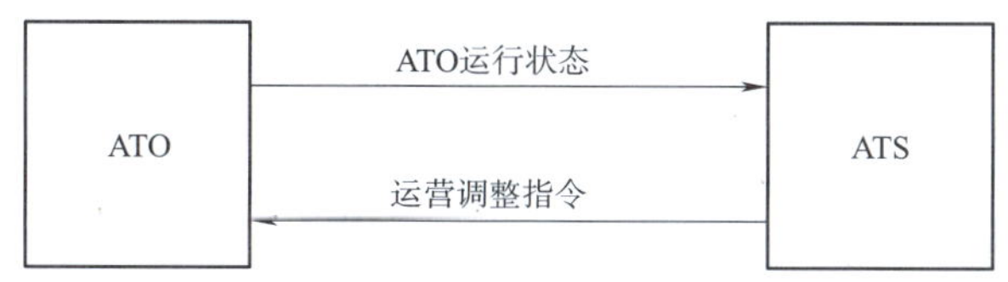

图3-50　ATO与ATS运营调整接口关系示意图

ATO持续向ATS报告列车运行状态信息，以便ATS能对在线运行的列车进行监控和调整。根据列车在线路上可能的运行状态和不同的运营来调整需求，运营调整指令主要包括：

(1)变更列车运行计划(调整车次、目的地等)；

(2)修改列车站停时间；

(3)设置列车提前发车；

(4)修改列车区间运行时分；

(5)设置/取消扣车；

(6)设置/取消列车跳停。

接收到运营调整指令并判断满足执行条件时，ATO将按照运营调整指令调整列车的控制行为。例如，接收到跳停指令后，ATO将控制列车不停车通过站台，并能跳停一个或多个站台；接收到扣车指令时，ATO将保持列车在站停车状态；接收到站间运行时间调整命令时，ATO根据ATS期望的站间运行时间选择不同的站间运行曲线，以使实际站间运行时间尽可能贴近期望的站间运行时间等。

(二)自动驾驶控制单元

自动驾驶控制单元通过实时采集列车运行状态和调整对列车的牵引、制动及加速度等控制指令，对多目标规划单元计算的目标曲线进行跟踪，实现自动优化驾驶。

由于目标速度已经通过多目标优化出了满足精确、舒适、准点和节能的目标曲线，所以跟踪目标速度即可实现列车最优化运行。在ATO自动驾驶控制过程中，自动驾驶控制单元根据当前实际速度与目标速度的差值，通过查询数据库中存储的线路坡度、曲率、列车牵引制动加速度和相关延时参数等，计算并精确地输出相应的牵引与制动力，以使实际速度能在不同的线路与车辆工况下，实现对目标速度的跟踪。为了实现列车速度对目标速度曲线的跟踪效果，自动驾驶控制单元可以采用的算法很多，包括但不限于PID控制算法、模糊控制算法、神经网络控制算法等。

为保证列车启动和制动停车过程中的舒适度，ATO通过逐级增加牵引力以及恒定的一次制动等方式，减少列车在线路上运行的冲击率，并尽量降低牵引制动的切换频度，以提高列车运行的舒适度。

由于ATO和车辆系统之间接口延迟以及车辆系统响应时间的特性，如果ATO过于频繁的进行控制命令调整将无法达到预期的效果,因此自动驾驶控制单元需要解决跟踪精度与控制命令调整频繁程度的矛盾。如通常需要根据车辆要求,屏蔽时间宽度较小的指令,通过长时间的指令来代替多个短脉冲指令频繁切换的方式达到相似的控车效果。在控制精度满足要求的情况下,尽可能降低牵引制动的切换频度,提高节能效率并降低设备损耗。

第六节　列车节能优化技术

目前,中国已进入了城市轨道交通的蓬勃发展时期。各个城市轨道交通系统除在建设阶段需要投入巨大的成本外,线路正式运营通车之后,每年都需要投入巨大的运营维护成本。能耗成本是运营维护成本的重要组成部分。虽然相对于其他交通方式,按照同等运力比较,轨道交通能耗仅仅相当于小汽车的1/9,公交车的1/2,但由于运量大,其总耗电量相当巨大。城市轨道交通系统运营过程中能耗的主要形式为用电耗能。根据北京地铁运营年报统计,2011年北京城市轨道交通系统路网动力照明能耗和牵引能耗共计93 299.99万度,2012年则达到了104267.69万度,总耗电量年均增长近11.76%。

从电能消耗的主体来看,城市轨道交通系统的能耗主要分为列车牵引能耗和动力照明能耗。列车牵引能耗主要由牵引网或第三轨向列车供电牵引列车运行产生,动力照明能耗则由站内换气、空调、照明、电梯/自动扶梯、检票机、车站防灾等设备的能耗构成。CBTC技术为城市轨道交通线路的运能带来了巨大的提升,在路网不断扩张的背景下,使得客流迅速增长,进而导致城市轨道交通的运营能耗快速上升,尤其以列车牵引能耗上升更为迅速。根据北京地铁运营年报统计,2011年的列车牵引能耗为50 397.70万度(约占总能耗的54%),而2012年的列车牵引能耗达到了58 745.55万度(约占总能耗的56.3%),年均增长近16.56%。

目前CBTC系统实现节能优化主要有两种手段:

(1)降低牵引能耗:列车牵引能耗占城市轨道交通运营能耗的50%~60%,降低列车牵引能耗,成为降低城市轨道运营用电总量进而降低运营成本的一个非常重要的有效途径。ATO能够根据多目标优化技术实时计算列车运行推荐速度曲线,然后通过自动控制列车追踪该运行速度曲线,在兼顾运营需求的前提下,可通过增大列车节能需求的权重,达到降低牵引能耗的目的。

(2)通过再生制动实现能量回收和再利用:列车运行过程中伴随着电能、动能、势能、热能等不断形式的能量转换,随着再生制动技术的发展,已可对列车制动过程中的动能转换为电能进行回收,以达到储存或直接再利用的目的。通过利用再生制动技术,并合理计划列车运行序列,以便将在某列车回收的电能用于其他列车的牵引或照明消耗,同样可实现节能的效果。

一、列车牵引能耗优化技术

列车牵引能耗优化技术主要研究如何通过合理的站间牵引、制动、惰行及巡航的组合驾驶策略,减少列车在站间运行的牵引能耗。通过对列车在站间运行的基本过程进行建模,可求得在给定运行时间前提下的节能最优解。

(一)列车运行过程

列车在站间运行时根据线路条件、自身列车特性、前方线路状况计算一个限制速度,限制速度周期性更新，列车运行过程中不允许超过此限制速度。在限制速度的约束下通常包含四种运行工况：牵引、巡航、惰行和制动，如图 3-51 所示。

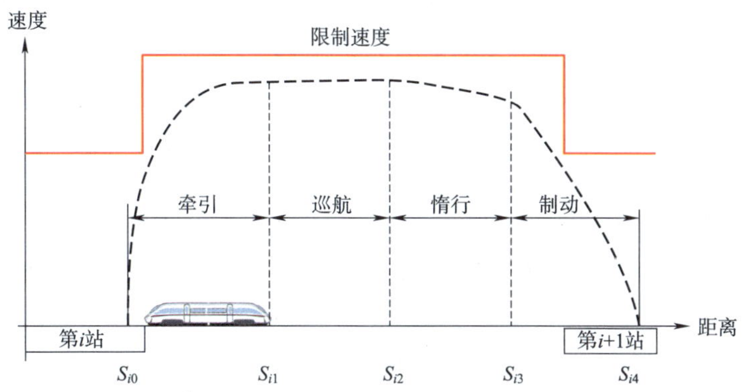

图 3-51　站间运行曲线示意

(1)牵引阶段：列车加速，发动机处于耗能状态。

(2)巡航阶段：列车匀速，列车所受合力为 0，列车是牵引还是制动取决于列车总阻力。

(3)惰行阶段：列车既不牵引也不制动，列车运行状态取决于列车总阻力，发动机不耗能。

(4)制动阶段：列车减速，发动机不耗能。如果列车采用再生制动技术，此时可以将动能转换为电能反馈回供电系统供其他用电设备使用，例如其他正在牵引的列车或者列车上的空调等。

如果车站间距离较短，列车一般采用“牵引—惰行—制动”的策略运行。如果站间距离较长，列车通常会采用牵引到接近限制速度后，交替使用惰行、巡航、牵引三种工况，直至接近下一车站采用制动进站停车。

(二)列车动力学模型

为计算列车运行过程的能耗，必须对其受力和各种力的做功情况进行分析。列车在运行过程中，实际受力状态非常复杂，采用单质点模型是一种常见的简化方法。如图 3-52 所示，将列车视为单质点，其受力可分为四类：重力 G，列车牵引力 F，列车制动力 B 和列车运行总阻力 W。

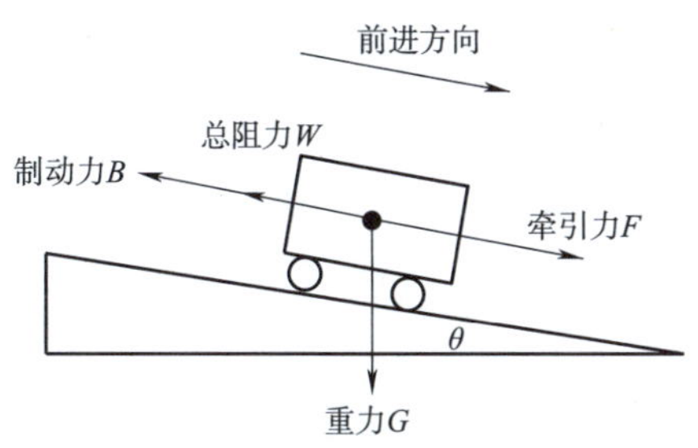

图 3-52　单质点列车受力分析示意

1. 列车牵引力 F

列车牵引力 F 是由动力传动装置产生的、与列车运行方向相同，驱动列车运行并可由司机根据需要调节的外力。牵引力 F 在不同速度下存在最大值：

$$F_{max}=f_F(v) \tag{3-45}$$

2. 列车运行总阻力 W

列车阻力是指列车与外界相互作用引起与列车运行方向相反、阻碍列车运行的、不能由司机控制的外力。按其形成原因可分为基本阻力和附加阻力。

(1)基本阻力

列车的基本阻力是列车在空旷地段沿平、直轨道运行时所受到的阻力。该阻力是由于机械摩擦、空气摩擦等因素作用,产生的固有阻力。具体可分为以下五部分:车轴轴承摩擦阻力、轮轨间滚动摩擦阻力、轮轨间滑动摩擦阻力、冲击阻力、气动阻力。因此,基本阻力与许多因素有关,它主要取决于机车、车辆结构和技术状态、轴重以及列车运行速度等,同时又受线路情况、气候条件影响。由于这些因素极为复杂,甚至于相互矛盾,实际应用中很难用理论公式进行准确计算,通常采用以下经验公式进行计算:

$$w_0=A+Bv+Cv^2 \tag{3-46}$$

式中,w_0 为单位基本阻力(N/kN);A、B、C 为阻力系数,通常取经验值;v 为列车速度(km/h)。

(2)附加阻力

列车在附加条件(通过坡道、曲线、隧道)运行遇到的阻力叫作附加阻力。附加阻力主要考虑坡道附加阻力和曲线附加阻力。

$$w_1=w_i=w_c \tag{3-47}$$

列车的坡道附加阻力是列车上下坡时重力在列车运行方向上的一个分力。通常采用式(3-48)计算:

$$w_i=i \tag{3-48}$$

式中,w_i 为单位坡道阻力(N/kN);i 为线路坡度(‰),i 为正表示上坡,i 为负表示下坡。

列车的曲线阻力主要源自取决于轨道线路的曲率半径,列车在曲线上运行时,轮轨间纵向和横向的滑动摩擦力增加,转向架等各部分摩擦力也有所增加。通常采用式(3-49)计算:

$$w_c=c/R \tag{3-49}$$

式中,w_c 为单位曲线阻力(N/kN);R 为曲线半径(m);c 为综合反映影响曲线阻力许多因素的经验常数,一般取 600。

有时为了计算方便,当坡道附加阻力、曲线附加阻力同时出现时,根据阻力值相等的原则,把列车通过曲线时所产生的附加阻力折算为坡道阻力,加上线路实际坡度即为加算坡度。

综上,列车运行总阻力可按照式(3-50)计算:

$$W=(w_0+w_1)gM/1\,000 \tag{3-50}$$

式中,W 为线路阻力(N);w_0 为单位基本阻力(N/kN);w_1 为单位附加阻力(N/kN);g 为重力加速度;M 为列车质量(kg)。

(3)列车制动力 B

制动力 B 是由制动装置引起的、与列车运行方向相反,司机可根据需要控制其大小的外力。制动力 B 存在最大值,与采用制动时列车速度有关:

$$B_{max}=f_B(v) \tag{3-51}$$

(三)运行时间与运行能耗的关系

当列车在站间运行时，存在着多条速度-距离曲线可以选择。不同速度-距离曲线对应不同的站间运行时间和能耗，如图 3-53 所示 4 条曲线。列车按照这些曲线可以走完相同的距离，但运行时间和能耗并不相同。此外，即便站间运行时间相同时，也存在多条速度-距离曲线可供列车选择。

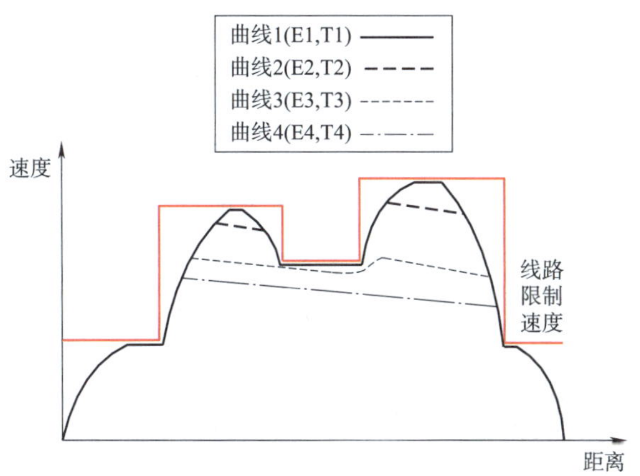

图 3-53　列车站间运行速度-距离曲线

一般认为，列车站间运行时间和能耗存在近似图 3-54 中的反比关系，运行时间越长，能耗越低。但需要注意，缩短同样的运行时间不一定会增加等量的能耗。

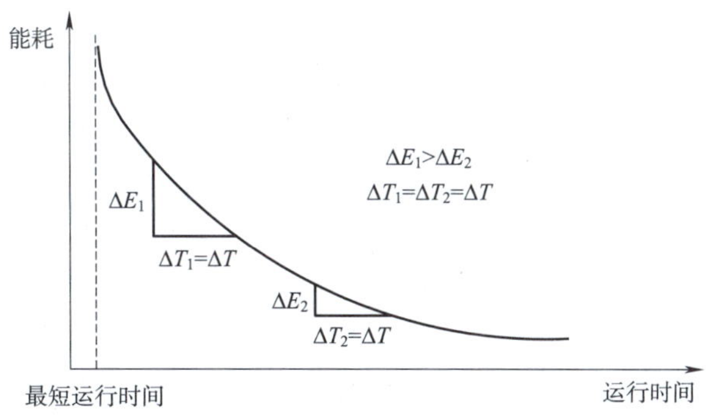

图 3-54　站间运行时间与能耗关系

(四)通过调整列车运行时间实行牵引能耗优化

实际应用中，将牵引能耗优化技术与 ATS 调度指令在线调整技术相结合。首先离线计算上述站间运行时间与能耗的关系，以最短运行时间对应的自动驾驶策略作为站间最高运行等级的策略，再按运行时间差(ΔT)相等的原则，选取站间运行时间与能耗关系曲线上的若干个点，采取其对应的自动驾驶策略作为站间第二、第三、第四……运行等级的策略。由 ATS 存储每个等级和等级对应的站间运行时间。当根据运行计划需要调整列车站间运行时间时，ATS 选取与期望运行时间最为贴近的运行等级，将运行等级调整命令发送给 ATO。列车停站期间，在收到调整的运行等级后，下一个站间按照收到的运行等级对应的自动驾驶策略控制列车运行。如图 3-54 所示,在非高峰时段,若以较低的运行等级对应的策略驾驶列车在站间运行,可以获得较好的节能效果。

据此原理,可为信号系统设计节能模式。在早晚运营高峰,节能模式不启动,列车运行速度快、运行间隔小,上线运营的车辆也最多,此时地铁消耗的电力也是最多的。但在平峰期,运营公司可根据需要启动节能模式,减少上线运营的车辆,增大列车发车间隔,降低列车运行速度,延长站台候客时间,从而减少牵引电能消耗。

二、列车能量回收和再利用技术

随着制动技术的进步,目前城市轨道交通普遍采用了再生制动技术。再生制动时,牵引电动机转变为发电机工况,将列车运行的动能转换为电能,发电机产生制动力使列车减速,此时列车向接触网反馈电能,此部分能量即为再生制动能。再生制动能需要被同一供电区段内的其他设备吸收,否则不仅会造成能源浪费,还将导致线网电压升高,过高的线网电压将影响列车运行,且容易造成用电设备损坏。

可通过如下几种方式吸收再生制动能:

一是在列车上或变电站加装吸能电阻,当网压超过一定阈值时,将再生制动能转化为热能耗散掉或供其他有热量需求的单元使用。类似保险丝,这种方式能够有效防止线网电压过高导致的设备损坏,常作为防护措施配备。

二是通过安装在列车或变电站的储能装置,吸收和存储再生制动能,以供车载低压设备和供电区段内其他列车及用电器在需要时使用。这种方式能够将网压高峰时段的电能存储起来,供网压低峰(用电高峰)时段使用,从而达到稳定线网网压、节约能耗的目的。但这种方式主要受到储能技术发展的制约,短时间内还无法起到非常显著的节能效果。

三是通过合理设置计划运行图,在列车制动产生再生制动能的时间段内,安排同一供电区段内的其他列车牵引,将再生制动能用于这些列车的牵引能耗。如图 3-55 所示,列车 $i+1$ 在制动时会回收能量 E,如果列车 i 处于加速状态,其可以利用上述能量 E,从而减少从变电站获取能量的需求,达到节能的目的。如果列车 $i+1$ 制动时,其所处供电区段内没有其他列车加速,其产生的再生能量将被吸收电阻转化为热能消耗掉。

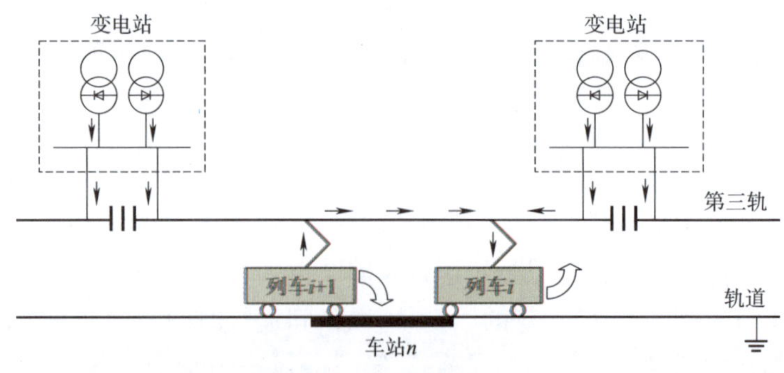

图 3-55　再生能量利用示意图

假设列车 $i+1$ 制动过程中机械能的变化量为 E_mech,制动过程中阻力做功为 E_f,能量回收率为 α(如可取为 95%),则回收的再生能量 E_reg 为

$$E\_reg=(E\_mech-E\_f)\times 95\% \tag{3-52}$$

其中可被列车 i 利用的再生能量为

$$E\_used=E\_reg\times t\_overlap/t_{\text{brake}\_i+1} \tag{3-53}$$

式中，E_used 为可被列车 i 利用的再生能量，E_reg 为列车 $i+1$ 回收的再生能量，$t\_overlap$ 是列车 $i+1$ 制动的时间与列车 i 加速时间的重叠时间，t_{brake_i+1} 是列车 $i+1$ 的制动时间。

通过上式可以看出，列车能量回收和再利用技术与同一供电区段内不同列车牵引和制动重合时间成正比，进一步推理可知，与同一供电区段内的列车数量成正比。通过调整计划运行图，寻求同一个供电区段内全部列车 $t\_overlap$ 之和的较大值，可达到多列车节能优化目的。

CBTC 技术缩短了列车行车间隔，随着行车密度提高，列车制动产生再生制动能的时间段内，更容易找到一列需要牵引的列车，因而更有利于再生能量的利用。广州地铁针对一号线列车进行了节能测试，当列车行车间隔在 170～240 s 时，大约有 48%的再生制动能量反馈到牵引网被其他列车使用，大约 2.9%的再生制动能量被制动电阻消耗；但是当列车行车间隔增大到 360～420 s 时，再生制动能量被其他列车的再利用率仅为 10%，再生制动能量利用率大大减少。

小　　结

列车运行控制系统的根本目标是在保证安全的前提下，通过一定的技术手段，使得相邻列车的时空距离最小化，满足高效运输的需求。因此，作为一种典型的控制系统，列车运行控制系统需要能够安全和准确地感知列车和环境（相关障碍物）的状态，预测环境可能的变化情况，并据此制定控制策略，防护列车安全、高效运行。CBTC 系统实现的基础是计算机、通信和控制技术，传感器、通信、控制器和控制算法以及执行器等方面的发展均对 CBTC 系统起到重要的推动作用。

受篇幅所限，本章结合当前 CBTC 系统的典型实现方式对部分技术进行了介绍。各项技术的实现方式和性能互相依赖和影响，各章节的大致关系为：列车测速定位技术完成对列车状态的感知，地车信息传输技术实现各控制设备间的通信，列车运行安全、节能和自动化是列车控制系统的目标，列车防护控制技术完成对环境变化趋势的预测和列车控制策略的制定，而列车空间分隔技术则是环境变化预测和列车控制策略形成的基础模型。

得益于相关技术的快速发展和成熟，CBTC 系统各项关键技术的实现手段和性能也必将不断提升，但是各项技术的目标应该不会发生过大变化。在阅读本章时应结合 CBTC 系统设计时相关基础技术的水平进行理解，并可结合最新技术的发展情况考虑各项技术实现的改进方式。

结合已经出现的相关研究，对可能的技术发展技术举例如下：

1. 本文所述列车和环境感知技术主要采用的是基于轮轴传感器、多普勒雷达、惯性导航和卫星等传感器和技术实现的列车速度、位置测量，结合计轴、轨道电路等实现非通信列车位置的测量，而随着机器学习等技术的成熟，基于视频摄像头和图像处理等技术的列车测速定位、环境感知成为可能，其他诸如红外、激光测距等传感器也可能在 CBTC 系统中得到应用。

2. 在信息传输方面，一方面随着车车通信技术的成熟，可能在CBTC系统中得到应用，使得系统的通信对象发生改变；另一方面随着5G技术的不断成熟和6G技术的研发，通信设备和技术也将得到改进，信息传输的容量、实时性和安全性也将得到提升。

3. 在系统控制技术方面，全自动运行(FAO)技术将得到应用，使得系统的自动化和智能化程度得到进一步提升。

城市轨道交通技术正进入一个崭新的时期，随着传感器、通信和计算机处理技术的发展及其在轨道交通系统的应用，CBTC系统正向着系统化、集约化、网络化、智能化方向加速前进。

第四章　CBTC 系统内外接口

确定 CBTC 各子系统需要实现的功能后，每个子系统提出实现其功能需要其他子系统提供的信息及接口形式；然后根据系统架构和功能分配指定为其提供该信息的子系统，并约定接口形式；对所有信息梳理完成后，汇总形成各了系统间的接口。

作为列车自动控制系统，接口应按照列车自动控制系统的特点，以实现系统安全、高效运行为目的，按照一定的原则进行设计。

目前绝大部分 CBTC 系统采用的接口形式如图 4-1 所示。

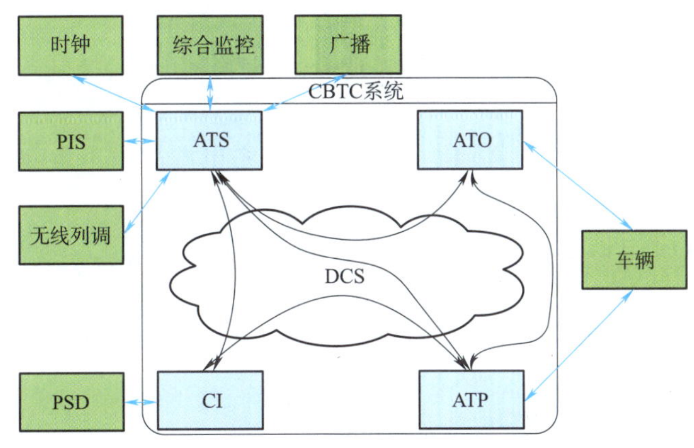

图 4-1　CBTC 系统采用的接口形式

本章按照接口原则、类型以及各子系统间的详细接口内容的方式进行说明。

第一节　接口设计原则

CBTC 的各子系统之间以及系统对外的接口应按照以下原则进行设计。

1. 符合相关国际/国内标准

(1)传输控制协议(TCP)协议。

(2)用户数据报协议(UDP)协议。

(3)IEEE802.3 以太网传输标准。

(4)IEEE802.11 无线局域网络标准。

(5)串口通信协议。

(6)铁路安全通信协议。

2. 关键接口冗余

关键接口冗余示意图如图 4-2 所示。

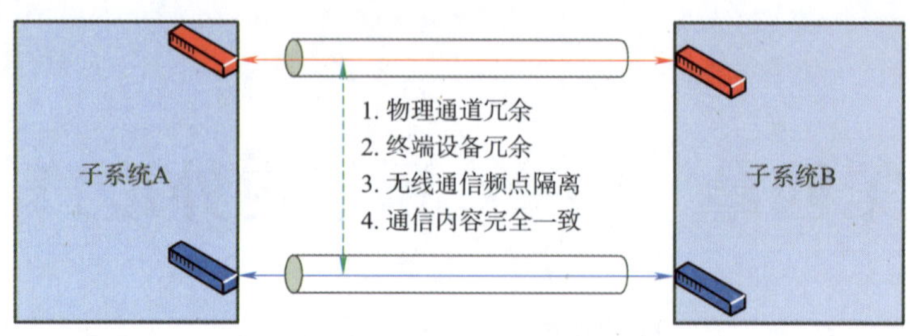

图 4-2　关键接口冗余示意

冗余是指两个或以上的单元并行工作的并联模型。CBTC 系统对于关键的信息采用冗余接口设计,采用如下的冗余措施:

(1)敷设两个独立的物理通道(如网线、光纤等)分别连接两端设备。

(2)物理通道通过不同的路径(如上下行)敷设,单点或某一地点故障不影响另一个通道的工作。

(3)接口双方子系统采用两套独立的接口设备(如交换机、通信控制器),分别连接两个独立的物理通道。

(4)两套独立的接口设备采用分别供电的方式,单系电源故障不影响另一个接口设备的工作。

(5)两个通道的应用信息内容完全一致,无论采用哪路信息,都可以完全实现系统功能。

(6)系统采用安全通信协议,对双路信息进行筛选、处理,保证最新、正确的信息得到应用。

3. 不同安全等级接口隔离

不同安全等级接口隔离示意图如图 4-3 所示。

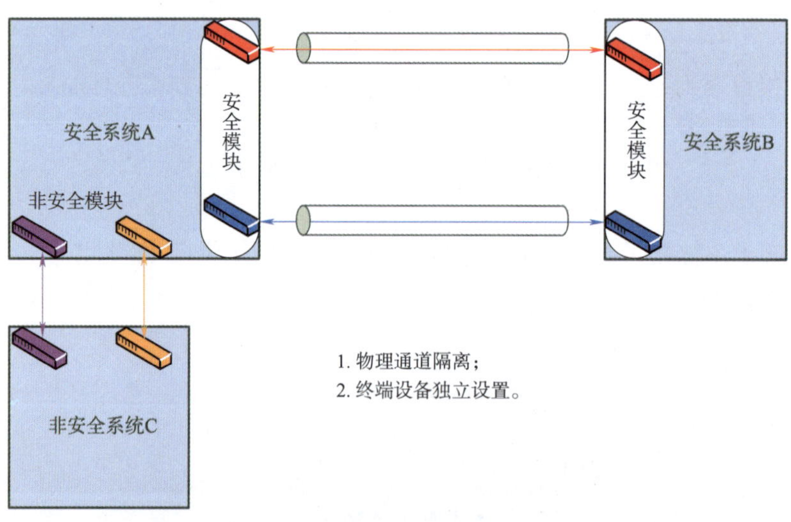

图 4-3　不同安全等级接口隔离示意

CBTC 系统按照其功能的不同划分为安全子系统和非安全子系统,安全子系统中又包含

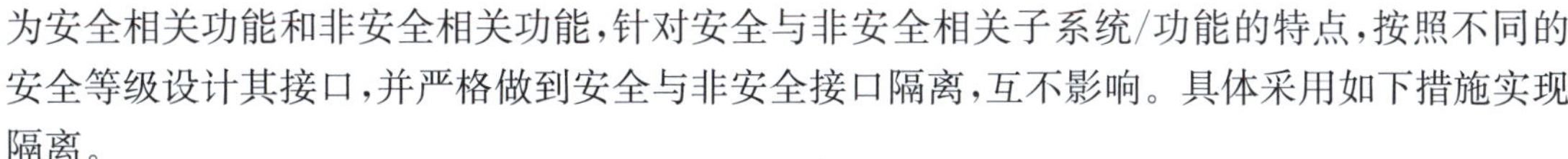

为安全相关功能和非安全相关功能，针对安全与非安全相关子系统/功能的特点，按照不同的安全等级设计其接口，并严格做到安全与非安全接口隔离，互不影响。具体采用如下措施实现隔离。

(1)安全与非安全接口采用不同的物理通道(光纤、以太网)连接。

(2)安全与非安全接口的终端设备(交换机、通信控制器)采用不同的接口设备。

(3)安全与非安全接口设备使用独立的电源模块供电，互不影响。

4. 满足系统实时性要求

CBTC 系统控制列车运行，而列车在线路上是时刻动态运动的，系统间接口的实时性直接体现在列车的运行效率上。

如图 4-4 所示，前车运行过程中，后车计算制动曲线时，必须考虑前车位置传输到轨旁 ATP，轨旁 ATP 完成计算后将移动授权发送给后车，后车经过处理，得到安全制动曲线对列车进行防护。

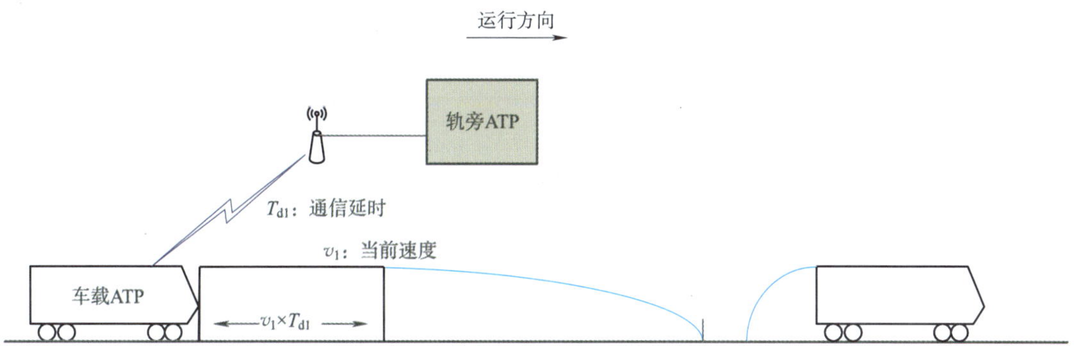

图 4-4　CBTC 系统间接口的实时性

由于通信延时的存在，后车追踪前车的间距在满足列车制动距离的基础上，还需考虑通信延时造成列车运行安全包络加大，追踪时间增加 T_{d1}，追踪距离增加 $v_1 \times T_{d1}$。T_{d1} 越长，前后车追踪的间距就越大。

5. 系统安全接口处理

CBTC 系统防护列车运行安全，在不能从外部接口准确判断自身或周边环境的状态时，必须导向安全处理，一般处理是让列车紧急停车。

如图 4-5 所示，列车运行过程中，虽然前方实际上处于空闲状态，列车可运行到移动授权终点，但是如果通信中断时，后车无法判断前方是否有障碍物，需要马上导向安全侧处理，实施紧急制动进行防护。

针对电气接口的处理还可通过继电器实现故障导向安全的处理。继电器的特点是故障时导向落下，系统可根据此特点，采集到落下状态即导向安全侧处理，如关闭信号。

对于安全等级要求较高的接口还可以通过增加接口冗余校核手段提高系统安全性。

如图 4-6 所示，除了【常开触点闭合，常闭触点断开】两个条件同时满足的情况外，【常开触点闭合，常闭触点闭合】【常开触点断开，常闭触点闭合】【常开触点断开，常闭触点断开】均视为危险侧进行防护。

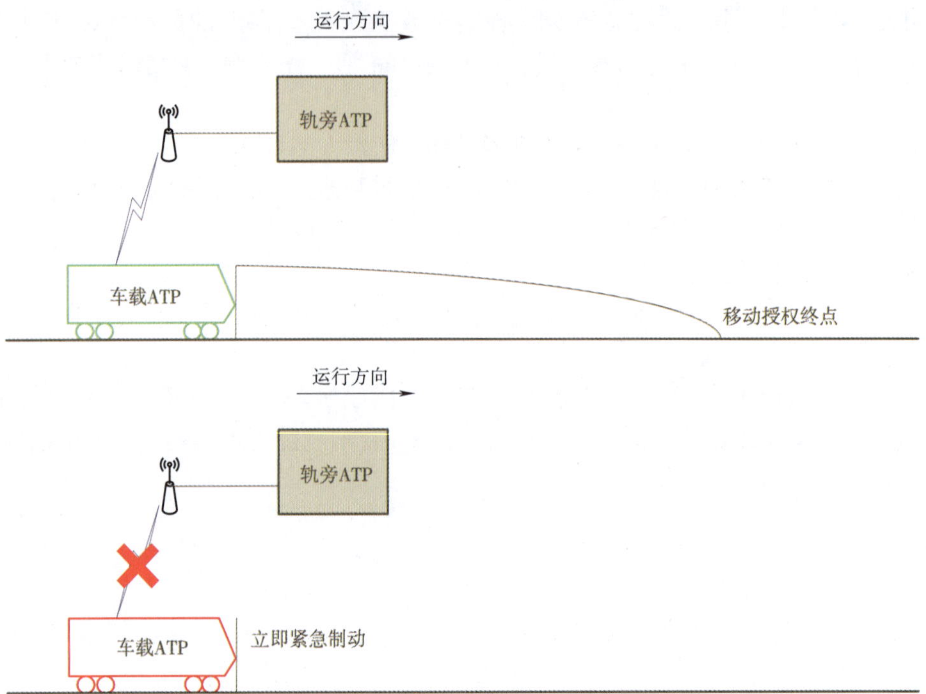

图 4-5　CBTC 系统安全接口处理示意

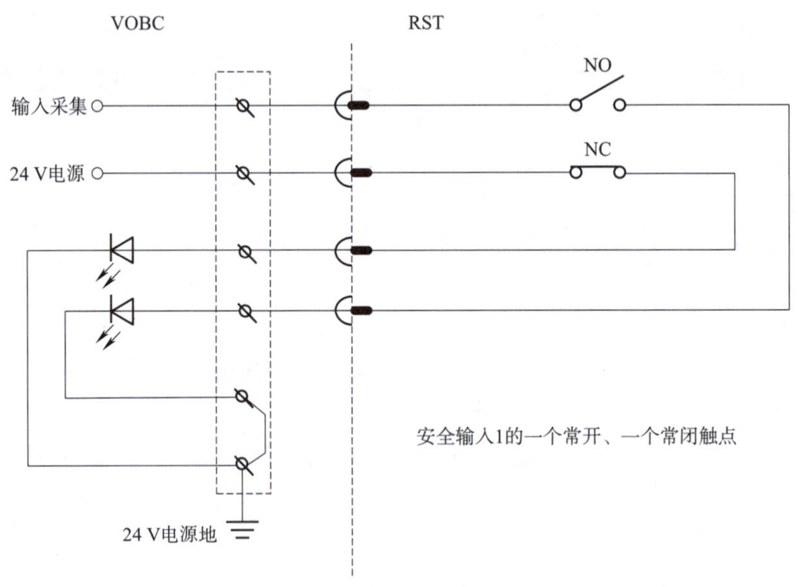

图 4-6　增加接口冗余结构示意

6. 根据需求选择接口类型

对接口类型进行划分,有以下分类。

(1)按照接口形式划分为:以太网、串口、无线;

(2)按照通信对象划分为:车地之间、轨旁设备之间、车上设备之间;

(3)按照安全等级划分为:安全、非安全;

(4)按照冗余程度划分为:冗余传输、单路传输。

按照以上原则和分类,针对各子系统特点以及传输数据的特点,设计以下系统间接口。图 4-7 为接口类型示例。

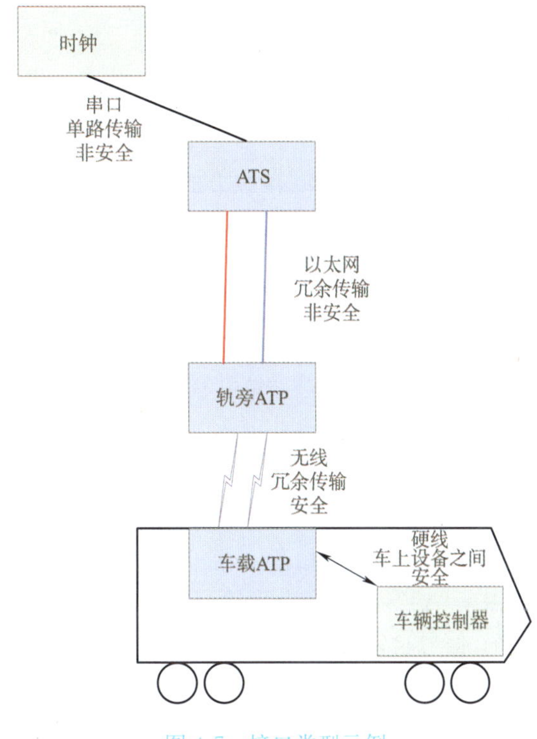

图 4-7　接口类型示例

(1)时钟与 ATS 之间传输内容仅有校时信息,不涉及安全,如果中断不影响行车,所以选择串口单通道通信,使用非安全协议。

(2)ATS 与轨旁 ATP 之间传输的内容包括行车指挥、列车运行状态等信息,数据量大,不涉及安全,如果中断会影响行车,所以选择冗余以太网通信,使用非安全协议。

(3)轨旁 ATP 与车载 ATP 之间传输列车运行状态、移动授权等信息,数据量大,涉及安全,如果中断影响行车,且车地之间必须通过无线连接,所以选择用冗余无线以太网传输,使用安全协议。

(4)ATP 车载与车辆之间发送紧急制动等控制指令,数据量小,为开关量信息,涉及安全,如果中断影响行车,所以选用硬线安全接口。

第二节　内 部 接 口

一、ATS—CI 的物理接口、通信协议及信息内容

(一)物理接口

ATS 与 CI 之间使用符合 IEEE 802.3 标准的 Ethernet 10/100BaseT 冗余以太网络,采用全双工工作方式,Big Endian 编码顺序。

(二)通信协议

1. 数据链路层

MAC(Medium Access Control)子层基于 IEEE 802.3 标准,每个设备都使用 2 个 MAC 地址。

2. 网络层

本接口使用 IPv4 协议作为网络层的协议。

3. 传输层

本接口使用 UDP/IP 协议作为传输协议。

4. 应用层

应用层数据采用安全通信协议来保证传输数据的安全性与完整性。

(三)信息内容

1. ATS→CI

(1)源 ID:表明发送方的身份(本章中,通信接口中的所有信息帧都包含此内容,下文不再赘述)。

(2)目标 ID:表明接收方的身份(本章中,通信接口中的所有信息帧都包含此内容,下文不再赘述)。

(3)办理/取消进路:ATS 根据运行计划自动或人工手动办理/取消进路的命令,发送给 CI 执行。

(4)重开信号:当信号机因为异常原因关闭时,需要人工手动操作,该命令发送给 CI 后,检查开放条件具备后自动重开信号。

(5)设置/取消自动进路:对于列车在通常运行的进路,可通过设置自动进路属性使列车通过该进路后不解锁,信号具备开放条件后自动开放,提高运行效率;如需办理其他进路,可取消自动进路,ATS 将指令发送给 CI 后执行。

(6)设置/取消扣车:当区间、站台发生异常情况或需要手动调整列车间隔时,可以人工设置扣车,ATS 将该命令发给 CI 后自动关闭出站信号;异常情况解决或调整完成后,人工取消扣车,信号自动开放。

2. CI→ATS

(1)列车位置:通常 CI 发送给 ATS 的列车位置信息用列车占压逻辑区段的数量以及逻辑区段的 ID 来表示,ATS 接收到该信息后进行显示,如图 4-8 的红色表示逻辑区段占用。

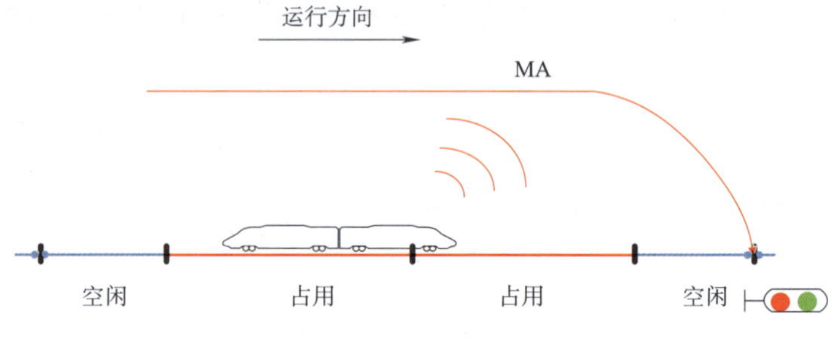

图 4-8　CI→ATS 列车位置信息

(2)表示灯状态:CI 将与 LEU 通信状态、与 ZC 通信状态以及其他需要让调度员了解的系统运行状态等表示灯状态信息发送给 ATS 进行显示,如图 4-9 所示。

图 4-9　CI→ATS 表示灯状态

(3)站场信息帧:CI 将采集到的站场信息,包括:道岔、信号机、物理区段、逻辑区段、进路、站台门、紧急停车按钮、自动进路设置状态、自动折返设置状态,发送给 ATS 进行显示,如图 4-10 所示。

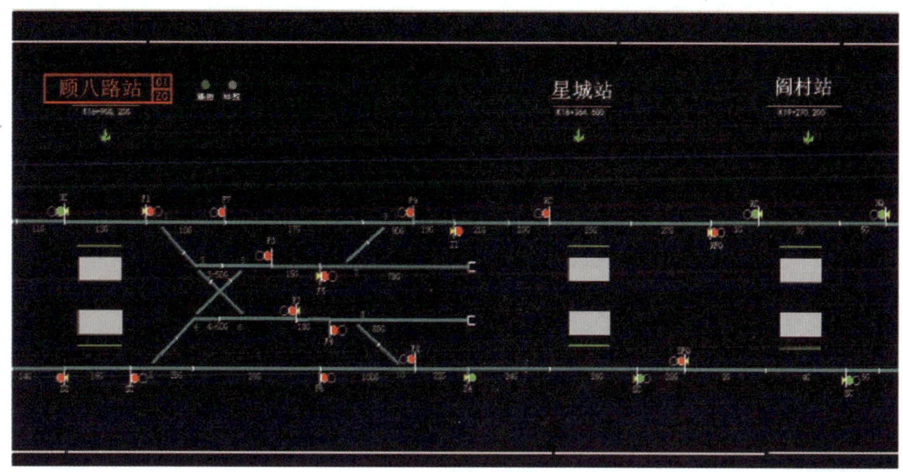

图 4-10　ATS 显示站场信息帧

(4)命令帧状态反馈：针对 ATS 发送的控制命令，CI 将执行结果以及失败原因反馈给 ATS 进行显示，包括：进路正在取消、保护区段未锁闭、保护区段占用、接近锁闭、不完整锁闭、始端信号机开放、信号机封锁、敌对信号开放、进路需开放信号机未能开放、信号不能同时开放、信号故障关闭、区段占用、区段锁闭、侵限区段占用、区段被征用、道岔封锁、道岔单锁、道岔位置错误、道岔动作超时、照查条件不满足、紧急停车按钮有效、站台门未关闭、站台扣车等。

二、ATS—ATP 的物理接口、通信协议及信息内容

ATS 与 ATP 的接口分为两部分：ATS 与轨旁 ATP 的接口以及与 ATP 车载的接口。

(一)ATS—轨旁 ATP

1. 物理接口

ATS 与轨旁 ATP 之间使用符合 IEEE 802.3 标准的 Ethernet 10/100BaseT 冗余以太网络，采用全双工工作方式，Big Endian 编码顺序。

2. 通信协议

(1)数据链路层

MAC(Medium Access Control)子层基于 IEEE 802.3 标准，每个设备都使用 2 个 MAC 地址。

(2)网络层

本接口使用 IPv4 协议作为网络层的协议。

(3)传输层

本接口使用 UDP/IP 协议作为传输协议。

(4)应用层

应用层数据采用安全通信协议来保证传输数据的安全性与完整性。

3. 信息内容

ATS 接收轨旁 ATP 的信息，而无需向轨旁 ATP 发送指令。

轨旁 ATP →ATS：

(1)汇报列车数量:在本轨旁 ATP 管理的列车总数量。

(2)列车 ID:被管理的列车的 ID,用于 ATS 识别列车。

(3)列车类型:本列车是通信车还是非通信车,用于 ATS 区分显示,如图 4-11 所示,左侧是通信车,右侧是非通信车。

图 4-11　ATS 区分显示列车类型

(4)列车占用逻辑区段状态:用于 ATS 识别列车位置,显示列车状态。

(二)ATS—车载 ATP

1. 物理接口

ATP 车载通过 DCS 设备实现与 ATS 的通信,经 DCS 处理落地后的车载 ATP 数据与 ATS 之间使用符合 IEEE 802.3 标准的 Ethernet 10/100BaseT 冗余以太网络,采用全双工工作方式,Big Endian 编码顺序。

2. 通信协议

(1)数据链路层

MAC(Medium Access Control)子层基于 IEEE 802.3 标准,每个设备都使用 2 个 MAC 地址。

(2)网络层

本接口使用 IPv4 协议作为网络层的协议。

(3)传输层

本接口使用 UDP/IP 协议作为传输协议。

(4)应用层

应用层数据采用安全通信协议来保证传输数据的安全性与完整性。

3. 信息内容

(1)ATS →车载 ATP

车次号:用于车载 ATP 向司机显示本次列车运行车次。

目的地号:用于车载 ATP 向司机显示本次列车运行目的地。

下一站编号(ATO 也使用):用于车载 ATP 向司机显示下一站。

以上信息显示于车载 MMI 上,如图 4-12 所示。

(2)车载 ATP →ATS

车载 ATP 发送给 ATS 的信息包括两种类型:运行状态信息和故障报警信息。两种信息根据其重要性不同采用不同的通信周期。

①运行状态信息

ATS 指令信息反馈:用于向 ATS 表明 ATP 已经准确接收到此信息。

运行方向:ATS 收到此信息后,向调度员显示列车运行方向。

速度:用于 ATS 显示列车速度。

图 4-12　车载 MMI 示意图

驾驶模式：用于 ATS 显示列车驾驶模式。

门状态：用于 ATS 显示车门状态。

停稳信息：用于 ATS 显示列车停稳状态。

②故障报警信息

时间：报警发生的时间。

ATP 板级故障：用于 ATS 显示车载 ATP 每块电路板的工作是否正常。

ATP 设备级故障：用于 ATS 显示 MMI、AP 模块等设备的工作是否正常。

ATP 切除牵引原因：用于 ATS 显示列车切除牵引力的状态和原因。

ATP 紧急制动原因：用于 ATS 显示列车紧急制动的状态和原因。

ATP 丢失位置原因：用于 ATS 显示列车丢失位置的状态和原因。

乘客满载率：用于 ATS 显示并对外发送列车满载情况。

日检结果：用于 ATS 显示每项日检工作是否成功的结果。

通信状态监督：用于 ATS 显示车载 ATP 与轨旁 ATP、CI、列车等的通信状态。

列车安全操作：用于 ATS 显示门旁路等安全相关操作的状态。

车辆故障状态：用于 ATS 显示车辆本身的故障状态。

三、ATS—ATO 的物理接口、通信协议及信息内容

（一）物理接口

车载 ATO 可将车地通信信息经车载 ATP 通过 DCS 设备实现与 ATS 的通信，经 DCS 处理落地后的车载 ATO 数据与 ATS 之间使用符合 IEEE 802.3 标准的 Ethernet 10/100BaseT 冗余以太网络，采用全双工工作方式，Big Endian 编码顺序。

（二）通信协议

1. 数据链路层

MAC(Medium Access Control)子层基于 IEEE 802.3 标准，每个设备都使用 2 个 MAC 地址。

2. 网络层

本接口使用 IPv4 协议作为网络层的协议。

3. 传输层

本接口使用 UDP/IP 协议作为传输协议。

4. 应用层

应用层数据采用安全通信协议来保证传输数据的安全性与完整性。

(三)信息内容

1. ATS→车载 ATO

扣车命令:ATO 收到该命令后,将车停在扣车站台,并不发关门指令。

跳停命令:ATO 收到该命令后,通过逻辑判断是否能够越过指定站台不停车,如满足条件执行跳停。如图 4-13 所示。

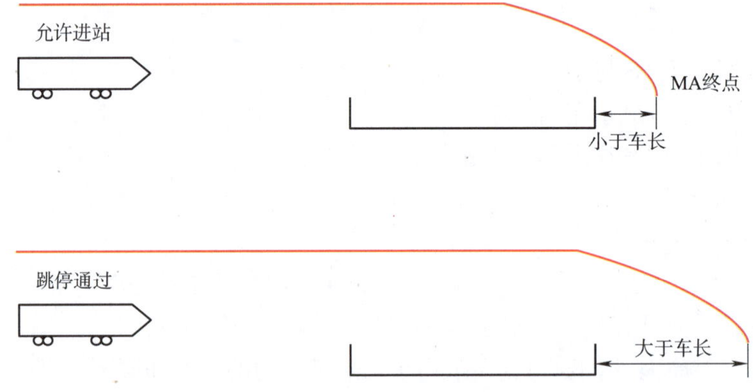

图 4-13　ATO 根据接收的命令下发不同指令

停站时间:ATS 向 ATO 发送停站倒计时,用于车载 ATO 根据自动关门、向司机提示发车。

下一站间运行等级:用于 ATO 根据该指令确定下一站间运行速度和时间。

2. 车载 ATO →ATS

车载 ATO 发送给 ATS 的信息包括两种类型:运行状态信息和故障报警信息。两种信息根据其重要性不同采用不同的通信周期。

(1)运行状态信息

ATS 指令信息反馈:用于向 ATS 表明 ATO 已经准确接收到此信息。

(2)故障报警信息

时间:报警发生的时间。

ATO 板级故障:用于 ATS 显示车载 ATO 每块电路板的工作是否正常。

ATO 运行故障:车门、站台门未在规定时间内开关报警。

停车精度:用于 ATS 显示列车停车精度。

日检结果:用于 ATS 显示每项日检工作是否成功的结果。

四、CI—ATP 的物理接口、通信协议及信息内容

CI 与 ATP 的接口分为两部分:CI 与轨旁 ATP 的接口以及与车载 ATP 的接口。

(一)CI—轨旁 ATP

1. 物理接口

CI 与轨旁 ATP 之间使用符合 IEEE 802.3 标准的 Ethernet 10/100BaseT 冗余以太网络，采用全双工工作方式，Big Endian 编码顺序。

2. 通信协议

(1)数据链路层

MAC(Medium Access Control)子层基于 IEEE 802.3 标准，每个设备都使用 2 个 MAC 地址。

(2)网络层

接口采用 IPv4 协议作为网络层的协议。

(3)传输层

接口采用 UDP/IP 协议作为传输协议。

(4)应用层

应用层数据采用安全通信协议来保证传输数据的安全性与完整性。

3. 信息内容

(1)CI→轨旁 ATP

信号机逻辑状态:用于轨旁 ATP 根据信号机状态计算移动授权。

站台门状态:用于轨旁 ATP 根据站台门状态计算移动授权。

紧急停车按钮:用于轨旁 ATP 根据紧急停车按钮状态计算移动授权。

物理区段状态:用于轨旁 ATP 识别轨道占用状态，并辅助计算移动授权。

道岔状态:包括道岔定位、反位以及是否锁闭状态，用于轨旁 ATP 识别道岔位置以及计算移动授权。

区段运行方向:用于轨旁 ATP 判断并计算移动授权方向。

保护区段状态:表示有岔保护区段的锁闭状态，用于轨旁 ATP 计算移动授权。

站台无人折返按钮状态:当站台无人折返按钮按下时，CI 将按钮状态发送给轨旁 ATP，用于触发无人自动折返。

进路办理状态:表示基本进路是否已办理，用于轨旁 ATP 计算移动授权。

自动信号状态:表示自动信号是否已开放，用于轨旁 ATP 计算移动授权。

(2)轨旁 ATP →CI

信号机强制点灯命令:CI 根据该指令控制轨旁信号机点亮(对于非 CBTC 车接近)或熄灭(对于 CBTC 车接近)，如图 4-14 所示。

图 4-14 轨旁信号机状态

逻辑区段状态:轨旁 ATP 根据线路情况及列车情况，结合联锁汇报的计轴区段状态信息，以逻辑区段为单位，将联锁管辖范围内的逻辑区段状态提供给联锁，供联锁进行线路显示及进路处理。

停稳信息:轨旁 ATP 向 CI 发送停稳信息,用于 CI 判断解锁保护区段时机。

计轴区段 ARB 状态:当 ZC 判断列车已完整出清一个计轴区段后,计轴区段内无车占用,但计轴仍然汇报区段状态为占用。此时 ZC 认为计轴区段状态 ARB,并汇报给 CI,提示值班员采取相应的处理。

站台无人折返灯控制命令:轨旁 ATP 接收到 VOBC 的站台无人折返灯点灯命令,将该命令发送给联锁。联锁根据命令将对应的站台无人折返灯点亮。

(二)CI—车载 ATP

1. 物理接口

车载 ATP 通过 DCS 设备实现与 CI 的通信,经 DCS 处理发送到地面网络的车载 ATP 数据与 CI 之间使用符合 IEEE 802.3 标准的 Ethernet 10/100BaseT 冗余以太网络,采用全双工工作方式,Bigendian 编码顺序。

2. 通信协议

(1)数据链路层

MAC(Medium Access Control)子层基于 IEEE 802.3 标准,每个设备都使用 2 个 MAC 地址。

(2)网络层

接口采用 IPv4 协议作为网络层的协议。

(3)传输层

接口采用 UDP/IP 协议作为传输协议。

(4)应用层

应用层数据采用安全通信协议来保证传输数据的安全性与完整性。

3. 信息内容

(1)CI →车载 ATP

站台门状态:用于车载 MMI 显示站台门状态,图 4-15 表示站台门打开。

图 4-15　站台门打开

(2)车载 ATP →CI

站台门开/关门命令:CI 收到该命令后控制站台门打开或关闭。

五、ATP—ATO 的物理接口、通信协议及信息内容

ATP 与 ATO 仅在车载 ATP 设备与车载 ATO 设备之间有接口信息的交互。

(一)物理接口

车载 ATP 与车载 ATO 之间采用全双工工作方式 RS422 串口冗余通信,采用 Big Endian 方式编码。

(二)通信协议

应用层数据采用安全通信协议来保证传输数据的安全性与完整性。

(三)信息内容

1. 车载 ATP →车载 ATO

当前运行级别:用于 ATO 根据运行级别输出控制指令。

列车位置:用于 ATO 根据列车位置计算列车运行曲线。

列车速度:用于 ATO 根据当前速度与目标速度输出控制指令。

开口状态:开口模式下,ATO 收到开口状态后,可自动启动以不超过开口限速的速度运行。

车门状态:ATO 根据当前车门状态输出控制指令。

无人自动折返状态:ATO 根据无人自动折返状态输出车门控制指令。

ATS 行车指挥信息:ATP 转发 ATS 行车指挥信息给 ATO 用于自动控制。

移动授权:ATO 接收到 ATP 发送移动授权信息以计算速度曲线。

2. 车载 ATO →车载 ATP

AM 模式信息:表示 ATO 工作在自动驾驶模式。

反馈 ATS 行车指挥信息:ATO 接收到 ATS 行车指挥信息后,交 ATP 转发 ATS 用于确认 ATO 已收到行车指挥指令。

推荐速度:人工驾驶模式下,ATO 计算推荐速度给 ATP 显示在 MMI 上指挥司机行车。

开关门命令:ATO 输出开关门命令给 ATP,ATP 转发 CI 驱动站台门开关。

牵引制动状态:自动驾驶模式下,ATO 将牵引制动状态发送给 ATP,在 MMI 上提示司机,如图 4-16 所示。

图 4-16　牵引制动状态

故障报警信息:ATO 将故障报警信息发送给 ATP,MMI 进行显示并转发 ATS,如图 4-17 所示。

图 4-17　故障报警信息

六、各子系统与 DCS 的物理接口、通信协议及信息内容

DCS 定位为整个信号系统的信息传输通道,对信息的传输是透明传输。透明传输就是传送网络不管传输的业务如何,只负责将需要传送的业务传送到目的节点,同时保证传输的质量即可,而不对传输的业务进行处理。

DCS 全网络的有线连接使用 IEEE 802.3 以太网标准，无线通信使用 IEEE 802.11 无线标准，网络协议对信号系统是完全透明的，并且有线网络与无线网络完全兼容。

无线网络允许区域(通常由一个 AP 或者几个相连的 AP 确定)内同时存在多列车运行。该网络还可以通过标准网络层(IP)功能，支持对一列车、一组列车或者所有列车有选择地进行通信。

第三节 外部接口

一、ATS—无线列调的物理接口、通信协议及信息内容

(一)物理接口

ATS 与无线列调之间使用采用全双工工作方式 RS422 串口冗余通信，采用 Little Endian 方式编码。

(二)通信协议

应用层数据采用 CRC 校验来保证传输数据的正确性和完整性。

(三)信息内容

1. ATS→无线列调

列车数量：本信息中包括多少辆列车。

列车 ID：发送的列车信息对应的列车 ID。

目的地号：表示该列车的目的地。

站台编号：表示该列车停站时的站台编号。

运行方向：表示该列车目前运行方向是上行还是下行。

是否处于折返轨：有效时表示该列车处于折返轨。

是否处于站台轨：有效时表示该列车处于站台轨。

正线/停车场转换标志：表示列车从正线运行至停车场或从停车场运行至正线。

2. 无线列调→ ATS

收到 ATS 发送信息后的确认回复。

二、ATS—PIS 的物理接口、通信协议及信息内容

(一)物理接口

ATS 与 PIS 之间使用采用全双工工作方式 RS422 串口通信，采用 Little Endian 方式编码。

(二)通信协议

应用层数据采用 CRC 校验来保证传输数据的正确性和完整性。

(三)信息内容

PIS 接收 ATS 的信息，而无需向 ATS 发送指令。

站台编号：用于 PIS 识别 ATS 发送的预报站的站台。

列车 ID：用于说明即将进站的列车 ID。

车次号:用于说明即将进站的列车车次号。

目的地号:用于说明即将进站的列车本次运行目的地。

即将进站:列车将在 20 s 内进站,该信息有效,PIS 用此信息提示乘客。

进站状态:表示列车是否已经进站停车。

离站状态:表示列车是否已经离站。

扣车状态:表示当前站台是否扣车,用于提示乘客不要上车。

跳停状态:表示当前站台是否跳停,用于提示乘客等待下一趟列车。

清客状态:表示当前站台停站列车为清客列车,用于提示乘客下车并不要上车。

末班车状态:表示当前列车为末班车,提示乘客上车。

首末车时间:表示当前站台预计首末班车的到发时间信息,用于提示乘客。

三、ATS—时钟的物理接口、通信协议及信息内容

(一)物理接口

ATS 与时钟之间使用采用全双工工作方式 RS422 串口通信。

(二)信息内容

ATS 接收时钟的信息,而无需向时钟发送指令。

时钟按照年月日时分秒的形式将当前时间以 1 s 为间隔发送给 ATS,ATS 用此信息进行校时并为其他子系统提供校准时间。

四、ATS—综合监控的物理接口、通信协议及信息内容

(一)物理接口

ATS 与综合监控之间使用符合 IEEE 802.3 标准的 Ethernet 10/100BaseT 冗余以太网络,采用全双工工作方式。

(二)通信协议

1. 数据链路层

MAC(Medium Access Control)子层基于 IEEE 802.3 标准,每个设备都使用 2 个 MAC 地址。

2. 网络层

接口采用 IPv4 协议作为网络层的协议。

3. 传输层

接口采用 UDP/IP 协议作为传输协议。

4. 应用层

应用层数据采用 MODBUS 协议来保证传输数据的正确性与完整性。

(三)信息内容

1. ATS→综合监控

列车位置:表示列车运行的车次窗 ID。

列车类型:表示该列车为计划车、非计划车。

车次号:表示该列车当前被赋予的车次号。

站台信息:包括下次列车的到站时间、离站时间和下次列车车次号信息。

司机号:表示列车上司机设置的司机号。

阻塞状态:当综合监控收到 ATS 发送的阻塞状态信息时,启动 BAS 阻塞状态处理。

运行计划:每天早上发车前,ATS 通过 FTP 协议将当日运行时刻表发给综合监控。

2. 综合监控→ ATS

供电臂状态:用于 ATS 显示三轨或接触网的供电状态。

————表示接触轨单边上电

————表示接触轨双边上电

————表示接触轨未上电

五、ATS—广播的物理接口、通信协议及信息内容

(一)物理接口

ATS 与广播之间使用采用全双工工作方式 RS422 串口通信,采用 Little Endian 方式编码。

(二)通信协议

应用层数据采用 CRC 校验来保证传输数据的正确性和完整性。

(三)信息内容

广播接收 ATS 的信息,而无需向 ATS 发送指令。

站台编号:用于广播识别 ATS 发送的预报站的站台。

列车 ID:用于说明即将进站的列车 ID。

车次号:用于说明即将进站的列车车次号。

目的地号:用于说明即将进站的列车本次运行目的地。

即将进站:列车将在 20 s 内进站,该信息有效,广播用此信息提示乘客。

进站状态:表示列车是否已经进站停车。

离站状态:表示列车是否已经离站。

扣车状态:表示当前站台是否扣车,用于提示乘客不要上车。

跳停状态:表示当前站台是否跳停,用于提示乘客等待下一趟列车。

清客状态:表示当前站台停站列车为清客列车,用于提示乘客下车并不要上车。

末班车状态:表示当前列车为末班车,提示乘客上车。

六、ATP—车辆的物理接口、通信协议及信息内容

车载 ATP 与车辆之间的接口采用电气接口形式。

(一)物理接口

对于非安全和安全输入设备都需要满足以下要求:

(1)符合 DIN EN50155 标准的所有要求。

(2)应避免由弹簧引起的跳动。最大允许持续时间:5 ms。

(3)出于可靠性考虑,应满足以下切换能力:机械寿命$>5\times10^7$次(满载时:$>2\times10^5$次)

(4)对于非安全输入设备,只要求有一个触点,当触点闭合时代表“激活”或“高电平”。

对于安全输入设备，除需满足上述要求外还要求满足以下条件：

(1)两个独立的继电器，且一个继电器提供常开触点，另外一个继电器提供常闭触点。

(2)必须同步，在所有运行情况下，所允许的触点间最大不同步时间为 50 ms。

(3)一个触点故障应不会影响其他触点的正常工作。

(4)数据格式：常开触点闭合且常闭触点断开代表“激活”或“高电平”，常开触点断开且常闭触点闭合代表“未激活”或“低电平”。

(5)所有的输入信号的电压都为 24 V。

安全输入的连接原理示意图如图 4-6 所示。

图 4-18 所示为非安全输入的连接原理。非安全输入只需要通过输入设备的一个通道输入。

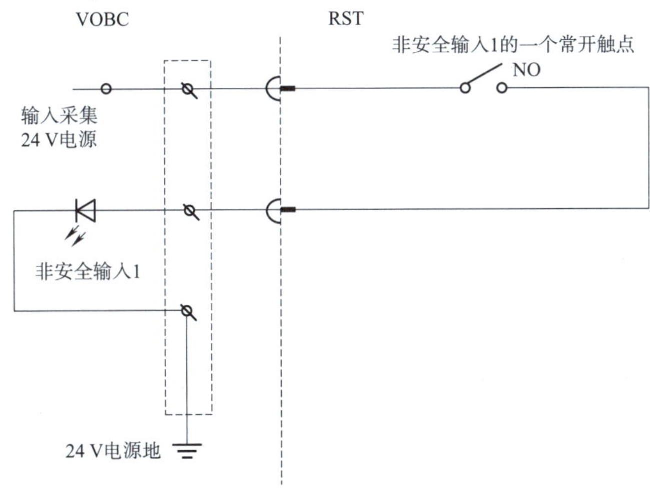

图 4-18　非安全输入的连接原理示意

图 4-19 所示为安全输出的原理。

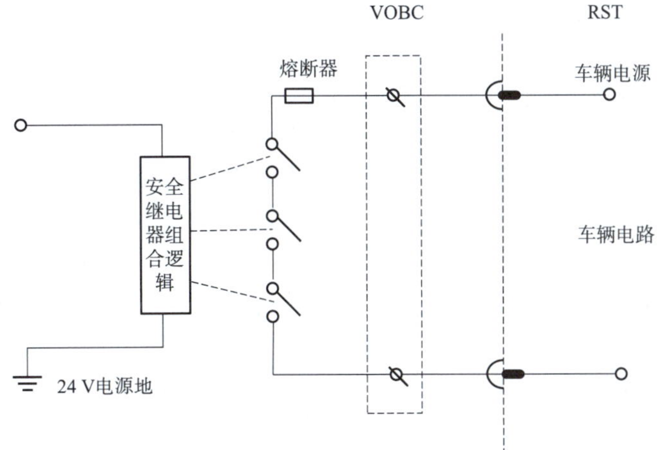

图 4-19　安全输出的原理示意

图 4-20 所示为非安全输出的原理。

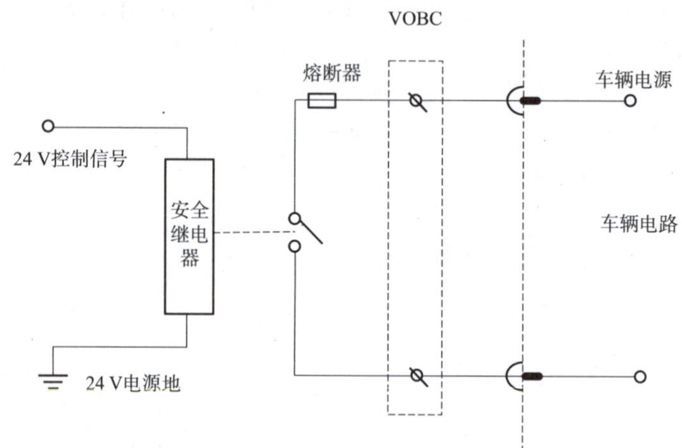

图 4-20　非安全输出的原理示意

(二)ATP—车辆的电气接口

1. ATP→车辆

紧急制动输出:当触点断开时,为紧急制动激活。当触点闭合时,为紧急制动未激活。

牵引切断输出:ATP 提供一个安全输出,以防止列车在存在安全隐患时启动。

左/右车门解锁:为了防止未经授权的情况下车门被打开,在列车运动过程中所有车门处于锁闭状态。触点闭合为车门解锁(允许车门打开),触点断开为禁止打开车门。

AR 指示灯:在满足折返情况下和折返过程中进行点灯操作,提示司机当前列车运行模式。

无人折返运行:当司机选择无人折返时,ATP 设备将输出此信号,推动无人折返继电器(AR)吸起,表示处于无人折返状态,车辆保证当 AR 继电器吸起后,关闭司机钥匙后,也可由 AR 继电器激活本驾驶室,ATP/ATO 的所有输入采集和输出控制均有效。

零速信号:信号系统通过车载设备软件判断当前是否零速并输出一路信号。

2. 车辆→ ATP

驾驶室激活信号:当司机打开驾驶室钥匙后,信号系统获得驾驶室激活信号;驾驶室已激活信号与后续的无人折返继电器的吸起没有任何关系,两者是互相独立的。

列车完整性:当列车保持完整状态时,信号系统获得列车完整性信号。

车门关闭且锁闭指示:当列车门处于全部关闭且锁闭状态时,信号系统获得门关好信号。

牵引已切除:此信号用于反映车辆牵引安全环路状态,当此信号有效时,说明车辆牵引安全环路是断开的,即列车处于牵引切除状态;当此信号无效时,说明车辆牵引安全环路是闭合的,即列车处于牵引允许状态。

车辆已实施紧急制动:此信号用于反映车辆紧急制动环路状态,当此信号有效时,说明车辆紧急制动环路是断开的,即列车处于紧急制动状态;当此信号无效时,说明车辆紧急制动环路是闭合的,即列车处于紧急制动缓解状态。

保持制动已实施:当列车保持制动已实施时,信号系统获得列车保持制动已实施信号。

牵引制动手柄在零位且方向手柄向前：当列车处于牵引制动手柄在零位且方向手柄向前状态时，信号系统获得列车牵引制动手柄在零位且方向手柄向前信号。

确认按钮：司机通过按压驾驶模式选择升级/降级按钮选择列车最高驾驶模式，在司机调整完毕之后，可以通过确认按钮确认所选的最高预设模式；点式运行等级时，司机可以通过按压此按钮，来确认 VOBC 系统提示的前方信号机已开放信息。

模式选择升/降级：可通过驾驶模式升级、降级按钮来手动选择列车的驾驶模式。

AR 按钮：司机通过按压 AR 按钮来进行折返相关操作。

左/右门开关按钮指令：采集到司机对车门的手动操作，以便在司机控制打开和关闭车门的时候，车载设备能控制地面的站台门联动。

模式开关在 EUM 位：当车载设备故障时，司机可以解除铅封，将 EUM 模式开关打到 EUM 位，ATP 采集到此 EUM 状态有效时，将输出紧急制动。但是此时车载 ATP/ATO 设备的所有输出(含紧急制动)均被模式开关切除掉了，故 ATP/ATO 设备的输出并不会影响司机对车辆的控制，行车安全完全由司机保证。模式开关打到 EUM 位时，并不会切断车载系统的供电电源。

ATO 启动按钮：当列车驾驶模式处于 ATP 模式或 ATO 驾驶列车停车后，必须按压 ATO 启动按钮，ATO 系统才能启动对列车的控制。

七、ATO—车辆的物理接口、通信协议及信息内容

ATO 与车辆间的接口采用电气接口与通信接口两种形式。

(一)ATO—车辆的电气接口

1. 物理接口

物理接口与 ATP—车辆电气接口中的非安全接口相同。

2. 信息内容

(1)ATO→车辆

ATO 已激活：如果 ATO 设备处于正常工作状态，则此触点闭合，当此触点断开时，ATO 未激活。只有此触点闭合时，ATO 的所有输出才有效。如果车辆需要使用其他 ATO 输出的信号时，必须要检查 ATO 已激活信号处于有效状态。

ATO 牵引状态：当 ATO 牵引列车前进时，此信号输出，ATO 输出的模拟信号表示加速。

ATO 制动状态：当 ATO 实施常用制动时，此信号输出有效，ATO 输出的模拟信号表示减速。

保持制动：当处于 ATO 模式列车静止时，ATO 将输出此触点闭合，将使车辆实施保持制动。

开/关车门：这些输出信号连接到列车接口，进行左/右侧车门开启的操作；

ATO 启动指示灯：信号系统通过车载设备内部的 24 V 点灯信号，在满足 ATO 启动条件和 ATO 已经启动后进行点灯操作，提示司机当前列车运行模式。

ATO 输出的模拟信号：信号系统通过车载设备内部硬件组合逻辑控制模拟电流大小的输出，由此控制系统对列车实施牵引制动力的大小。

(2)车辆→ATO

门控模式信号:包括人工开/人工关、自动开/人工开、自动开/自动关 3 种模式,ATO 根据预设模式确定车门自动开关的方式。

(二)ATO—车辆的通信接口

ATO 与车辆间采用 MVB 通信接口。

1. 物理接口

MVB 物理介质采用电气中距离介质(EMD),传输介质是冗余的,传输速度为 1.5 Mbit/s,采用曼彻斯特编码。

2. 信息内容

(1)ATO→车辆

目的地编码:表示本次列车运行的目的地编号,用于列车广播报站和指示灯提示。

下一站编码:表示下一停靠站台的编号,用于列车广播报站和指示灯提示。

下一站车门打开侧:表示下一站的车门打开侧,用于列车广播报站和指示灯提示。

广播触发信号:用于车辆判断何时触发到站、停站、离站的广播时机。

时间:用于车辆与 ATO 进行校时。

广播测试信号:日检过程中,通过该信号的发送,告知车辆发出广播信号,完成日检。

(2)车辆→ATO

广播测试反馈信号:车辆将 VOBC 发送的广播测试信号信息完整地反馈给 ATO,用于判断广播通道是否正常。

自动广播信号反馈:用于 ATO 判断自动广播信号是否成功发送给车辆。

乘客满载率:用于 ATO 将此信息转发 ATS,供运营调度人员判断车上满载率状态。

行驶里程:用于 ATO 将此信息转发 ATS,供运营调度人员判断列车运行里程,以提示维修。

安全相关旁路状态:如车辆关门旁路状态,用于信号系统了解外围安全条件被旁路的状态。

车辆运行关键状态:车辆将自身关键系统故障状态发送 ATO,ATO 转发 ATS 进行报警,提示运营人员处理。

ATO 输出牵引制动状态反馈:用于 ATO 判断牵引制动指令是否正常被车辆执行,如未能正常执行,ATO 告知 ATP 并及时施加制动停车。

八、CI—PSD 的物理接口、通信协议及信息内容

CI 与 PSD(屏蔽门)之间采用电气接口通信。

(一)物理接口

接口电路用继电器采用安全型继电器,其特性及其应用符合有关规定。接口信号为安全信号,接口是通过安全的输入/输出接线完成的。

接口电路用于系统间传递信息的电环路采用双断设计。

信号系统与屏蔽门系统之间的接口电缆实行上/下行分开、命令/信息分开的原则。

“门关闭并锁紧”和“互锁解除”采用相互独立的安全回路。

接口电路采用安全电路,电路的设计符合“故障一安全”原则。

(二)信息内容

1. CI→PSD

开/关门指令:CI 接收到车载 ATO 的开/关门指令后,驱动 PSD 对应侧的门同步打开/关闭。

2. PSD→CI

关闭且锁紧状态:PSD 将此信息发送给 CI,CI 进行安全防护并发送给 ATP 进行安全防护。

互锁解除状态:当某种原因导致 PSD 无法输出关闭且锁紧状态时,人工确认站台安全后,可操作此开关,有效后,CI 不再对 PSD 状态进行防护,按照站台门关闭逻辑进行处理。

小　　结

CBTC 系统作为一个大型综合系统,通过子系统、设备、软件间的接口各自配合实现整体功能。接口特点如下:

(1)按照国际、国内轨道交通标准开发;

(2)关键接口采用冗余方式,实现更高的可靠性;

(3)安全接口和非安全接口隔离;

(4)系统实时性要求高,接口的延时特性在控制功能中实现补偿;

(5)接口异常倒向安全侧处置。

结合系统需求和具体场景、子系统安全等级,进行 CBTC 系统的内外部接口设计,实现整体列车运行控制。

第五章 CBTC 系统工程设计

第一节 工程设计原则

CBTC 系统的工程设计以线路的运营需求为出发点，通过合理的控制区域划分、轨旁设备布置和闭塞分区设置，在设备优化配置的基础上满足线路对于运行间隔、旅行速度、终端折返能力、降级模式下运行能力的需求。同时，工程设计可以根据线路的具体情况（如坡度情况、曲率情况、地上段/地下段划分等）对设备进行合理的调整，避开线路中不适合设置信号设备的区域，从而适应运营过程中的使用需求。

为了达到最终设计效果，CBTC 信号系统的工程设计应遵循以下通用设计原则：

(1)信号系统设备按 24 h 不间断运行设计，满足特殊情况下 24 h 不间断运营的要求。

(2)信号系统的设备配置有利于行车组织和运营管理，遵循右侧行车原则。

(3)信号系统满足运营指标的要求。

(4)信号系统在确保满足既定停站时间的基础上，实现全线行车组织规定的旅行速度。

(5)在工程限定的行车组织方式、线路、车站配线、轨道、牵引方式、停站时间等现场条件下，ATS 系统应能生成科学的、最佳的行车计划运行图，满足运营要求。

(6)正线、折返线、渡线、存车线、出入段线、试车线及与其他线路的联络线均按双方向运行设计。

(7)正常情况下，正线单方向运行，特殊情况下可以组织反方向（与运营方向相反）运行。

(8)系统具有灵活的控制模式，系统具备多种降级运营模式，在 CBTC 模式下系统具备点式通信列车、连续式通信列车、非通信列车混合运行的能力。

(9)确保在线路最大上坡道上及任何负载情况下，与列车牵引及制动系统协调完成列车的正常启动，不发生列车后溜现象。ATO 驾驶的列车在线路上（特别是上坡、下坡、变坡点）运行避免不必要的牵引变换，使列车运行保持平稳，保证乘客的舒适度。

第二节 工程设计主要任务及关键点

一、工程设计需要解决的问题

城市轨道交通线路的旅行速度和行车间隔是衡量线路信号系统水平的两个重要指标，而这两个指标又是相互制约的。CBTC 系统的主要任务之一就是在行车间隔与旅行速度间取得最佳的平衡点，在保证列车运行安全的前提下，尽量提高旅行速度，缩短行车间隔。

设计中涉及的主要概念定义如下：

(1)行车间隔：行车间隔指在线路上任意一点，同向连续运行列车间的时间间隔。

(2)旅行速度:列车从起点站发车至终点站停车的平均运行速度。

(3)站停时间:是指从列车进站停稳至列车启动出发离站时止的这段时间,即从车轮停止转动至再次启动时所需要的时间。列车站停时间主要由列车开关门技术时间和乘客上下车时间构成。技术时间包括列车开、关门时间和预告时间、乘客不均衡延误时间、站台门关门时间、司机反应时间、列车启动反应时间。

(4)永久限速:由线路结构的物理限制或其他标准所决定的在线路特殊区段的最大允许安全速度。

(5)目标速度:列车运行至前方目标地点应达到的允许速度。

(6)惰行:列车在牵引/制动不起作用情况下的运行状态。

(7)超速防护:车载 ATP 系统保证列车在安全限速范围内运行。

(8)保护区段:为实现超速防护,保证安全停车而延伸的闭塞区段。

(9)安全防护距离:列车自动防护系统中,列车超速防护实施安全停车控制时,为防止停车位置离散性可能造成的危险,而设置的自预定停车位置至目标地点的安全距离。

二、典型线路 CBTC 系统工程布置

(一)典型线路说明

为说明城市轨道交通 CBTC 系统工程设计及设备布置原则,本节将选取一段典型线路,对其进行 CBTC 系统工程设计和设备布置。

所选取的典型线路为一段三站两区间的线路,长度约 6 km,车站 1 站前设计有交叉渡线,可进行站前折返作业,车站 3 站后设计有一组单渡线,可进行站后折返作业(包括无人自动折返作业),线路情况如图 5-1 所示。

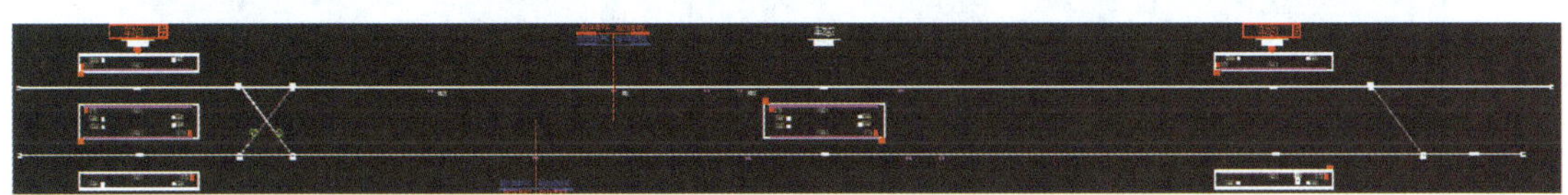

图 5-1　典型线路概况

(二)信号机布置

1. 站台布置出站信号机

站台出站方向布置出站信号机,考虑到司机的瞭望距离,站台出站信号机布置应保证距离停车点不小于 5 m,不超过 15 m;推荐值 9 m,若线路实际条件不满足,则可做出适当调整。如图 5-2 中站台 2 的 SC 信号机所示。

出站方向存在道岔的,出站信号机兼做道岔防护信号机,如图 5-3 中站台 1 的 SC2 信号机所示。

2. 线路道岔布置防护信号机

根据列车运行方向,在道岔区域前方布置道岔防护信号机。

如图 5-4 中 F1 信号机所示,道岔防护信号机布置在道岔岔尖计轴前方 3 m 处。

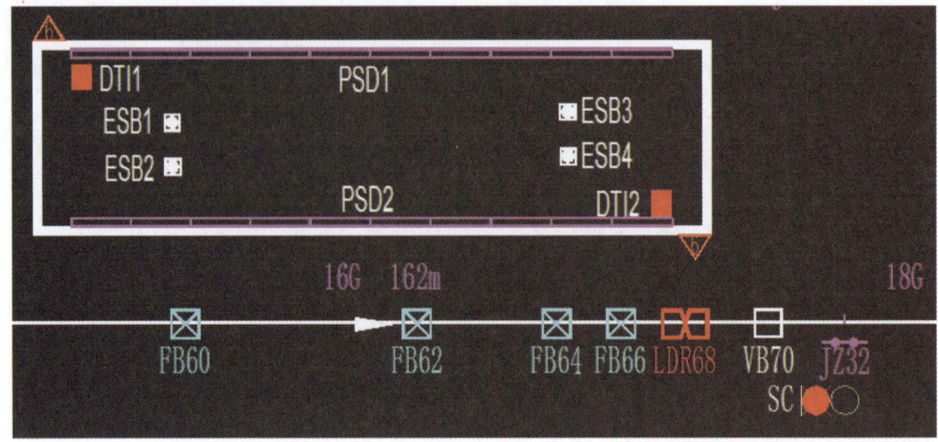

图 5-2　出站信号机

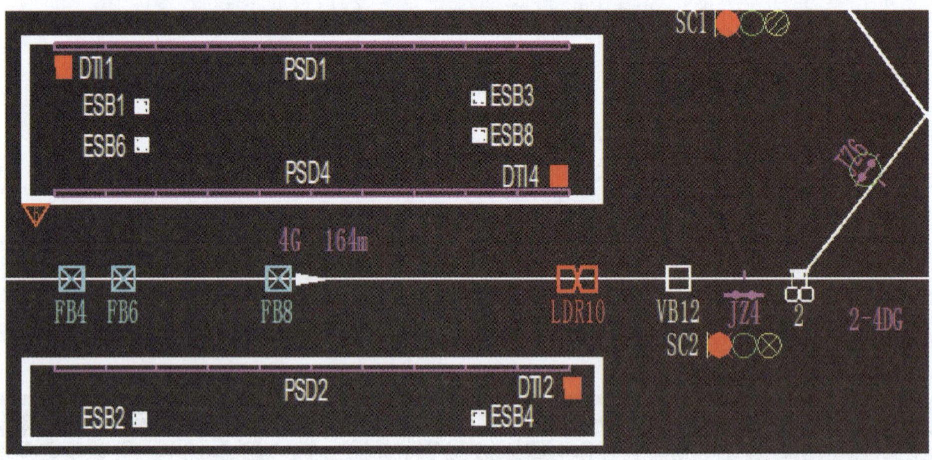

图 5-3　出站兼防护信号机

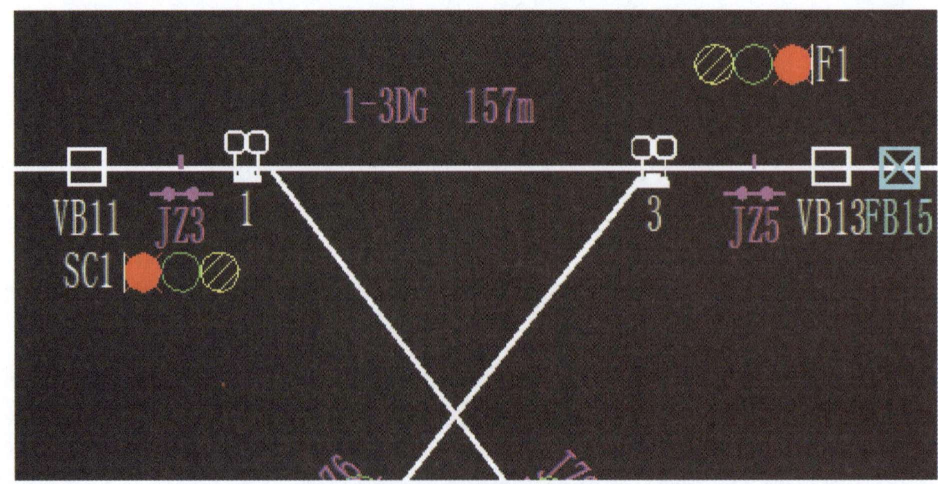

图 5-4　道岔防护信号机

3. 线路尽头布置阻挡信号机

在线路尽头，在车挡处布置阻挡信号机，其中绿灯永久封灯。阻挡信号机布置在距离车挡前 1～3 m 处，推荐值 3 m。如图 5-5 中的 Z4 信号机所示。

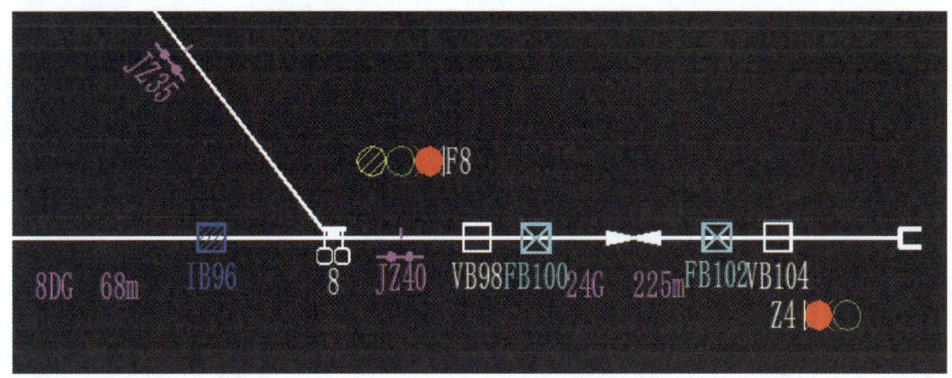

图 5-5 尽头阻挡信号机

4. 折返进路的终点布置阻挡信号机

折返进路终点位置处布置阻挡信号机。如图 5-6 所示 Z1、Z2 阻挡信号机，列车运行方向与折返运行方向一致，在折返进路的尽头处(距离计轴 3 m 处)布置正向阻挡信号机。

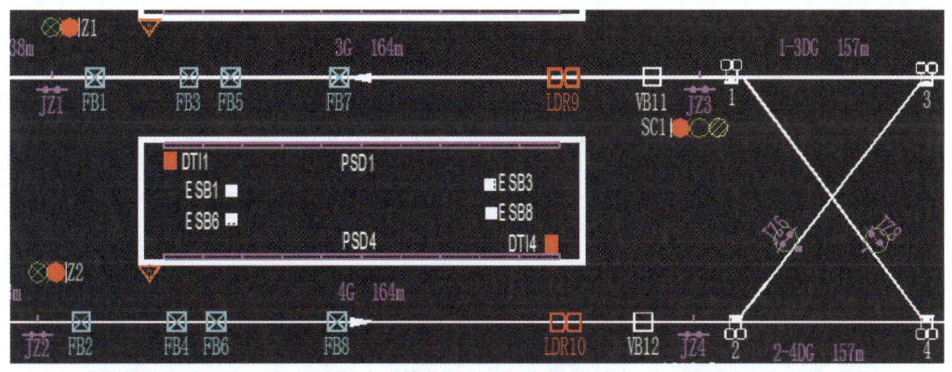

图 5-6 折返阻挡信号机

5. 根据能力分析结果布置区间信号机

根据能力分析结果，在站间列车追踪能力不满足需求的区间线路上，布置区间分割信号机，距离区间计轴 3 m(能力分析提供区间计轴位置)。如图 5-7 中 XQ1 信号机所示。

(三)计轴磁头布置

1. 站台计轴布置

在站台两端位置布置计轴，用于标识站台区域。站台计轴分为出站计轴及进站计轴。

出站计轴的布置原则，在确定出站信号机的位置后，信号机与配套计轴的距离推荐值为 3 m，按照此原则，确定出站计轴的位置。进站计轴的布置原则，以站台区域计轴区段覆盖全部站台物理结构为准。与站台有效端距离推荐值为 10 m。图 5-8 为典型线路站台 2 上行站台计轴布置，JZ30 为进站计轴，JZ32 为出站计轴。

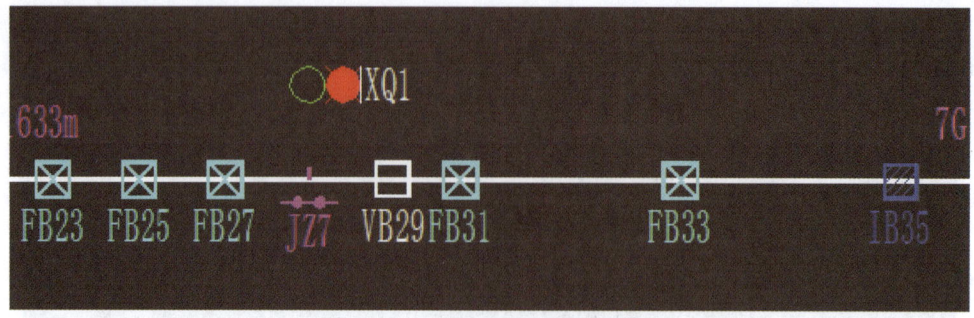

图 5-7　区间线号机布置位置

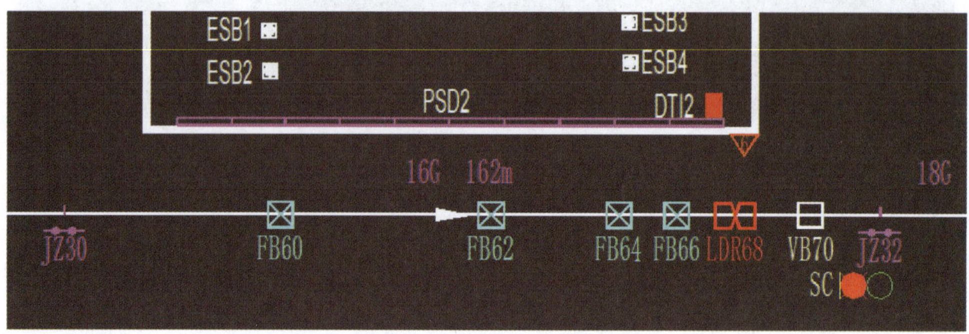

图 5-8　站台区域计轴布置示意图

2. 道岔处计轴布置

道岔处计轴的布置,分为单渡线和交叉渡线两种不同的情况。

图 5-9 标识了单渡线道岔计轴的布置原则。该道岔需要布置 5 个计轴,分别位于上行方向的道岔岔前(JZ38)和定位(JZ40),下行方向的道岔岔前(JZ37)和定位(JZ33)以及道岔中部(JZ35)。

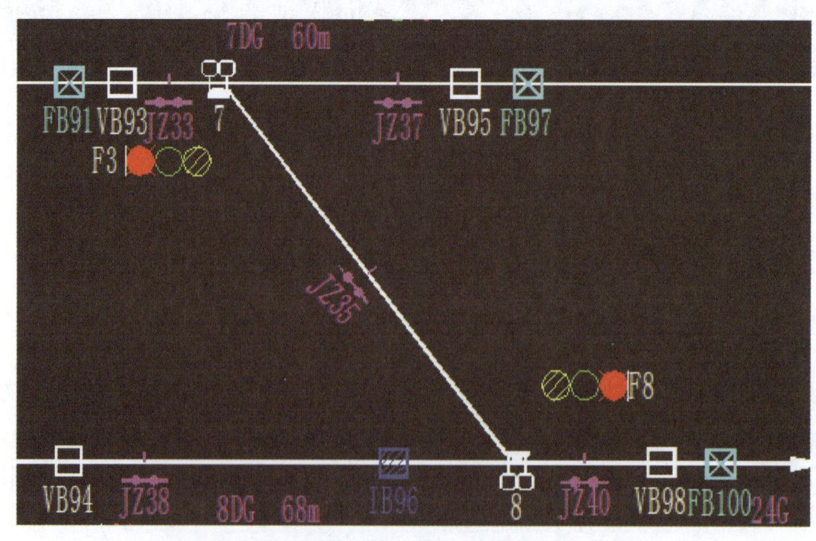

图 5-9　单渡线道岔计轴布置示意图

图 5-10 为交叉渡线中计轴的布置原则示意图。交叉渡线处的计轴布置与单渡线道岔的计轴布置原则一致，只是由于存在两组单动道岔重叠的情况，计轴布置的位置将产生相应的变化。对于交叉"双动"道岔的计轴布置遵循对称的原则，即计轴与岔心的距离相对于两组道岔的交汇点上下对称。

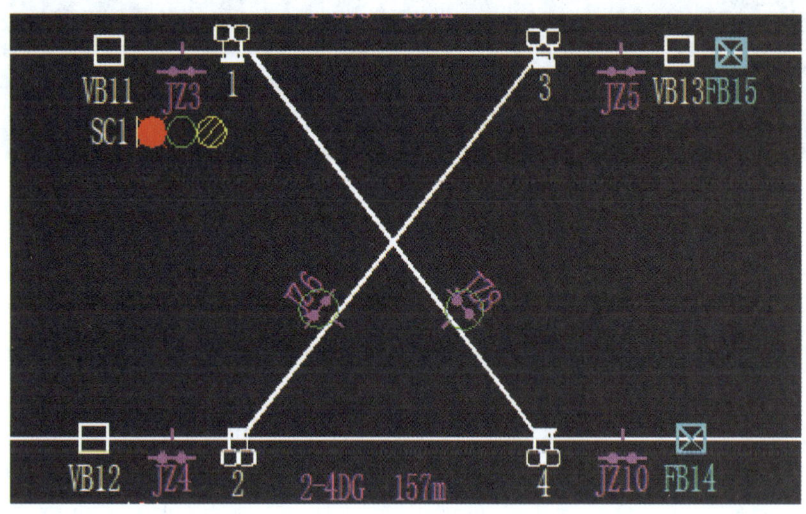

图 5-10　交叉渡线道岔计轴布置示意图

3. 线路尽头计轴布置

计轴系统的工作方式决定了每个计轴磁头可以对其所在的两个区段进行空闲/占用监测，因此在线路进路位置，一般不再单独设置计轴磁头，而是使用邻近计轴磁头对最后一个区段的空闲/占用情况进行监测。如图 5-11 所示，24G 的占用情况可以通过 JZ40 得出，因此在尽头处无须进行计轴磁头的布置。

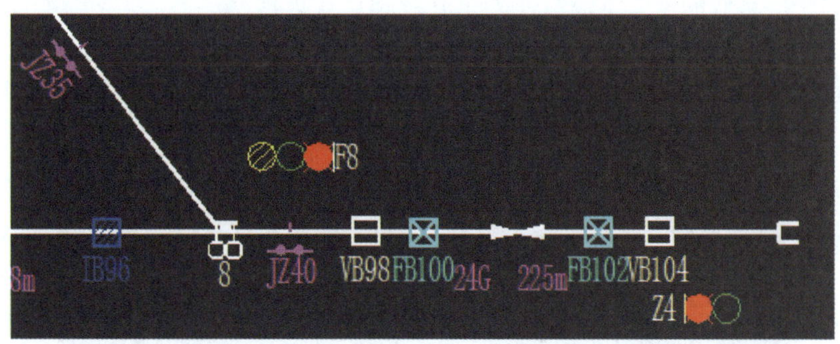

图 5-11　线路尽头计轴磁头布置

4. 保护区段计轴布置

一般情况下，对有乘降作业的进路，需在出站信号机内方设置计轴形成保护区段，以保证列车在站台的对位停车。保护区段的长度通过所在区段的坡度、曲率、列车性能参数及系统反应时间计算得出。若出站后第一区段为道岔区段且长度足够，可使用道岔区段作为保护区段，如图 5-12 所示。

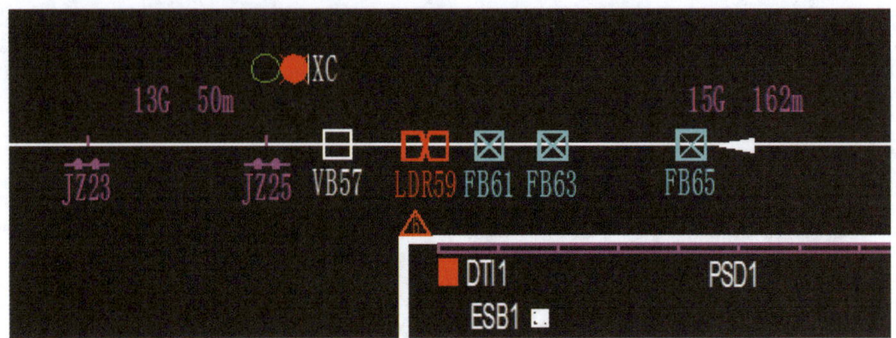

图 5-12　保护区段计轴设置

(四)应答器布置

1. 应答器间隔限制

应答器布置时,考虑应答器空气间隙发射区域和车载设备的处理逻辑,两个连续的应答器之间必须至少保证距离 S'。

距离 S'的确定受以下两个因素的影响:根据应答器本身的信号辐射范围,保证两个应答器的信号发射范围没有重合,以避免应答器的信号互相产生干扰;另外,根据车载设备的处理逻辑,当列车以最高速度通过时,在同一处理周期时间内,不能连续收到两个应答器的信息,固定应答器(FB、WB)与可变应答器(VB)间隔限制 S'为 3 m,推荐值为 5 m,环线应答器与可变应答器、固定应答器的间隔限制 S'为 4 m,推荐值为 5 m。

2. 正向通过信号机前方布置点式配套应答器组

在具备正向通过能力的信号机(出站信号机、道岔防护信号机、正向阻挡信号机以及区间分割信号机)前方,布置点式配套应答器组:有源应答器以及点式配套无源应答器(如图 5-13 中的 FB31 与 VB29),保证列车在 RM 模式下运行时,通过点式配套应答器组,可以完成“列车位置定位”及“获得有效的点式 MA”,使列车升级到点式级别。

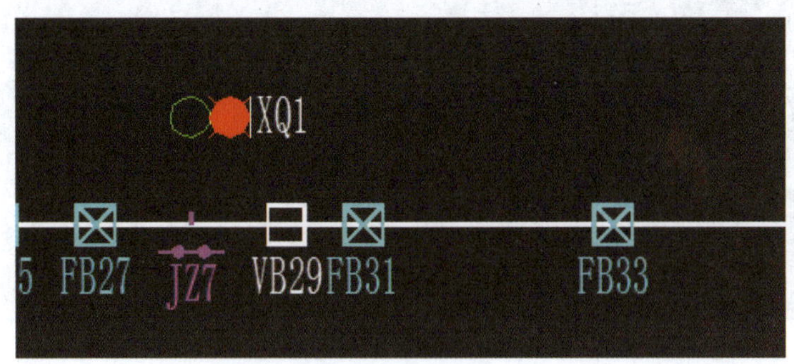

图 5-13　点式配套应答器组

可变应答器与信号机距离应保证列车越过信号机的同时,车载设备能够接收到可变应答器的信息,从而使车载设备的实际反应与人所期望的设备反应一致。VB 到信号机的距离与应答器天线到车头的距离保持一致,使得列车车头越过信号机时设备刚好可收到 MA。考虑到应答器接收延时的存在,VB 到信号机的距离可适当加大(延迟时间内运行的距离)。

3. 环线应答器布置原则

环线应答器是一类较为特殊的可变应答器，长度可达 4 m，有效地扩大了应答器的辐射范围，使得列车在车站进行对位停车时或折返换端时能够持续地接收到点式级别移动授权，从而实现点式级别下的误出发防护和折返不降级。

环线应答器一般布置在站台行车方向运营停车点位置及运营交路折返区折返后的车头端 BTM 天线下方位置，如图 5-14 所示，LDR10 为下行方向运营停车点位置环线，LDR9 为站前折返换端后车头端下方的环线。

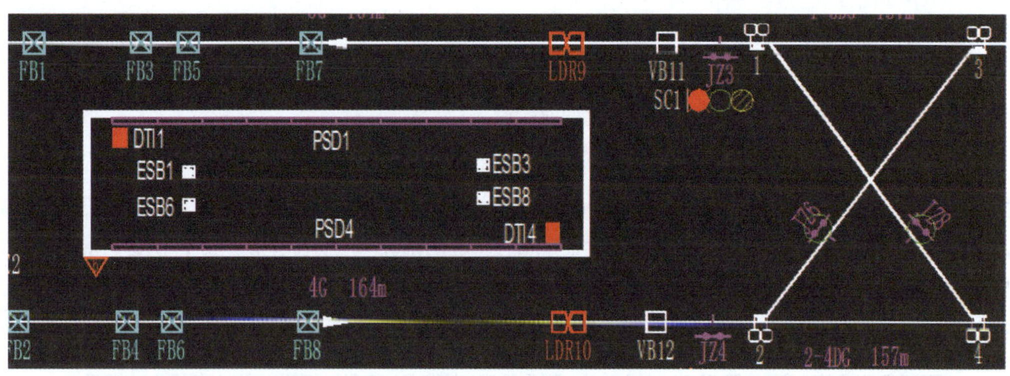

图 5-14　环线应答器布置

4. 站内 ATO 位置校正应答器布置原则

为保证 AM 模式下 ATO 驾驶列车时能够实现站台精确停车，需要在站台范围内布置用于精确停车位置校正的固定应答器设备。一般而言，ATO 的精确停车需要四个固定应答器来进行位置校准，如图 5-15 所示。

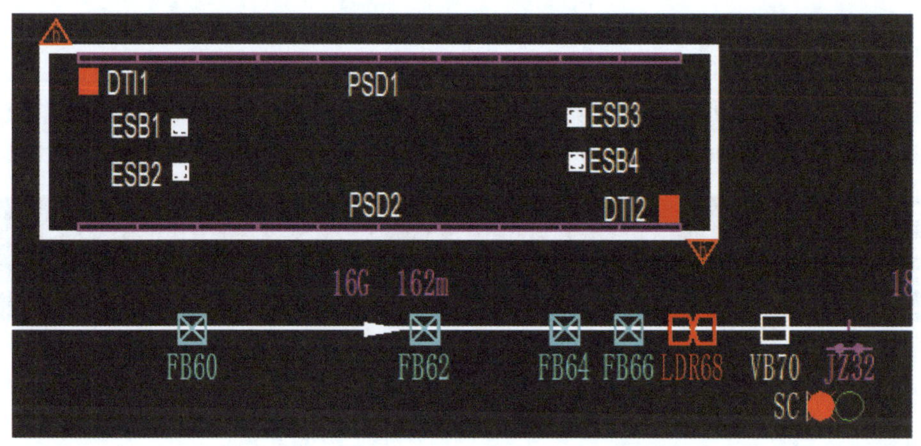

图 5-15　站台精确停车应答器布置

应答器间的间距按照线路列车长度、车型及性能参数进行调整，以标准 6 编 B 型车为例，应答器距离的典型值见表 5-1。

表 5-1　精确停车应答器距离典型值

应答器	典型值
S1(运营停车点至 FB66)	8 m
S2(FB66 至 FB64)	7 m
S3(FB64 至 FB62)	45 m
S4(FB62 至 FB60)	44 m

5. 区间布置固定应答器原则

为满足列车定位的要求,在区间需要布置用于定位的固定应答器。无源应答器的安装间隔应满足列车精确位置校正的需求,一般典型值为 300 m。

6. 根据能力分析结果布置填充应答器原则

根据全线能力分析结果,需要在区间信号机前方布置填充应答器(IB)。此填充应答器是为了保证列车在区间的运行效率,当前方信号机为绿灯时,列车通过 IB 来获得更长的 MA 信息,从而提高原有运行速度,消除列车点头现象。如图 5-16 所示,IB35 即为 XQ1 信号机对应的填充应答器。

填充应答器的位置,根据能力分析的计算结果确定。

图 5-16　填充应答器布置

(五)设备平面布置图的生成

结合上述设备布置原则,即可对典型线路的设备进行布置,将信号机设备、计轴设备和应答器设备布置完成后,即可得到完整的线路设备布置,如图 5-17 所示。

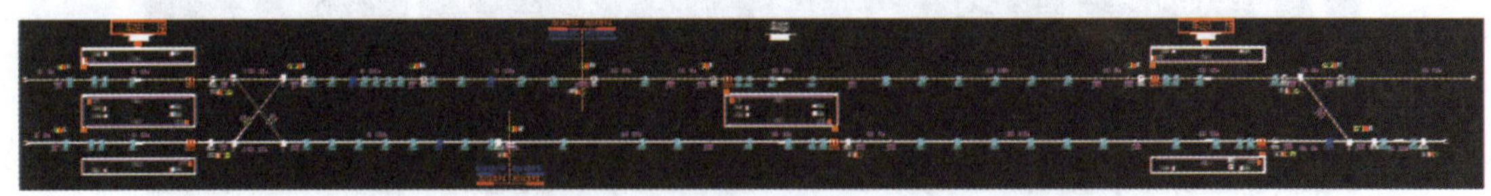

图 5-17　典型线路信号设备平面布置

第三节　线路通过能力验证

一、线路通过能力仿真计算

(一)概　　念

线路通过能力作为轨道交通建设的重要经济指标,是决定列车运行控制系统以及线路闭塞方案是否合理的重要依据之一，对于新线路的规划设计、日常运输能力安排以及既有线路的改造过程，都是关键所在。

线路通过能力是指在采用一定的车辆类型、信号设备和行车组织方法条件下，轨道交通系统线路的各项固定设备在单位时间内（通常高峰小时）所能通过的列车数。

$$n_{\max}=\frac{3\ 600}{h} \tag{5-1}$$

式中　$n_{\max}$——线路在 1 h 内能够通过的最大列车数（列）；

h——列车追踪间隔（s）。

可见，列车追踪间隔时间是决定线路在单位高峰小时的通过能力的唯一因素。

通过能力主要按照下列固定设备进行计算。

线路：其通过能力主要决定于信号系统的构成，列车运行控制方式，车辆的技术性能，进、出站线路的平、纵断面情况，列车停站时间标准和行车组织方法等。

列车折返设备：其通过能力主要决定于车站折返线的布置方式，信号和联锁设备的种类，列车在折返站停站的时间标准，以及列车在折返站内运行速度。

车辆段设备：其通过能力主要决定于车辆的检修台位、车辆停留线等设备的数量和容量。

供电设备：其通过能力主要决定于牵引变电所的座数和容量。

根据以上各项固定设备计算出来的通过能力一般是不同的，其最小的值就是限制整个区段通过能力的瓶颈，所以在计算出各项设备的通过能力之后，确定其最小，就把该项设备的通过能力作为线路的通过能力。

从实际经验和现场数据来看，限制线路通过能力的固定设备通常是线路车站和终点站的列车折返设备。本章将聚焦于线路正线通过能力和折返能力的分析计算，这些分析计算将有助于规划设计线路系统时，有效避免车站道岔区段和折返区段瓶颈环节的出现。

（二）城轨正线通过能力分析计算方法

城市轨道交通线路一般采用双线，列车在区间实行追踪运行，并在每一个车站停车供乘客乘降。而为了降低车站造价，城市轨道交通线路又一般不设置车站配线，列车是在车站正线上办理客运作业。根据行车及客运作业和车站设备的这种特点，列车站停时间成为影响线路通过能力的重要因素之一。因此，在计算正线线路通过能力时，没有必要再分别计算区间通过能力和车站通过能力，而应把区间和车站看成是一个整体予以综合分析，计算线路正线通过能力。

下面结合移动闭塞制式及其后备模式点式准移动闭塞制式的正线追踪特点分别阐述其正线通过能力分析方法。

1. 移动闭塞制式正线通过能力分析方法

正线通过能力的衡量指标是正线列车追踪间隔，正线列车追踪间隔是列车按规定的速度曲线无障碍安全运行的最小时间间隔，是地铁最重要的指标之一。

该方法采用一种基于单车仿真及作图解析的分析方法。

移动闭塞正线通过能力分析方法流程如图 5-18 所示。

步骤 A 中，无障碍运行是不考虑前车位置影响的单车正常运行不受阻条件。输出如图 5-19 所示的列车速度-距离曲线（3）、后车车头时间-距离曲线（4）、前车车尾时间-距离曲线（5）；其中

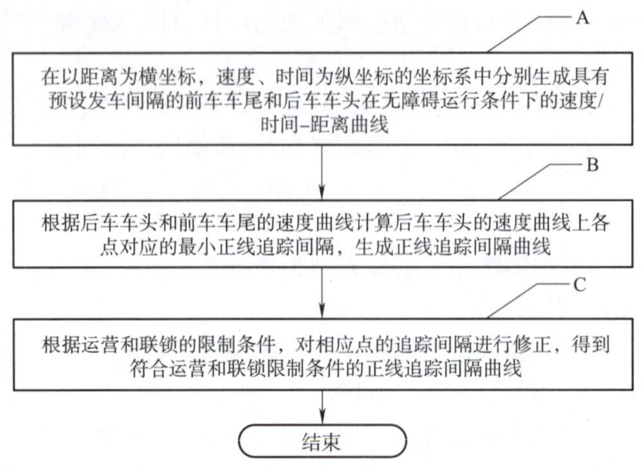

图 5-18　移动闭塞正线通过能力分析方法流程

所述预设发车间隔表示前车和后车从同一地点出发的间隔时间，即期望的正线追踪间隔。

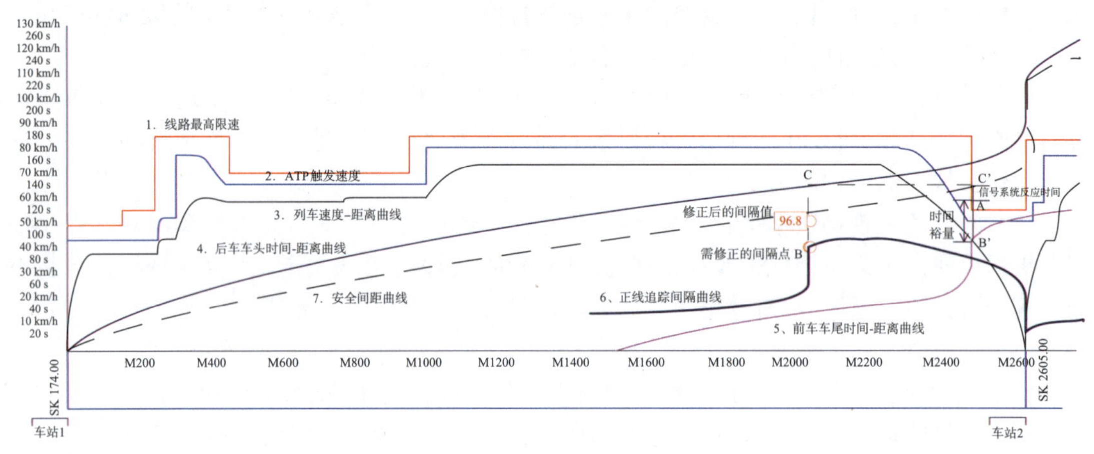

图 5-19　移动闭塞制式正线通过能力分析方法示意

步骤 B 中，根据时间-距离曲线计算最小正线追踪间隔，生成正线追踪间隔曲线的具体流程如图 5-20 所示。

图 5-20 所述步骤 B1 包括：计算后车车头时间-距离曲线上各点所需的安全间距 XD_i 及其安全包络距离 ΔS_i；考虑安全包络距离后的后车车头时间-距离曲线上各点所需的安全间距 $XD_i' = XD_i + \Delta S_i$。

安全间距 XD_i 是指在保证列车不减速前提下，后车与前车所能达到的最小安全距离，与列车当前速度、列车所在线路坡度、曲率以及 ATP/ATO 控车模型有关。

安全包络 ΔS_i 是指添加在列车非安全位置上以确保列车位置安全的一段距离，与列车运行速度、列车所处的位置、列车所在线路的坡度以及曲率有关。

上述步骤 B 生成的是理想状态下的正线追踪间隔曲线，为了能够进一步适应实际联锁和运营的要求，还需进行步骤 C，对正线追踪间隔曲线中相应点进行修正：

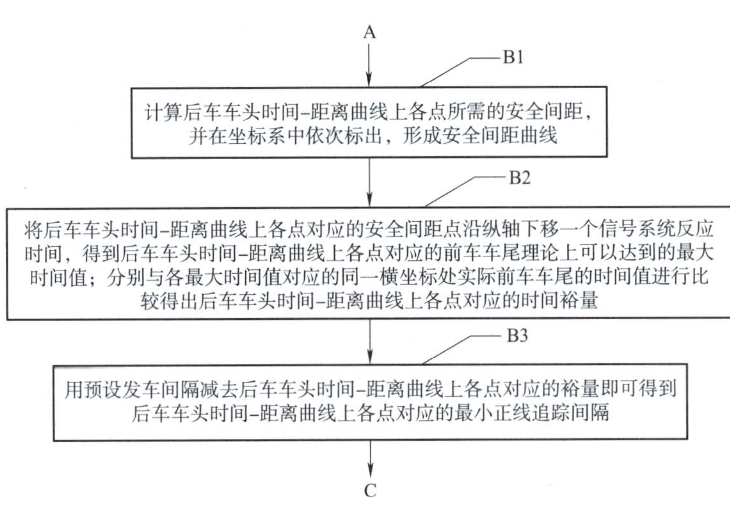

图 5-20　计算最小正线追踪间隔的方法流程

(1)如果线路中的车站没有所属道岔(所谓所属道岔是指用于该车站站前或站后折返用的道岔)，或者车站有所属道岔，且道岔在出站一侧、道岔防护点距离车站出站站界大于一个过走防护距离，则对前车车尾从车站出发时刻对应的追踪间隔 H_1，即前车车尾从车站出发时刻所在横坐标处的后车车头的安全间距点所对应的后车车头位置对应的追踪间隔，进行修正：

$$H_1' = H_1 + T_1 \tag{5-2}$$

式中　H_1'——前车车尾从车站出发时刻对应的追踪间隔的修正值；

T_1——前车从发车到车尾出清站后一个过走防护距离的时间；所述过走防护距离是指车站、道岔以及尽头线用于防止列车冲出停车点导致危险而设置的保护距离。

(2)如果线路中的车站有所属道岔，且道岔在出站一侧、道岔防护点距离车站出站站界小于一个过走防护距离，则对前车车尾从车站出发时刻对应的追踪间隔 H_2 进行修正：

$$H_2' = H_2 + T_2 \tag{5-3}$$

式中　H_2'——前车车尾从车站出发时刻对应的追踪间隔的修正值；

T_2——前车从发车到车尾出清站后道岔区段的时间。

(3)如果线路中的车站有所属道岔，且道岔在进站一侧，则需要对以下两处追踪间隔分别进行修正：

①对前车车尾从车站出发时刻对应的间隔 H_3 进行修正：

$$H_3' = H_3 + T_3 \tag{5-4}$$

式中　H_3'——前车车尾从车站出发时刻对应的追踪间隔的修正值；

T_3——前车从发车到车尾出清站后一个过走防护距离的时间；

②对前车车尾进入道岔防护点时刻对应的追踪间隔 H_4 进行修正：

$$H_4' = H_4 + T_4 \tag{5-5}$$

式中　H_4'——前车车尾进入道岔防护点时刻对应的追踪间隔的修正值；

T_4——前车车尾从进入该站前道岔防护点到出清站前道岔区段的时间。

取全线输出修正后正线追踪间隔的最大值，用 3 600 除以该值，即为该条线路从起点站到终点站的正线通过能力。

举例说明，图 5-19 中，后车车头时间-距离曲线上 C 点所对应的考虑安全包络后的安全间距点为 C′点，将 C′点沿着纵坐标下移信号系统反应时间，得到此时前车车尾理论上可以达到的位置 A 点；将 A 点所对应的时间减去同一横坐标处实际前车车尾的位置 B′点所对应的时间得到时间裕量，再用仿真设定间隔 108 s 减去时间裕量即可得到此时列车最小正线追踪间隔，在正线追踪间隔曲线上用圆圈标注为 B 点。由于 B′点为前车车尾从车站出发时刻，因此得到的正线追踪间隔 B 点为前车车尾从车站 2 出发时刻对应的追踪间隔，由于车站 2 为无道岔车站，故对前车车尾从车站出发时刻对应的追踪间隔 B 点进行修正，修正值标注在方框内，数值为 96.8 s。

2. 移动闭塞后备模式点式准移动闭塞正线通过能力分析方法

城市轨道交通准移动闭塞正线通过能力的分析方法包括：

A. 在以距离为横坐标，时间为纵坐标的坐标系中分别生成具有预设发车间隔的前车车尾和后车车头在无障碍运行条件下的时间-距离曲线。

B. 根据后车车头和前车车尾的时间-距离曲线计算前车在各闭塞分区所对应的与后车之间的正线追踪间隔。

C. 根据前车在各闭塞分区所对应的与后车之间的正线追踪间隔判断预设发车间隔是否合理。

步骤 B 具体包括：

后车以前车车尾所在闭塞分区的入口为危险点，根据自身的制动性能实时计算后车车头所能达到的最小安全距离，并根据所述最小安全距离计算得到此闭塞分区对应的前车与后车的正线追踪间隔。

所述计算后车车头所能达到的最小安全距离，并据此计算得到此闭塞分区对应的前车与后车的正线追踪间隔，具体包括：

B1. 将前车车尾出清的一个闭塞分区出口处所在横坐标对应的前车车尾时间-距离曲线上的点沿纵轴上移一个信号系统反应时间，并以该点为起点，沿横轴向列车运行相反方向作平行线，再以该闭塞分区入口处为危险点，计算后车车头的安全间距终点首次到达该危险点时后车车头所在的位置，即为平行线终点，该平行线终点为前车在该闭塞分区所对应的后车车头所能达到的最小安全距离。

B2. 用与平行线终点具有同一横坐标的后车车头时间-距离曲线上的点所对应的时间值减去平行线终点所对应的时间值得到前车在该闭塞分区所对应的与后车之间的正线追踪间隔的裕量。

B3. 用预设发车间隔减去前车在该闭塞分区所对应的与后车之间的正线追踪间隔的裕量，即可得到前车在该闭塞分区所对应的与后车之间的正线追踪间隔。

步骤 B3 后，该分析方法进一步包括：

对所有闭塞分区重复执行步骤 B1 到 B3，得到前车在各闭塞分区所对应的与后车之间的正线追踪间隔，同时将各平行线终点沿平行于纵轴的方向依次与下方的平行线相连，形成正线追踪间隔分析阶梯线；如果后车车头的时间-距离曲线与所述正线追踪间隔分析阶梯线没有交点，则确定预设发车间隔合理，可以实现列车按所述规定时间-距离曲线无障碍安全运行的要求；如果后车车头的时间-距离曲线与所述正线追踪间隔分析阶梯线有交点，则确定预设发车间隔不合理，不能实现列车按所述规定时间-距离曲线无障碍安全运行的要求，需要调整预设发车间隔或列车运行时间-距离曲线再重新分析。

所述闭塞分区出口为计轴点或轨道电路绝缘节。

所述步骤 C 进一步包括：

将前车在各闭塞分区所对应的与后车之间的正线追踪间隔的最大值与预设发车间隔进行比较，如果所述前车在各闭塞分区所对应的与后车之间的正线追踪间隔的最大值大于预设发车间隔，则确定预设发车间隔不合理，不能实现列车按所述规定时间-距离曲线无障碍安全运行的要求，需要调整预设发车间隔或列车运行时间-距离曲线再重新分析；如果所述前车在各闭塞分区所对应的与后车之间的正线追踪间隔的最大值小于预设发车间隔，则确定预设发车间隔合理，可以实现列车按所述规定时间-距离曲线无障碍安全运行的要求。

图 5-21 是城市轨道交通准移动闭塞正线通过能力分析方法的流程。

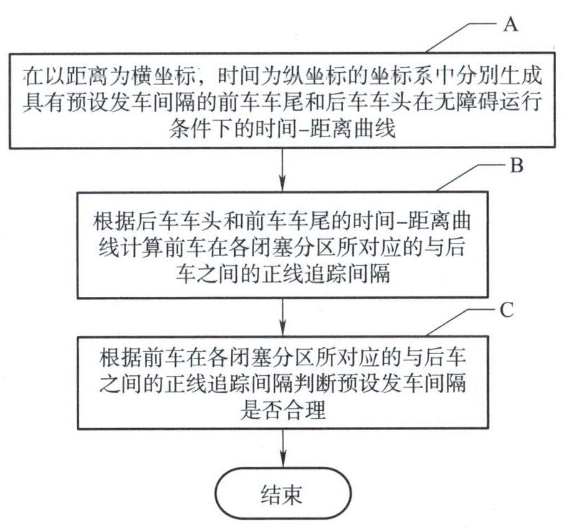

图 5-21　准移动闭塞正线通过能力分析方法流程

以下通过一个具体实施的案例来进一步说明本方法。如图 5-22 所示，以某条仅包括车站 1 和车站 2 的线路为例，该线路采用准移动闭塞制式，以计轴点作为闭塞分区分界点、车地通信采用点式应答器方式，预设发车间隔 $H=180$ s，横坐标为距离，纵坐标为时间，横坐标下方为铺画的线路图以及对应的车站位置。坐标系内包括前车车尾的时间-距离曲线、后车车头的时间-距离曲线和计算出的正线追踪间隔分析阶梯线。

例如在横坐标约为 4 900 m 位置附近的计轴点为前车车尾出清的第一个闭塞分区的出口点，将该点所在横坐标对应的前车车尾时间-距离曲线上的 C 点沿时间纵轴上移一个信号系统反应时间，以该 C′点为平行线起点，沿横轴向列车运行相反方向作平行线；计算后车车头以该闭塞分区入口处（坐标约 2 600 m 处的计轴点）为危险点所需安全间距，确定后车车头位置为平行线终点 B 点（如图 5-22 所示）；将 B 点与同一横坐标处的后车车头时间-距离曲线上的 B′点进行纵轴时间的比较，即可得到前车在该闭塞分区所对应的与后车之间的正线追踪间隔的裕量为 30 s,由于该正线追踪间隔的裕量为正值,因此从该闭塞分区的入口处的平行线向上标注。

从图 5-22 中可以看到后车车头的时间-距离曲线都在阶梯线上方(没有交点),则说明此预设发车间隔合理,可以实现列车按所述规定时间-距离曲线无障碍安全运行的要求。

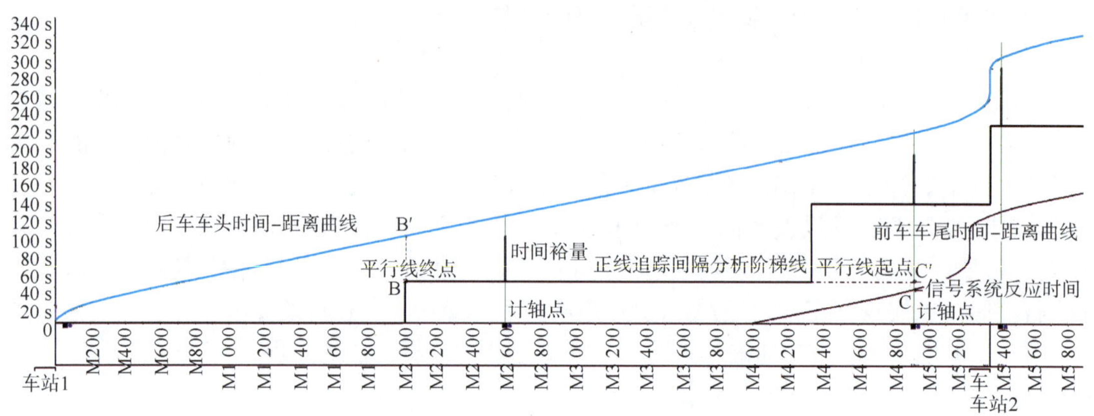

图 5-22　正线追踪间隔示意图

(三)折返能力分析方法

目前,国内地铁的通过能力大都受终端站折返的控制,所以应更加重视对折返能力的分析和对提高折返能力措施的探讨。如果折返能力不能相应地提高,单纯强调正线通过能力,并没有太大的实际意义。折返能力的衡量指标是折返间隔。

在这里,需要指明,折返时间和折返间隔并不是两个相同的概念。以站后折返为例,列车从到达线经折返到发车线所运行的时分称为折返时分,而第一列车开始进行折返作业到第二列车开始进行折返作业的最小允许间隔称为折返间隔。前者影响列车运行效率(需要的车底数量),后者决定线路的通过能力。该方法是一种基于单车仿真及作图解析的城轨折返能力分析方法,步骤如下。

(1)计算确定该折返方式能力分析的关键点,并用不同的字母在线路图中标示。

关键点的位置与折返方式、信号系统控车模型、闭塞制式、信号系统工作流程以及运营要求有密切的关系。关键点原则上包括:

①上下行车站的停车点:由运营要求规定或根据列车车长和站台长度确定。

②对应于前行列车停车点的后车干扰点,其与闭塞制式、折返方式和车站站型有关:

(a)在移动闭塞制式中,$S=X_S$。

(b)在准移动闭塞制式中,$S=X_S+X_i$。

(c)在固定闭塞制式中,S 由保证后车不降速的前提下与前车所需的最小分区数确定。

其中,S 的含义如下。

站前折返:S 为干扰点距进站侧道岔前的防护点(防护点一般为轨道电路绝缘节或计轴点)的距离。

站后折返:S 为干扰点距车站进站侧站界的距离。

X_S——后车车头与前车车尾之间所需的安全间距,安全间距是指在保证列车不减速的前提下，后车与前车所能达到的最小安全距离，该值与列车超速防护系统ATP采用的模式曲线制动模型有关。

X_i——根据 X_S 确定的点与所在的闭塞分区入口处的距离。

对应于前行列车停车点的后车干扰点的含义是以车站进站计轴为危险点，保证后车不因该点提前降速的前提下后车车头距离危险点的最近位置。

③前行列车进入折返区域的关键点，与折返方式和车站站型有关。

站前折返：该点为进站侧道岔前的防护点。

站后折返：

(a)当车站过走防护距离足够时，该点为道岔前方的防护点；

(b)当车站过走防护距离不够时，该点为道岔后方的防护点。

④折返道岔防护点：包括定位防护点和反位防护点。

⑤列车完成折返驶离车站的关键点：与闭塞制式和运营要求有关，目前通常为出站一侧防护点。

⑥折返区域的停车点：由运营规定或根据折返能力分析结果确定最佳停车点，最短长度至少保证停车点距离道岔后方防护点一个车长(同时需考虑最后一个轮对到车尾的距离裕量)。

(2)将各关键点按照折返时序依次画出相应直线，同时对处于同一折返时序上的关键点(例如站后交叉折返时前后列车分别经过道岔定位和反位进入折返区域，出清该道岔的定位防护点和反位防护点属于同一折返时段)可合并为一条直线，做出简化线路布置图。

(3)在简化线路布置图中，做出列车运行的简化时间-距离运行示意图。

(4)根据不同的折返方式，分析并标出每列车在出清各关键点时，在相应的信号系统工作时间限制条件后，对后车及有冲突进路的列车(长短交路折返中存在)所在关键点位置的要求，从而列出各列车之间在时间条件上的制约关系。

同时，可以标注同一列车在车站站停时间以及在折返区域所需的最小信号系统工作时间的限制。

对每个信号系统工作时间的限制条件都分别赋予时间裕量 m_i。其中信号系统工作时间与信号系统设计工作流程及系统参数相关。

利用列车运行的简化时间-距离示意图分析折返能力时，分析所需的列车数由完成一个折返分析周期所需的最少列车数决定，该值与折返方式有关。

所谓一个折返分析周期是指所分析的列车数涵盖了该种折返方式中所有可能出现的信号系统限制条件，即形成了一个循环周期。

(5)对列车在各关键点之间的运行时间用 t_i/T_i 进行标注。

(6)根据折返间隔的定义，对照分析图，逐一列出列车之间的折返间隔 I_i 与各信号系统限制条件Signal发生关系的关键点之间的运行时间 t_i/T_i、折返前/折返后车站站停时间Dwell/DW、折返区域停留时间 T_B 的关系方程组：

$$\begin{cases} I_1 = T(t_1, T_1, \text{Dwell/DW}, T_B, \text{Signal}, m_1) \\ I_2 = T(t_2, T_2, \text{Dwell/DW}, T_B, \text{Signal}, m_2) \\ \cdots \\ I_i = T(t_i, T_i, \text{Dwell/DW}, T_B, \text{Signal}, m_i) \end{cases} \tag{5-6}$$

对方程组中各方程式相关的时间裕量 m_i 分别赋值为 0,代入各时间变量的数值,计算对应的列车折返间隔 I_i;

最终的列车折返间隔 $I_{\min}=\max(I_1, I_i, \cdots, I_i)$。

将 $I_{\min}$ 代入各方程式中,可以计算出各限制条件所具有的时间裕量 $m_i=I_{\min}-I_i$。

根据同一列车在车站站停时间以及在折返区域所需的最小信号系统工作时间的限制,可列出列车折返区域停留时间 T_B、车站站停时间 Dwell/DW 与某些关键点之间的运行时间 t_i/T_i、信号系统限制条件 Signal、列车出发准备时间 Dt、旅客上/下车时间 Tim、车门开关时间 T_door、屏蔽门反应时间 T_PSD_react 之间的关系方程式

$$T_B=T(t_i, T_i, \text{Signal}, \text{Dt}, m_i) \tag{5-7}$$

$$\text{Dwell/DW}=T(\text{Tim}, \text{T\_door}, \text{T\_PSD\_react}, \text{Dt}, m_i) \tag{5-8}$$

对各方程式的时间裕量 m_i 分别赋值为 0,代入各时间变量的时间值计算,可以得到列车在折返区域停留时间及车站站停时间的最小取值。

当站停时间、折返区域停留时间与折返间隔 $I_{\min}$ 计算公式发生关系时,将 $I_{\min}$ 方程式中相应的时间裕量设为 0,代入折返间隔 $I_{\min}$ 及各时间变量值,可得到在满足折返间隔时折返区域停留时间和车站站停时间的最大取值。

能力分析中所使用的站停时间和折返区域停留时间的预设值必须满足在最大值和最小值范围之间,且各自的预设值与最小值的差值为当前站停时间和折返区域停留时间所具有的时间裕量。

在分析模块中,各关键点之间的运行时间 t_i/T_i 是通过单车仿真提取得到的。

以宋家庄站为例说明该分析方法的应用。

宋家庄站为典型的站前折返站型,采用交叉折返方式,如图 5-23 所示。

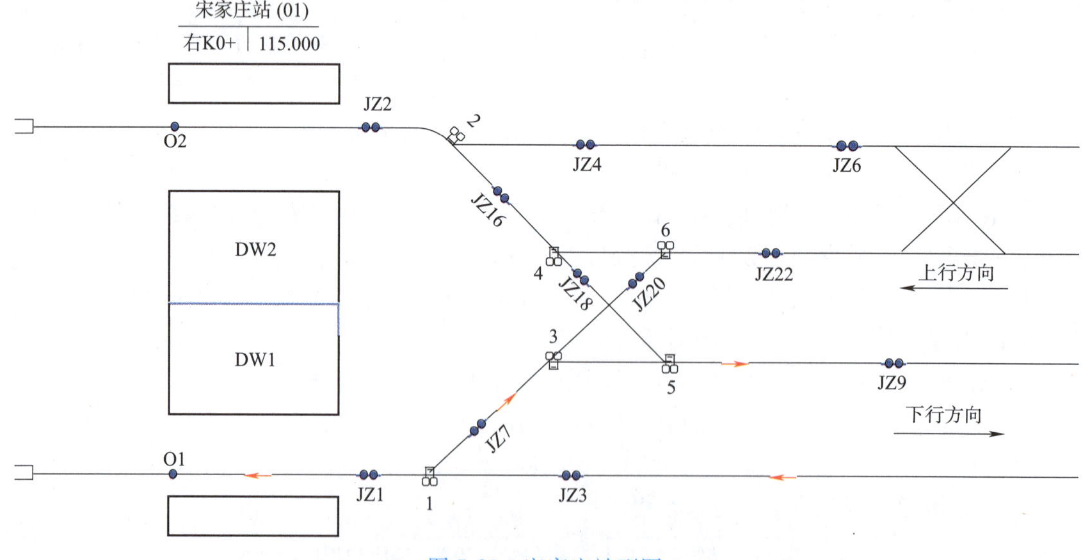

图 5-23 宋家庄站型图

(1)计算并确定该折返方式能力分析的关键点,分析的关键点包括:

上下行车站的停车点:O1,O2;

对应于前行列车停车点的后车干扰点:JZ22,距离 JZ22 为一个安全间距;

前行列车进入折返区域的关键点:JZ7,JZ16;

折返道岔防护点:JZ3,JZ9,JZ22;

列车完成折返驶离车站的关键点:JZ9;

折返区域的停车点:站前折返即为上下行车站停车点。

(2)对应各关键点画出相应的直线,把各关键点按照列车折返的时序从上到下依次排列,做出简化线路布置图,如图 5-24 所示。

(3)在简化线路布置图中,做出列车运行的简化时间-距离示意图。

(4)分析前车在出清各关键点时,在相应的信号系统工作时间后,对后车所在关键点位置的要求,并分别对各限制条件赋予时间裕量 m_i:

通过对站前交叉折返方式的分析,列出各限制条件见表 5-2。

表 5-2　各限制条件

序号	限制条件说明
条件 0	车 1 出清 JZ7 后,联锁解锁排路,经 TT 时间,车 2 方可到达 PoJZ22(相对于 JZ22 的列车降速点),即将进站台 2;因为车 1 不代表正常情况,正常站内应已经有车,所以该条件忽略
条件 1	车 1 出清 JZ9 后,联锁解锁排路,经 m_1+TT,车 3 方可到达 PoJZ22
条件 2	车 3 出清 JZ7 点,经 m_2+TT+Dt,车 2 准备从 2 站台出发;(车 3 进去车 2 才能出来)
条件 3	车 2 出清 JZ9 后,经 m_3+TT+Dt,车 3 方可出发
条件 4	车 2 出清 JZ9 后,经 m_4+TT,车 4 方可到达 PoJZ22,进站台 2
	以下形成循环往复
	车 3 出清 JZ9 后,经 m_1+TT,车 5 可到达 PoJZ22
	车 5 出清 JZ7 后,经 m_2+TT+Dt,车 4 准备出发

通过分析,完成一个交叉折返分析周期所需的列车数为 4 辆。

其中,TT 为进路控制流程及命令(折返)建立时间,即为前车发出信息到后车收到信息并做出响应(包含了道岔动作时间)的时间;Dt 为列车出发准备时间(有人驾驶包含人的反应时间)。

(5)对交叉折返的列车在各关键点之间的运行时间分别用 t_i 和 T_i 进行标注;

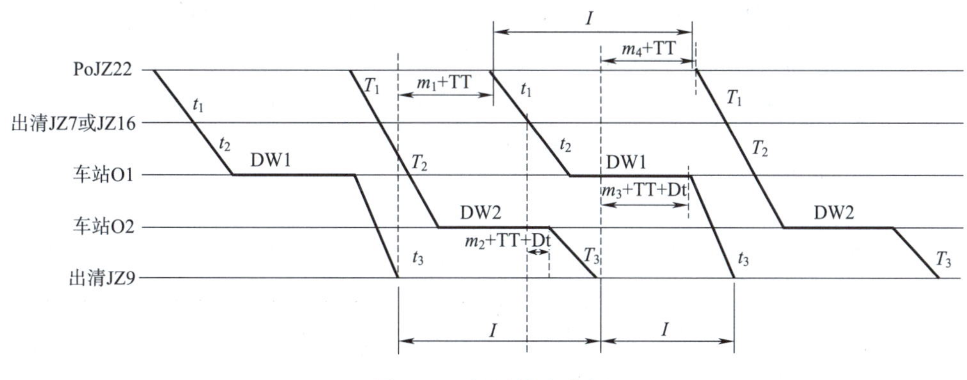

图 5-24　折返能力分析

(6)对照分析图,逐一列出折返间隔 I_i 与各关键点之间的运行时间 t_i/T_i、上下行站停时间DW1、DW2,以及信号系统限制条件之间的关系方程组:

①$I_1 = m_1 + \mathrm{TT} + t_1 + m_2 + \mathrm{TT} + \mathrm{Dt} + T_3$

②$I_2 = t_1 + m_2 + \mathrm{TT} + \mathrm{Dt} + T_3 + m_4 + \mathrm{TT}$

③$I_3 = m_3 + t_3 + \mathrm{TT} + \mathrm{Dt}$

将方程式中的裕量 m_1, m_2, m_3 赋值为 0,代入各变量的时间值计算间隔值,得到:

$I_1 = 103.78$ s,$I_2 = 103.78$ s,$I_3 = 47.51$ s

得到折返间隔 $I_{\min} = \max(I_1, I_2, I_3) = 103.78$ s

同时将 $I_{\min}$ 代入各方程式中,分别得出各限制条件所具有的时间裕量:

$m_1, m_2 = I_{\min} - I_1 = 0$;$m_2, m_4 = I_{\min} - I_2 = 0$;$m_3 = I_{\min} - I_3 = 56.27$ s

根据分析图中上下行车站站停时间 DW1,DW2,列车运行时间 t_i/T_i 和信号系统限制条件列出如下关系方程式:

④$\mathrm{DW1} = 2I_{\min} - t_1 - t_2 - t_3 - \mathrm{TT} - m_1$

⑤$\mathrm{DW2} = 2I_{\min} - T_1 - T_2 - T_3 - \mathrm{TT} - m_4$

代入各变量的时间值计算,可以得到列车分别在上下行车站站停时间 DW1、DW2 的取值:

DW1=102.9 s;DW2=103.9 s

同时可以得到折返时间 $T = \max(t_1 + t_2 + \mathrm{DW1} + t_3, T_1 + T_2 + \mathrm{DW2} + T_3) = 122.3$ s

输出分析结果如图 5-25 所示。

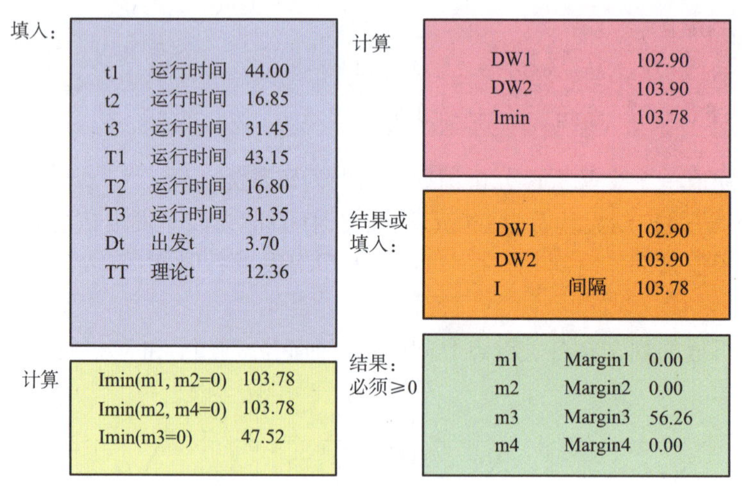

图 5-25 折返能力分析计算结果

(四)城轨线路通过能力分析平台及应用实例

城轨线路通过能力分析平台通过建立基础设施数据库、列车模型以及信号系统模型并进行数据获取,以单车仿真数据为基础进行能力分析及评估,是国内首创、适用于城市轨道交通设计部门的能力分析平台,软件所采用的能力分析方法均已申请并授权发明专利。2009 年该平台承担北京亦庄线示范工程的能力分析及牵引计算工作,于 2009 年 9 月顺利通过牵引计算的专家评审，在亦庄线和昌平线系统设计中发挥了重要的作用。亦庄线实际运行考核试验表明，该平台所得到的设计能力与实际最大运营能力基本吻合。进一步验证这样的能力分析方法可提高城轨线路通过能力分析的科学性和准确性，且大大降低设计者的工作量；同时考虑联锁或运营限制条件对能力造成的影响，使输出结果更加接近实际。

1. 平台软件结构

线路通过能力分析软件通过获取基础设施数据库数据、输入列车模型相关参数以及信号系统模型相关参数，来完成列车在不受阻条件下的仿真运行。列车仿真运行考虑了列车运行控制系统控车模型，根据运营要求及线路条件实时计算生成紧急制动触发线、常用制动触发线及ATO运行曲线。在此基础上，即可利用上述能力分析方法进行正线通过能力和折返能力的分析。

图5-26是线路通过能力分析平台软件结构。

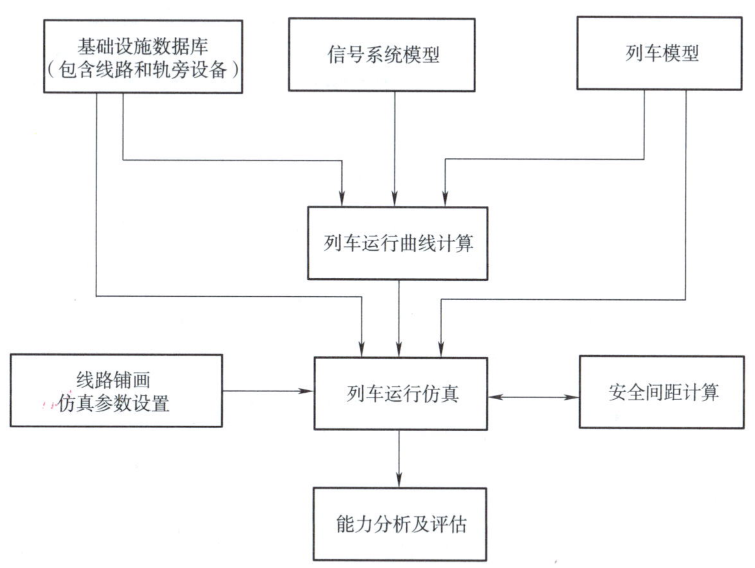

图5-26　线路通过能力分析平台软件结构

2. 基础设施数据库

线路数据库是平台数据准备的重要组成，包括线路数据中的线路参数和轨旁设备等信息。线路数据库由点表、线路表、坡度表、曲率、隧道及开阔区域、线路限速、计轴器、信号机、应答器、无线接入点、线路及道岔限速、停车牌等数据表组成，每个字段严格规定数据类型和取值范围等适用条件。用户通过加载既有线路数据库和新建数据库两种形式，向平台中导入线路数据，并可编辑界面添加、修改、删除数据。在使用数据库之前，用户必须对数据库进行合理性检查，由系统自动判断整套数据的完整性，以及各线路数据的正确性和适用性，通过系统合理性检查的数据可作为最终的基础线路数据库保存使用。线路数据库编辑保存界面如图5-27所示。

在线路数据库导入后，相关线路信息已全部导入平台中。平台可根据线路信息自动铺画运行线路，同时读取轨道信息表和各站站停时间，便于用户查看。

索引号	编号	公里标	点所在线路编号	点类型	相邻点编号	警冲标	车站名	道岔类型
1	1	0	1	5	2			
3	5	0	2	5	6			
2	3	10	1	5-1	4			
4	7	10	2	5-1	8			
9	17	183	1	1D	18			6
10	19	183	2	1D	20			6
12	23	183	2	2D	24	240		6
11	21	187	1	2D	22	240		6
15	29	229	1	3D	30			6
16	31	229	2	3D	32			6
17	33	233	1	1	34			6
18	35	233	2	1	36			6
19	37	237	1	2	38			6
20	39	237	2	2	40			6
30	59	238	2	3	60			6
13	25	244	(1-3)	4D	26			6
14	27	244	(2-4)	4D	28			6
29	57	268	1	3	58			6
21	41	281	(1-2)/0	4	42			6

图 5-27　平台线路数据库编辑保存界面

3. 列车模型数据库

列车模型数据库的主要内容是列车数据表，主要包括列车静态参数、牵引特性、紧急制动特性和滑动系数等类别，及列车类型、车次号、编组、车长、最大速度、回转质量系数、冲击率、司机反应时间、制动建立等效时间、车载单元反应时间、分级加速度、分级速度上限、分级制动率和各区域的滑动系数等信息。列车模型数据库的编辑保存界面如图 5-28 所示。

图 5-28　平台列车模型数据库编辑保存界面

与线路数据库同理，列车模型各参数字段也必须符合数据类型、取值范围和单位定义，需通过数据合理性检查才可保存使用。

4. 信号系统数据库

根据信号制式的不同,信号系统数据库分为移动闭塞和点式制式数据库两种类型,均包括列车运行限制条件、正线限制条件和折返限制条件 3 部分。数据字段有信号系统类型、闭塞制式、理论正线列车间隔、理论折返时间间隔、到达车站制动率、防护点制动率、车门开关时间、屏蔽门反应时间、车头车尾互换时间、旅客上下车时间、移动闭塞信号系统相关反应时间参数、点式制式信号系统相关反应时间参数、车载设备处理时间参数、计轴出清检测反应时间参数等。

信号系统数据库的编辑保存界面如图 5-29 所示。

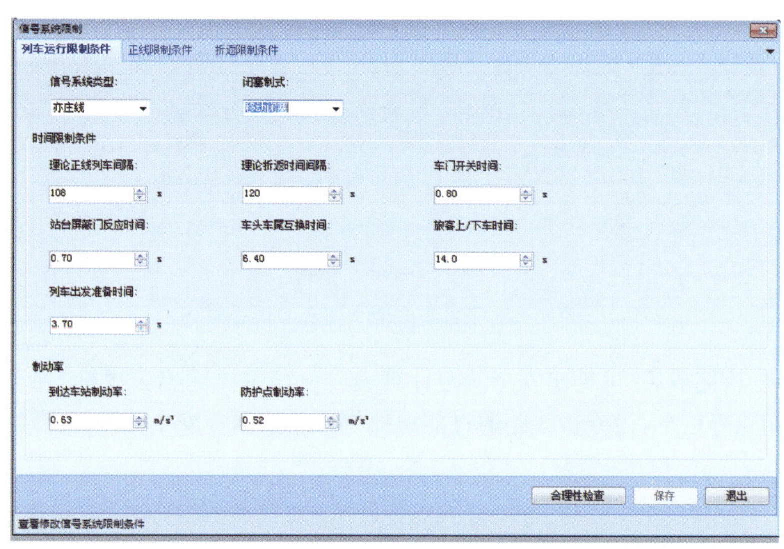

图 5-29　平台信号系统数据库编辑保存界面

与线路数据库同理,信号系统数据库各参数字段也必须符合数据类型、取值范围和单位定义,需通过数据合理性检查才可保存使用。

5. 能力分析模块

完成数据准备后,平台已具备能力分析条件,可完成线路正线通过能力、折返能力分析以及出入段能力分析。由于出入段能力分析方法在区间追踪部分的分析与正线通过能力分析方法相同,在车站折返区域以及进入正线插车的分析方法与折返能力分析方法相同,故没有单独阐述。

首先选择需要进行能力分析的车站或区间,并设置好能力分析类型,同时根据能力分析类型选择对应的计轴信息、进路等,系统会根据数据库和能力分析模型,自动计算运行距离、运行时间、平均速度等数据,并生成列车运行时间-距离曲线,计算所需的正线间隔或折返间隔,并输出能力分析表和安全距离计算表。最后根据计算间隔等数据,输出能力评估分析结果。生成的运行曲线、数据表格可保存为 excel 文件或图片,并可以通过打印机等外设输出。

(1)正线能力分析

图 5-30 是正线能力仿真分析界面。图中列出运行距离、运行时间、设计间隔、运行速度等信息,同时显示线路最高限速、制动触发曲线、前车/后车列车速度-距离曲线、安全距离曲线和正线追踪间隔等曲线信息。点击右键菜单,可将仿真分析图保存为图片输出。

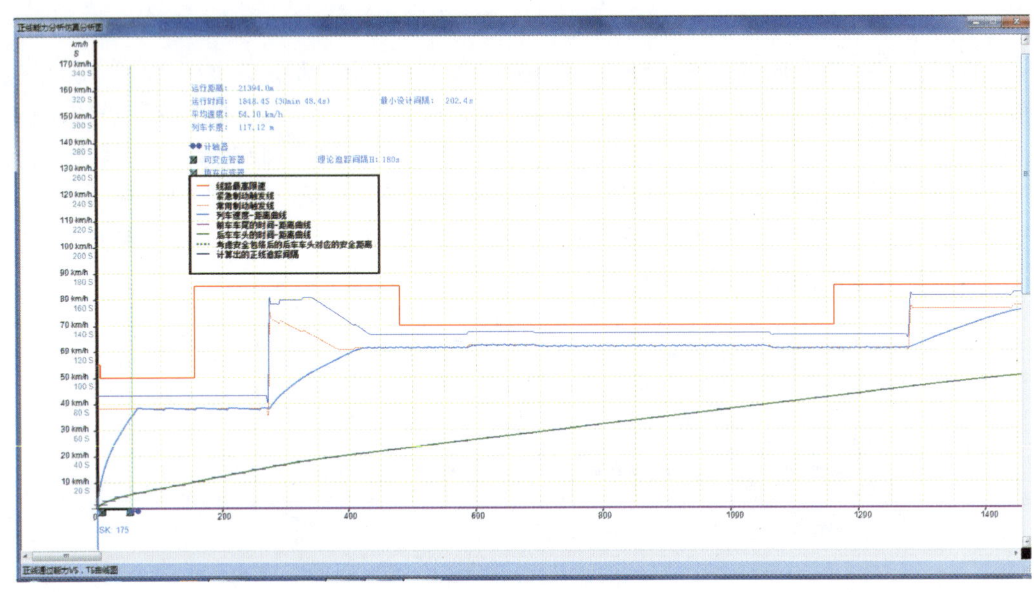

图 5-30　平台正线能力仿真分析界面

正线能力分析完成后，可输出安全间距计算表。该表主要输出公里标、列车实际速度、安全间距、追踪间隔等信息，为分析线路通过能力提供数据依据。安全间距分析表生成界面如图 5-31 所示。

安全间距计算

记录序号	相对公里标(m)	绝对公里标(m)	时刻(s)	列车实际速度(km/h)	延伸xd后位置(m)	追踪间隔(s)
1	0.000	175.000	0.000	0.000	186.795	24.808
2	0.009	175.009	0.100	0.325	187.353	24.808
3	0.027	175.027	0.200	0.650	187.931	24.808
4	0.054	175.054	0.300	0.974	188.527	24.708
5	0.090	175.090	0.400	1.299	189.142	24.708
6	0.135	175.135	0.500	1.624	189.776	24.608
7	0.189	175.190	0.600	1.949	190.430	24.608
8	0.253	175.253	0.700	2.274	191.102	24.508
9	0.325	175.325	0.800	2.598	191.793	24.508
10	0.406	175.406	0.900	2.923	192.504	24.508
11	0.496	175.496	1.000	3.248	193.233	24.408
12	0.595	175.596	1.100	3.573	193.982	24.408
13	0.704	175.704	1.200	3.898	194.749	24.408
14	0.821	175.821	1.300	4.222	195.536	24.408
15	0.947	175.947	1.400	4.547	196.341	24.308

退出

图 5-31　平台安全间距计算数据生成界面

系统还将以表格的形式输出正线能力分析关键数据，根据信号制式的区别，移动闭塞和点式信号系统下将输出不同的数据类别。图 5-32 为点式信号系统条件下正线能力分析结果，包括计轴器位置、计轴器长度、停站时间、计轴释放时间、设计间隔、信号机位置、可变应答器位置、填充应答器位置、车站计轴释放时间等数据信息；移动闭塞制式下，输出站间长度、停站时间、运行时间、理论设计间隔和修正间隔等数据。

正线能力分析结果-点式

	名称	计轴器位置(m)	计轴器长度(m)	停站时间(s)	计轴释放时间(s)	设计间隔(s)	信号机位置(m)	可变应答器位置(m)	填充应答器应该位置(m)
	JZ79	229	0	0	11.20	163.09	227	226	1857
宋家庄	JZ79	229	0	60	11.20	0.00	183	182	0
	QJZ1	2300	2071	0	5.50	111.41	2298	2813	1857
肖村	JZ27	2816	516	25	12.40	136.61	2814	2813	0
	JZ88	3901	1085	0	10.70	93.71	3899	3898	3460
小红门	JZ31	4091	190	25	12.50	178.12	4089	4088	0
	QJZ3	6153	2062	0	8.00	101.51	6151	6150	5701
旧宫	JZ35	6457	304	25	12.20	145.69	6455	6454	0
	QJZ4	7953	1496	0	5.60	51.70	7951	8032	7515
	JZ92	8223	270	0	9.90	101.09	8221	8220	7515
亦庄桥	JZ39	8439	216	30	12.20	162.28	8437	8436	0
亦庄文化园	JZ43	9432	993	25	12.30	202.37	9430	9429	0
万源街	JZ47	10970	1538	25	12.20	133.48	10968	10967	0
	QJZ5	12055	1085	0	10.50	95.49	12053	12052	11607
	QJZ5	12055	0	0	10.50	95.49	12053	12052	11607
荣京东街	JZ51	12250	195	25	12.20	193.87	12248	12247	0

总运行时间	线路长度	平均旅行速度(不含终点停车)	平均技术速度(不计站停时间)
1613.697s	21394m	47.73km/h	60.71km/h

保存　退出

图 5-32　平台正线能力分析表数据生成界面

能力分析数据生成后，系统可根据生成的设计间隔及计轴信息等数据，对车站的通过能力或折返能力进行评估，包括设计间隔最大的车站判断、是否满足设计间隔判断，同时根据各站通过能力的薄弱环节，从站停时间、过走防护距离、填充应答器位置、列车特性、运营需求、线路布置、自动驾驶等方面提供提高设计间隔的措施。图 5-33 是在点式信号制式下正线通过能力评估界面。

正线通过能力评估

在点式下经过计算，设计间隔最大的车站为（万源街）车站，设计间隔为（202.4）秒。不满足设定间隔（180）秒。如需提高设计间隔，可采取以下措施：

序号	涉及因素类型	提高设计间隔的措施	备注
1	站停时间	缩短（万源街）车站站停时间	无
2	Overlap相关	（万源街）车站站后过走防护计轴距离出站站界可变应答器距离大于Overlap且站后无道岔，可将编号（145）的计轴向（万源街）方向移动，缩短出站时间	无
3	填充应答器位置因素	改变填充应答器所在的位置，增加列车进站效率	无
4	列车特性	修改列车制动特性以及列车加速特性	无
5	运营的相关需求	站前接近（万源街）车站区域进行限速使得后续列车尽可能接近车站	无
6	线路布置	采用侧线布置将大幅度提高设计间隔	无

正线通过能力瓶颈车站追踪间隔分析

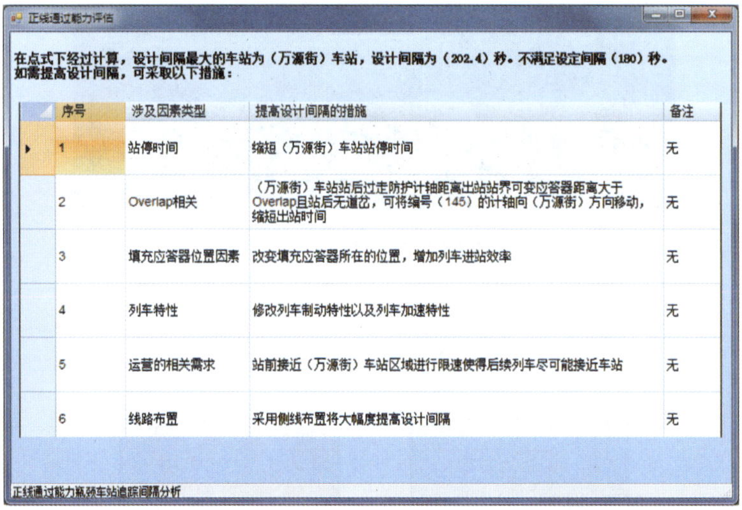

图 5-33　平台正线通过能力评估界面

(2)折返能力分析

折返能力分析的对象是车站。折返能力分析的一般步骤为：选择折返车站—选择折返类型—选取关键点—执行能力分析。与正线能力分析过程不同的步骤在于，折返能力分析中需根据站场图中的计轴器编号选取计轴关键点。选择计轴关键点后，系统会自动进行逻辑性检查判断，满足逻辑关系的关键点才可执行能力分析步骤，否则将重新执行关键点选取过程。关键点选取界面如图 5-34 所示。

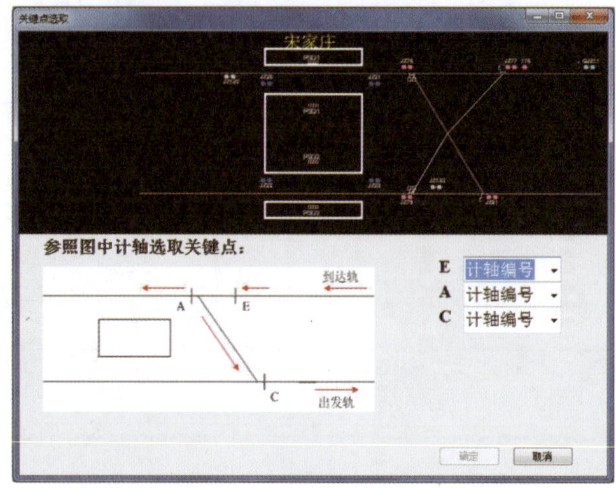

图 5-34　平台折返能力计轴点选取界面

关键点逻辑性检查通过后，系统将自动绘制 v-S、T-S 曲线，并计算坡度、限速和设计间隔。能力分析结果将通过曲线和数据列表的形式呈现。图 5-35 为宋家庄站移动闭塞信号模式下站前直进弯出折返的数据表格。根据计算得出的设计间隔，同样可执行折返能力评估，并提出改进设计间隔的建议。

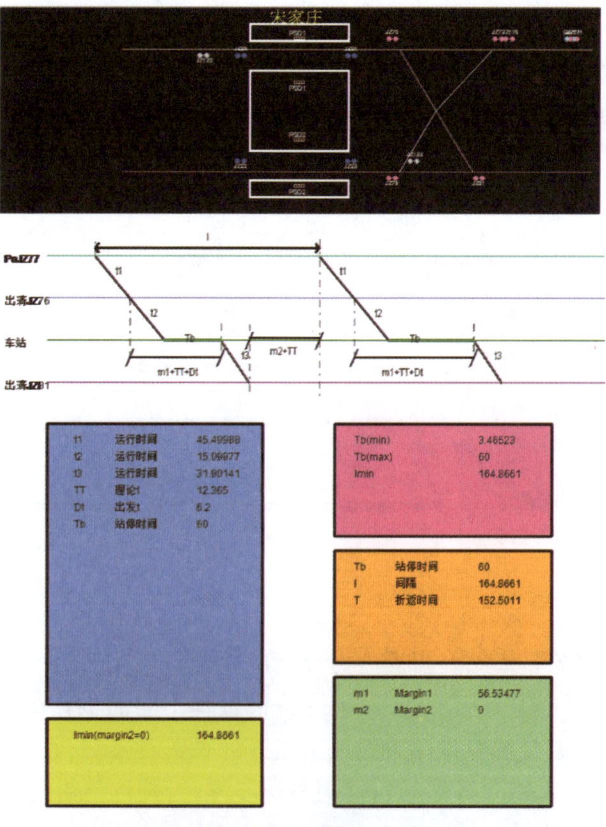

图 5-35　平台折返能力分析结果

(3)出入段能力分析

出入段能力包括追踪、折返、插车 3 项能力分析类型。能力分析过程为:选择分析类型—选择车站—选择对应路径—选取关键点。其中路径选择过程为根据站场图和能力分析类型选取对应的信号机,来选取对应的追踪/折返/插车路径;关键点的选取同样是关键计轴点的选取,路径和关键点选取后,系统同样自动进行逻辑检查。车站及路径选取界面如图 5-36 所示。

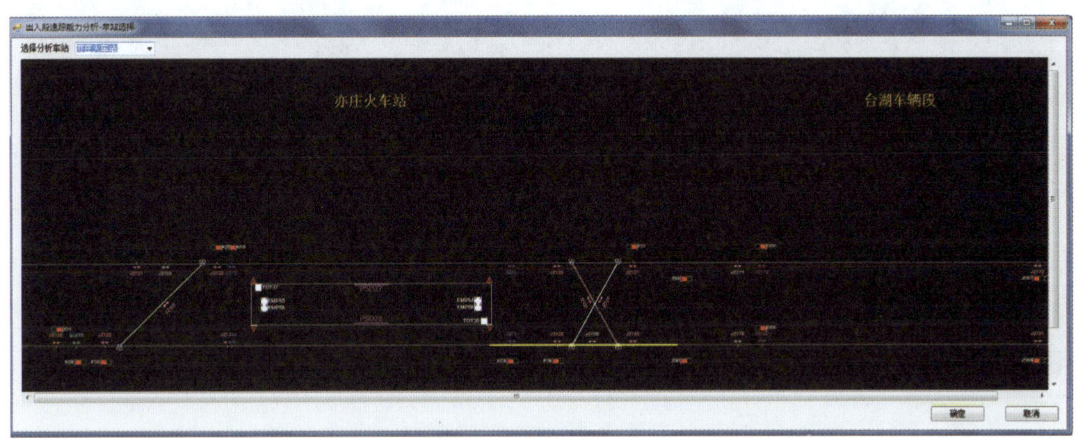

图 5-36　平台出入段能力路径选取界面

选取关键路径和关键点后,系统将执行能力分析过程。根据能力分析类型的要求,追踪能力分析将按照正线能力分析的全过程执行,输出仿真曲线;折返和插车能力分析将输出仿真曲线和数据表格。能力分析结果可另存为图片输出。

6. 平台其他功能

平台可将数据库中的数据表形象化,将站停时间和线路情况以图表和站场图的形式进行演示。图 5-37、图 5-38 分别为站停时间和线路铺化界面。站停时间界面提取线路数据库中各站的站停时间数据,以条形图的形式进行示意;线路铺化则提取线路数据中的线路和轨旁各设备及坡度等信息,绘制完整的站场图。

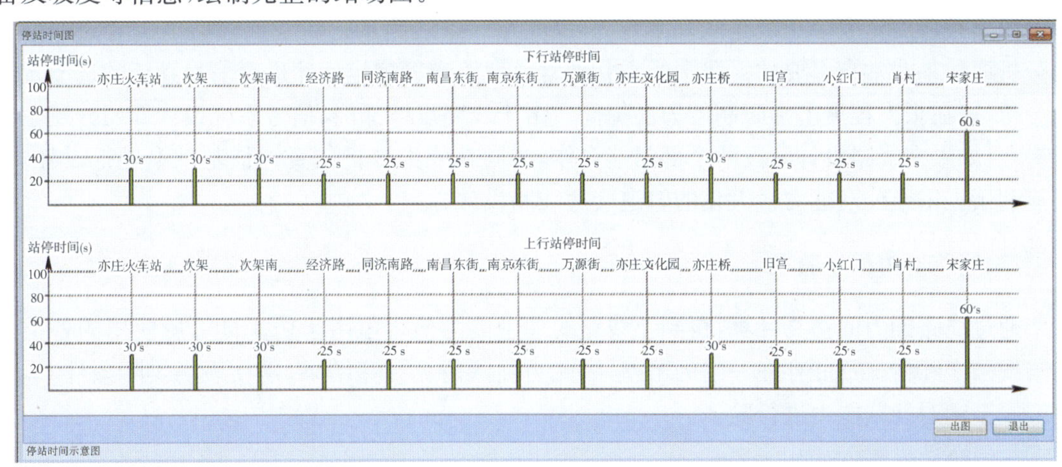

图 5-37　平台站停时间图界面

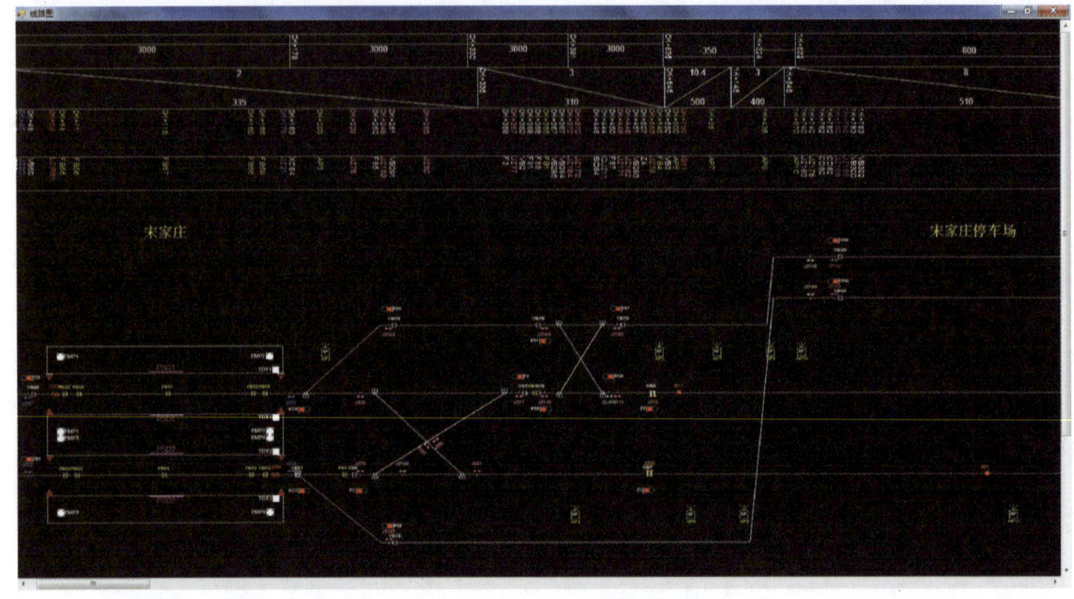

图 5-38 平台线路铺化界面

同时还可将能力分析与评估各环节中生成的数据图表等信息集中显示,并通过打印机等外接设备输出。

(五)设计能力与运营能力的区别

需要强调的是,本章所阐述的线路通过能力是指一条线路的设计能力。线路允许的最大速度曲线虽不是运行图采用的标准速度曲线,但在运行调整赶点时是需要采用的,而且对于最小列车间隔,它又是最困难的条件。因此,一般应以线路允许最大速度曲线作为计算列车间隔的依据。这时求出的列车间隔称为设计间隔。为了给运营留有必要的运行调整余地,运行图采用的列车间隔,应比设计间隔大,一般建议大 10 s,这种间隔叫作运营间隔。

线路设计能力与线路布置关系密切,尤其是在车站区域的道岔设计以及折返区域设计,可以说线路布置决定了一条线路的基本能力,因此在一条线路进行新建或改造前进行充分的能力分析评估是非常有必要的。我国的现状通常是线路布置确定后才进行信号系统的选型及能力分析,这在很大程度上会限制能力的提高。由于线路设计部门、信号系统设计部门分属不同的专业,如果在线路设计阶段两个部门能合作,共同在能力分析仿真评估基础上进行设计,将更有利于提供给公众能力最大化的轨道交通线路设计方案。

二、线路能力现场验证

通过线路能力的仿真计算,得到了线路的理论能力值。但由于仿真计算所使用的各类参数与线路实际情况可能存在一定的偏差,因此为确认仿真计算结果,需在现场实际条件下,使用实际车辆对线路能力进行验证。

(一)验证准备

为进行现场能力验证,需具备现场列车实际运行条件,如车辆性能完好、轨道条件具备、供电条件具备等，从信号系统的角度，需做好如下准备：

(1)现场信号设备安装、调试及功能测试完成且通过。

(2)具备多车动车测试安全授权。

(3)站台屏蔽门等可能影响列车正常运行的专业条件具备。

在满足上述条件的基础上，需根据仿真计算的结果，制作用于验证的计划运行图。为验证列车追踪运行情况及间隔，计划运行图至少应包含 3 辆运行列车。图 5-39 为计划运行图示例。

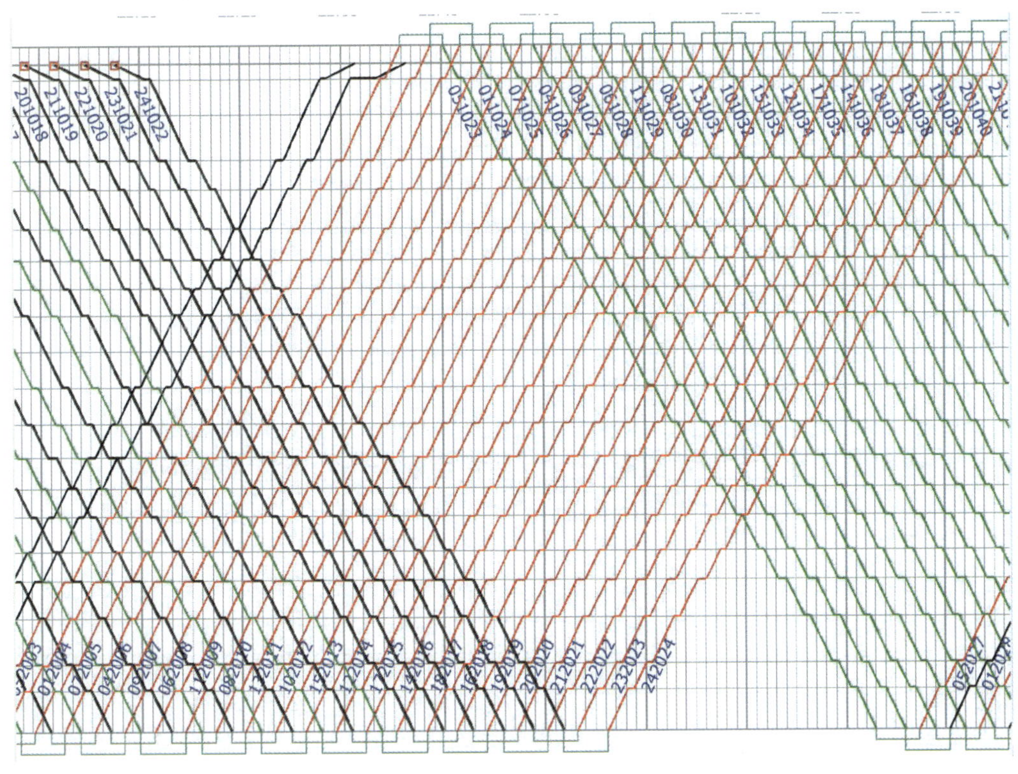

图 5-39　计划运行图示例

计划运行图中的各站间运行时间、各站停站时间、折返时间、到发时间均以仿真计算所得结果为准进行设计。在计划运行图生成完成后，需将各列车运行时刻表提供给司机，将各站到发时刻表提供给车站参与测试人员，并将计划运行图加载至 ATS。

(二)验证过程

当系统、列车及参与测试人员均准备就绪后，即可开始线路能力验证测试。各参试列车应根据运行图计划，听从车辆段/停车场信号楼参试人员指挥，按时从车辆段/停车场发车进入正线进行测试工作。测试过程中的要求如下：

(1)列车应使用 CBTC-AM 模式进行行车，区间行驶过程及停站过程均由系统自动驾驶列车完成。

(2)司机应负责按照时刻表规定的发车时间启动 ATO 驾驶。

(3)终端折返作业应采用无人自动折返方式完成。

(4)若采用有人监督的 ATO 折返方式,则需在列车两端均配备司机,以便尽快完成折返换端作业。

(5)运行结束后,得到列车实际运行图。

图 5-40 为列车实际运行图与计划运行图匹配情况示例。

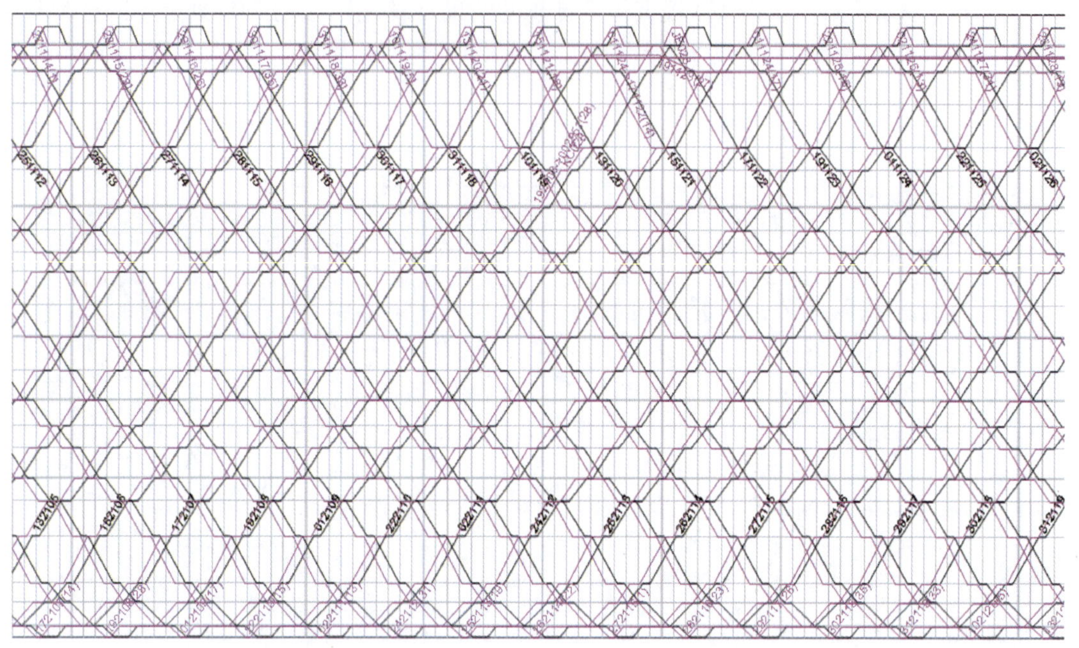

图 5-40　列车实际运行图与计划运行图匹配情况示例

(三)验证结果分析

在得到列车实际运行图后,通过与计划运行图中仿真计算的对比,可以得出运行图仿真计算的准确性。

1. 实际运行速度与仿真计算速度相同(图 5-41)

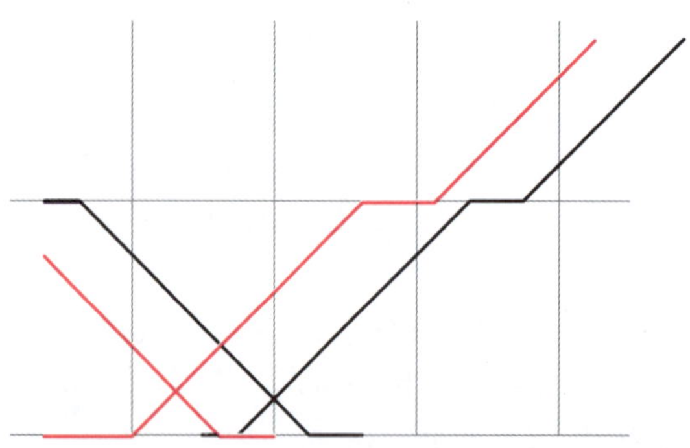

图 5-41　实际运行速度与仿真计算速度相同

列车实际站间运行线与仿真计算速度运行线平行,即列车实际运行速度与仿真计算速度一致,仿真结果可直接使用。

2. 实际运行速度高于仿真计算速度(图 5-42)

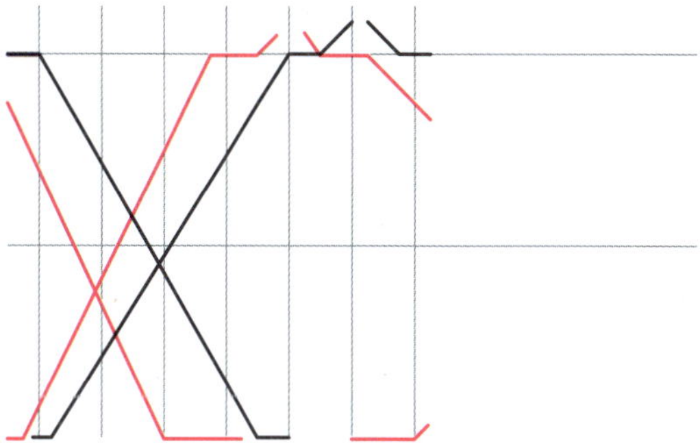

图 5-42 实际运行速度高于仿真计算速度

列车实际站间运行线斜率大于仿真计算速度,即由于线路实际运行情况的影响,列车实际运行速度高于仿真计算速度,此种情况下,在进行运营用运行图编制时,应采用实际运行时间进行计算,提高线路运行效率。

3. 实际运行速度低于仿真计算速度(图 5-43)

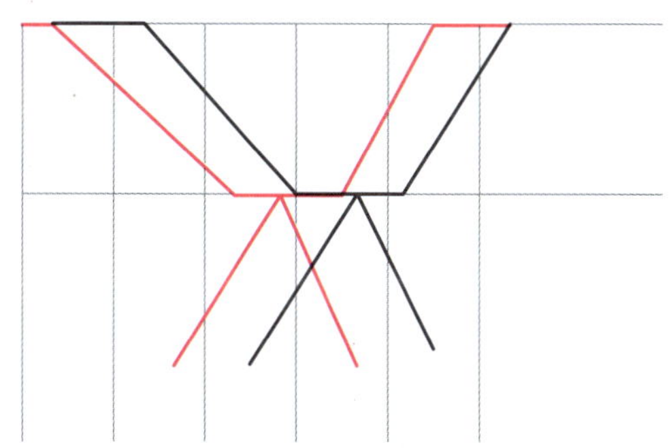

图 5-43 实际运行速度低于仿真计算速度

列车实际站间运行线斜率小于仿真计算速度,即由于线路实际运行情况的影响,列车实际运行速度低于仿真计算速度,此种情况下,在进行运营用运行图编制时,也应采用实际运行时间进行计算,以保证运行图的可用性。

小　　结

为了使得 CBTC 系统能够适应具体线路情况,并实现线路的运营需求,需要根据具体线路、站位、站间距等情况,进行 CBTC 系统的工程设计。工程设计的目的是通过合理的控制区域划分、轨旁设备布置和闭塞分区设置,在设备优化配置的基础上满足线路对于运行间隔、旅行速度、终端折返能力、降级模式下运行能力的需求。

CBTC 系统的工程设计除需要满足信号系统设备 24 h 不间断运行、有利于行车组织和运营管理,遵循右侧行车原则等通用需求外,更重要的是根据线路的具体情况(如坡度情况、曲率情况、地上段/地下段划分等)对设备进行合理的调整,避开线路中不适合设置信号设备的区域,适应运营过程中的使用需求。

工程设计的目标是实现运营需求,城市轨道交通线路的旅行速度和行车间隔是衡量线路信号系统水平和线路运营水平的两个重要指标,而这两个指标又是相互制约的。CBTC 系统的主要任务之一就是在行车间隔与旅行速度之间取得最佳的平衡点,在保证列车运行安全的前提下,尽量提高旅行速度,缩短行车间隔。

为了实现上述目标,在工程设计中,在满足系统功能性需求的前提下,必须根据实际线路情况(如车站位置、道岔位置、车站站间距、线路限速等),对信号系统的设备布置进行设计和调整,本章给出了各种不同情况下的信号系统设备典型布置方式。但每一条线路都有其自身特点,在实际的工程应用中,需要根据实际情况进行考虑。

CBTC 系统是一个复杂的分布式系统,整体的运行效果会受到诸多因素的影响,因此在工程设计初步完成后,需要对设计结果进行检验,以便及时发现存在的问题并进行调整。初期的线路能力验证一般通过计算机仿真系统实现,通过线路数据的代入,以计算机系统模拟现场真实情况,检验系统设计、工程设计完成后,列车在 CBTC 系统控制下在线路上的旅行速度和追踪间隔,并根据所发现的不满足设计要求的问题点,进行设计修改,直至满足设计要求为止。

通过线路能力的仿真计算,得到线路的理论能力值。但由于仿真计算所使用的各类参数与线路实际情况可能存在一定的偏差(如不能完全仿真实际系统的离散性),因此为确认仿真计算结果,需在现场实际条件下,使用实际车辆对线路能力进行验证,并确认最终结果。

第六章　CBTC 系统测试验证

随着城市轨道交通的飞速发展,CBTC 系统由于其安全、高效和易于维护,已经成为城市轨道交通领域占主导地位的列车运行控制系统。CBTC 系统融合先进的通信技术、列控技术、计算机技术,进行行车控制、指挥和管理,基于高精度高冗余的车地双向通信实现移动闭塞的列控机制。其中计算机的采用越来越广泛,由软件来承担安全性需求的比重越来越大,因此软件安全性问题变得更加突出,单纯依靠原来的测试方法无法达到要求。为此 EN50128 针对软件的安全保证提出相关规范和设计标准。

在该标准中,对轨道交通控制和防护系统的软件进行安全完善性等级(SIL)的划分,针对不同的安全要求制订相应的标准,按不同等级对整个软件的开发、检查、评估、检测过程,提出相应的程序与规范的要求。因此在系统全生命周期,需进行包括软件单元测试、集成测试、确认测试、系统测试、工程测试、现场调试测试多层级全面严格的验证测试工作。

第一节　CBTC 系统测试方法

在 CBTC 系统的研发当中,软件研发占了较大的比重。质量不佳的软件不仅会造成巨大的经济损失,而质量不佳的安全苛求软件甚至还可能带来灾难性的后果。CBTC 系统产品测试是基于生命周期的软件测试,最终的目的就是发现软件中的各种错误,确保软件的质量,检验被测软件是否满足其规定的需求。针对铁路应用,其通信、信号和处理系统的控制和防护系统需要采用 EN 50128 的标准方法。

CBTC 系统开发模型如图 6-1 所示。

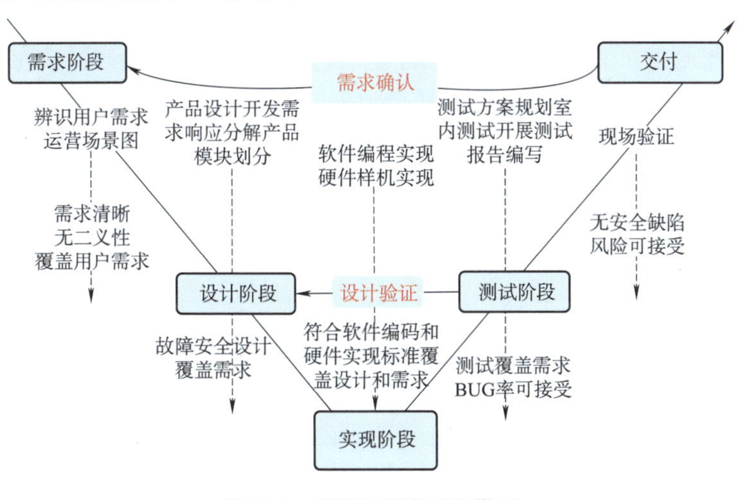

图 6-1　CBTC 系统开发模型

按照测试阶段可以划分为:单元测试、集成测试、确认测试、系统测试、现场调试测试等测试阶段。

对于被测系统软件是否需要实际执行,可以分为静态测试和动态测试。

静态测试是指无须执行被测代码,而是借助专用的软件测试工具评审软件文档或程序,度量程序静态复杂度,通过分析或检查源程序的语法、结构、接口等来检查程序的正确性。静态方法通过程序静态特性的分析,找出欠缺和可疑之处,例如不匹配的参数、不适当的循环嵌套、分值嵌套、未使用过的变量等。静态测试结果可用于进一步的查错,为测试用例的选取提供帮助,为软件的质量保证提供依据,以提高软件的可靠性和以维护性。

动态测试是通过实际运行程序,使被测代码在相对真实环境下运行,观察程序运行时的功能、逻辑、行为等,通过检查、分析程序的执行状态和程序的外部表现来定位程序的错误。

根据 EN 50128 的要求,不同 SIL 等级的测试和验证要求见表 6-1。

表 6-1　不同 SIL 等级的测试和验证要求

技　术	SIL0	SIL1	SIL2	SIL3	SIL4
1. 形式化证明		R③	R	HR②	HR
2. 静态分析		HR	HR	HR	HR
3. 动态分析和测试		HR	HR	HR	HR
4. 度量		R	R	R	R
5. 可追踪性度量	R	HR	HR	M①	M
6. 软件错误影响分析		R	R	HR	HR
7. 代码覆盖率	R	HR	HR	HR	HR
8. 功能测试	HR	HR	HR	M	M
9. 性能测试		HR	HR	HR	HR
10. 接口测试	HR	HR	HR	HR	HR

注:①“M”表示某个技术需强制使用;
②“HR”表示该技术方法在该安全完整性等级下强力推荐;
③“R”表示该技术方法在该安全完整性等级下推荐使用。

因此怎样使得测试在资源和进度允许的条件下尽可能多地发现产品中存在的错误,从而使测试达到最佳的测试效果,即软件的质量得到更好的保证和提高,需求得到全面的满足,这就是我们研究的内容。

本章从测试方法和测试阶段的角度来论述这个问题。

一、静态测试方法

静态测试通常是指不执行程序代码而寻找代码中可能存在的错误或评估程序代码的过程。其被测对象是各种与软件相关的有必要进行测试的产物,如各类文档、源代码等。静态测试可以手工进行,也可以借助软件工具自动进行。静态测试具有以下特点:

(1)静态测试不必动态地运行程序,也就是不必进行测试用例的设计和结果分析等工作。

(2)静态测试可以人工进行。在发现错误的同时也就可以定位错误。由于人的思维的局限性以及交流之间的障碍所造成的逻辑错误,由人通过逻辑思维去解决,是一种行之有效的方法，特别是在使得人的思维优势互补得到充分发挥后，测试的水平就会很高。

(3)静态测试不需要特别的条件，容易展开。

(4)静态测试对测试人员要求较高，至少测试人员要具有编程经验。

不同等级对静态分析的要求见表 6-2。

表 6-2　不同等级对静态分析的要求

序号	技　术	SIL0	SIL1	SIL2	SIL3	SIL4
1	边界值分析		R	R	HR	HR
2	检查表		R	R	R	R
3	控制流分析		HR	HR	HR	HR
4	数据流分析		HR	HR	HR	HR
5	错误猜错		R	R	R	R
6	走查	HR	HR	HR	HR	HR

进行静态测试是因为一个软件可能暂时实现了需求说明书中的所有要求，但是由于它的内部结构复杂、混乱，代码的编写也没有规范，使得软件内部存在一些不易被察觉的错误，这些错误在特定的条件下会造成重大的影响；另外，软件虽然目前基本完成了用户的要求，但是随着时间的推移，软件产品需要升级维护，由于程序复杂或者代码编写杂乱，由此造成软件的维护工作很难进行。静态分析所要做的就是对代码标准以及质量进行监控，以此来提高代码的可靠性，使系统的设计符合模块化、结构化、面向对象的要求。静态分析主要是通过对源代码扫描或检查的方法来发现软件的缺陷，为日后的维护工作节省大量的人力、物力，从而更有效地保证软件的质量。

(一)数据流分析

数据流分析主要用于发现定义/引用异常缺陷，例如：变量被定义，但从来没有使用(引用)；所使用的变量没有被定义；变量在使用之前被定义两次。

数据流分析关注变量赋值与使用位置，它是一种结构性测试方法，即可把它看作基于路径测试的一种改良方案(进行“真实性检查”)。数据流测试一方面仍会使用到路径测试的一些研究成果，另一方面也考虑向功能性测试目标靠近。

数据流分析重点关注变量的定义与使用测试。事实上，在调试修改缺陷时，我们也会经常这样做，例如在一段代码中搜索某个变量所有的定义、使用位置，思考在程序运行时该变量的值会如何变化，从而分析缺陷产生原因。数据流分析是将这种方法形式化，这样也便于构造算法，实现自动化分析。

(二)阶段评审

评审是对软件元素或项目状态进行评估的活动，用以确定它们与预期结果之间的偏差和相应的改进意见，通常由人来执行。除了在项目早期发现缺陷和降低项目失败风险外，一般评审包括预备评审、同行评审等。其中，尤为关注同行评审。另外，需求阶段的规格说明书也是评审的重要内容。

同行评审是由开发软件产品作者以外的其他人检查工作产品，以发现缺陷并寻找改进的机会。其评审方法是评审参与者通常采用逐行仔细阅读被评审对象的形式发现被测对象中的缺陷。

(三)代码检查

代码检查是“白盒”测试的一种静态测试方法，是众多软件测试方法中发现软件缺陷最有效的方法之一。主要是由测试人员通过仔细地分析代码，检查代码和设计的一致性、代码对标准的遵循、代码的可读性、代码的逻辑表达正确性、代码结构的合理性等。例如，一些问题是代码虽然可以正常运行，但是代码的编写不符合某种标准或规范，这就相当于写出来的东西可以被人们理解和使用，但是不符合语言的语法和文法规范。标准是建立起来的、经过修改和必须遵守的规则做什么和不做什么，规范是建议最佳做法，标准是必须遵守的，规范可以适当地放宽。

在代码全部或部分完成后，应立即进行逐行代码评审以发现缺陷。以达到尽早发现缺陷，使得程序更具可测试性，软件测试人员可以更加熟悉系统的目的。

代码检查要求评审人员有程序开发语言的专业知识，有程序基线和标准供参考。

代码检查一般采用静态“白盒”测试的方法，如代码审查、代码走查和技术评审等。

二、动态测试方法

动态测试是指通过运行被测程序，检查运行结果与预期结果的差异，并分析运行效率和健壮性等。这种方法由三部分组成：构造测试用例、运行被测程序并执行测试用例、分析程序的输出结果。

(一)逻辑覆盖

逻辑覆盖是以程序内部的逻辑结构为基础的测试方法，属于“白盒”测试。这一方法是一系列测试过程的总称，要求测试人员对程序的逻辑结构有清楚的了解。

从覆盖源程序的各个方面考虑，大致可以分为语句覆盖、判定覆盖、条件覆盖、判定/条件覆盖等。

1. 语句覆盖

为了暴露程序中的错误，语句覆盖是最起码的测试要求，要求设计足够多的测试用例，使得每一条语句至少被执行一次。语句覆盖是很弱的逻辑覆盖标准，为了更充分地测试程序，可以采用下边讲述的其他逻辑覆盖方法。

语句覆盖的优点：①检查所有语句；②结构简单的代码，测试效果较好；③容易实现自动测试；④代码覆盖率高；⑤如果是程序块覆盖，则不用考虑程序块中的源代码。

2. 判定覆盖

判定覆盖又叫分支覆盖，要求设计足够多的测试用例，使得程序中的每一个分支至少通过一次，即每一条分支语句的“真”值和“假”值都至少执行一次。while 语句、switch 语句、异常处理、跳转语句和三目运算符等同样可以使用分支覆盖来测试。

判定覆盖要比语句覆盖查错能力强一些：执行了分支覆盖，实际也就执行了语句覆盖。判定覆盖与语句覆盖存在同样的缺点：不能查出条件语句错误，不能查出逻辑运算错误，不能查出循环次数错误，不能查出循环条件错误。

3. 条件覆盖

条件覆盖是指选择足够的测试用例，使得运行这些测试用例后，要使每个判断中每个条件的可能取值至少满足一次，但未必能覆盖全部分支。

条件覆盖的利弊:①能够检查所有的条件错误;②不能实现对每个分支的检查;③测试用例数增加。

4. 判定/条件覆盖

既然条件覆盖不一定包括判定覆盖,判定覆盖也不一定包括条件覆盖,自然会提出一种能够同时满足这两种覆盖标准的逻辑覆盖,这就是判定/条件覆盖。判定/条件覆盖就是设计足够多的测试用例,使得判定中每个条件的所有可能取值至少能够获取一次,同时每个判断的所有可能的判定结果至少执行一次。换言之,即是要求各个判定的所有可能的条件取值组合至少执行一次。

判定/条件覆盖的利弊:①既考虑了每一个条件,又考虑了每一个分支,发现错误能力强于判定/覆盖和条件覆盖;②并不能全面覆盖所有路径;③测试用例数量的增加。

(二)覆盖率分析

代码覆盖率是指采用“白盒”法进行测试时,考虑测试用例对程序内部逻辑的覆盖程度。最彻底的“白盒”法是覆盖程序中的每一条语句、每一个分支及每一条路径,但这往往无法实现。因此,需要采用一些标准来度量覆盖的程度,并希望覆盖程度尽可能高些。

覆盖率分析主要对代码的执行路径覆盖范围进行评估,这些覆盖是从不同要求出发,为设计测试用例提出依据的。软件人员进行覆盖测试,主要想对程序模块进行以下检查:

(1)对程序模块所有独立的执行路径至少测试一次;

(2)对所有的逻辑判定,取“真”与取“假”这两种情况都至少测试一次;

(3)在循环的边界和循环界内执行循环体;

(4)测试内部数据结构的有效性。

(三)等价类划分

等价类划分法是典型的“黑盒”测试方法,该方法设计测试用例时完全不必考虑软件结构,只需考虑需求规格说明书中的功能要求。等价类划分法是把程序的输入域划分成若干部分,然后从每个部分中选取少数有代表性数据当作测试用例。每一类的代表性数据在测试中的作用等价于这一类中的其他值,也就是说,如果某一类中的一个例子发现了错误,这一等价类中的其他例子也能发现同样的错误;反之,如果某一类中的一个例子没有发现错误,则这一类中的其他例子也不会查出错误。使用这一方法设计测试用例,首先必须在分析需求规格说明的基础上划分等价类,列出等价类表。

使用等价类划分法设计测试方案首先要划分输入数据的等价类,为此需要研究程序的功能说明。等价类实际上就是某个输入域的一个子集合,在该子集合中,各个输入数据对于揭露程序中的错误都是等效的。等价类的划分有两种不同的情况:有效等价类和无效等价类。有效等价类是指对于程序的规格说明来说,是合理的、有意义的输入数据构成的集合;无效等价类是指对于程序的规格说明来说,是不合理的、无意义的输入数据构成的集合。在设计测试用例时,要同时考虑有效等价类和无效等价类的设计。

在确定输入数据的等价类时还常常需要分析输出数据的等价类,以便根据输出数据的等价类导出对应的输入数据等价类。

(四)边界值分析

边界值分析是一种补充等价类划分法的测试用例设计方法,它不是选择等价类的任意元素,而是选择等价类边界的测试用例。实践证明,采用边界值分析法设计测试用例进行软件测试,常常可以查出更多的错误,取得良好的测试效果。因为,大量的错误发生在输入域或输出域的边界而不是其集合范围内。

应用边界值分析法设计测试用例的原则就是确定输入或输出在边界取值,如:输入输出域的最大值或最小值、第一个值或最后一个值、最大个数或最小个数以及刚刚超出边界的值。

使用边界值分析方法设计测试方案首先应该确定边界情况,这需要经验和创造性,通常输入等价类和输出等价类的边界,就是应该着重测试的程序边界情况。选取的测试数据应该刚好等于、刚刚小于和刚刚大于边界值。

等价类划分法与边界值分析法相比,等价类划分法的测试数据是在各个等价类允许的值域内任意选取的,而边界值分析法的测试数据必须在边界值附近选取。一般来说,用边界值分析法设计的测试用例要比等价类划分法的代表性更广,发现错误的能力也更强。但边界值分析法对边界的分析与确定比较复杂,要求测试人员有更多的经验和耐心。

(五)因 果 图

前面所介绍的等价类划分法和边界值分析法,都着重考虑输入条件,但未考虑输入条件之间的关系。因果图方法(Cause-Effect Graphics)充分考虑输入情况的各种组合及输入条件之间的相互制约关系。因而,该方法能够帮助我们按一定步骤、高效率地选择测试用例,同时还能指出程序规格说明描述中存在着什么问题。

三、测试阶段

(一)单元测试

软件单元是指软件设计说明中一个可独立测试的元素,是程序中一个逻辑上独立的部分,它不能再分解为其他软件成分,如软件源代码中单个的函数、源文件或类。

单元测试用于检验被测代码的一个很小的、很明确的功能是否正确。通常而言,一个单元测试是用于判断某个特定条件(或者场景)下某个特定函数的行为,是对单个的软件单元或者一组相关的软件单元进行的代码级别上的测试。

软件测试分步骤进行的另一个意义在于,不同阶段的测试对应不同层次的软件阶段产品,可以针对测试对象不同的特点采用不同的技术,发现不同特征的错误,使软件在多层次的测试中不断提高质量。

单元测试验证程序和详细设计说明的一致性,需要从程序的内部结构出发设计测试用例,多个模块之间可以平行独立地进行单元测试。

(二)集成测试

集成测试是在单元测试的基础上进行的一种有序测试。这种测试需要将所有模块按照设计要求,逐步装配成高层的功能模块,并进行测试,直到整个软件成为一个整体。集成测试的目的是检验软件单元之间的接口关系,以期望通过测试发现各软件单元接口之间存在的问题,最终把经过测试的单元组成符合设计要求的软件。集成测试验证程序和概要设计说明的一致性,任何不符合该说明的程序模块行为都应该加以记载并上报。因此,集成测试是发现和改正模块接口错误的重要阶段。

单元测试后,有必要进行集成测试,发现并排除在模块连接中可能发生的上述问题,最终构成要求的软件子系统或系统。

（三）确认测试

集成测试实际上是按照设计的要求把所有的模块组装成一个完整的软件系统的测试，各单元之间的接口错误也已经基本排除，接着就应该进一步验证软件的有效性，这时测试工作进入确认阶段。

在一些软件测试阶段划分模型中，确认测试是介于集成测试和系统测试之间必不可少的一项测试工作或任务，也是软件测试分级中的一个重要级别。

确认测试是严格遵循有关标准的一种符合性测试，如 IEEE 1474 系列标准，以确定软件产品是否满足所规定的要求。若能达到这一要求，则认为开发的软件是合格的。所谓规定要求指的是软件规格说明书中确定的软件功能和技术指标，或是专门为测试所规定的确认准则。

确认测试是在完成集成测试之后，依据确认测试准则，针对软件需求规格说明进行的测试，以确认所开发的软件系统能否满足规定的功能和性能需求。软件确认测试通常采用“黑盒”测试方法。测试内容主要包括功能测试、性能测试、可靠性测试、安全性测试、可用性测试、可维护性测试等。

确认测试执行的过程必须依照相关的软件测试评价标准，制定相应的测试规范，利用确认测试可能的测试方法，借助可能的测试工具，逐一测试上述标准中所有的测试项。测试的具体组织与实施是在已建立的软件测试管理体系下展开，通过确认测试确认软件是否满足用户需求，相关结论应以规范的测试报告形式给出。

（四）系统测试

由于软件只是系统中的一个组成部分，软件开发完成以后，最终还要与硬件、结构等系统中的其他部分配套运行，进行系统测试。

不同的标准对系统测试定义不一样，如《软件工程术语》GB/T 11457—1995 给出的定义是：测试整个硬件和软件系统的过程，以验证系统是否满足规定的需求；《IEEE 软件验证与确认标准》1998 的定义是：为了验证和确认系统是否符合初始目标而对集成的软、硬件系统进行的测试活动。

目前，软件工程界对系统测试的一般性定义为：系统测试是为判断系统是否符合规定而对集成的软、硬件系统进行的测试活动。

系统测试的对象是完整的、集成的系统，重点是新开发的软件的集合。因此，系统测试实际上是针对系统中各个组成部分进行的综合性检验。尽管每一个检验有着特定的目标，然而所有的检测工作都要验证系统中每个部分均已得到正确的实现，并能完成指定的功能。

系统测试的目的是在真实系统工作环境下通过与系统的需求定义（如功能需求）作比较，检验完整的软件配置项能否和系统正确连接，发现软件与系统/子系统设计文档和软件开发合同规定不符合或与之矛盾的地方，发现产品缺陷并度量产品质量。

系统测试不仅关注系统的功能，也包括性能、安全等非功能的测试。

在系统测试之初，应该一方面为系统测试提供必要的软、硬件及资料支持，另一方面从软件测试角度提出系统测试中关于软件的测试设计。

系统测试的测试用例应根据需求分析说明书来设计，并在实际使用环境下来运行。通常系统测试采用“黑盒”测试技术，并由独立的测试人员完成。

系统测试过程包括编写系统测试计划、设计测试用例、实施系统测试、执行系统测试和测试结果分析 5 个阶段，如图 6-2 所示。

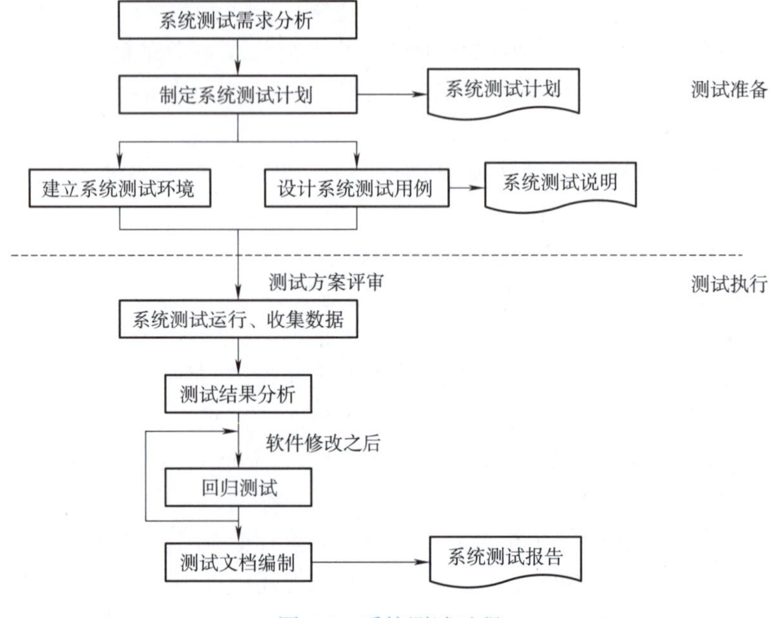

图 6-2　系统测试过程

从图 6-2 可知，整个测试过程分为两个阶段：测试准备和测试执行。测试准备过程包括制定系统测试计划、建立系统测试环境、设计系统测试用例；测试执行过程包括测试运行、分析测试结果数据并生成软件问题清单、进行回归测试并生成测试报告。

第二节　面向 CBTC 测试验证最小系统

CBTC 系统本身是一个功能强大、结构复杂的大系统，采用常规方法难以对系统进行分析、检测、评估和验证。尤其近年来，随着 CBTC 系统的发展加快，迫切需要采用先进的高可信度的仿真技术为 CBTC 系统的选型设计、方案评价、测试、优化等进行全生命周期服务。因为利用现场试验，存在着周期长、人员投入大和成本高等问题，甚至一些现场不可能重复也难以进行试验和模拟。若采用系统仿真的方法，则能够反映列车运行控制系统在各种条件下的行为和特性，包括极端条件下的各子系统和功能模块间相互作用，以及对整体系统性能的影响。通过对列车运行控制系统总体技术方案的仿真评估，可检验系统方案的关键性能指标，通过对不同技术方案进行比较获得高满意度的设计方案。仿真平台作为培训环境对系统操作、维护和管理人员进行培训，不仅可以熟悉正常情况下的操作和维护，而且可以掌握紧急和异常情况下的应急处理方法。

为了提高铁路基础设施建设、更好地调整列车时刻表和列车调度策略，英国铁路研究所利用计算机仿真技术，于 1970 年设计了第一套列车运行仿真器，称为基于时间的通用领域的列车仿真器(CATTS)，运行在巨型计算机上的 CATTS 已广泛应用到英国铁路自动路径算法研究中，研究出来的算法在 1983 年投入使用后成为英国铁路集成电子控制中心(IECC)的一种标准。但是该仿真器没有友好的用户界面，而且建立和运行仿真要求掌握复杂的技巧和计算机知识。

1987 年，该研究所重新设计了一套新的、更易使用的、能充分利用现代计算机技术的仿真器——VISION 仿真器。VISION 仿真器提供了友好界面，以图表形式输入数据、数据格式和类型能任意改变，极大地促进了各种轨道线路的精确建模。

20 世纪 90 年代后，新加坡国立大学采用面向对象技术完成了铁路信号与列控系统的仿真。它充分利用面向对象技术中对象与现实世界中的实体一一映射的关系，把铁路信号与列控系统划分为轨道、车站、列车和车场等对象，并由这四种对象引申出 ATP 闭塞、ATP 车载系统、ATO 车载系统和列控中心等对象，形成了表达铁路信号与列控系统的完整的软件库。如此建立起来的软件库，可以包含各种不同厂家生产的 ATP 和 ATO 设备的对象模型，也可以对不同的轨道特性进行设置，能方便地对各种版本的列控设备和各种轨道环境进行仿真，实现仿真系统的易扩展和易修改性。并且这样构架出来的仿真系统，极大地方便了时刻表的制定、列车运行策略的选择和构建新的铁路运行系统以及设备的更新等。

近年来，随着计算机技术以及世界范围内的铁路运输飞速发展，铁路计算机仿真技术也正稳步前进，而 SYSTRA 咨询有限公司是其中的佼佼者。著名的 RAILSIM 铁路系统仿真软件组就是 SYSTRA 的产品。SYSTRA 一直致力于具有友好人机界面的轻轨和大铁路系统仿真器的开发研制，并于 2000 年底全面完成了 RAILSIM。RAILSIM 仿真软件组主要由网络仿真器、列车运行计算器、信号设计器、图形编辑器、报告生成器和直流负载电流分析器等六部分组成。在 RAILSIM 仿真软件中，系统结构因素被考虑进来，用户不但可以使用现有的信号系统，而且可以根据需要自己定制信号设备并将其用于系统中。另外，仿真软件可以利用局域网络组成仿真系统，大大提高了仿真能力。对于结果数据，软件可以按照线图、数据报表、文字报告、通用 CAD 文件格式等形式进行显示或输出。这样多组数据一起实现的功能，使用户非常方便地进行不同数据之间的对比。RAILSIM 软件采用模块化结构，可以根据用户需要进行组合，形成客户需要的软件包。因此它也可以提供部分功能的模拟，软件可调节性非常高。由于 RAILSIM 仿真软件的仿真功能全面、分析功能强大、界面友好，还可以根据最终用户的需求进行功能组合，为客户定做实用的仿真软件，所以其使用范围广泛，有许多成功使用 RAILSIM 软件进行控制方案选择和优化的例子。

在国内，同济大学、北京交通大学、各信号系统集成商也有相关的仿真测试研究。CBTC 系统最理想的集成测试环境是现场环境，但现场测试系统受限于测试周期长、资金成本高，不利于系统故障模拟，且不可知危险因素多等。因此，在轨道交通信号控制系统测试领域，目前应用较广泛的是基于真实设备与部分仿真软件相结合的室内测试系统。使用定制的硬件接口将真实的被测硬件设备接入列车运行仿真系统，通过数据协议的解析和转换，实现仿真模型和实物系统的无差异接入。

一、最小系统的原理及架构

CBTC 系统是城市轨道交通系统中用于保证行车安全和效率的系统，系统设备故障或异常将会直接影响行车安全和运营效率。随着列车速度越来越快、列车密度越来越大，CBTC 系统呈现出系统化、网络化、信息化和智能化的特点。因此，必须对 CBTC 系统进行全面、细致的测试与验证。一般来说，列车运行控制系统仿真平台的设计过程包含以下内容。

1. 功能和原理仿真

仿真平台的功能仿真和图形化界面可直观和动态地展示 CBTC 系统的功能原理和运行机制,并实时显示 CBTC 运行过程中各功能模块的数据传输。

2. 关键设备测试

通过在仿真平台中嵌入 CBTC 系统,完成对 CBTC 系统的半实物仿真与功能测试。根据不同测试需求,完成关键设备间的测试与验证。

3. 总体方案的验证

分析总体方案中的缺陷、潜在危险、发生故障的概率和故障带来的损失严重程度等,评估总体方案是否满足安全和运营要求。

4. 维护支持和仿真培训

城市轨道交通投入运营后,利用仿真系统进行维护支持和仿真培训,包括软件维护和升级、特殊故障诊断等。在故障工况下对司机操作进行培训,提高司机应对突发场景的熟练程度,减少因操作失误带来的低效运行或事故。

根据 IEEE Std1474.1-1999 中定义的 CBTC 系统的功能框图(图 2-1),CBTC 系统包括“CBTC 地面设备”和“CBTC 车载设备”,地面和车站设备通过“数据通信网络”连接起来,构成系统的核心。

建立仿真测试系统的目的在于测试设备在各种运行条件下的协同。仿真测试平台整体贯彻了“硬件最小化,功能最大化”的最小系统的思想。平台提取信号系统中的核心设备和典型设备作为最小系统的雏形,选取功能和接口全覆盖的最小子集作为最小系统的首选模型(图 6-3),采用功能接口全部预留和增量式的整体架构,按照仿真运行层、自动测试层、管理分析层等搭建仿真测试平台。

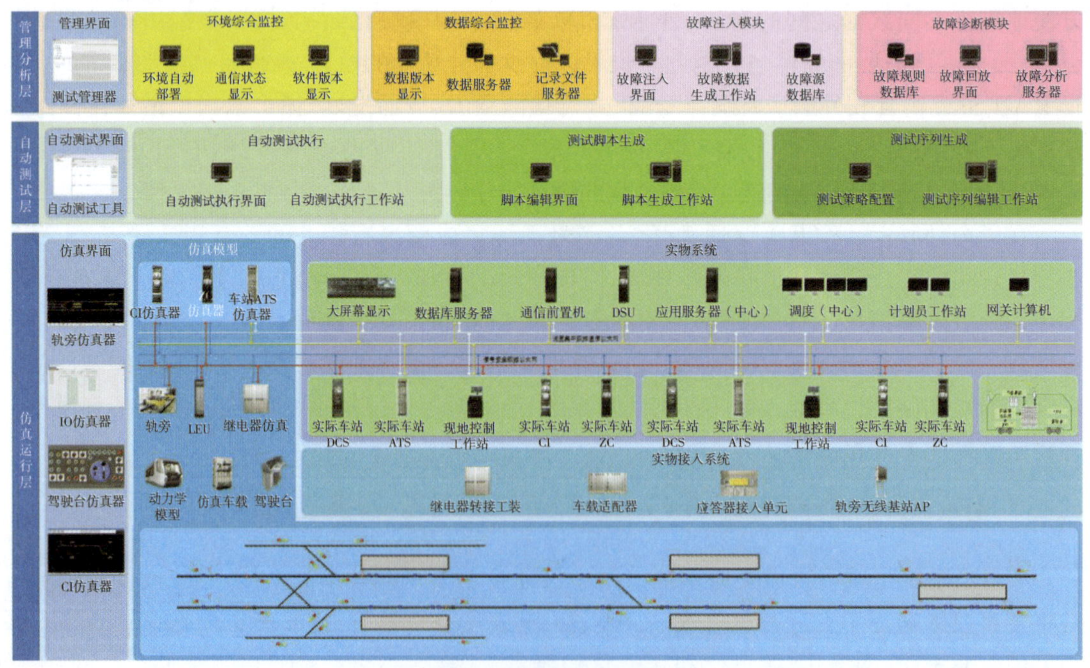

图 6-3　最小系统架构

基于最小系统建立的仿真平台，提供可视化线路和列车运行环境，确保系统所有状态可观可控，实现列车运行控制系统总体方案的仿真验证。采用分布式结构，仿真模块间接口实现应用层和协议层分离，通过增加协议层软件实现对真实设备的接入。

二、验证大纲

CBTC 系统是一个典型的安全苛求系统，一旦设备故障或失效，将会引发重大人员伤亡和财产损失。对上线运营的 CBTC 系统进行充分的测试，是验证系统功能的正确性和完备性、保证系统安全运用的重要技术手段之一。良好的测试方案对于保障系统的安全性和可靠性有着极其重要的作用，因此，从规范系统设计、研发、测试和运用的角度出发，需要制订 CBTC 系统的测试方法和案例。一般来讲，测试包括投入运营前进行联调联试和试运营测试，运营中定期进行系统性能和功能测试，CBTC 系统的全生命周期性能和功能的第三方测试。建立测试规范和测试案例库是进行这些测试的重要依据。

CBTC 系统的需求规范严格规定了系统具有的性能和功能。因此，对 CBTC 系统的测试，就是根据系统需求规范，对其性能和功能逐条确认的过程，即通过测试验证是否符合系统需求规范。

功能特征是 CBTC 系统能够实现的一些基本功能实体，包括基本的系统特征、功能、性能、基本性质或特点等。在这种意义下，"特征"可理解为操作员或用户希望系统所具有的特点，即系统需求规范中的一组需求的组合，通过系统的标准接口来检验需求是否被满足。因此，依据系统需求规范对设备进行全覆盖测试，只需将系统需求规范的每一个需求都至少反映到一个功能特征中，然后再依据功能特征设计测试案例，即可实现对设备的测试。这样，每一个功能特征都关联了一组需求，从而避免了对每条需求的逐一测试。同时，在提取功能特征时，通过保证其外部可测性，可实现对设备的"黑箱"测试。

为了使测试案例易于管理，功能特征应具备基本性和独立性。基本性是指被测对象在其标准接口上的直接激励和反应具有单一因果关系。独立性是指功能特征的测试应独立于所有可能被同时激励的其他功能特征，即对一个功能特征进行测试时，无须考虑其他功能特征对其产生的影响。

综上所述，根据系统需求规范按照特征进行分组形成需求功能。如果需要通过测试来完成对功能的确认，则包含在需求以及相应功能特征中的每个备选项，都需要自己的测试案例，并将测试案例串联成测试序列。每个功能特征可以给出一个以上的测试案例，其关系可用图 6-4 表示。

图 6-4　功能特征与相关实体的对应关系

对系统的功能特征进行提取时，通常采用列表的方式对功能特征进行组合。参考功能特征的定义，根据城市轨道交通列车运行控制系统的基本功能实体的源头来构造功能特征列表，对提取功能特征是非常有用的。

通过使用层次中的较低级别来收集城市轨道交通列车运行控制系统的必需功能，从而归纳到最高的层次，并且将该功能分解至在外部可见范围的基本功能。最基本的功能特征处于在层次的末端，即处于最低的层次级别，不具有从属的功能特征。

在提取功能特征时，需特别关注以下特性：

(1)易理解性：要求在没有上下文的条件下，对认证机构的认证人员、测试人员、用户和开发人员等，功能特征都是易于理解的。

(2)独立性：功能特征应独立于其他功能特征，不存在从属关系。严格来说，划分功能特征层次的唯一目的是提高可读性。

功能特性中经常使用的功能，可以从自身功能特性中分离出来。在特定软件架构允许的条件下，只需一次就能对功能特征进行全面测试。如果某些独立的功能特征必须在其他功能特征中被完整使用，那么功能特征是不能被单独测试的，必须与使用它们的功能特征一起被测试。

(3)明确性：功能特征具有清楚的标识符并且唯一，用于和其他功能特征区分开。

(4)可追溯性：功能特征列表必须包含与每一个指向 SRS 需求的功能特征的关联关系。每个测试案例包含了指向的需求的链接。在将需求进行组合生成功能特征的过程中，当需求发生变化时，功能特征必须依据其追溯关系进行相应修改。

(5)易测试性：功能特征的实现必须能被充分证明。所有信息对用户而言是外部可见的，即可通过标准接口对信息进行测量。

(6)完备性：创建需求和功能特征列表间的交叉列表，来证明功能特征列表对需求的完全覆盖。

(7)一致性：功能特征中对一些关键概念的描述必须和系统需求规范相一致，即不存在对系统需求规范误解或误读。

测试案例是根据 CBTC 系统的系统需求规范，针对某个特定的测试目标而编制的一组测试输入、前提条件以及预期输出结果的组合。设计测试案例用于相关认证机构对设备功能进行验证，并且尽可能完整地证明 CBTC 系统对系统需求的满足程度。一个完备的测试序列集应包含所有已经定义的测试案例，即确保系统需求规范中所有可测试的需求都被测试到，且所有的测试案例至少通过一次，有时也称为测试的完备性。在城市轨道交通列车运行控制系统测试领域，一般要求测试案例采用标准化的方式进行设计和描述。采用标准化的描述方式，还可以达到如下目的：

(1)当测试案例的创建通过分工完成时，提供一个统一的、可比较的结果。

(2)测试过程的自动执行。

(3)对认证机构或其他注册机构的评估提供等效的前提条件。

(4)以模块化的方式来设计和构造测试序列。

(5)可以灵活地修改测试序列，以便能根据相关的技术和运营需求对测试序列进行调整。

设计测试案例把被测对象看作一个“黑箱”，即不关心系统内部细节，只关心系统外部行为，以被测对象的外部视角生成测试案例，同时，被测对象具有确定的接口和输入取值。每个测试案例包括需要被证明的需求、被测对象、测试方法、对测试环境(接口)的易于理解的描述、输入和输出的取值、测试完成的检验标准、开始和结束的时间、错误的类型和含义及测试结果(协议，测试日志)记录等。

测试案例应包含的内容见表 6-3。

表 6-3　一个功能特征的测试案例集的内容

名　称	内　容
标题	待测功能特征的明确标识符
	待测功能特征的名称
	待测的测试案例的总数
依赖条件	与测试案例集对应的功能特征的表识
	与测试案例集对应的功能特征的名称
标识	测试对象的编号
	测试对象的名称
	被测功能特征的编号
	被测功能特征的名称
	被测功能特征的测试案例编号
	被测功能特征的测试案例名称
	测试目标
	SRS 需求的参考
	测试案例版本
	作者名称
测试方法	测试方法的文本描述
	测试条件的文本描述
初始条件	测试对象的内部状态＜逻辑信息＞＝＜取值＞
	接口状态＜接口信息＞IN：信息 IOUT：信息
测试案例通过标准	IN：信息
	OUT：信息
	信息由以下部分组成＜接口＞.＜结构＞.＜定时＞＝＜取值＞＜界面＞＝接口名称＜结构＞＝信息的结构＜定时＞＝＝带缓冲 1 不带缓冲 1 全部（全部＝可选的）
	TIME＜：＜取值＞（必须在规定时刻内执行下一步骤）TIME＝：＜取值＞（必须在规定时刻执行下一步骤）
最终状态	测试对象的内部状态＜逻辑信息＞＝＜取值＞
	接口状态＜界面信息＞IN：信息｜OUT：信息

三、测试序列

（一）测试序列

测试案例对被测系统进行测试，通过在其外部接口上输入激励，期望被测系统执行相应的功能，从而产生实际输出。将实际输出和预期输出进行比对，即可评判被测系统是否执行正确。除了输入指定激励外，被测系统还应处于某些特定工作状态，即首先使被测系统执行某些功能（通过执行某些测试案例）并达到特定的工作状态后，才能利用测试案例进行测试。

测试序列至少应包含一个测试案例，而可包含的测试案例数目没有上限，测试序列应可在测试平台上执行。完整的测试案例集覆盖 CBTC 系统需求规范中的所有可测试需求。通过优化设计每个测试序列，尽量减少相同测试案例的重复覆盖。

测试序列是由若干测试案例串联起来，形成的一个测试场景，是对测试过程的一种描述。对测试序列进行研究主要基于以下目的：

(1)测试不可能对每一个测试案例进行单独的测试。系统必须处于一个初始的状态，而这个状态必须从设备或软件的某个功能(比如启动一个任务，从外部接受信息等)获取。

(2)测试案例包含的是被测对象的内部状态，有些状态在既有的外部接口上是不可见的，而测试序列包含的是既有外部接口可见的状态，测试序列为测试的执行提供了可靠的基础，满足了黑盒测试的要求。

(3)如果没有对测试序列进行规划，则在测试过程中需要不断地核对测试案例是否都已经执行，是否测到了所有的系统需求，使测试过程非常烦琐，易于出错，严重影响测试效率。

(4)测试序列确保包含每一个测试案例至少一次并且尽量减少重复测试的次数，既能保证测试的可信性又能提高测试的效率。

目前地铁 CBTC 系统测试方法是以测试用例为基础，对每个测试用例进行测试场景的设计。通过执行每个场景来验证测试用例是否通过。需要测试人员逐一对每条测试用例中的场景进行输入和输出测试，根据系统的输入输出表现，判断测试用例是否通过，进而判断需求的正确性。在这种方法中尚未引入测试序列的概念。

(二)测试序列的生成

测试序列的生成采用基于地铁线路条件基础上，结合测试案例分析 CBTC 系统级别下列车可能经过的路线，以及在这些路线上列车基本功能的输入输出。对测试案例库中的所有案例进行分析和归类，将测试案例库串行化。基本原理如图 6-5 所示。

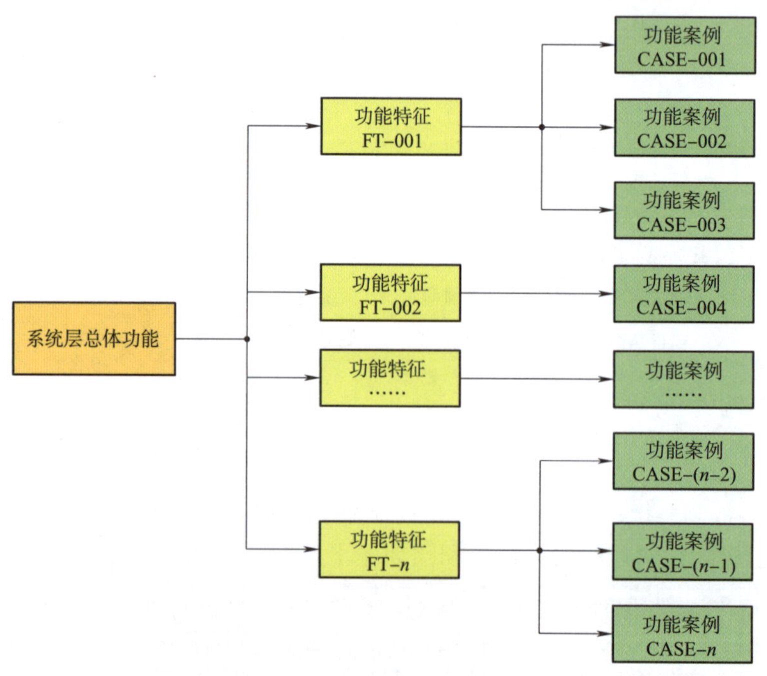

图 6-5　测试案例生成原理框图

首先，需明确测试案例库系列化的目的。测试案例库系列化就是分析现有线路的具体条件，结合测试案例的特点对测试案例进行分类，将测试案例分成若干个类，每个类对应一线路中的一个具体位置，这个类中包含可以在线路中此位置执行的所有案例。这样就将这个完备的测试案例库中的所有测试案例分成若干个案例序列。生成后的案例与案例序列的对应矩阵见表 6-4。

表 6-4　测试案例与测试序列(1)

案例类 / 案例号	Case C1	Case C2	Case C3	Case C4	Case C5	…	Case Cn
Case 001	√						
Case 002	√						
Case 003	√						
Case 004		√					
Case 005		√					
Case 006		√					
Case 007			√				
Case 008			√				
Case 009			√				
Case 010				√			
Case 011				√			
Case 012				√			
…					√	√	
Case m							√
…							√
Case n							√

综上，即完成了对所有测试案例的归类。由表 6-4 可以看出所有的测试案例均已完成归类，且做到了案例类覆盖测试案例库中所有案例的总和。

第二，在完成测试案例库串行化的基础上，对列车实际运行交路进行分析，图 6-6 中标注了不同 Case 的具体位置，而不同的 Case 中包含不同的测试案例类，故明确这些 Case 的具体位置后，可以根据待测试案例进行列车运行交路的选择。

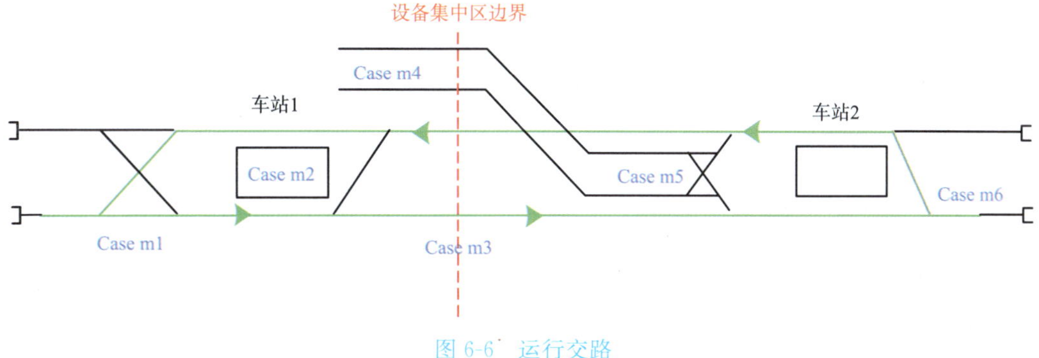

图 6-6　运行交路

第三，以列车运行交路为载体，测试案例为节点，将运行交路抽象成图的描述形式，使用图论中的常用搜索算法根据待测试案例所在案例类中的特点，进行搜索，通过多次迭代生成一个完整的测试序列库及测试案例(Case)与测试序列(Test Sequence)的对应关系矩阵。

按照上述方法生成的测试案例与测试序列对应矩阵见表 6-5。

表 6-5　测试案例与测试序列(2)

序列号 案例号	TS-1	TS-2	TS-3	TS-4	TS-5	TS-6	…	TS-n
Case 001	1	1	0	1	0	1	…	0
Case 002	0	1	1	1	0	0	…	1
Case 003	1	0	1	0	1	1	…	1
Case 004	1	1	0	1	1	0	…	0
Case 005	1	0	0	0	1	0	…	1
Case 006	0	1	0	1	0	1	…	0
Case 007	0	0	1	0	0	1	…	1
…	…	…	…	…	…	…	…	…
Case n	0	1	0	1	0	0	…	1

表格中，标注“1”表示该案例在所对应的测试序列中被执行，标注为“0”标志该案例在所对应的测试序列中未被执行。从上述表格可以看出，同一个测试案例可以在不同的测试序列中被执行，同一个测试序列中可以包含多个不同的测试案例，想要测试某些测试案例只需要测试人员执行包含这个案例的测试序列即可。

测试序列方法主要依据现有的运行交路为基础，在交路的相应位置上选取待测试的测试案例，以覆盖系统需求为原则生成一套完整的测试序列库，从而保证执行测试序列库覆盖测试案例库，测试案例库覆盖全部系统需求。测试人员通过执行相应的测试序列，可以完成对测试案例的验证，进而完成对系统需求的验证。

第三节　CBTC 系统现场测试验证

CBTC 系统现场测试，亦称现场确认测试，或现场动态调试和试验，其主要目的是测试和验证系统相关设备的安装、调试正确，各设备(子系统)的功能正确，系统间接口通信正常，数据传输正确，线路工程数据和设备工程化配置数据的一致，确保各系统的功能和总体性能满足工程设计和运营要求。

一、现场验证大纲

现场调试测试阶段如图 6-7 所示。

1. 单体调试

单体测试是在设备安装验收完成之后进行的设备单体功能验证。保证各个单体设备在没有负载时能够正常工作，确保下一步系统联调能够顺利进行。

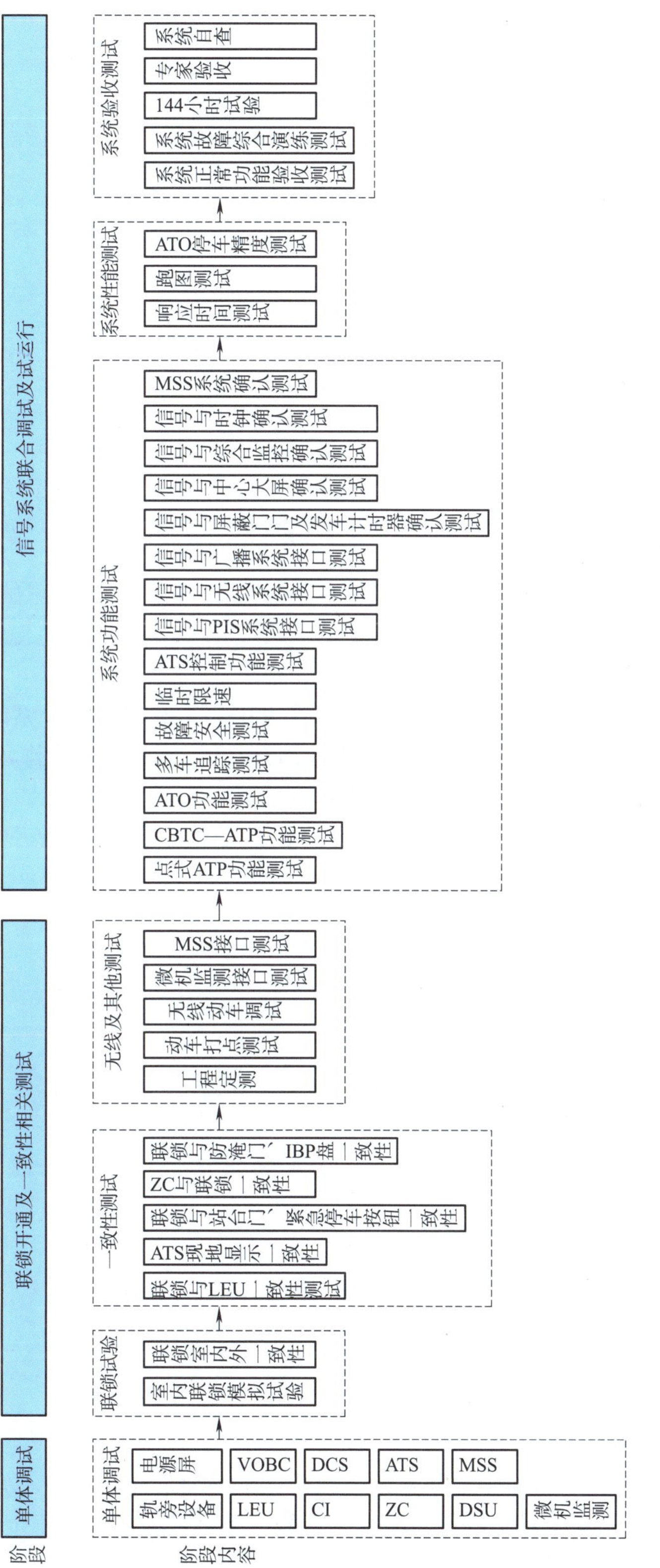

图 6-7　现场调试测试阶段

单体调试内容如下。

◆ 电源屏调试;

◆ 轨旁设备调试;

◆ LEU 调试;

◆ VOBC 子系统调试;

◆ CI 子系统调试;

◆ ZC 子系统调试;

◆ DSU 子系统调试;

◆ DCS 子系统调试;

◆ ATS 子系统调试;

◆ MSS 子系统调试;

◆ 微机监测子系统调试;

◆ 其他必要的试验。

2. 一致性测试

信号系统的一致性测试主要包括联锁试验、一致性测试、无线及其他测试三类 ATS 子系统、ATP 子系统、DCS 子系统、应答器子系统、联锁子系统、ATO 子系统、电源设备的一致性调试及其与其他子系统的一致性调试。

信号系统与各系统一致性测试试验指轨道交通的几个关键相关专业系统同时工作在一起,通过单列或少量列车运行,证明几大系统有机地结合在一起,有效地工作,能满足各项指标及技术参数要求,包括与其他系统接口的稳定性指标。

一致性测试在子系统调试合格后进行。以信号系统为核心,以 ATP/ATO 控车模式组织列车运行。

一致性测试将包括但不限于下列内容:

◆ 室内联锁模拟试验;

◆ 联锁室内外一致性;

◆ 联锁与 LEU 一致性测试;

◆ ATS 现地显示一致性;

◆ 联锁与站台门、紧急停车按钮一致性;

◆ ZC 与联锁一致性;

◆ 联锁与防淹门、IBP 盘一致性;

◆ 工程定测;

◆ 动车打点测试;

◆ 无线动车调试;

◆ 微机监测接口测试;

◆ MSS 接口测试。

3. 信号系统联调测试及试运行

信号系统联调的目的是检验整个信号系统全部功能是否满足设计要求,包括信号系统自身功能的完整性,以及检验与相关系统设备间的配合功能。信号系统联调主要包括系统功能测试(ATS 子系统、ATP/ATO 子系统、MSS 子系统)、CBTC 系统性能测试、CBTC 系统验收测试等。

联调测试将在单机调试及子系统一致性测试合格后进行，需要 2 列车参与测试。列车按照最小设计追踪间隔，以 ATP/ATO 系统控车模式组织列车运行。主要测试系统对列车的控制能力，达到功能规格书的要求。当列车经试车线上进行动态调测合格后，进行信号系统联调。

信号系统联调将在单机调试及子系统调试合格后进行。以 ATC 信号系统为核心，以 ATP/ATO 系统控车模式组织列车运行。

经过信号系统联调，证明本系统与相关系统具备整体协调工作能力、满足系统功能要求之后，按要求需要进行正常和故障的综合演练、144 h 试验、专家验收、系统自查，考核系统的总体综合功能是否满足规定的要求。

信号系统联合调试及试运行包括但不限于下列内容：

◆ 点式 ATP 功能测试；
◆ CBTC-ATP 功能测试；
◆ ATO 功能测试；
◆ 多车追踪测试；
◆ 故障安全测试；
◆ 临时限速测试；
◆ ATS 控制功能测试；
◆ 信号与 PIS、无线系统、广播系统、屏蔽门及发车指示器、中心大屏、综合监控、时钟确认测试；
◆ MSS 系统功能测试；
◆ 响应时间测试；
◆ 跑图测试；
◆ ATO 停车精度测试；
◆ 系统正常功能验收测试；
◆ 系统故障综合演练测试；
◆ 144 h 试验；
◆ 专家验收；
◆ 系统自查。

二、典型测试大纲示例

通过系统功能需求，可编制测试大纲，下面编写几例典型用例，并通过这些用例形成典型的测试序列，见表 6-6 至表 6-10。

表 6-6　测试用例 1

名　称	内　容
1. 标识	TEST 1-1
	列车轮径校正
	列车设置与实际轮径值一致的轮径值（或在误差校正范围内），列车通过轮径校正应答器后，系统可以进行轮径校正，无相应故障提示
	列车轮径校正
	V1.0
	Kevin

续上表

名　　称	内　　　容
2. 测试方法	设置列车与实际轮径值一致,驾驶列车低速(10～20 km/h)经过轮径校正应答器
	列车在段内,停在轮径校正应答器前
3. 初始条件	列车最高预设模式 BLOC-CM,列车当前模式＝RM 模式,列车初始轮径值＝845 mm
4. 测试案例通过标准	设置列车的轮径值＝845 mm
	司机驾驶列车低速稳速通过 2 个轮径校正应答器
	列车不实施紧急制动
	MMI 上未提示“校轮失败”故障
5. 最终状态	MMI 上未提示“校轮失败”故障,校轮成功,列车定位,列车最高预设模式 BLOC-CM,列车当前模式＝RM 模式

表 6-7　测试用例 2

名　　称	内　　　容
1. 标识	TEST 1-2
	列车出段
	检查列车是否能在出段时由 RM 模式升级为 BLOC-CM 模式(点式-编码人工驾驶模式)。 出段信号机开放,列车经过出段信号机前的可变应答器(需完成定位)。查看列车是否成功升级为点式
	列车出段
	V1.0
	Kevin
2. 测试方法	驾驶列车经过开放的出段信号机前的可变应答器
	列车在段内,停在出段信号机前
3. 初始条件	列车最高预设模式 BLOC-CM,列车当前模式＝RM 模式,列车已定位
4. 测试案例通过标准	办理进路开放出段信号机
	司机驾驶列车向前行驶经过可变应答器
	车载 MMI 上显示列车当前驾驶模式由 RM IXL 模式升级为 CM ITC 模式
5. 最终状态	列车最高预设模式 BLOC-CM,列车当前模式＝CM ITC 模式

表 6-8　测试用例 3

名　　称	内　　　容
1. 标识	TEST 1-3
	站台扣车
	CM ITC 模式列车在站台(包含转换轨小站台)运营停车后,ATS 发送扣车命令,出站信号机关闭,列车无法出站
	站台扣车
	V1.0
	Kevin

续上表

名　　称	内　　　　容
2. 测试方法	CM ITC 模式列车停稳在站台(包含转换轨小站台),ATS 发送扣车命令,出站信号机关闭
	列车在站内(包含转换轨),停稳在站台信号机前
3. 初始条件	列车最高预设模式 ITC-CM,列车当前模式=CM ITC 模式
4. 测试案例通过标准	操作 ATS 发送扣车命令
	出站信号机关闭。 含有发车指示器的车站,发车表示器 TDT 显示扣车标志“H”。 列车 MMI 显示推荐速度为 0。 车站扣车成功,站场界面上站台旁显示“H”,扣车图标闪烁
	司机操作牵引/制动手柄给列车加速
	列车不能移动。 列车 MMI 显示推荐速度仍为 0
	车辆段 ATS 发出“取消扣车”命令
	出站信号机开放。 含有发车指示器的车站,发车表示器 TDT 取消显示扣车标志“H”。 列车获得继续向前运行的 MA。 MMI 显示紧急制动触发速度和推荐速度上升
	司机操作牵引/制动手柄给列车加速
	列车正常驶离站台,无紧急制动
5. 最终状态	列车最高预设模式 ITC-CM,列车当前模式=CM ITC 模式,正常行驶在区间,无紧急

表 6-9　测试用例 4

名　　称	内　　　　容
1. 标识	TEST 1-4
	CM ITC 模式列车自动折返
	检查列车在 CM ITC 模式下,有人监督的自动折返功能是否正常
	列车自动折返
	V1.0
	Kevin
2. 测试方法	列车在 ITC-CM 模式下,司机按照推荐速度驾驶列车运行,在停车窗内停车。车载 MMI 显示列车已停准在停车窗中,提示折返图标闪烁。驾驶台上自动折返按钮闪烁。司机通过按自动折返按钮来确认进行折返。车载 MMI 显示黄色折返图标;列车实施紧急制动;驾驶台上自动折返按钮常亮。办理反向发车进路后,司机关闭本端驾驶台。车载 MMI 黑屏,本端驾驶台上自动折返按钮熄灭,对端驾驶台上自动折返按钮常亮。司机走到对端驾驶室,开启对端驾驶台。对端驾驶台上自动折返按钮熄灭,列车驾驶模式为 ITC-CM 模式。若换端后的列车未处于环线应答器上,将提示确认前方信号。司机按照推荐速度或在开口确认后的限速下正常行驶列车离开折返点,无紧急制动
	列车前方折返进路
3. 初始条件	列车最高预设模式 ITC-CM,列车当前模式=CM ITC 模式

续上表

名　　称	内　　　　容
4. 测试案例通过标准	办理列车前方折返进路，列车以 ITC-CM 运行至折返停车窗内停车
	车载 MMI 上显示列车已停准在停车窗中。 车载 MMI 上提示折返图标闪烁(绿色)。 驾驶台上自动折返按钮闪烁
	司机通过按自动折返按钮来确认进行折返
	MMI 上显示黄色折返图标。 列车紧急制动。 驾驶台上自动折返按钮常亮
	办理反向发车进路，司机关闭本端驾驶台
	MMI 黑屏。 本端驾驶台上自动折返按钮灯熄灭。 对端驾驶台上自动折返按钮常亮
	司机进入对端驾驶室，开启对端驾驶台
	对端驾驶台上自动折返按钮灯熄灭。 列车保持 ITC-CM 驾驶模式。 若换端后的列车未处于环线上，将提示请确认前方信号(开口确认)
	司机按照推荐速或在开口确认后的限速下行驶列车离开折返点
	列车正常驶离折返点无紧急制动
5. 最终状态	列车最高预设模式 ITC-CM，列车当前模式＝CM ITC 模式，正常行驶在区间，无紧急

表 6-10　测试用例 5

名　　称	内　　　　容
1. 标识	TEST 1-5
	CM ITC 模式列车回段
	检查列车是否在回库前可不停车由 AM ITC 或 CM ITC 模式降级为 RM 模式
	列车回段
	V1.0
	Kevin
2. 测试方法	列车在 AM 或 CM 驾驶模式下，离开正线，进入转换轨，检查车载 MMI 是否提示“请确认回段”，并显示进段图标。列车不停车，司机点击“确认”按钮后，检查车载 MMI 是否显示列车当前的驾驶模式为 RM 模式
	列车即将回段
3. 初始条件	列车最高预设模式 ITC-CM，列车当前模式＝CM ITC 模式
4. 测试案例通过标准	列车以 ITC-CM 或 ITC-AM 模式离开正线进入转换轨
	列车在进段信号机前持续提示回段，并将列车速度控制在 25 km/h 以下时，车载 MMI 上提示“请确认回段”并显示列车即将进入车辆段图标(注意列车即将进入车辆段、列车即将进入列检库图标不同)
	在列车未停稳的时候司机点击确认按钮
	列车成功由 ITC-AM 或 ITC-CM 模式降级为 RM 模式，未发生紧急制动
5. 最终状态	列车回段在段内以 RM 模式行驶

根据本章第二节所述的测试序列生产方法以及典型需求可以编制测试序列生成方法，见表6-11。

表6-11 测试序列生成方法

用例名称	序列1	序列2	序列3	序列4	序列5
列车轮径校正	√				
列车出段(列车由RM模式升级为ITC-CM模式)	√				
点式下线路限速检查		√			
列车正线升级(列车由RM模式升级为ITC-CM模式)			√		
列车正线RM、ITC-CM、ITC-AM模式间转换			√		
列车由ITC-AM/ITC-CM/RM模式转换为EUM模式			√		
点式下列车在办理一条进路下运行	√				
接近区段的符合性检查(联锁测试)	√				
列车回段(列车由ITC-AM或ITC-CM降级为RM模式)	√				
站台区域的停车窗测试		√			
非站台区域的停车窗测试		√			
填充应答器复示信号机状态的功能检测		√			
RM模式下列车退行速度监督功能测试					√
RM模式下列车退行距离防护功能测试					√
RM模式下列车速度监督功能测试					√
CM模式下列车退行速度监督功能测试					√
CM模式下列车退行距离防护功能测试					√
CM模式列车速度监督功能测试					√
区间开口信号机处开口功能提示				√	
点式下开口速度的超速防护测试				√	
ITC级别下的授权驶离站台		√			
车门关闭且锁闭监控测试		√			
允许开门提示测试		√			
车门与安全门测试		√			
A/A、A/M、M/M门控模式测试		√			
列车非零速和零速状态下开门				√	
CM模式下自动折返功能测试	√				
扣车功能测试(ATS测试)	√				
站台紧急关闭功能测试	√				
RM列车完整性丢失				√	
点式列车完整性丢失				√	
应答器丢失测试				√	
目标距离小于设定值时不能由ITC-CM模式转换为ITC-AM模式			√		

续上表

用例名称	序列 1	序列 2	序列 3	序列 4	序列 5
按下 ATO 按钮 1 或 2 转换为 ITC-AM 模式			√		
满足离站启动条件时的启动功能		√			
填充应答器显示允许信息时的 ATO 控车		√			
列车在设定停车点停车		√			
自动开启自动关闭车门功能		√			
自动开启人工关闭车门功能		√			
人工开启人工关闭车门功能		√			
ATO 有人监督自动折返		√			
AM 模式下区间开口模式运行				√	
AM 站台开口模式运行				√	

小　　结

CBTC 系统作为直接关系到行车安全的系统，必须符合“故障一安全”的原则。它是一种安全苛求系统，为了保证系统的安全性，整个系统需通过严苛的安全认证方可上线。测试是保证系统质量的重要一环，在安全认证的过程中扮演着重要角色。通过上述测试阶段和测试内容，可以很好地对系统功能进行验证，保证系统安全、可靠地投入运营。

CBTC 系统的测试包含内容多且比较复杂，随着 CBTC 技术的发展和广泛应用，必然会暴露出一些测试未曾发现的问题，对测试人员提出更高的要求，需要不断完善测试方法，使测试能够为设备安全、可靠运行提供保障。

第七章　CBTC 系统运营保障体系

运营服务作为地铁最大的服务载体，任何故障都可能引发媒体和民众的高度关注，对运营造成巨大的社会压力，甚至对城市的整体形象造成不良影响。随着地铁线路开通运营高峰期的到来，运营保障工作压力显得尤为突出。

众所周知，地铁是城市公共交通系统中投资最多、技术最为复杂的交通基础设施，关乎着城市的发展步伐。因此轨道交通线路一旦建成，就必须保持整个系统夜以继日地正常运营，然而地铁系统的高效及安全运营是靠一套复杂及庞大的软/硬件系统进行支撑实现的，但设备故障总是不可避免的，如何让设备少发生故障，或在发生故障后能够快速得到修复是地铁运营保障的主要工作内容，这些目标也是目前各城市地铁运营单位的迫切需要。所以，高效、先进的运营保障体系，将是既有轨道交通系统得以常年安全运营的重要保障。

第一节　传统信号系统维保体系

一、维保体系内容

（一）预防性维修

预防性维修计划一般是基于动作次数间隔的维修计划和基于时间间隔的维修计划。其中基于时间预防性维修生成下一次维修计划是以时间间隔作为条件的。在地铁中大多数的设备都是采用基于时间的预防性维修。

国内城市轨道交通信号系统的一般预防性维修修程大致可划分为以下几种：日常保养、二级保养、小修、中修和大修。

1. 日常保养

日常保养是指日巡检和周巡检的任务，一般只是进行设备运行的访问了解、设备现象的观察、设备表面的清洁、报警监测信息的调看、设备房屋卫生打扫等工作，也就是说只检不修，对于发现的问题及时汇报后，根据程度采取相应的措施，原则上不影响使用的设备问题放在停运后进行处理。日常保养的具体内容由各运营公司自己规定，不同设备有不同的保养内容和周期。

2. 二级保养

二级保养是指完成从半月检到半年检各阶段的检修任务。不同设备有不同的检修周期和检修任务，一般制定设备检修规程作为标准。因此维保人员必须严格按照设备检修规程规定的周期和内容认真完成检修工作，原则上每次检修后设备安全运营必须保证至下个检修周期之前，否则视为设备“失修”，作为安全考核的依据。因此二级保养是设备维保的最重要环节，直接决定着设备运营的安全性。二级保养一般包含半月检、月检、季检和半年检，并不是每项设备必须完成这四个修程,而是不同的设备,根据设备性能、使用频率、外部环境等因素综合考虑而定。

3. 小修

小修是指完成的年检任务。小修除要完成二级保养的所有检修内容外,还要对设备进行全面的整修,对于设备内部日常检修难以完成的工作或日常难以测试的内容做一次全面的检修和测试,可以理解为小修是对二级保养的补强。同二级保养一样,小修是设备维保的重要环节。

4. 中修

中修是对设备的进一步补强与加固,是对部分配件、单项设备由于长期运行出现的磨损、疲劳进行一次彻底的整治,多为对配件、单项设备的更换。中修的周期一般为 2～10 年不等,不同设备根据性能、使用频度,外部环境等有不同的中修周期,具体运营公司要根据实际在设备检修规程中制定出标准。

5. 大修

大修是设备寿命到期后的一次彻底换新。大修的周期根据不同设备的使用寿命一般为 15～25 年不等,不同的设备大修周期不同,可参考厂家提供的使用寿命来进行。

(二)纠正性维修

纠正性维修是指对已发生故障设备的维修,使之达到预期功能的维修方式,属于一种补救性维修措施。由设备使用方(一般指司机、调度、值班员等角色)电话通知维护人员设备使用过程中的异常情况,并开具"报修单",维修人员处理完毕后填写"报修单"并反馈给使用部门。

(三)工单管理

工单以维修的工作性质为根据可以分为非维修工单、故障维修工单以及预防性维修工单。系统会自动根据设备预防性维修计划为根据自动生成预防性维修工单。在设备出现故障时,相关的工作人员以故障的具体情况为根据手工输入的就是故障维修工单。在进行工单录入工作时,发生的故障如果有标准维修时,就要将对应的标准工作选择出来,对标准工作中定义的物料需求、人工需求以及工作步骤等信息进行自动的引入,在生成工单以后,计划员可以对有关的维修人员进行故障处理或设备检修工作的分配。在完成故障处理和检修以后,在工单当中录入相关的信息,如维修步骤、故障信息、消耗物料以及维修花费人工工时等,以便于报表分析使用。

工单的信息主要包括:实施物料消耗、实施人工、处理步骤、工作任务、委外承包商、实际开始和完成时间等。在工单中对不同的工单状态进行定义,利用改变的状态,从而促进工单管理简单工作流程的实现。同时,为了实现与财务系统的接口,将财务会计科目信息增加在工单当中,从而更有利于向财务系统传递维修成本。

(四)预算管理

预算在地铁运营管理当中是非常关键的工作,而运营预算中的重中之重就是维修预算。维修预算如果做到较为准确,可以为维修工作提供非常强大的人力和资金支持,推动维修工作可以以原定计划为根据不断地执行下去。

维修预算在设备维修管理系统中可以分为基于经验的预算、基于故障维修的预算以及基于维修计划的预算等。

在设备标准工作和维修计划中基于维修计划的运算对物料需求和人力需求进行了详细的定义。可以以设备维修计划为依据将未来五年以内的物料需求和人力需求计算出来。基于故障维修预算在计算维修预算时可以以设备历史故障维修记录来进行，因为设备故障发生的几率是不同的，所以需要让地铁运营企业对几年以内的故障维修记录进行指定参考，同时将不同的权重制定出来，再对每年的故障维修成本统计出来，与权重相乘就可以将故障维修预算得出来。当然，上面所说的两种预算不可能包括所有的预算，因此，地铁运营企业还可以将以往的经验作为依据将估算出的预算输入进去。在最后，进行汇总从而形成年度预算，同时允许用户调整生成的运算。

（五）资产管理

将设备向运营部门移交以后，需要将设备的相关信息录入，从而形成设备台账，这样有利于安排和管理维修工作。其中设备台账主要包括的信息有：预计寿命、保修期、安装日期、固定资产编号、维修工作组、位置、设备分类、状态、设备名称以及设备编号等。

连接性设备是轨道交通行业中的一种比较特殊的设备，要想对这类设备进行标识必须要利用位置对其终止位置和起始位置进行定义。可以从设备台账当中将该设备的委外维修合同、历史维修成本、维修计划以及历史维修记录等信息查询出来。设备还具有可以移动的特点，如从一个车站将一台自动增值机移动到另外一个车站。在报废设备以后，同时还要将设备的状态改作“报废”，设备如果处于“报废状态下”就不会再生成维修工单和维修计划。在设备进行登记的时候，由于要和财务系统接口，就可以在对应设备中录入财务系统中的固定资产编号。

（六）统　　计

以工单信息、维修计划以及设备台账为根据，系统能够将设备故障率、外包维修工作有效性分析、预算差异分析、维修实际费用、定期检修遵守制度分析以及维修成本分析等各类报表做出来，以便于管理维修人员的改进、维修以及分析工作。

（七）维保模式

一般国内各地地铁运营单位，信号系统的维护保养主要有三种模式，即自主维保、委外维保和联合维保。

1. 自主维保模式

自主维保模式是指设备维保工作完全由运营公司独立自主完成的一种维保模式。但是由于核心系统的核心技术不尽掌握，因此必须依赖于供货商的技术支持，因此目前国内地铁就信号系统而言完全独立自主而不依赖于供货商支持的维保较难实现。一般而言，部分子系统能完全实现独立维保，而核心系统仍然需要供货商的技术支持。所以这就衍生出两种，即完全独立自主维保模式和供货商技术支持下的自主维保模式。

(1)运营公司完全独立自主维保模式

目前在城市轨道交通信号系统中，能够达到完全独立维保的信号子系统主要包括车辆段信号系统、轨旁子系统（如信号机、道岔转辙设备）、部分联锁子系统、DCS 子系统和电源设备、局部继电设备。

这些设备运营公司人员相对比较熟悉，同时也能独立处理设备故障，运营安全相对能够保障，同时也不必支付大量的维保费用。前提是必须具备较高水平的维护人员，有一定的技术能力。

(2)供货商技术支持下的自主维保模式

在国内城市轨道交通信号系统中,核心设备仍然是引进国外设备为主,如车载系统等。这种维保模式借助于供货商的技术支持,但这种模式存在较大的缺点就是因为核心设备多为引进国外设备,国外供货商是不可能现场提供技术指导,一般通过国内的代理商(或集成商)进行技术指导,由于技术保密而国内集成商也存在对核心技术的掌握深度不够,造成一些技术难题需由集成商收集故障数据,而后发至国外供货商进行分析,造成信息交流缓慢,故障处理不及时。

2. 委外维保模式

委外维保模式根据责权利划分可分为委外单位全权负责的维保模式和运营公司提供维保环境,委外单位承包维保业务的维保模式。

(1)委外单位全权负责的维保模式

此种维保模式是由委外单位与运营公司签订合同,由委外单位全权负责信号系统设备的维护、保养以及应急故障的处理,委外所需的人员、材料、技术均由委外单位提供,关于运营场地、设备的使用均需要在合同中详细界定,对于运营中的安全效益目标、安全风险必须详细规定。

由于委外单位多为比较有经验的单位,其人员、材料及技术力量均能满足信号系统维保的需求,而且由于责任划分比较明确,安全性也比较高,同时为地铁减少了人力资源。但是委外单位承担了较大的运营安全风险,因此也必须付给较为昂贵的费用。此外,运营公司完全依赖于委外单位,所承担的运营压力较大,容易造成维保垄断现象,不利于自身人员的培养。

(2)运营公司提供维保环境,委外单位承包维保业务的维保模式

此种维保模式由运营公司提供维保用的设备、场地、能源及主要物资,委外单位提供人员、技术及一般材料,维保业务由委外单位完成,运营公司负责维保质量、安全效益目标的验收。这种维保模式对双方的责权利需在合同中明确、详细规定。

3. 联合维保模式

联合维保模式是由运营公司和委外单位共同完成设备维保的模式,这种模式可以根据运营公司人员状况,合理搭配维保人员,有效利用现有人力资源。因此根据运营人员状况,可分为两种模式:运营公司完成日常保养,委外单位完成定期检修;运营公司完成日常保养,委外单位和运营公司共同完成定期检修。

(1)运营公司完成日常保养,委外单位完成定期检修

此种模式受限于运营公司人力资源的短缺,将相对比较简单的日常保养工作交由运营公司自己完成,而把技术含量稍高、检修程序复杂的定期检修交由委外单位完成。这样能够合理地利用人力资源,但是同样由于双方对于“责权利”细节会存在分歧,推诿扯皮现象时有发生,安全风险较大。因此在合同中对安全效益目标、应急处理等须有详尽的规定。

(2)运营公司完成日常保养,委外单位和运营公司共同完成定期检修

此种模式也是在运营公司有限的人力资源下,兼顾自身人员培养的任务,将相对简单的日常保养工作由运营公司自身完成,而把技术含量稍高、检修程序复杂的定期检修由运营和委外单位人员共同完成。这种模式能够减少委外人员,降低成本支出,同时也能培养运营人员,不

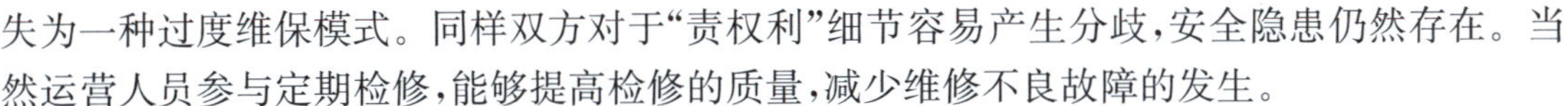

失为一种过度维保模式。同样双方对于“责权利”细节容易产生分歧，安全隐患仍然存在。当然运营人员参与定期检修，能够提高检修的质量，减少维修不良故障的发生。

二、体系依托手段

上述信号系统维保体系（图 7-1）是基于传统信号系统制式（轨道电路）而制订运行的，为了支撑维保体系的实施，信号供货商提供 MSS（维护支持系统）与之适应，一定程度上支撑了体系的开展，但随着轨道交通的大规模建设，对信号系统的维保体系提出更高的要求，传统的 MSS（维护支持系统）渐渐无法匹配新环境的管理需求，主要在以下方面不适应。

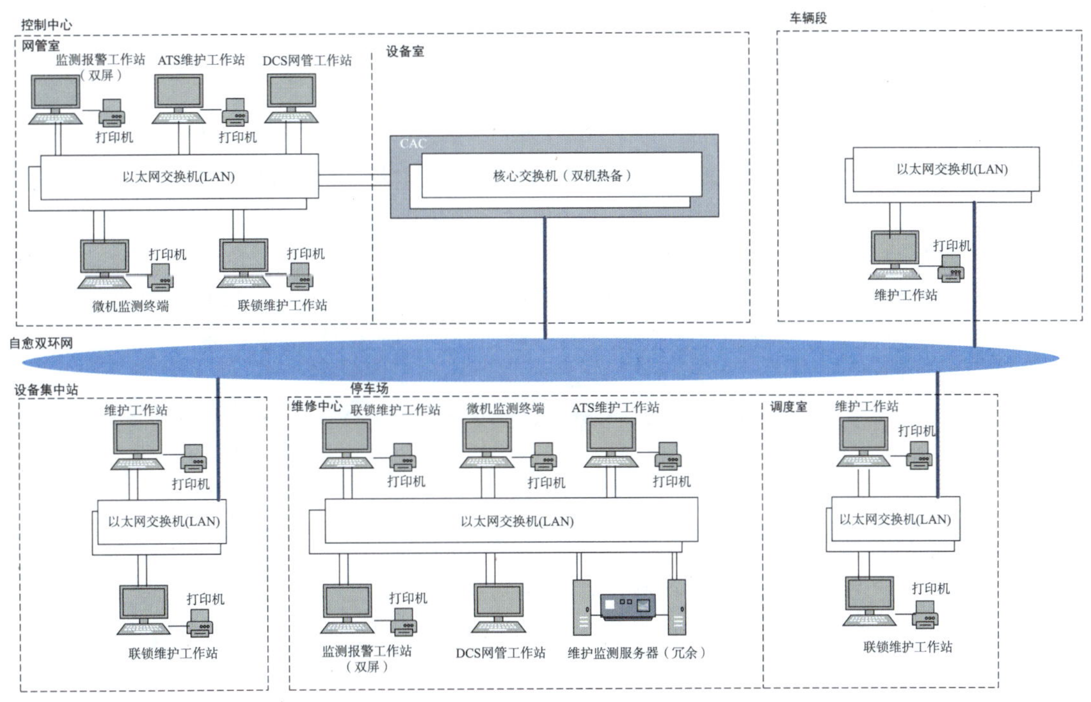

图 7-1　信号系统维保体系

1. 不同线路信号维护支持方式差异较大，没有统一标准

由于不同信号系统核心设备供应商提供的设备配置存在很大差异，在工程建设之初，用户不可能对信号系统特性有非常深入的了解，难以提出详细而明确的维护需求。随着线路运营时间的增加，用户需求逐渐清晰和完善，但此时对维护方式和维护内容再做出修改已相当困难，且难以实现。因此，不同线路的维护支持存在较大差异性，没有统一的标准，没有清晰的操作界面，可用性较差。

2. 功能分散，不能满足日益增加的维护需求

既有信号维护支持系统一般由 ATS 的系统维护功能、电源屏系统和车辆段/停车场信号微机监测系统组成。这些系统各自形成网络，在实际设备维护和管理时，只能靠人工进行信息的综合、分析和处理。这不仅加大了信号维护人员的工作量，而且当有信号设备故障时，由于信息得不到良好的综合，无法在某些应急抢险中发挥必要的作用。

另外,这类维护系统由多个分散的子系统组成,不仅增加建设成本,同时也为日后的维护管理带来不便。各系统的维护功能存在片面性,只能解决自身系统的故障和问题。但信号系统是由多个子系统组成并相互配合的综合机电系统,很多故障和问题存在着密切的关联性,需要将大量的维护管理信息进行有机的综合处理。而当前系统的维护信息不能共享,得不到有效的综合处理。只能依赖人工进行综合与分析,维护工具的作用和效率不能达到最佳效果。

3. 设备状态信息采集不全、报警信息不够准确

现有信号维护支持系统所采集的监测信息不统一,部分城市轨道交通专用信号设备(计轴、DCS、转辙机等)信息没有采集,城市轨道交通信号系统特有的接口部位没有进行有效的监测(如与屏蔽门的接口、与紧急停车按钮的接口、与出入段场线的接口等)。由于监测信息不全,现有信号维护支持系统只能发挥部分功能,不能为信号设备的维护管理发挥应有作用。

4. 对信息的分析和处理不够

信号维护支持系统正线设备维护对信息的分析处理较为简单,多是反映报警信息。而报警信息产生的原因从维护界面上看不到,需要到相应报警子系统查找和核对。因此,信号维护系统需要加强对数据信息的分析和处理,才能充分发挥数据信息应有的作用,从而为信号维护提供更多、更好的支持。

设备维修维护信息化应用较多,如微机监测系统、集中监控系统及一些故障终端的故障信息显示等,但缺乏数据交换机制及数据资源共享差,产生了所谓的“信息孤岛”,造成数据资源和信息资源的浪费。

对微机监测系统及集中监控系统的监控信息利用率不高,只是监测设备的运行状态,有问题去检查及维修,没有实现利用监测的数据对设备的运行状态分析进而评价设备的状态,指导维修维护。

5. 缺少故障预警功能

故障预警功能可以把信号设备的故障消灭在萌芽之中,防患于未然,减少信号设备故障对行车安全产生的影响。采集大量的信号设备工作参数信息,通过对设备工作参数的长期跟踪,可以监测到设备工作状态的变化趋势,当发现有劣化趋势时,可及时给出预警和维护建议。但现有维护支持系统由于信息不全面、系统方案不统一、采集的数据精度不够等原因,无法实现故障预警功能。

6. 对信号故障处理支持不够

现有信号维护支持系统仅有数据回放功能可对故障处理进行支持,不能为信号设备的工作状态分析和信号设备的故障诊断提供更多的支持和帮助。

7. 缺少对信号维护管理的支持

没有对各维修资源共享与整合,在设备的维修方面没有进行系统规划,致使还应用原有的铁路信号维护规则和维修方法来对城市轨道交通信号设备进行维修维护。现行的维修维护规则及方法的缺陷给信号设备的维修带来了很多问题,如维修过剩、维修不足和维修的盲目性等。信号维护支持系统应能为信号设备的维护和管理提供全方位的支持,而不应仅局限于数据的采集和处理。系统所监测到的设备工作状态信息及智能分析和故障诊断结果,是信号设备维护、维修的重要依据。信号维护支持系统的监测、分析和诊断结果与信号维护管理相结合,才能发挥系统的最佳效果。当前信号维护支持系统尚缺少对信号设备的日常维护和管理

功能支持，如将信号设备的日常维护、维修的管理流程整合到系统中来，可为信号设备维护提供一个平台化的工作空间。

第二节 新技术应用下维保体系的发展趋势

随着 CBTC 系统的作用越来越重要，公众对其诉求越来越高，运营管理难度也越来越大，传统的维保体系已无法满足 CBTC 系统的需要，新型的维保体系要向如下趋势发展。

1. 需要一种自主式的维保体系

由于 CBTC 系统非常复杂，系统故障监测、故障隔离和故障定位以及维护保障变得相当困难，给系统维护人员带来了很大挑战，传统以"故障修为主"的被动式维修模式已不能满足新的维修体系需要。业界一直在强调要向以"状态修为主、故障修为辅"的维修体系发展，也就是一种由"被动式"到"自主式"维修体系的转变，自主式的维保体系目前广泛应用于航空、核电、军工等大型控制系统领域。自主式维保体系是一种能够模拟人的智能维修保障体系，它具有有效的预警和健康管理机制，能准确地预测未来的需求，而且能够自己思考和行动，在决策和调配保障资源时，能获得一致的保障和最佳的协调性，不需要维护人员在每个级别上频繁地决策和调度。

2. 需要一种管控全生命周期的维保体系

产品的全生命周期管理是企业信息化的关键技术之一，实现全生命周期管理，不但可以提升产品的质量，降低产品的故障率，同时也提升了运营的服务质量及效率。而 CBTC 技术下全生命周期管理的维保体系则尤为重要，这种维保体系主要体现在增加通过主动维护的工作，减少故障修的工作。为了达到这种维保的体系要求，就需要通过某种手段达到全生命周期的维保体系要求。这种手段包括 CBTC 技术下的预防性维修管理及资产管理。

预防性维修要对设备的异状早期发现和早期治疗。通过合理地制定 CBTC 技术全生命周期的预防性维修管理计划，达到设备本身少出故障，缩短修理时间、延长使用寿命等目标，有效地完成相对复杂的 CBTC 技术的维护。CBTC 技术下的预防性维修是主要通过对不同设备的不同特点，根据设备的状态、性能等指标进行分析，制定周期性的维护计划及内容，达到设备的维修管理。

资产管理要对 CBTC 系统下的各类设备的最小单元进行跟踪管理，实现对每个最小单元的各类信息进行跟踪及记录。而 CBTC 技术下的全生命周期资产管理则可以对每一类模块的故障情况、维修情况等进行记录，可实现对各类模块的使用情况进行跟踪。由此可分析出产品的故障周期、频繁故障点，依据故障周期不但可以对预防性维护计划进行合理优化，也可对备品资产进行提前准备，减少故障影响。而对频繁故障点进行统计及分析，则可以对产品质量的提升提供依据。

3. 需要一种信息化、自动化、智能化的维保体系

随着计算机技术、网络技术和通信技术的发展和应用，企业对信息化、自动化、智能化的要求也迅速提高。而当前运营单位及相关的单位更加关注信息的及时性、全面性、共享性、准确性，避免出现信息无法及时获得，管理效率低下，资源和资源之间各自为政，难以统一管理和协调等现状。相比之下，CBTC 技术的信息化、自动化、智能化的维保体系则尤为重要，主要体现

在信息的准确及时发布、统计类信息的自动化、便携式维护作业三个方面。

(1)信息的准确及时发布

CBTC技术下的维保体系需要一个准确、及时、全面的信息发布平台。通过此平台公布或发布各类设备的维护情况、故障情况、突发事件等信息,使得各类信息能够及时准确地发布及共享,依据各类信息的级别制定不同的预案及措施,完善运营维护管理的体系。

(2)统计类信息的自动化

通过统计类信息可以计算出各类相关指标,而对于数据的统计,则是一个周期性的、重复性的、繁琐的过程,传统的人工计算方式耗时耗力,且存在错误的情况,所以更需要实现统计信息计算的自动化。CBTC技术下的维保体系具有丰富的数据源,将此信息进行筛选及统计,不但可以获得准确的统计结果,而且可以减少人力成本,实现统计的自动化。

(3)便携式维护作业

因CBTC系统设备的多样化及复杂化,造成对运营维护工作压力的增加,传统的维护方式已经不能满足维护要求,所以对于CBTC技术下的维护作业方式急需优化。而CBTC技术下的维保体系可提供新的维护方式——便携式维护。维护人员通过携带便携式维护终端,对设备进行维护,不但可摆脱纸质类表单的束缚,也可实现各类维护管理工作的高质量、高效率。

4. 需要一种供货商与运营商密切合作的维保体系

供货商与运营商有着密不可分的关系,运营商在对设备维护维修的过程中,会遇到其技术力量不足、设备维修等工作,而此部分工作则需供货商进行解决。而供货商与运营商之间就会产生业务关联及交叉。而为了避免出现两者之间出现沟通及管理的屏障,实现对管理和运营各环节的掌控、调配和协作,就需要一种供货商与运营商密切合作的维保体系。

当运营商产生对供货商的技术支持需求之后,需要将需求信息及时反馈至供货商,同时供货商在接收需求后也需要及时响应并处理需求,形成高效的沟通机制及有效的处理方式,不但可以提升维护质量及效率,也可有效地对运营提供保障。而对于这种高效、高质量的沟通方式,就需要更好的手段完成两者之间的联动。

第三节　基于大数据的综合调度维保系统

基于大数据的综合调度维保技术将从过去简单的故障监测向故障智能诊断、故障分析预测和维修保障决策综合等自主式维保策略发展。该平台是CBTC各个子系统的综合,是软件与硬件的整合,从软件的角度来看,该系统是故障模型、算法和信息处理、信息通信等模块的整合,系统利用这些模块实现故障监测、故障诊断、影响评估、故障预测、剩余寿命预测和维修维护决策等目标功能。基于大数据的综合调度维保系统的最终目标是提高系统故障隔离能力、诊断能力,提高系统维护性、测试性、安全性和可靠性,提高维护效率、降低生命周期内的成本。

一、系统原理

基于大数据的综合调度维保系统是以信号维护支持系统(MSS)为信息基础,将各个子系统的系统运行数据、设备运行数据、故障报警信息等内容进行采集、存储、分析,最终形成设备健康评估、设备寿命预测、故障智能诊断、决策辅助支持等应用内容;并将该应用信息采用"互联网＋、大数据挖掘”等方法，结合新形势下维保需求及与现有管理流程，最终实现状态集中监测、精细化的综合管理应用、智能化的维修结论等目标。系统采用开源平台设计思路，用户可充分参与系统搭建，根据需求自行调整应用方式，让系统真正为用户所用，最终达到提高维修效率、降低维修成本的管控目标。

二、系统组成

根据 CBTC 系统的特点及现有信息基础，基于大数据的综合调度维保系统由 4 个层级组成，分别为数据采集层、存储处理层、数据分析、应用管理层。其系统组成结构如图 7-2 所示。

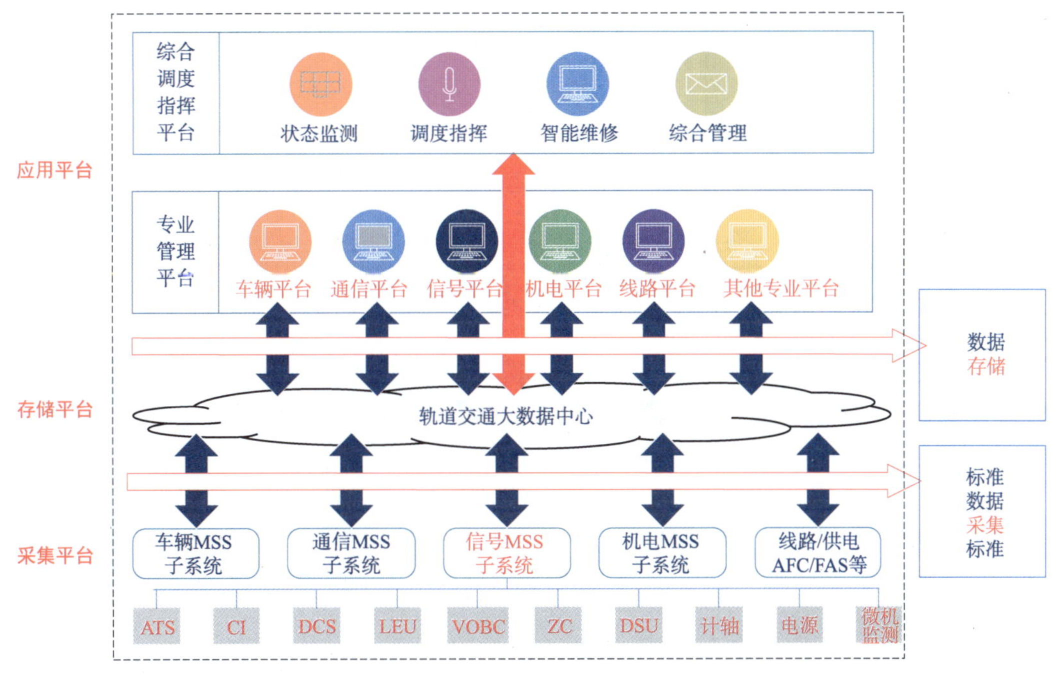

图 7-2　基于大数据的综合调度维保系统组成结构

(一)数据采集平台

数据采集平台利用 MSS 与信号系统 10 个子系统间的数据通道(一般指信号系统维护网)进行初始数据采集，然后将数据通过专用网络通道送至数据存储层(一般部署在信号网络范围外)。

为保证数据采集质量，采用有效的数据采集方法、数据精确性和一致性方面的错误校验和纠错、数据完整性方面的缺失值估计、数据的时效性检测、数据的真实性验证等。为保证网络信息安全，在两张数据网络之间加装防火墙或网闸等网络安全硬件设备进行防护，以确保数据为单向流转。

数据采集层示意如图 7-3 所示。

根据管理应用的需要，一般采集的信息包括但不限于：系统运行数据、设备状态数据、故障报警数据等。

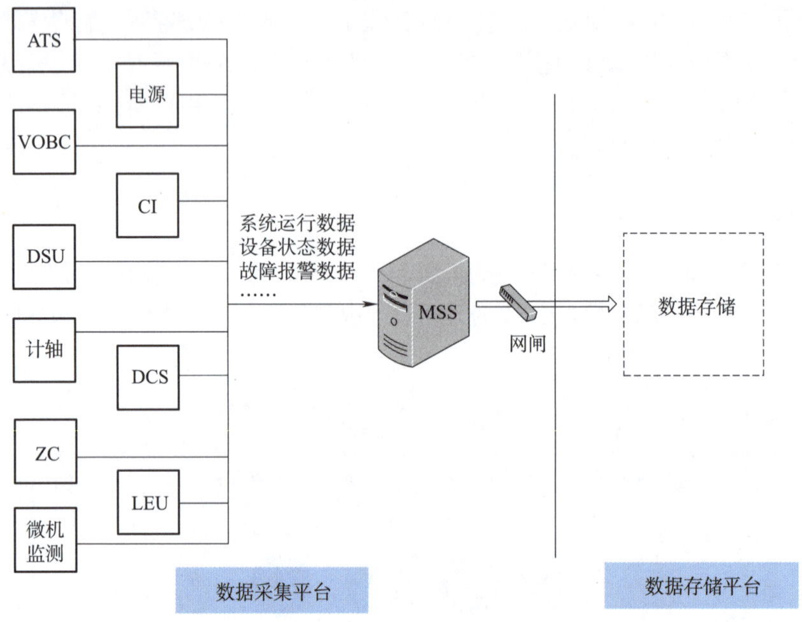

图 7-3　数据采集层示意

(二)数据存储平台

传统的信号系统数据信息为各设备单机存储,且存储地点、存储时间与存储容量有特定的限制,数据信息只在发生故障需要分析数据时进行下载使用,其余情况下数据信息被不断地覆盖与丢弃。因此这种数据信息现状十分不利于信号系统的大数据分析与应用工作开展。

数据存储平台,满足信号系统各设备数据信息的集中、长期、大容量的存储需要。对数据采集层传送的数据进行存储与预处理,以便给数据分析层提供高质量的数据,使数据挖掘分析的过程更加有效、容易、精确。

通过两个标准:①数据采集标准—入口标准,②数据调用标准—出口标准,实现平台的开源化设计,可为后期平台其他数据源接入、新增应用平台提高标准化接口。

数据存储平台示意如图 7-4 所示。

图 7-4　数据存储平台示意

(三)应用平台

应用平台为系统应用层,包含大数据分析、维修管理等需要维修人员人机交互操作内容。综合应用层依据轨道交通信号系统维护管理模式,一般分三级部署,即区域级、线路级、中心级。

区域级管辖范围:管辖本区域范围内的设备维护工作,区域一般划分原则:控制中心工区、车辆段工区、车载设备工区、正线设备工区等。

线路级管辖范围：管理本线路范围内的设备维护工作，综合调度及管理本线路内维护维修资源等。

中心级管辖范围：管理多线路的设备维护工作，综合监测多线路的设备运行状态，调动线路间的维护维修资源，指导各线路维护维修抢险工作等。

应用平台部署层级示意如图7-5所示。

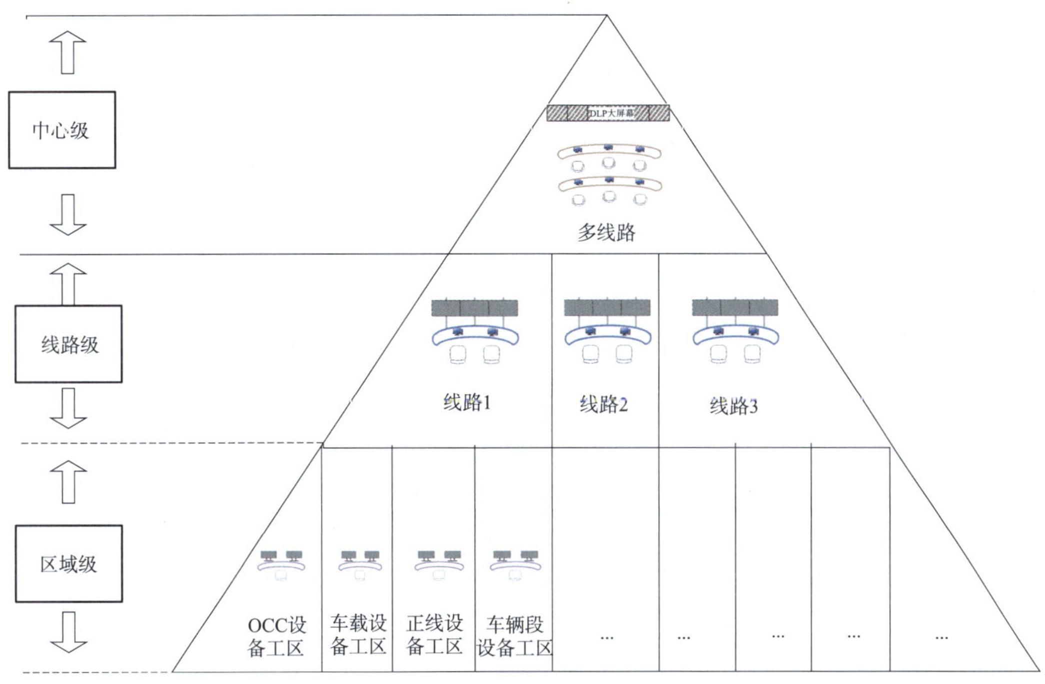

图7-5　应用平台部署层级示意

三、系统功能

结合新技术及新形势下维保体系的发展趋势，基于大数据的综合调度维保系统应具备以下功能。

（一）集中监测功能

集中监测功能根据不同管辖区域呈现不同监测对象，所监测的信息包含：列车运行情况、设备工作情况、健康评估信息等。对子系统、模块的状态进行实时监测，此外也对设备运行环境（如机房温湿度）进行检测和报告。集中监测的关键输入包括“数据采集层”的设备状态信息以及来自“数据分析层健康评估模块”的健康评估报告信息。

集中监测功能示意如图7-6所示。

设备状态信息主要用于站场、机房、机柜、模块等设备工作状态界面拓扑呈现，以便直接还原设备的现场实际情况。

健康评估功能是一种自主式维保的先进技术，其持续融合多源数据信息，诊断并报告各设备单元的健康状态，设备在使用过程中可分为三种状态：正常状态、健康退化状态和故障（失效）状态。经健康评估，可在设备运行中检测或测量设备性能与健康退化的状态指标，就可以有针对性地组织设备维修，防止设备异常失效的发生。

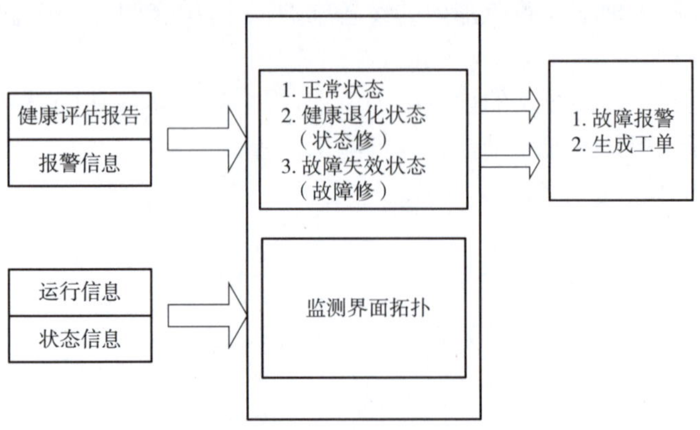

图 7-6　集中监测功能示意

(二)信息发布功能

信息发布功能是传统短信群发功能的升级功能，采用互联网通道及终端（如手机APP）实现定时、定向、订阅的信息发布形式，满足及时、精准、形象的信息使用需求。

轨道交通信息需求方分为 4 个群体及信息需求，具体如下。

(1)政府监管部门：信息需求目的是为政府机构对运营商进行监控、管理、评价、指挥、应急处置、决策提供依据，其主要需求信息如：重大危及行车安全的事故信息、兑现率、正点率、故障率等定期统计信息。

5 min 以上延误信息如图 7-7 所示。

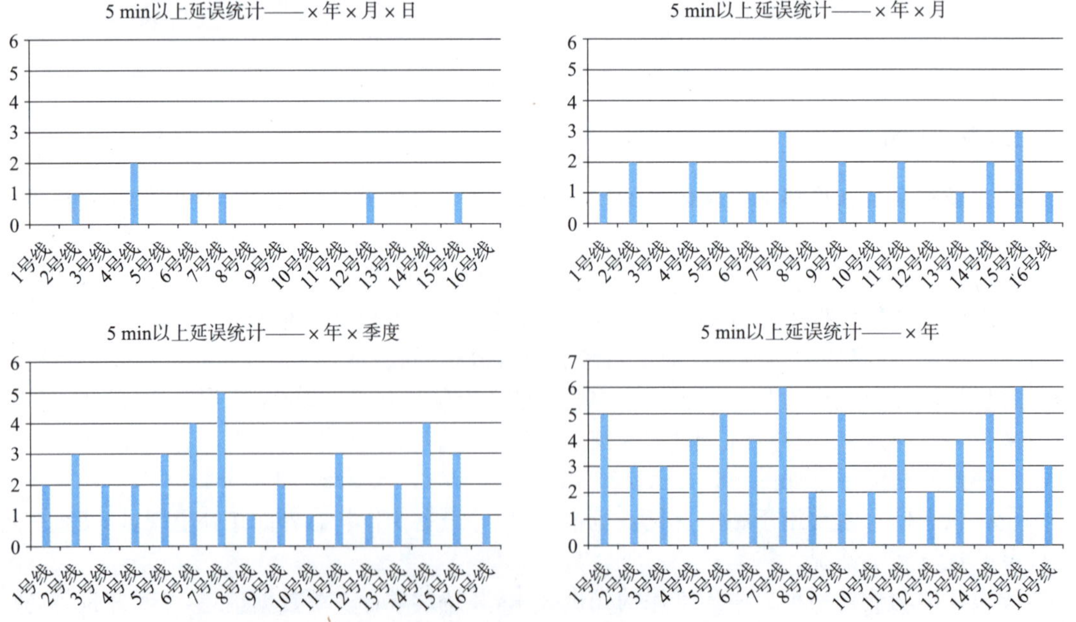

图 7-7　5 min 以上延误信息

(2)运营商:信息需求目的是为运营商管理、决策、实施提供参考,针对不同角色层级有不同信息需求,如:高级管理人员关注路网整体运行情况信息,中层管理人员关注设备的兑现率/正点率/故障率等信息,基层工作人员关注具体设备的故障报警信息等。对于设备的报警信息等内容可实现设备报警信息自动推送给相关人员,以减少信息的传递环节,最大程度保证信息的及时性及完整性。

影响行车的故障报警信息如图 7-8 所示。

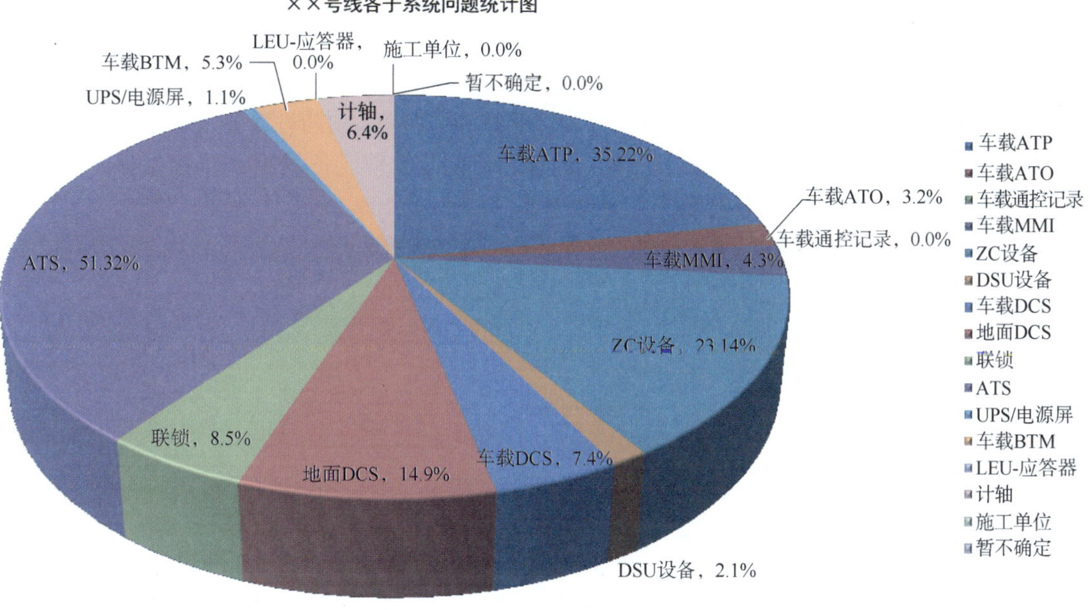

图 7-8　影响行车的故障报警信息

(3)供货商:信息需求目的是为供货商完善设备提供依据、提高服务质量提供参考,主要关注的信息如:设备具体表现信息、服务质量信息等内容。

设备故障趋势信息如图 7-9 所示。

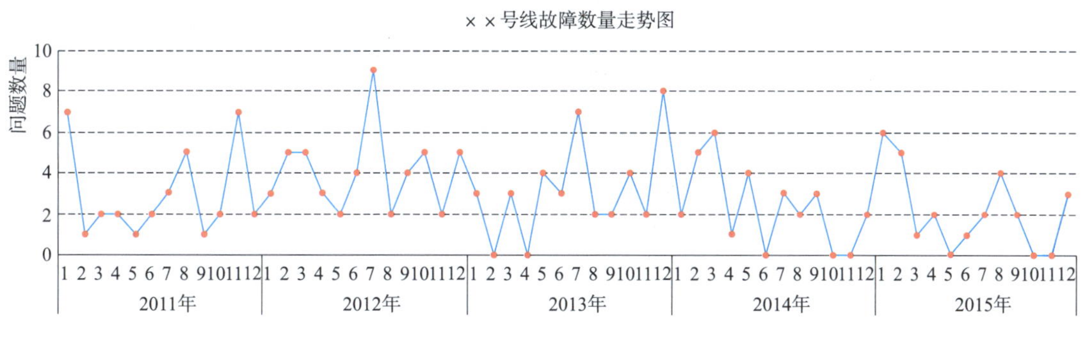

图 7-9　设备故障趋势信息

(4)社会公众:信息需求目的是提供最佳的出行选择与乘坐体验,主要关注的信息包括列车运行时刻信息、车厢拥挤情况信息等。

列车时刻信息如图 7-10 所示。

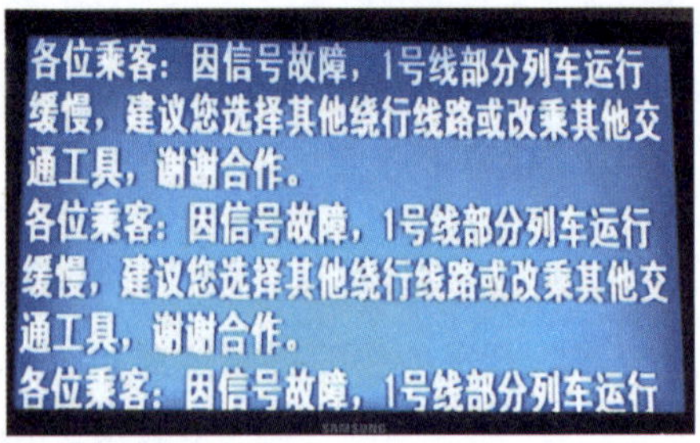

各位乘客：因信号故障，1号线部分列车运行缓慢，建议您选择其他绕行线路或改乘其他交通工具，谢谢合作。
各位乘客：因信号故障，1号线部分列车运行缓慢，建议您选择其他绕行线路或改乘其他交通工具，谢谢合作。
各位乘客：因信号故障，1号线部分列车运行

图 7-10　列车时刻信息

(三)维护管理功能

维护管理功能基于集中监测信息、结合管理流程、参照管控目标开发，目标是实现全生命周期内的自动化、电子化、精细化的维护维修管理。维护管理功能模块覆盖信号系统在维护过程中所涉及的各个环节，划分为 5 个子功能，具体如下。

1. 电子工单管理

工单是维护维修工作的载体，是具体维修任务、维修过程、维修结果的体现。工单按性质可分为纠正性维修工单、预防性维修工单。纠正性维修工单是当设备发生故障时的维修任务工单，预防性维修工单是设备发生预防性维修工作时的维修任务工单。工单既可自动生成也可手动生成。

在信号系统工单管理中，最关键的是形成闭环管控，从故障报警至故障修复要经历完整的生成—处理—审核—关闭的过程，一般工单闭环流转过程如图 7-11 所示。

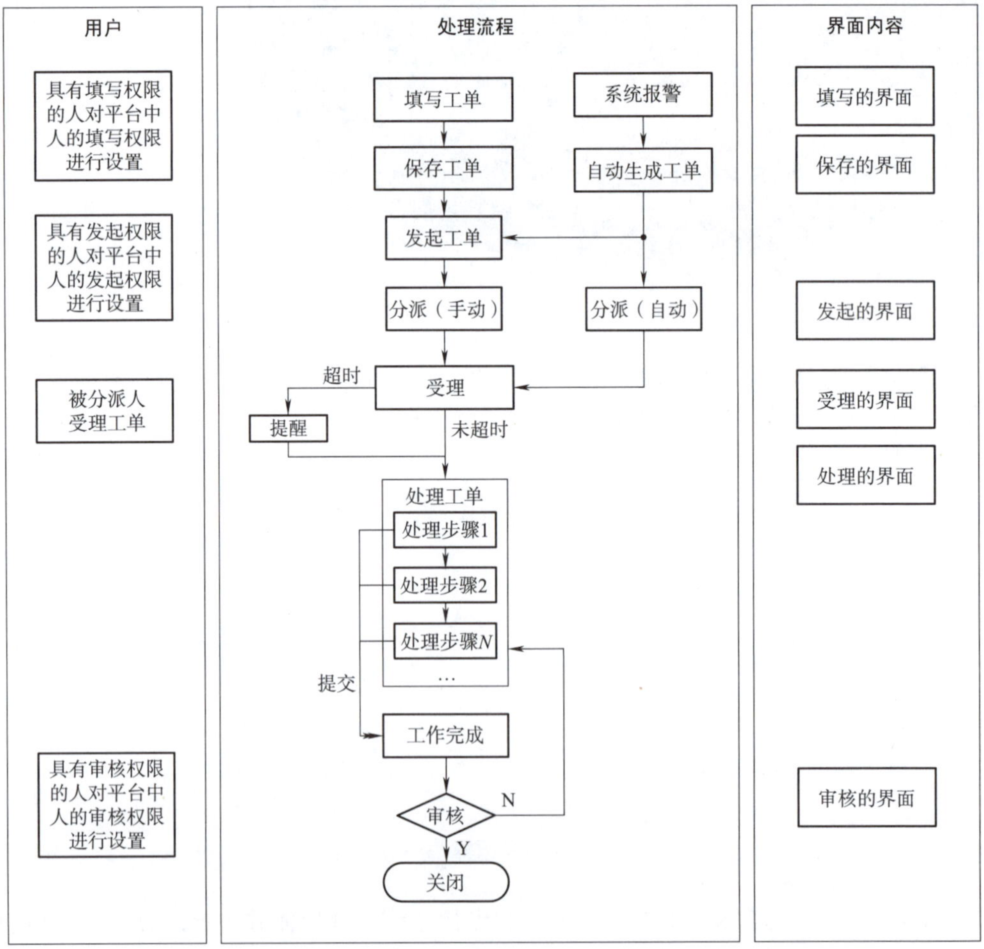

用户
具有填写权限的人对平台中人的填写权限进行设置
具有发起权限的人对平台中人的发起权限进行设置
被分派人受理工单
具有审核权限的人对平台中人的审核权限进行设置
处理流程
填写工单
保存工单
系统报警
自动生成工单
发起工单
分派（手动）
分派（自动）
超时
受理
提醒
未超时
处理工单
处理步骤1
处理步骤2
处理步骤N
…
提交
工作完成
审核
N
Y
关闭
界面内容
填写的界面
保存的界面
发起的界面
受理的界面
处理的界面
审核的界面

图 7-11　工单闭环流转过程

平台采用电子工单形式，并通过便携式的移动维修终端进行操作，工单生成同时，根据工单维修内容，同步给出维修指导建议、风险提示说明、备件位置提醒、工具清单建议等内容，维修人员可以随时获取操作方法的详细资料，而不用离开维修区域或设备。

对于工单在填写过程中的相关录入信息，如维修开始时间、结束时间、消耗物料、维修人员等提供便捷化的操作功能键，如扫描二维码识别设备、点击开始键即记录维修开始时间等操作，以简化维修人员操作步骤、提高维修效率。同时还可通过便携终端拍摄维修过程中的照片、视频信息并上传至平台。

工单是维修过程记录的全面体现，如工单号、描述、状态、工单类型、设备、位置、标准工作、计划开始/完成时间、工作组、故障报告人、负责人、故障信息、计划工时、计划物料、实际开始/完成时间、委外承包商、工作任务、处理步骤、实施人工、实施物料消耗等信息，这些信息是后期数据统计、成本核算、绩效考核的基础要素。为了满足后期自动统计的需求，工单审核关闭后，会自动进入平台统计模块，将关键数据信息从工单中进行抓取，实现数据的自动统计。

2. 智能维修管理

(1)故障修

故障修又称事后维修，维修的目的是消除故障，使之达到预期功能的维修方式，属于一种补救性维修措施。在故障已经发生的情况下，需要最短时间找到故障原因并进行修复，以降低故障造成的影响与损失，而故障修的核心难点在于故障原因的定位。

基于大数据的综合调度维保系统采用智能诊断技术，主要是针对各子系统数据信息按照一定算法、逻辑进行信息关联。智能诊断采用两种途径：一种是通过多源数据信息融合，然后查找规律，最终形成应用；另一种是基于常见接口问题的人工诊断方法，形成特定算法，采用机器学习完成智能分析诊断，最终形成应用。该功能一般应用于多子系统间的系统性问题分析，如车载子系统与 CI 子系统关于屏蔽门联动问题、车载子系统与 ZC 子系统关于移动授权回撤问题、车载子系统与 DCS 子系统关于车地通信问题等。

(2)计划修

计划修一般是基于时间间隔或额定次数的定期维修活动。其有固定的维修周期与维修对象，维修工具、材料、操作也相对固定，全生命周期内的维修任务是可以预先计划的，很少进行大的变更或增减，因此可以提前准备维修所需的材料、备件及人力。而随着信号系统的发展，对计划修的时机也提出更高的要求，基于时间间隔的维修活动，时间一般以自然天进行计算累积，而忽略设备非上电时间，造成实际计划修周期小于要求周期，致使维修活动不够经济。基于额定次数的维修活动，一般以设备满负荷工作为假设估算动作次数，同样是一种不够经济的维修活动。

基于大数据的综合调度维保系统采用寿命预测技术，通过对系统控制命令、上电运行时间等参数进行后台自动计算，从而实现对设备剩余使用寿命进行精确预测，如：通过后台统计某继电器模块的控制命令的次数，参考预先设定的寿命/维修次数阈值，提出计划修预告。通过后台统计系统累计上电时间，参考预先寿命/维修周期阈值，提出计划修预告，便于维修单位提前进行预算编制及材料准备。

(3)状态修

状态修是预知维修发展的高级阶段，它是一种以设备技术状态为基础的预防维修方式。

与计划修相比，状态修没有明确和固定的检修计划，每次修理的作业范围和维修时机都是动态随机的，因此不能制定固定的检修计划，如何精确判断状态修时机是关键因素。

基于大数据的综合调度维保系统采用健康评估技术，该技术是一种自主式维保的先进技术，其持续融合多源数据信息，诊断并报告各设备单元的健康状态，可在设备运行中检测或测量设备性能与健康退化的状态指标，经过统计分析和数据处理，来判断设备的劣化程度，根据参数的变化趋势或幅值变化做出判断并在故障之前有计划地进行适当的修理，就可以有针对性地组织设备维修，防止设备异常失效的发生。如：通过对转辙机动作电流进行监测，对于电流偏离正常数值但未发生故障的情况进行状态修预告。

3. 资产管理

新型维保体系需要一种管控全生命周期的资产管理模式，需管控从资产首次使用至最终报废过程中的状态变化。为便于过程管理，需要对资产的要素进行登记，如设备名称、型号、SN 号、数量、安装时间、对应图纸等。

基于大数据的综合调度维保系统采用自动化、智能化的技术手段实现上述管理目标。系统采用二维码扫描方式对资产进行识别，降低资产首次登记录入系统的高强度工作量，并提高在资产使用过程中的识别速度与准确性。

系统便携资产识别扫描设备是一种不需要连接台式计算机的终端扫描设备，具有体积小、携带方便等特点，可以在缺少电源、网络连接以及流动的工作环境下，进行二维码的扫描工作。

资产管理的功能如下：记录资产的基本信息，从采购价格、供应商信息到安装日期、使用维护过程中的具体信息。具体分为三个部分：一是设备基本信息管理，二是设备位置信息管理，三是设备状态管理。其中最主要的是设备状态管理。设备状态管理的前提是对设备进行分类管理，统一制定四级编码规则，即按照专业、子系统、组合类别、设备对每个设备进行结构性编码，并辅以位置属性，通过结构、位置二元属性的方法来描述具体的设备。

资产识别示意如图 7-12 所示。

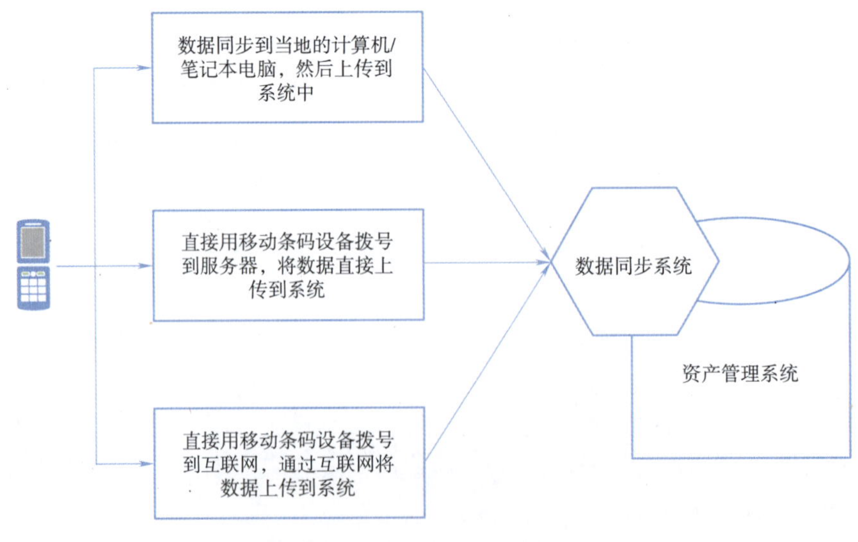

图 7-12　资产识别示意

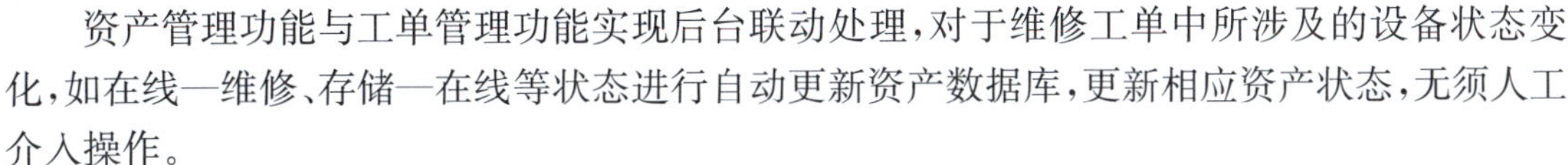

资产管理功能与工单管理功能实现后台联动处理，对于维修工单中所涉及的设备状态变化，如在线—维修、存储—在线等状态进行自动更新资产数据库，更新相应资产状态，无须人工介入操作。

4. 统计管理

统计管理侧重于自动化统计、多形式展示的管理目标。基于大数据的综合调度维保系统结合电子工单中的数据积累，最终实现推动成本管理的目的。根据用户需求，输出各类统计报表，甚至多种图形表现故障情况、维修成本变化，将维修的各种因素集成为一个整体，对成本消耗的原因进行统计分析，找出维修当中对消耗成本的影响重大的因素，指导维修管理工作，有效控制成本。

统计管理示意如图 7-13 所示。

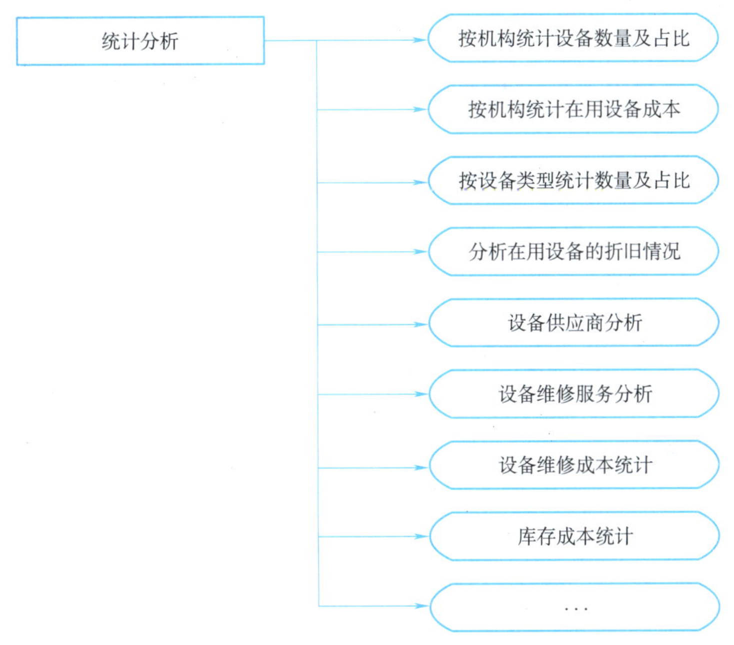

图 7-13　统计管理示意

(四)备件热备功能

CBTC 系统的可靠维护，需要充足、稳定的备件资源进行支撑。信号系统设备多电子器件，长时间存放不使用会降低电子器件的使用寿命，造成故障无法使用。各地铁运营维护单位针对此状况，规定定期对仓库备件进行上电预热，以检查备件的工作状态，避免发生需要更换时无备件或备件已损坏的情况发生。该手段一定程度上解决了备件完备的问题，但并不十分经济，在 CBTC 系统阶段，更适宜采用备件 24 h 上电热备状态，即用即取，解决了备件故障、定期上电等问题，同时节省了宝贵的故障处理时间。

备件热备的原则如下：

(1)与工区维护工作站同地部署；

(2)针对易损易坏模块；

(3)24 h 上电状态；

(4)即拔即用。

备件热备功能示意如图 7-14 所示。

图 7-14　备件热备功能示意

(五)供货商联动功能

CBTC 系统技术复杂，部分维护工作需要用户与供货商协同完成。系统提供一种用户与供货商便携沟通的手段，主要功能如下：

(1)供货商同步获取设备运行信息，对于重大故障与用户同步响应处理，对于用户超时响应故障，提醒用户进行处理。

(2)用户可通过平台实现一键呼叫相应技术人员，也可通过特定 APP 提出技术支持请求。

(3)提供电话/视频等多种沟通手段，支持用户维护维修活动。

(4)及时与用户共享最新解决方案及维护手册。

供货商联动功能示意如图 7-15 所示。

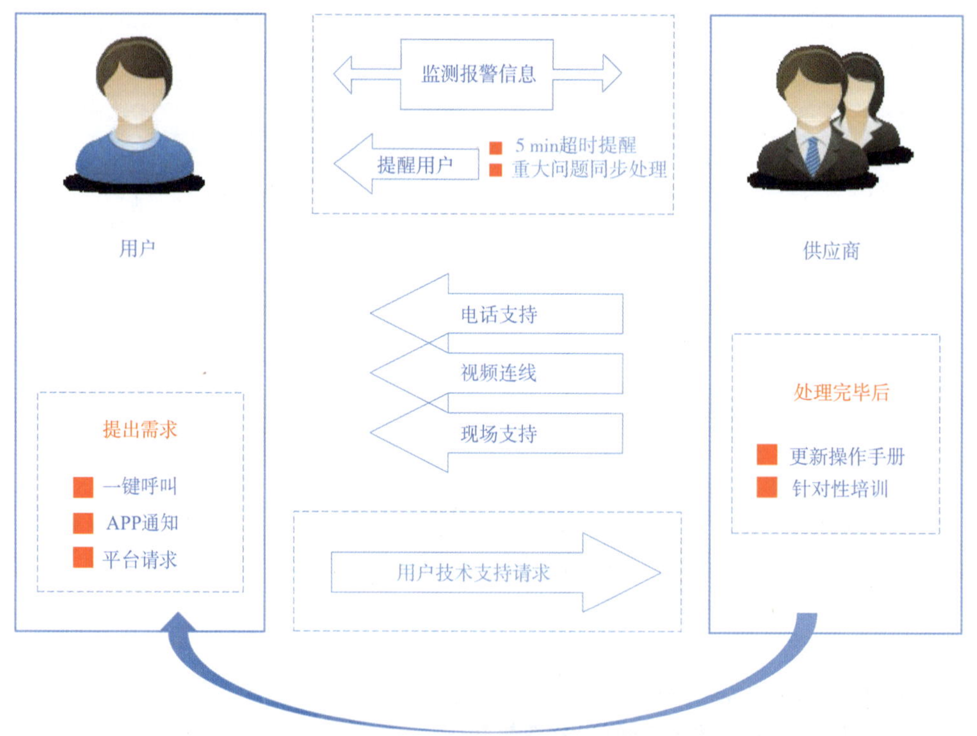

图 7-15　供货商联动功能示意

四、关键技术

(一)数据采集技术

数据采集，又称数据获取，是利用一种装置，从系统外部采集数据并输入到系统内部的一个接口。数据采集技术广泛应用在各个领域，如摄像头、麦克风都是数据采集工具。

被采集数据是已被转换为电信号的各种物理量，如温度、水位、风速、压力等，可以是模拟量，也可以是数字量。采集一般是采样方式，即隔一定时间(称采样周期)对同一点数据重复采集。采集的数据大多是瞬时值，也可是某段时间内的一个特征值。准确的数据测量是数据采集的基础。数据测量方法有接触式和非接触式，检测元件多种多样。不论哪种方法和元件，均以不影响被测对象状态和测量环境为前提，以保证数据的正确性。数据采集含义很广，包括对面状连续物理量的采集。在计算机辅助制图、测图、设计中，对图形或图像数字化过程也可称为数据采集，此时被采集的是几何量(或包括物理量，如灰度)数据。

数据采集技术示意如图 7-16 所示。

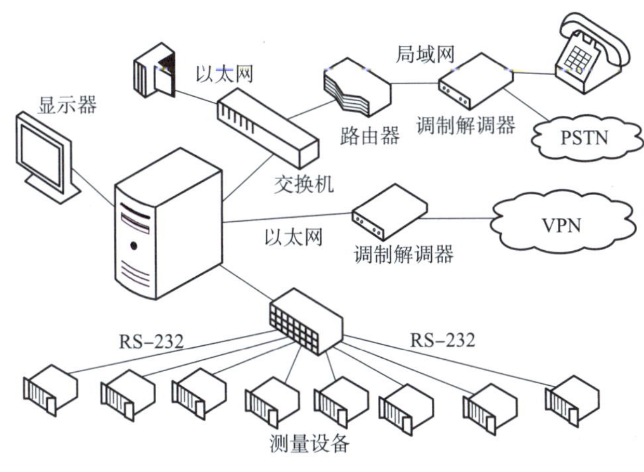

图 7-16　数据采集技术示意

(二)数据储存处理技术

数据储存处理包括数据清洗、数据集成、数据转换和数据消减，如图 7-17 所示。

(1)数据清洗(data cleaning)处理例程通常包括：填补遗漏的数据值、平滑有噪声数据、识别或除去异常值，以及解决不一致问题。

(2)数据集成(data integration)就是将来自多个数据源(如数据库、文件等)数据合并到一起。

(3)数据转换(data transformation)主要是对数据进行规格化操作。数据转换包含以下处理内容：①平滑处理，帮助除去数据中的噪声，主要技术方法有：bin 方法、聚类方法和回归方法。②合计处理，对数据进行总结或合计操作。③数据泛化处理，用更抽象(或更高层次)的概念来取代低层次或数据层的数据对象。④规格化，将有关属性数据按比例投射到特定小范围之中，以消除数值型属性因大小不一而造成挖掘结果的偏差。⑤属性构造，根据已有属性集构造新的属性，以帮助数据挖掘过程。

(4)数据消减(data reduction)的目的是缩小所挖掘数据的规模,但却不会影响(或基本不影响)最终的挖掘结果。现有的数据消减包括:①数据聚合(data aggregation),如构造立方(cube);②消减维度(dimension reduction),如通过相关分析消除多余属性;③数据压缩(data compression),如利用编码方法(如最小编码长度或小波);④数据块消减(numerosity reduction),如利用聚类或参数模型替代原有数据。

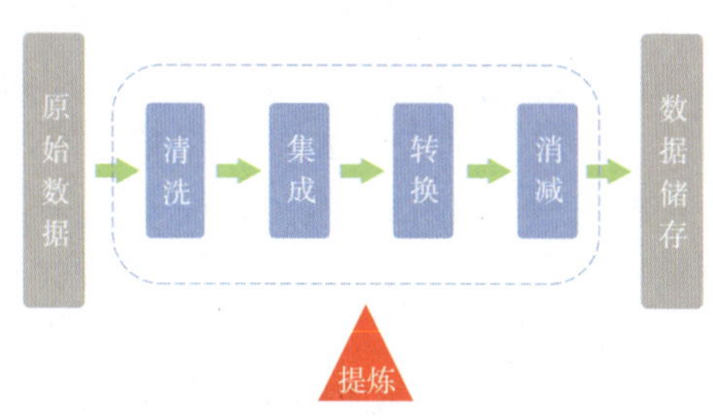

图 7-17 数据储存处理流程示意

(三)数据分析技术

1. 健康评估技术

健康评估模块是根据检测部分和信号子系统的健康状态进行故障隔离,完成余度管理、实时结合资源管理和优化以及重组/重构。特殊功能包括间歇善的分析、特殊数据的收集、事件的相关性分析以及未知故障和事件的报告等。健康评估的节点应能面向测试或健康评估策略实现诊断,以及命令控制系统动作,以处理未知故障或断续发生的事件。控制动作包括对状况监视器或健康评估节点报告的控制,以及对数据收集和任务优先级的控制。此外健康评估节点也可将资源管理能力包括在内,以充分利用数据存储,处理通信的资源。

2. 智能诊断技术

智能诊断技术是健康管理系统的核心技术,现在的健康管理系统大都采用基于多级模型的诊断推理技术。在系统级的诊断层次,多采用定性推理技术;而一些子系统和元件诊断层次上,则采用模型模拟分析技术和基于多信号的建模技术。另外,由于基于模型技术有自身的缺点,如果建立的模型比较好地反映了原系统结构,则诊断结果比较准确,但由于控制系统内部结构复杂,很难准确建模,诊断结果可能误差比较大。因此,还应采用人工神经网络、模糊逻辑和统计学习等人工智能技术以及多信息融合技术,对基于模型故障诊断技术进行改进和补充。

3. 寿命预测技术

寿命预测技术是对部件和子系统在使用工作包线和工作应力下的剩余使用寿命进行估计。使用工作包线和工作应力可参照预先设定的强度或直接对运行强度进行评估,从而实现对设备剩余使用寿命进行精确预测。

(四)信息发布技术

信息发布技术是指通过信息推送的方式使用户快速准确地获取信息,不断地向用户推送信息源的动态变化。当信息推送技术面对 Internet 上信息量大、结构复杂、难以人工处理等问题时,需要将 Push 技术与 Pull 技术相结合,不仅把信息推送给用户,而且还要按照用户预先设定的触发事件和发送要求,在条件满足时自动向用户发送信息。在此基础上,融入人工智

能、知识发现技术、Internet 及数据库技术，从而形成“智能信息推拉”(IIPP)技术。

基于 HTTP1.1 的消息实时推送技术原理如图 7-18 所示。

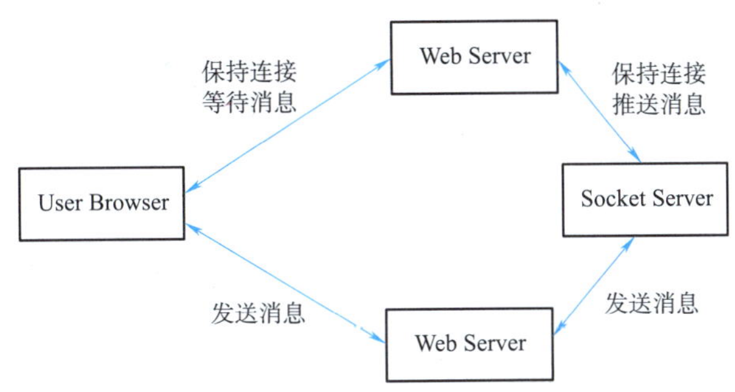

图 7-18　基于 HTTP1.1 的消息实时推送技术原理

小　结

CBTC 系统运营保障体系与传统体系各功能对比见表 7-1。

表 7-1　CBTC 系统运营保障体系与传统体系各功能对比

序号	功能项	传　统	新　型
1	状态监测	单机监测、局限于线路现场	集中监测、多级共享
2	信息发布	手机短信群发	定时、定向、订阅
3	工单	纸质	电子、维修指引、便捷操作
4	故障修	单机下载数据、人工分析	自动上传数据、智能分析
5	计划修	定期/定数维修、不经济	精确预测、合理经济
6	状态修	手段匮乏	健康评估、时机精准
7	资产管理	人工录入、台账模糊、无报警	二维码扫描、全生命周期管理、智能报警
8	统计管理	人工统计	后台数据抓取、自动组合、多纬度呈现
9	备件使用	固定周期上电轮换	24 h 热备、即拔即用
10	供货商联动	电话沟通、支持效果不理想	多种渠道、辅助提醒、同步共享

第八章　CBTC 培训系统

第一节　传统信号培训系统体系

传统信号系统培训体系主要脱胎于上一代信号系统制式(轨道电路),在一定程度上培养了基层人员,保证了运营的正常运转,支撑了整个培训体系的开展。信号系统培训方面,目前主要还是停留在理论教学或是单纯界面演示阶段,至今还没有一套较完备的信号仿真培训系统,能够有效地展示和组织现场实际运营和操作流程的培训。培训组织方式较单一,往往采用"上大课"的方式,老师上面讲,员工下面被动听,培训教学手段枯燥,缺乏直观、动态的交互形式,员工学习热情不高。在培训系统的方案上,一般也只是针对实物,只有硬件层面的培训,缺少操作、功能及服务层面的培训。人员培训方面只侧重于维修人员的培养,没有体现对调度员、值班员及司机等工种的培养及综合培训手段,使得受训人员没有有效地融入培训体系中,难以解决运营层面对综合性人才需求的问题。主要原因有以下几点:

(1)轨道交通通常因建设工期紧而放松了对后期运营培训的考虑。

(2)培训系统本身落后于轨道交通不断发展的新技术,没有很好地结合实际使用环境。

(3)地铁系统的高效及安全运营是靠一套复杂及庞大的软/硬件系统进行支撑实现的,培训系统很难达到原理级别仿真。

随着城市轨道交通的大规模建设,尤其是越来越多的轨道交通线路建设采用 CBTC 系统技术,现代城市轨道交通的高效、安全等特性主要是 CBTC 信号系统在发挥重要作用。随着 CBTC 信号系统的作用越来越重要,公众对其诉求越来越高,运营管理难度也越来越大,这就对综合性人才的要求越来越高,对信号系统的培训体系提出更高的要求,传统的信号培训系统体系已无法满足新环境新形势下的培训需求,同时鉴于城市轨道交通的运营特点,对人员的培训不可能完全在现场实施,大部分培训工作都需要在培训中心或实训基地完成。传统培训系统已完全满足不了需求,人才培养上不去必然会带来一系列地铁运营安全问题,因此亟须解决如下培训问题:

(1)对车载设备的各种显示、灯位、信号设备操作等内容进行培训。

(2)对司机的驾驶操作技能进行培训。

(3)对车载及地面设备故障情况进行场景模拟,培训司机在异常情况下的应变及处置能力。

(4)对各站综控员进行培训,如在极端情况下,各集中站配合进行行车组织等场景进行模拟。

(5)对 ATS 设备的操作及使用技能进行培训;对 ATS 设备发生故障或异常时场景,进行模拟演练。

(6)可对运营过程中可能遇到的各种场景进行演练,模拟场景对调度进行培训。

(7)允许司机和调度在同一仿真环境下进行联动培训。

(8)可提供与线路操作规程相对应的培训预案库。

(9)可提供教员系统和学员系统,允许在线对培训结果进行考核。

第二节　新形势下的培训需求

针对现有培训体系建设中存在的问题,市场亟须打破原有培训教学方式,重塑培训理念,针对不同岗位制定不同的培训方式和培训策略,特别是针对运营初期行调、站务和司机等员工的培训诉求,提供符合运营人员需求的原理及实操培训,有效提升受训人员的综合水平,深化培训内涵建设,形成对接职业标准、行业标准和岗位规范,紧贴城市轨道交通实际工作过程,为城市轨道交通安全平稳的开通运行和长期可持续发展做好人才储备。CBTC 技术下新形态的培训体系需求具体体现在如下方面。

1. 需要一种综合性的培训体系及手段

目前地铁公司的培训往往是各岗位独立培训,对系统的整体功能及性能的培训涉及较少;需要多岗位联合作业的培训机会不多。而在实际运营中,往往需要的是多岗位人员协同合作,对人员的综合素质较高,并且协作能力要求较高。目前的培训方式完全不能满足人员综合性培训的要求。

2. 需要一种全场景重实操的培训体系

高效和安全的运营目标需求在系统正常运行时是能够完成满足的,但当在系统出现某些故障或者事故的时候,如何快速反应,正确操作,最快处理是地铁运营所重点关注的。

目前的地铁培训方式主要以见习和实习为主,基本采用师傅带徒弟的传统行业培训方式,培训手段落后。主要采用的培训方式还是课堂上“填鸭式”的理论教育,参训的人员接触到实际操作的机会很少。成熟的系统也很少有机会能使参训人员接触到复杂的异常场景,碰到一些特殊故障或者事故的机会更是少之又少。所以以目前的培训方式培训出的人员在专业技能上受到很大限制,对于异常情况没有实际的处理经验,面对突发状况时,即使有应急预案也难以熟练应对。

3. 需要一种标准的考核评估的培训体系

地铁信号设备复杂、先进,科技含量和自动化水平较高,在正常情况下,员工只需按照操作规程进行操作,如果发生突发事件,受现场条件的限制,要求员工在较短的时间内完成故障判断、故障排除等一系列工作,这就对员工的业务技能及反应能力提出了更高的要求。为此,要制定训练、演练的内容,并依据标准的考核评估手段考核其知识技能的掌握程度,通过评价体系对员工的操作进行分析和评价,给出合理建议。

第三节　基于场景的培训系统解决方案

一、系统组成

基于场景的培训系统集先进的计算机技术、虚拟现实技术、三维仿真技术、网络技术、大数据挖掘技术和通信技术为一体,具有系统化、网络化、信息化、可视化的特点。为了实现复杂的系统功能,需要对系统的组成结构进行合理划分,本节将对基于场景的培训系统的组成结构及各个组成部分进行详细介绍。

基于场景的培训系统是一个复杂的集 CBTC 逻辑业务和培训业务为一体的分布式仿真系统,主要由 CBTC 仿真平台、教/学员系统、列车模拟驾驶仿真系统三大部分组成。整个系统的组成结构如图 8-1 所示。

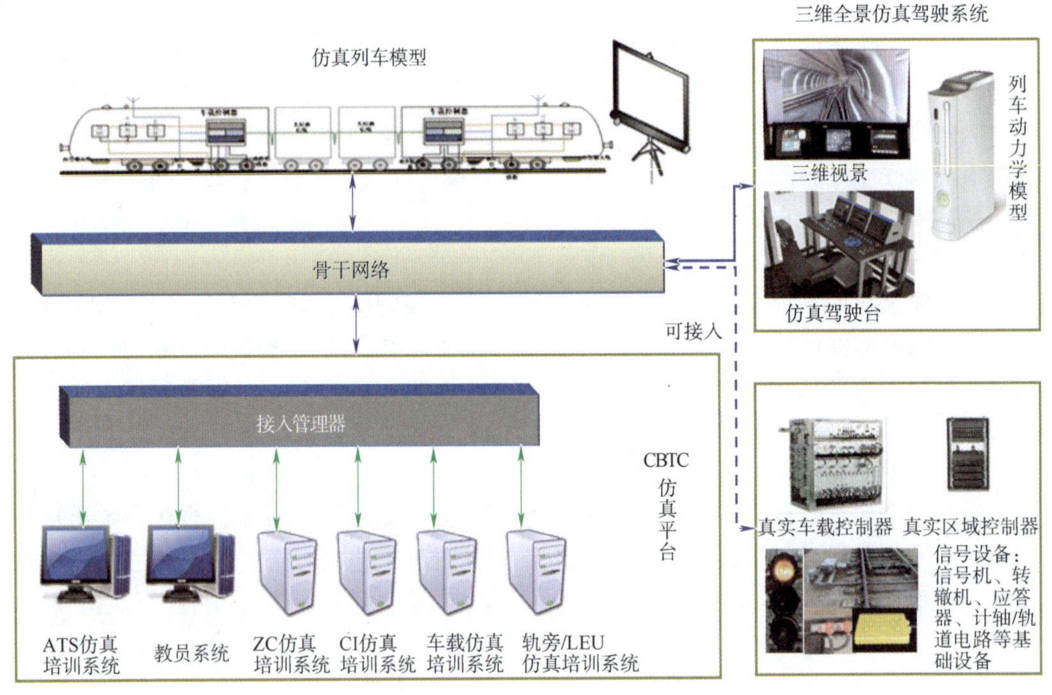

图 8-1 基于场景的培训系统结构

CBTC 仿真平台主要由 ATS 仿真培训系统、ZC 仿真培训系统、车载仿真培训系统、轨旁/LEU 仿真培训系统构成,负责整个培训系统的核心信号业务逻辑。

教/学员系统运用计算机技术及数据智能分析技术,主要负责对培训学员进行角色/权限管理、事件/故障注入和制作、培训考核、课程监督管理、数据管理、自动评估等。

列车模拟驾驶仿真系统主要由列车模拟驾驶器、仿真模拟驾驶器和三维仿真系统组成,负责辅助司机完成相关操作和技能培训。

通过这三大部分设备的协同工作,组成完整的培训系统,下面将分别对这三大部分设备进行介绍。

1. CBTC 仿真平台

CBTC 仿真平台由 ATS 仿真培训系统、ZC 仿真培训系统、DSU 仿真培训系统、车载仿真培训系统、轨道/LEU 仿真培训系统组成。

(1)ATS 仿真培训系统

ATS 仿真培训系统是 CBTC 仿真平台的重要组成部分,主要负责站场信息、列车信息的

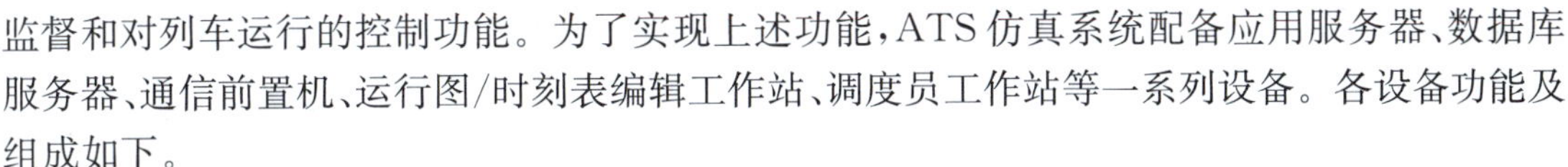

监督和对列车运行的控制功能。为了实现上述功能，ATS 仿真系统配备应用服务器、数据库服务器、通信前置机、运行图/时刻表编辑工作站、调度员工作站等一系列设备。各设备功能及组成如下。

①应用服务器

应用服务器是中心 ATS 的核心处理设备。它从其他系统获取现场信号设备状态数据和列车状态数据，从调度员工作站接收控制指令，并进行相应处理。应用服务器具有的自动功能至少包括：自动列车追踪、自动进路办理、自动运行调整、自动分配运营任务。

②数据库服务器

数据库服务器是 ATS 子系统的中心数据库。它所存储的数据至少包括：线路数据、列车数据、运行图数据、ATS 子系统设备数据、报警数据、日志数据、用户数据。数据库服务器能够保存 180 天（可动态配置）的系统运行数据。

③运行图/时刻表编辑工作站

运行图/时刻表编辑工作站是地铁运营计划的管理平台。它提供计划运行图/时刻表的编制、修改、删除、上传、下载、导入、导出、查询、浏览、打印等功能。该工作站提供人工和自动两种编图方式。所编制的计划运行图/时刻表在上传到数据库服务器之前，自动进行冲突检查、有效性检查，确保正确有效。利用计划工作站，可以方便查询数据库中的既有计划运行图/时刻表。

④调度员工作站

调度员工作站是中心调度人员和系统的人机接口设备。它向调度员显示站场状态、列车运行信息、当日计划运行图/时刻表和实际运行图/时刻表信息。调度人员可以在调度工作站上操作，控制现场信号设备和列车运行。调度员工作站还具有控制区域管理、系统设备连接状态监视、历史数据备份与恢复、列车运行信息查询等功能。

（2）ZC 仿真培训系统

ZC 仿真培训系统是地面 ATP 子系统核心控制设备，是车地信息处理的枢纽。区域控制器的主要工作职责是根据 CBTC 列车所汇报的位置信息以及联锁所排列的进路和轨道占用/空闲信息，为其控制范围内的 CBTC 列车计算生成移动授权（MA），确保在其控制区域内 CBTC 列车的安全运行。

（3）DSU 仿真培训系统

DSU 仿真培训系统是 CBTC 仿真平台中的地面重要控制设备，主要负责全线临时限速存储和下载功能，以及数据存储和数据库版本管理等功能。

在 CBTC 控制级别下，DSU 仿真培训系统需要对数据库版本进行管理，通过策略保证车载设备与地面设备、地面设备与地面设备之间使用的数据库是一致的，以保证系统运行的正确性。

ZC 需与 DSU 进行数据库版本号比较，比较确认数据库版本号一致后，才允许对其管辖范围内的列车进行控制，并将数据库版本号作为与列车交互信息发送，用于保证车地使用相同的数据库等功能。

（4）轨旁/LEU 仿真培训系统

轨旁/LEU 仿真培训系统主要对线路各单元数据进行模拟控制，包括计轴器、轨道电路、应答器、信号机、道岔、转辙机、屏蔽门等的状态检测和驱动。

(5)车载仿真培训系统

车载仿真培训系统主要由三个组成部分,分别是:列车自动防护系统(ATP)、列车自动驾驶系统(ATO)及人机界面系统(MMI)。

①列车自动防护系统

ATP设备是车载设备中负责列车运行安全的重要设备,根据从车站设备获取的移动授权信息及线路上的障碍物信息,结合与车站设备进行版本校验的电子地图,列车自动防护设备将对列车的运行行为进行全面监控,一旦出现威胁列车运行安全的情况,列车自动防护设备将立刻采取措施,保证列车运行安全。

②列车自动驾驶系统

ATO设备是车载设备中负责对列车进行自动驾驶的设备,在列车自动防护设备的安全防护下,列车自动驾驶设备通过与车辆系统的接口,发出牵引、制动指令,控制列车进行站间运行及停站、启动作业,并能够根据控制中心设备所发出的控制、调整指令,实现站间运行调整的功能。

③人机界面系统(MMI)

MMI用于辅助司机进行列车的安全驾驶,通过显示屏向司机提供清晰、直观的驾驶信息,通过触摸屏操作辅助司机完成一系列信息录入和设备日检功能。

人机界面提供丰富的设备运行状态、级别,列车运行速度、目标距离、牵引制动状态,当前控制级别及驾驶模式,控制信息等显示。司机可通过人机界面对系统的运行状态进行观察或调整。

2. 教/学员系统

教/学员系统实时显示整个信号模拟系统界面的所有信号设备状态更新,同时具备以下功能:

(1)用户管理功能。

(2)回放功能。

(3)场景制作功能。

(4)故障注入功能。

(5)培训考核功能。

(6)课程监督管理功能。

(7)自动评估功能。

3. 列车模拟驾驶仿真系统

列车模拟驾驶仿真系统主要由列车模拟驾驶器、仿真模拟驾驶器、三维仿真系统组成。

(1)列车模拟驾驶器

列车驾驶模拟器采用司机台模拟器的方式,由驾驶操作台、前向液晶显示器、后部虚拟设备触摸屏、驾驶室CCTV屏组成开放式的培训环境,整个构成无司机室外观、无司机室侧门、无后端门、无紧急疏散门等。

①司机仿真操作台

司机仿真操作台上的硬件设备与真车一致,司机室操作台开关及按钮设备可以采用非原

厂配件，但配件的尺寸、样式、配色需与原厂一致。

②站台作业仿真

列车驾驶模拟器站台作业仿真具备站台开关客室车门功能。

站台设备提供倒计时钟显示及时间显示，显示时间与虚拟时间同步。

站台设置仿真 PSL 就地控制盘和仿真无人折返按钮。PSL 就地控制盘用于控制站台屏蔽门，仿真无人折返按钮用于列车无人折返作业，这些按钮可与列车模拟器的信号状态联动。

(2)仿真模拟驾驶器

提供与真实驾驶台配套的仿真驾驶台软件，更加方便地提供操作体验。

(3)三维仿真系统

三维仿真系统提供与实际线路一致的三维实景。采用一块液晶显示器提供前向视景，计算机生成的图像提供原尺寸、无闪烁、无缝、无色彩差异、正线和车辆段/停车场一体化线路的数字视景仿真显示。

视景系统能够模拟列车加速度、减速度运行，加速或者减速过程中所有显示内容与模拟运行位置及速度同步，并且能够保证视觉真实度。

所有固定信号、道岔具备变化和切换能力，以实现不同场景下的运行(支持信号模拟培训系统及自带信号系统)。

站台提供倒计时钟显示及时间显示，显示时间与虚拟时间同步。

整个视觉系统仿真除以上功能外，还模拟以下内容：

①能够模拟突发事件场景(站台落人、接触网异物、水淹、火灾)等。

②能够根据其他列车位置显示相应的会车、跟车、连挂等场景。

二、系统原理

基于场景的培训系统实现原理与实际 CBTC 系统原理一致，通过仿真 ZC、ATP/ATO、ATS、CI、列车仿真、轨旁仿真等子系统的协调配合实现正常的 CBTC 系统场景演示、场景保存、场景回放、设备故障注入等功能。

基于场景的培训系统通过对场景进行控制，包括场景初始化、保存、载入、开始、暂停等操作，使得操作人员能够对不同的运营场景进行实际的操作演练(系统初始化状态也可以作为一种场景看待)，进而达到对人员培训的目的。

基于场景的培训系统原理示意如图 8-2 所示。

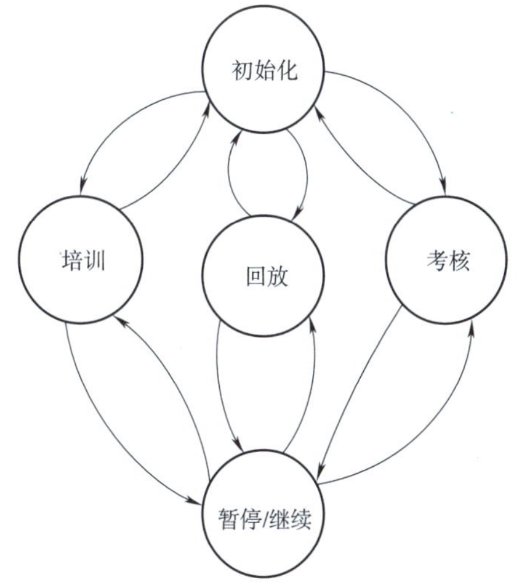

图 8-2　基于场景的培训系统原理示意

1. 场景初始化

场景初始化可以理解为培训系统的上电初始化状态，上电初始化状态默认正线线路轨道区段空闲，无车运营。

2. 场景保存

场景保存是指可以在系统运行的任意时刻保存系统的当前状态场景数据，保存的数据已场景文件格式保存在服务器硬盘。

3. 场景载入

场景载入是指系统可以载入之前保存的场景数据，系统能够保证各培训子系统能够同步载入指定的场景数据。

4. 场景开始

场景开始主要是针对场景载入和暂停场景而言，系统可以通过人为介入手段控制已暂停的场景继续运行。

5. 场景暂停

场景暂停是指系统可以在场景模式运行的任意时刻暂停系统，系统能够保证各培训子系统同步暂停。

三、系统功能

(一)功能描述

根据城市轨道交通信号培训系统的功能需求，结合 CBTC 系统的特点，培训系统的功能主要针对以下工种进行单独及联合培训：

(1)中心调度员。

(2)车站值班员。

(3)司机。

这三大类功能又分为若干小的功能项，以下将逐一进行简要介绍。

1. 中心调度员培训

中心调度员培训功能对 ATS 设备的操作及使用技能进行标准化培训及对运营过程中可能遇到的各种场景进行演练模拟，极端情况下，各集中站配合进行行车组织等场景进行模拟。

(1)显示功能

中心调度培训子系统采用高分辨率的彩色液晶显示器以单元画面和任意窗口详细显示车站、区间的信号设备状态和列车运行状态细景。显示内容与 ATS 子系统保持一致，包括但不限于以下内容：

①信号机状态显示；

②道岔状态显示；

③屏蔽门状态显示；

④站台状态显示；

⑤列车状态显示。

(2)控制级别

对正线车站、停车场、车辆段 ATS 子系统包括中央控制和本地控制两种级别。

正常运营时，ATS 子系统主要采用中心集中控制，根据列车运行时刻表对全线列车进行集中监控，授权的行调人员也可在控制中心/备用控制中心相应的 ATS 调度工作站上人工设置控制命令到相应的子系统，对运营实施控制。

在紧急情况下车站操作员可不经授权，立即将控制权转到本地控制，控制联锁区范围内的进路和信号，并可办理引导接车。

(3)进路自动控制

按运行图或目的地自动设置进路是根据列车识别号,在运行图中找到列车的计划运行路径,或者根据识别号中的目的地信息,当列车占用触发轨时由 ATS 自动设置进路。

(4)运营调整

当列车停站时,系统自动判断列车的早晚点状态,通过计算给出合理的发车时间和到下一站的区间运行时间,发送给 ATO 控制列车的区间运行时间。另外,把停站时间通过每个站台的列车发车计时器传达给列车司机,以便控制列车停站时间。

(5)节能运行

ATS 子系统能够对高峰和非高峰运营时段的列车运营实施不同的能源优化运行方案,非高峰运营时段在不降低服务质量的前提下,能够采用节能运行等级曲线控制列车运行和保证乘客的舒适度。

(6)报警功能

信号模拟培训子系统模拟列车运行或信号设备发生异常时,根据不同的报警信息,系统自动地将有关信息在工作站上报警框中给出报警提示。报警信息内容以时间、产生报警的设备、内容及状态等显示。报警格式如下:

①年/月/日/时/分/秒;

②报警名称;

③报警内容;

④报警类型;

⑤报警地点等。

2. 车站值班员培训

现地 ATS 培训子系统模拟所有与车站值班员相关的操作,包括但不限于以下内容:

◆ 对车站值班员进行标准化作业培训;

◆ 提供车站值班员工作范围内的应急方案演练功能;

◆ 以单机(独立车站)和联机(联锁车站关联)两种模式分别进行基本操作训练和综合技能训练;

◆ 培训各种情况下车站值班员的操作技能;

◆ 培训车站值班员应对突发事件的技能;

◆ 培训车站值班员协同工作的技能。

(1)站场显示

现地 ATS 培训子系统显示的站场图元素与中心调度信号机保持一致,包括但不限于如下内容:

◆ 信号机显示;

◆ 道岔显示;

◆ 区段显示;

◆ 站台和屏蔽门显示;

◆ 列车信息显示;

◆ 列车状态显示。

(2)进路建立

培训车站值班员对常规命令——进路建立的操作,实现标准化作业。

(3)总取消

培训车站值班员对常规命令——总取消的操作,实现标准化作业。

(4)总人解

培训车站值班员对常规命令——总人解的操作,实现标准化作业。

(5)区故解

培训车站值班员熟悉区段故障发生的条件、影响及应对措施,熟练标准化作业下对区段故障的处理方式。

(6)引导进路

培训车站值班员熟悉引导进路的开放条件及标准化作业下的处理步骤。

3. 司机驾驶培训

模拟驾驶台上的设备具有与真车完全一致的尺寸、外观、颜色、手感和操纵力度,且都具有可操作性,并与实际列车上的对应设备具有相同的功能与控制逻辑,如图 8-3 所示。司机可通过对驾驶台的操纵实现列车的模拟驾驶与控制。

模拟驾驶台是司机控制列车以及车载 ATP 设备的接口界面。在半实物仿真驾驶台上将设置车载信号设备人机界面的显示器和司机操作的按钮、指示灯。

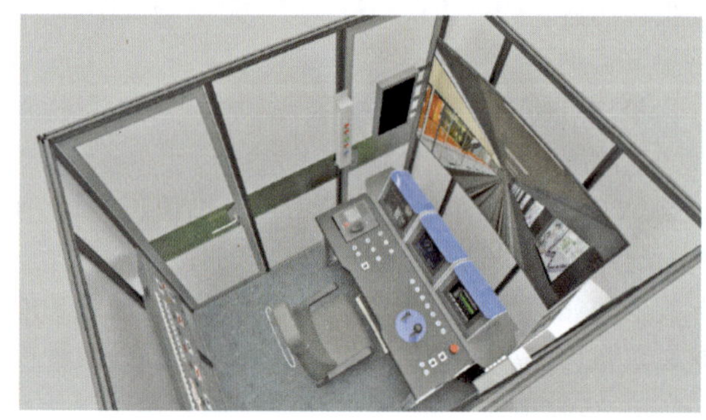

图 8-3　模拟驾驶台

(1)车辆仿真功能

列车控制仿真模块功能与现场保持一致,能够实时准确响应司机的各项操作,并根据虚拟时间计算列车相关状态信息,保证准确性。

(2)视觉仿真功能

视景系统应能够模拟列车加速、减速运行,加速或者减速过程中所有显示内容与模拟列车的运行位置及速度同步,并且能够保证视觉真实度。

(二)功能分配

培训系统的功能通过系统中各子系统(CBTC 仿真平台、教/学员系统、列车模拟驾驶仿真系统)共同来完成。其中,与真实系统相同的功能由 CBTC 仿真平台实现,培训类功能由教/学员系统、列车模拟驾驶仿真系统实现。

在上述功能划分原则基础上，对CBTC仿真平台、教/学员系统、列车模拟驾驶仿真系统各系统进行了具体功能划分，见表8-1。

表8-1　培训系统功能划分

功　能	CBTC仿真平台	教/学员系统	列车模拟驾驶仿真系统
显示功能	√		
控制级别	√		
进路自动控制	√		
运营调整	√		
节能运行	√		
报警功能	√		
站场显示	√		
进路建立	√		
总取消	√		
总人解	√		
区故解	√		
引导进路	√		
车辆仿真功能			√
视觉仿真功能			√
用户管理		√	
场景管理		√	
故障注入		√	
考核功能		√	
历史再现		√	
评估功能		√	
综合演练	√	√	√

注："√"表示此系统参与该功能的实现。

(三)培训方式

1. 离线培训

(1)单机培训：以单个人单岗位进行技能培训。在该模式下，所有模拟器相互独立，互不影响，各自在独立的场景中运行。教员设置固定课程，学员可在场景中进行训练。

培训采用"换人不停课"的方式，上一名学员停车后，下一名学员在仪表上输入自己的司机号，模拟器系统检测到该信息后，将上一名学员的培训信息存入数据库，自动打印评估报告，并开始记录下一名学员的培训内容。

(2)单网培训：以某一岗位为基本单位，多个人员在同一环境中进行培训。该模式充分利用中心行调培训设备、现地培训设备及配套的信号教员设备、信号模拟系统来进行综合性的场景/故障演练工作,由计算机生成虚拟列车在信号环境中运行;同时相应的视频及通信系统也配合作业,完成整个培训过程。

(3)联网培训:以多个岗位为基本单位、多人员联合进行培训。该模式下针对调度、站务和司机进行联合培训。主要目的是行调、车站配合演练,营造与真实运营系统一致的训练环境,通过教学培训运营系统可训练行调、车站学员及司机对岗位职责的掌握。

2. 在线培训

基于云端应用服务器。数据在线下载更新,本地服务在线更新。具备随时随地、移动培训。

(四)技术应用

培训系统充分利用人因工程、虚拟现实、数据挖掘等技术,通过不断地改进系统功能和操作,达到人与系统的完美结合。

1. 人因工程

人因工程是研究人和机器及环境的相互作用,研究在工作中、生活中和休息时怎样统一考虑工作效率、人的健康、安全和舒适等问题的学科。以人为主要因素,运用心理学、生理学、解剖学、人体测量学等人体科学知识于工程技术设计和作业管理,特别是安全设计和安全管理。以人为本,着眼于提高人的工作绩效,防止人的失误,在尽可能使系统中人员安全、舒适的条件下,统一考虑人—机器—环境系统总体性能的优化。

应用目的:①使人工作得更有效;②使人工作得更安全;③使人工作得更舒适。人因工程就是探讨和应用人类行为、能力本能极限和其他的特性等相关信息来设计器具、机器、设备、系统、任务、工作及其相关所属的周遭环境,以增加生产力、安全性、舒适感和效率。

人机界面设计:人机系统中,存在一个人与机相互作用的“面”,所有的人机信息交流都发生在这个面上,通常称为人机界面。由于机器的物理要素具有行为意义上的刺激性质,必然存在最有利于人的反应刺激形式,所以,人机界面设计的依据始终都是系统中的人。在人机系统中,按照人接受信息的感觉通道不同,可将显示器分为视觉显示、听觉显示及触觉显示等。

信号显示设计视觉信号是指由信号灯产生的视觉信息,目前已广泛应用于飞机、车辆、铁路运输及仪器表上。而人机界面上的信号灯形状应简单、明显,能代表应用的逻辑上的联系,如绿色表示安全、正常和允许运行;红色表示禁止、停止、危险警报。信号灯使用颜色编码来表示某种含义和提高可辨性。

培训系统在设计之初就将人因考虑在内,包括培训桌椅外观与结构,系统界面的显示与操作以及列车驾驶台等。利用培训系统更好地研究人与系统之间的接口关系与功能分配,使系统结构和布局更适合人的特征和操作,满足人体工程学要求。

2. 三维视景技术

根据实际线路场景,建立逼真的虚拟场景三维模型,实现对虚拟场景的实时驱动,进行司机的驾驶实训,增强司机员的操作技能,为驾驶安全提供有力保障。三维视景仿真是计算机技术、图形处理、图形生成技术、立体影像各音响技术等高新技术的综合运用。它能够很好地实现可视化仿真,是一种直接表现模型行为的图形技术方法。三维视景仿真是使用户产生身临其境感觉的交互式仿真环境。应用三维视景仿真技术能使仿真过程表现得更加直观、形象和具体。三维视景仿真有利于提高培训质量,增加受训人员真实感,使其缩短训练周期,提高训

练效果。

3. 虚拟现实技术

虚拟现实技术是仿真技术的一个重要方向,是仿真技术与计算机图形学、人机接口技术、多媒体技术、传感技术、网络技术等多种技术的集合,是一门富有挑战性的交叉技术前沿学科和研究领域。虚拟现实技术(VR)主要包括模拟环境、感知、自然技能和传感设备等方面。模拟环境是由计算机生成的、实时动态的三维立体逼真图像。感知是指理想的VR应该具有一切人所具有的感知。除计算机图形技术所生成的视觉感知外,还有听觉、触觉、力觉、运动等感知,甚至还包括嗅觉和味觉等,也称为多感知。自然技能是指人的头部转动,眼睛、手势或其他人体行为动作,由计算机来处理与参与者的动作相适应的数据,并对用户的输做作出实时响应,并分别反馈到用户的五官。传感设备是指三维交互设备。培训系统中的列车模拟驾驶系统,是利用虚拟现实技术,通过前景显示屏、后景显示屏、站台显示屏、司机座椅、司机驾驶台等技术来达到司机真实体验。

(五)典型培训场景

培训系统涵盖故障场景、运营场景、应急场景等。可培训的岗位包括调度、站务、司机、信号工人等,培训内容丰富多元化,培训方式直观。学员能够在接受培训后迅速进入工作岗位,适应快节奏、高强度的地铁运营维护工作。

1. 信号设备故障

信号设备故障指轨旁的实际信号设备由于设备老化、自然灾害等原因发生的故障。常见的信号设备故障包括信号机灯丝断丝熔丝、道岔故障、屏蔽门故障、计轴器故障、应答器故障等。

以道岔挤岔故障为例,当地铁运营中发生道岔挤岔故障时,计划列车无法自动触发前方进路。首先由中心调度员向站务人员下发解除道岔故障指令,站务人员请求ATS控制权后,进行道岔的强扳或定反位单操操作。如道岔无法进行信号驱动,由站务人员手动将道岔移动到指定位置,恢复地铁运营。

2. 信号子系统故障

信号子系统故障指构成CBTC系统的各个信号子系统故障,常见的信号子系统故障包括:车载设备故障、联锁故障、ATS故障等。

中心和站务学员可以通过培训过程中注入的信号子系统故障,熟悉某个子系统发生故障之后信号系统的现象,从而在运营中快速定位故障系统。

3. 列车故障

地铁列车在长期的运行中,难免会发生故障需要进行救援,如果救援效率比较低,就会对运营造成大影响。为了进一步提高列车故障救援效率,减少对运营的影响,培训系统设置了列车故障培训内容。常见的列车故障包括MMI故障,车门故障,牵引故障,制动故障,广播故障,受电弓故障等。

培训司机在操作过程中遇到常用故障时的应对策略。如发生车门故障时,培训司机安抚乘客,手动打开或关闭车门。培训站务人员引导乘客,辅助列车运行等,从而提高运营效率。

4. 运营场景

在地铁的日常运营中,提炼出多种经典场景,包括:大客流疏导、早晚高峰交替、增加临客、临时限速、列车运营调整、列车计划管理、运行图管理等。

5. 应急场景

应急场景培训主要培训地铁站务人员在应对运营过程中突发的安全事故、自然灾害等时，按照标准作业和流程进行操作，尽量减少人员伤亡，并在最短的时间内恢复地铁的正常运营。应急场景主要包括火灾、水淹、防恐等。

6. 综合场景

综合场景培训是调度员、站务员及司机的联合演练培训，各岗位人员定岗定职，通过典型的场景来进行综合性地演练，加强调度与站务及司机的配合度，提高各工种综合素质水平。

小　结

近年来，我国轨道交通发展迅速，建设和运营规模不断增长，行业人才需求不断扩大，与此同时，行业人才供给不足、结构不合理等问题逐渐凸显，成为制约轨道交通健康、安全、可持续发展的短板。

在信息技术与高科技产品不断更新换代的今天，传统培训模式依旧采用“师傅带徒弟”的模式，这就导致培训效率低、实训机会少、学习难度大、资料更新慢、无法客观考核真实水平、无法持续进行培训、培训效果与实际有差距、技术设备跟不上等一系列问题，已然跟不上我国城市轨道交通发展的速度与规模。

新形势下的培训要求，应立足城市轨道交通行业发展，依托政府推动和市场引导作用，发挥市场优势，搭建产学研用合作平台，提供以下服务：

(1)服务行业发展战略，开展城市轨道交通交通人才培养标准化建设等工作，进一步规范、提升城市轨道交通人才培养工作。

(2)应用人因工程、网络效应、人工智能等技术创新，在线化核心业务、深化教育与学习方式，实现各岗位人才供需精准匹配。

(3)让知识流动起来。应用教、学、练、考一体化培训方式，激活个体，形成场景/案例库、资源库。遵循市场规则形成知识共享、交流、交换平台，使内容在流动过程中形成价值，为全国城市轨道交通发展提供坚强的人才保障和智力支持。

第九章　CBTC 全生命周期安全保障体系与评估方法

列车运行控制系统是轨道交通系统的“大脑”和“神经中枢”，一旦发生故障，轻则影响列车的运营秩序，造成晚点，重则发生重特大安全事故。基于通信的列车运行控制（CBTC）系统既是信号系统发展的方向，同时其复杂性、系统性又成为安全保障工作的主要困难。

CBTC 系统是一个基于网络化计算机的控制系统。由于通信网络允许各子系统之间进行双向、大容量、实时数据交换，CBTC 系统可以将信息逻辑判断、数值计算分散在几个嵌入式子系统当中，通过各个子系统协同工作完成系统功能。这种分布式结构可以显著提高系统的处理能力和效率，但同时也带来系统之间频繁、复杂的交互和协作，导致设计人员很难保证系统组件间的所有交互都得到很好的理解、设计和防护。

第一节　概　　述

从 20 世纪 80 年代起，人们开始探索适合计算机时代轨道交通列车运行控制系统的安全技术。经过不断尝试，逐渐确立了以风险为核心，以产品生命周期为主线，综合可靠性、系统维修、质量管理、人机工程等所有相关方面的一套科学的安全评估和安全保障体系，制订一系列切实可行的安全技术标准。

欧洲电气化标准委员会（CENELEC）下属的 SC9XA 委员会，制订以计算机控制的列车运行控制系统作为对象的轨道交通列车运行控制系统系列标准。该套标准具有较强的针对性和更好的实用性，在很多国家得到推广，并先后被 IEC 委员会采用为国际标准。该套标准包括 IEC 62278、IEC 62425、IEC 62280 以及 IEC 62279 共 4 个部分，如图 9-1 所示。

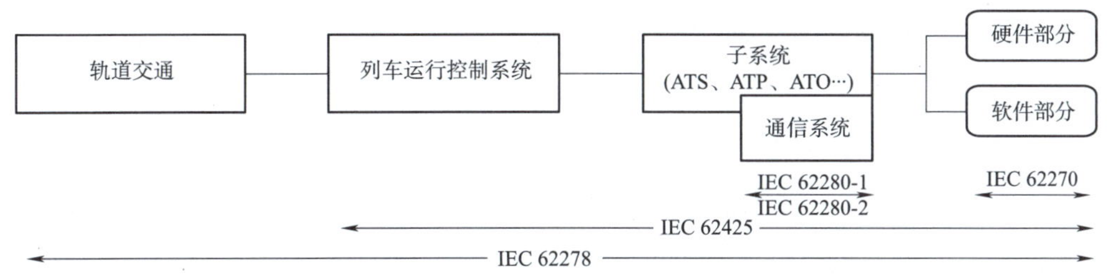

图 9-1　轨道交通国际安全标准

（1）IEC 62278（EN 50126）明确轨道交通列车运行控制系统的可靠性、可用性、可维修性和安全性（RAMS）的概念以及相互关系，并且规范可信性系统的生命周期框架，以及在每一个生命周期阶段为了保障系统的 RAM 和安全性所需要完成的工作。

(2)IEC 62425(EN 50129)针对列控系统的安全案例、安全完善度等级等方面对 IEC 62278 进行了补充。

(3)IEC 62279(EN 50128)是列控系统安全相关软件设计标准,在 IEC 62278 的框架下补充软件工程内容,规定不同安全程度的软件设计需要使用的技术和实施的管理。

(4)IEC 62280(EN 50159)是轨道交通通信系统安全标准,分为封闭通信系统和开放通信系统两个部分。标准从系统安全性的角度看待信息安全问题,将信息安全技术作为提高系统安全性的措施,使二者在系统设计中实现统一。

在轨道交通领域,IEC 62278 推荐三种国际上较为常用的安全原则:法国的 GAMAB 原则、德国的 MEM 原则和英国的 ALARP 原则。

(1)GAMAB(Globalement Au Moins Aussi Bon)要求对于所有新系统必须提供最好的安全性能,至少也要和现有的同类系统的安全性能相当。

(2)MEM(Minimum Endogenous Mortality)原则的字面意思是新系统的应用不能增加人们伤亡的概率。德国在应用 MEM 原则时规定轨道交通系统造成的人员伤亡低于国家的最低自然死亡率(德国 5～15 周岁年龄段的自然死亡率最小,为每年两万分之一)。因此,轨道交通系统一般将其安全目标规定在 RM=10^{-5}灾难性危险/(人×年)。

(3)ALARP(As Low As Reasonably Practicable)原则的含义是在成本允许的情况下,采用合理、可行的方法尽可能降低风险。它把风险划分为三个等级,如图 9-2 所示。最上面是完全不可接受的区域,处于该区域的风险要不惜任何代价予以降低。最下面是可以忽略的区域,即风险几乎不可能对人、环境或财产带来损失。中间被划为 ALARP 区域,处于该区域的风险不容忽视,需要采取技术可行、成本允许的措施进行处理,将风险降到最低程度。

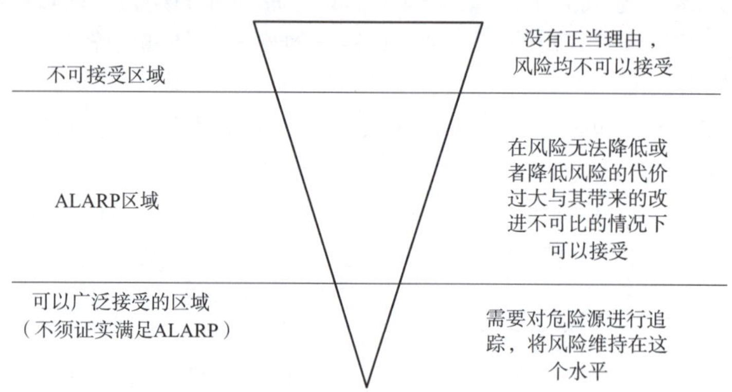

图 9-2 ALARP 风险区域划分

从形式上看,GAMAB 原则和 MEM 原则以风险接受门限的形式来清晰地定义安全要求。而且,分别选择“现有同类系统”和“最小国家人口自然死亡率”作为风险接受门限,具有很强的普适性和客观性。这种抽象性和原则性的定义有助于安全原则在法、德这样的成文法国家的推广和执行。MEM 原则问题在于没有考虑人对于不同类型系统的风险认知差别。比如人对于轨道交通风险的接受程度与民航、公路等交通工具应当有所区别。

ALARP 鼓励最大限度地降低风险、提高安全性,同时又兼顾成本因素,在一定程度上推动风险降低技术的研究和应用。与法、德两国的安全原则相比,ALARP 原则的要求更加严格，设计过程中需要对多种风险降低措施进行分析，选择最合理的方案，而且风险可接受的论证工作也非常烦琐。与 GAMAB 和 MEM 原则不同，ALARP 原则没有明确定义风险接受门限，而是与英国社会背景相适应通过程序、案例等具体的程序化规定来体现轨道交通的安全需求。英国健康安全部门（HSE）先后出台一系列法规对 ALARP 进行解释、约束，并且提供很多法庭判例作为参考。轨道交通法规制定部门也发布 ALARP 原则指导、工程安全管理（Yellow Book）等行业规范，详细规定 ALARP 原则在系统设计、运行维护、安全性论证应用的程序、步骤。

在 CBTC 系统的研制开发过程中，严格按照 CENELEC 标准的要求开展需求分析、风险分析、系统设计、产品实现、系统测试等工作；同时结合自身特点，围绕每一项工作任务，剖析其“标准、方法、流程、人”四个维度的要求，将安全保障工作落到实处，最终产品研制出来的同时，获得国外第三方认证公司颁发的最高等级 SIL4 级的安全认证证书，并最终将产品应用到实际工程项目中。

第二节　CBTC 系统全生命周期安全保障体系

系统的生命周期是指一个系统从初始概念到系统退役的整个过程的各个阶段以及各阶段完成的任务，如图 9-3 所示。整个阶段包括一个安全相关系统的计划、管理、控制和监督等。

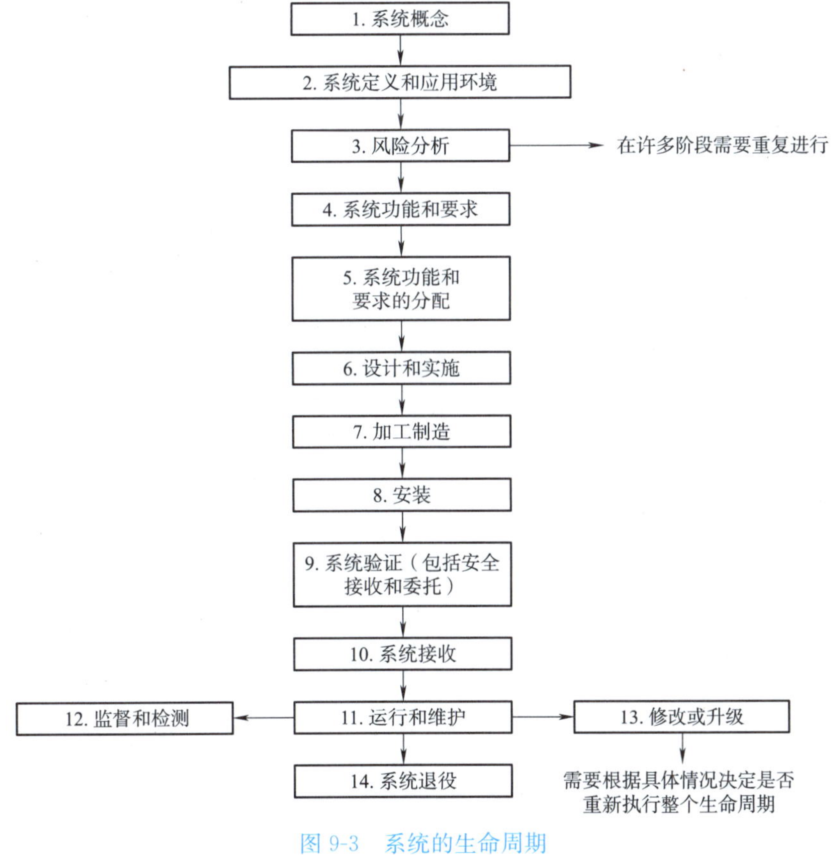

图 9-3　系统的生命周期

系统生命周期(System Lifecycle),是系统开发和使用过程的形象描述。就像人都会经历生老病死一样,任何系统也都会经历一个从概念孕育到停用报废的过程。生命周期提供一个规划、管理、控制和监督系统的质量、性能、工期、成本等各个方面的统一架构。系统安全是很多因素共同作用的结果,并且这些因素分布在所有系统生命周期阶段中,不同阶段所涉及的因素各不相同,因此需要以系统生命周期为主线开展系统安全保障工作,在不同阶段针对不同因素有重点地进行控制监督。将适用于安全相关系统的,包含系统安全保障工作的系统生命周期称为安全生命周期(Safety Lifecycle)。

EN 50126 中对于一个轨道交通安全相关系统的生命周期进行了定义,共分为 14 个阶段,如图 9-3 所示。在其整个生命周期,各个阶段完成的任务不同,表 9-1 给出了系统生命周期各个阶段的具体任务,进行 RAMS 的管理,给出应需要完成的 RAMS 任务,同时给出相关的具体文档和要求。

表 9-1　生命周期各阶段的任务

序号	生命周期阶段	一般任务	RAM 任务	安全任务
1	系统概念	◆建立系统的范围和目的; ◆定义系统概念; ◆资金分析和可行性研究; ◆建立管理体系	◆预期 RAM 的性能; ◆认定系统的 RAM 含义	◆制订安全政策; ◆制订安全目标
2	系统定义和应用环境	◆建立系统任务框架; ◆准备系统描述; ◆确定运行和维护策略; ◆确定运行条件; ◆确定维护条件; ◆确定已存在系统对其的影响	◆为 RAM 评估以前的经验数据; ◆初步 RAM 分析; ◆设定 RAM 政策; ◆确定长期运行和维护的条件; ◆确定已存在系统对 RAM 的影响	◆评估过去的经验数据; ◆初步危险分析; ◆安全计划概述; ◆定义 THR 标准; ◆识别既有设施对安全的影响
3	风险分析	◆进行相关的风险分析		◆系统危险和安全风险分析; ◆建立危险日志; ◆风险评估
4	系统功能和要求	◆系统要求分析; ◆指定系统整体要求; ◆指定环境; ◆定义系统标准; ◆建立验证计划; ◆实施安全交接程序	◆指定系统整体 RAM 要求; ◆定义 RAM 可接收标准; ◆建立 RAM 程序; ◆建立 RAM 管理	◆系统安全要求概述; ◆定义系统安全接受标准; ◆定义安全功能; ◆建立安全管理
5	系统要求和功能分配	◆系统要求的分配; ◆指定子系统和设备要求; ◆定义子系统和设备要求	◆系统 RAM 的分配; ◆指定和定义子系统和设备的 RAM	◆分配系统安全目标和要求; ◆升级系统安全计划
6	设计和实施	◆履行计划; ◆设计和开发; ◆设计分析和测试; ◆履行设计验证; ◆实施和评估	◆通过分析、测试和数据评估实施 RAM 程序; ◆可靠性和可用性; ◆最佳维护体系; ◆后勤支持; ◆实施程序控制; ◆RAM 的程序管理; ◆子合同和供应商的控制	◆通过阅览、分析、测试和数据评估来实施安全计划

续上表

序号	生命周期阶段	一般任务	RAM任务	安全任务
7	加工制造	◆执行产品计划； ◆加工制造； ◆测试； ◆准备文档； ◆建立培训	◆RAM测试； ◆FRCAS	◆实施安全计划； ◆使用危险日志
8	安装	◆集成系统； ◆安装系统	◆开始维护培训	◆建立安装程序； ◆实施安装程序
9	系统验证（包括安全接收和委托）	◆安全委托； ◆履行运行试用期； ◆进行培训	◆进行RAM分析说明	◆建立委托程序； ◆实施委托程序； ◆准备安全案例
10	系统接收	◆按照系统定义标准进行系统接收； ◆提供可接收的证明； ◆进入质保期； ◆连续试用(如需要)	◆评估RAM	◆评估安全案例
11	运行和维护	◆长时间的运行考核； ◆维护、培训		◆安全维护培训
12	监督和检测	◆系统运行情况统计； ◆咨询、分析和评估	◆RAM统计、分析	◆安全统计、分析
13	修改或升级	◆制订修改或升级计划； ◆实施系统修改和升级	◆为修改或升级后的系统确定RAM	◆修改或升级后的安全分析
14	系统退役	◆制订系统退役计划； ◆实施系统退役		

从全生命周期各阶段所完成的活动，能够发现其中采用基于风险的管理理念，在系统或项目生命周期内，主动控制系统的风险。在实际轨道交通工程实施过程中，通常又把14个阶段划分为5个里程碑，如图9-4所示。

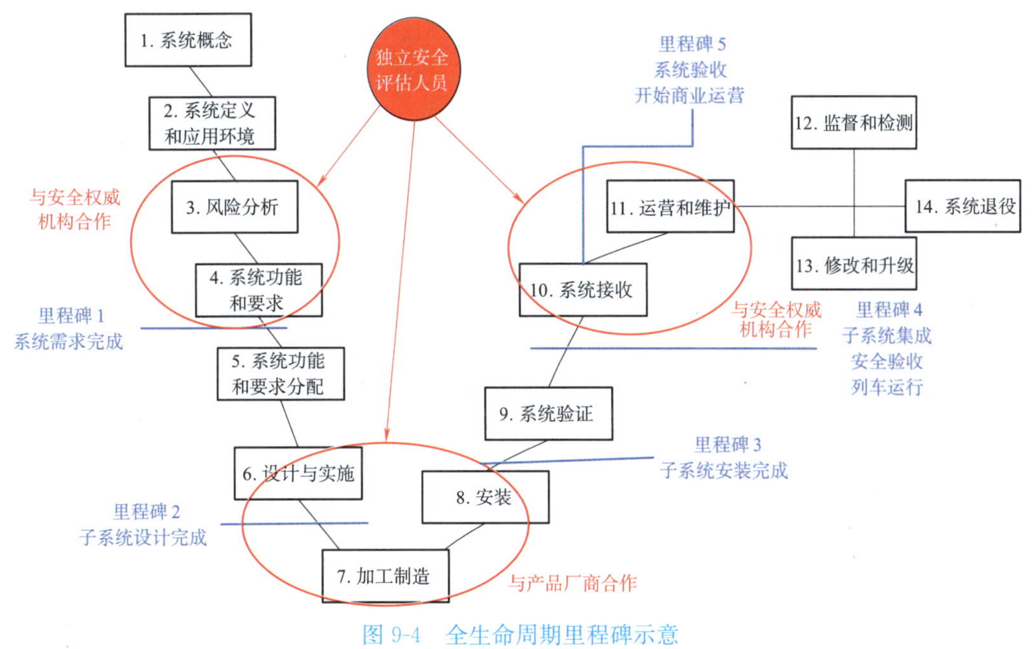

图9-4 全生命周期里程碑示意

表 9-2 列出 CBTC 系统供货商全生命周期关键活动及成果物。

表 9-2　CBTC 系统供货商全生命周期关键活动及成果物

生命周期阶段	CBTC 系统供货商	
	关键活动	提交的典型文档
系统需求阶段	①项目启动,回顾安全方针及安全目标,评估以往安全经验数据 ②编制各项计划,建立或完善质量组织和安全组织 ③系统及接口定义 ④危险分析	①项目计划(包括安全计划、质量管理计划、配置管理计划等) ②系统需求规范(包括安全需求规范) ③危险分析报告(包括初步危害分析报告、系统危害分析报告) ④危险日志
系统设计阶段	①确定系统需求和安全需求以及需求分配 ②系统特定应用层系统方案设计 ③接口危险源分析	①子系统或产品技术规格书 ②系统接口说明书 ③接口危害分析报告
产品实现阶段	①系统设计和产品实现 ②产品集成和系统集成 ③产品级认证证据收集 ④运营和支持危险源分析	①各子系统的产品安全认证证书及评价报告 ②设计安全证明文件 ③运营和支持危害分析报告
测试验证阶段	①室内仿真测试验证 ②系统验证与审核	①测试大纲 ②子系统测试规范及报告 ③系统测试规范及报告 ④ FRACAS 报告
验收确认阶段	①系统验收 ②设备安装测试 ③现场确认测试	①安全证明文件 ②现场测试大纲 ③设备安装报告 ④现场确认测试报告 ⑤FRACAS 报告 ⑥安全须知、培训手册、安装手册、操作手册、维修手册

一、系统需求阶段

系统需求阶段的主要工作是根据项目合同的要求和以前项目的经验,制订安全计划,编写系统需求规范,开展危险源辨识,进行危险源管理等工作。

(一)制订安全计划

安全计划是对于项目中涉及的安全管理活动进行策划的文档。安全计划有以下两个主要功能。

(1)提供一个把安全风险降低到可以接受的范围之内(或者表明其已经降到可接受的范围之内)的详细的计划。

(2)提供一种用于证明上述工作已经完成的方法。

在安全计划编写过程中,需要明确整个项目的安全管理目标、任务,了解和掌握项目可能产生的风险、后果及不确定的因素,安全计划尤其应对参与项目的人员资质进行要求和管理。

(二)编写系统需求

系统需求是整个系统设计研发的整理要求,来源于用户、行业标准以及特定项目的要求。一般情况下,CBTC 系统需求包括以下方面:

(1)功能需求。

(2)性能需求。

(3)外部接口需求。

(4)RAMS 需求。

(5)电磁兼容需求。

(6)限制条件,含气候条件、振动冲击条件、尺寸空间条件等。

为了确保系统需求得到正确的传递和实现,可以使用需求管理工具将各需求文件和设计文件进行需求链接,链接的原则如下:

(1)上层需求应向下链接,直至详细设计文件,以确保需求得到传递和实现。

(2)下层需求应向上链接,直至系统需求,以确保下层需求均由上层需求分配得到。

(3)应对需求链接的完备性和正确性进行评审,一般在需求和设计文档同行评审时进行。

EN 50129 标准对于系统需求规范采用的技术措施规定见表 9-3。

表 9-3　系统需求规范需采用的技术措施

<table>
<tr><th>序号</th><th>技术/措施</th><th>SIL1</th><th>SIL2</th><th>SIL3</th><th>SIL4</th></tr>
<tr><td>1</td><td>区分安全相关系统和非安全相关系统</td><td colspan="2">R:明确定义安全相关系统和非安全相关系统之间的接口</td><td colspan="2">HR:明确定义安全相关系统和非安全相关系统之间的接口并进行接口分析</td></tr>
<tr><td>2</td><td>图形描述(如方框图)</td><td colspan="2">HR</td><td colspan="2">HR</td></tr>
<tr><td>3</td><td>结构化的规范</td><td colspan="2">HR:手工分层地划分成多个子任务并对接口进行描述</td><td colspan="2">HR:使用形式化方法进行层次划分,自动一致性校核,提炼至功能级</td></tr>
<tr><td>4</td><td>形式化或半形式化方法</td><td colspan="2"></td><td colspan="2">R:计算机辅助</td></tr>
<tr><td>5</td><td>计算机辅助的规范工具</td><td></td><td>R:不偏爱某特殊设计方法的工具</td><td colspan="2">R:具有层次划分的面向模型的过程,所有对象及其关系的描述,自动一致性校核</td></tr>
<tr><td>6</td><td>检查清单</td><td colspan="2">R:为安全生命周期各个阶段准备检查清单,着重于主要安全问题</td><td colspan="2">R:为安全生命周期所有阶段准备详细检查清单</td></tr>
<tr><td>7</td><td>危险日志</td><td colspan="4">HR:建立危险日志并在整个系统生命周期内维护危险日志</td></tr>
<tr><td>8</td><td>规格说明检查</td><td>R</td><td colspan="3">HR</td></tr>
</table>

注:(1)因为检查清单或计算机辅助规格说明工具一般只说明"做什么",而不能确保实际完成的质量,因此它们应和其他方法一起使用。

(2)HR、R 定义是:"HR",特别推荐的技术或方法,如果不采用,则需要详细说明不采用该技术而保证安全的基本原理;"R",推荐的技术或方法。

在 CBTC 系统需求辨识过程中,采用运营场景分析的方法描述各个子系统和设备交互的过程,并且针对每一个运营场景采用 UML 顺序图进行建模,为危险源辨识提供较为全面准确的支撑材料。

(三)危险源辨识

危险源辨识是在系统需求和设计刚有一个雏形时,开展危险源识别工作,进而完善系统需求和设计的一项工作,主要包括 PHA、SHA、IHA 和 O&SHA 等四大类,识别出的危险源应建立危险源日志,并对危险源进行初始风险评估,确定消除已识别危险源的方法或将其风险控制在可接受范围内的措施。安全保证团队负责关闭危险源日志中列出的危险源,将所有识别的危险源的消除或其风险减轻/控制措施以及相关的法律法规及标准规定的安全要求进行分析及归纳整理,以形成产品或项目开发的安全需求,确保所识别的安全需求在系统设计中予以实现,在系统测试中予以通过测试确认;以及验证所要求的运营或维修程序在相关的操作手册或维护手册上予以写明,将产品或项目的安全风险降低到可以接受的水平内。EN 50129 标准对于失效和危险分析方法要求见表 9-4。

表 9-4　失效和危险分析方法

序号	技术/措施	SIL1	SIL2	SIL3	SIL4
1	初步危险源分析(PHA)	HR	HR	HR	HR
2	故障树分析(FTA)	R	R	HR	HR
3	马尔可夫状态图	R	R	HR	HR
4	失效模式、影响和危害性分析(FMECA)	R	R	HR	HR
5	危险性和可操作性分析(HAZOP)	R	R	HR	HR
6	因果图	R	R	HR	HR
7	事件树	R	R		
8	可靠性方框图	R	R		
9	分区分析	R	R		
10	接口危险分析	R	R	HR	HR
11	共因失效分析	R	R	HR	HR
12	历史事件分析	R	R	R	R

注:初步危险源分析(PHA)只应考虑在开发初期进行。当设计过程中已有精确的技术信息时,最好用其他方法。

1. 初步危险源分析(PHA)

PHA 的主要任务是在铁路安全产品开发初期(系统定义阶段)识别、分析潜在的危险源。针对工程项目,初始危险源会根据铁路信号原理、类似信号系统的经验和近十多年来的铁路事故的事故统计,形成信号系统的主要危害因素,并结合工程的实际情况,进行初步危险源分析。PHA 用于识别信号系统必须控制的危险源,并对其进行风险分析,以形成初步危险源分析报告。

PHA 的目的是在系统定义阶段识别出列控系统失效而可能导致危险条件的危险源。初步危险源分析是一个识别危险源、危险源原因、后果、风险水平和减轻措施的安全分析工具,产品开发后续的危险源和风险分析将为初步危险源分析提供支持。基于有限的系统设计信息所识别出来的减轻措施,将形成最初的系统安全需求,并作为后续设计的输入。

危险源分析在系统尚未设计之前进行,目的如下:

(1)识别和定义必须控制的主要危险源。

(2)确定系统级主要危险源的主要原因及其可能造成的后果。

(3)对相关危险源的风险等级进行一个初步的评估。

展现出系统的主要危险源及初步风险评估的结果,以便将有关的安全要求纳入到系统的安全需求中，确保在产品的初步开发阶段就已较为全面地考虑了产品的安全要求，以使系统的风险控制在低至合理可接受的水平。

初步危险源分析主要是用来识别系统固有的主要危险源，其主要根据信号系统的应用原则和以往的运营经验，将信号系统必须控制的主要危险源识别出来。

分析将信号系统的边界条件和环境作为一个黑盒来看待，以识别其危险源。信号系统的边界将基于信号系统的设备接口，以及在信号系统的主要功能来进行定义。涉及子系统层面的原因将作为子系统的核心危险源进一步分析。

进行危险源的识别时，使用表 9-5 所示的引导词来触发团队成员提出问题，以找出系统/子系统的设计特征与设计意图的偏差，促使团队成员识别系统/子系统执行所要求的功能时出现潜在故障，导致人员伤亡、环境受破坏或运营服务受阻的情况或条件，也就是所说的危险源。

表 9-5 引 导 词

引导词	释 义
否定-No	对行动或活动的完全否定，没有完成行动/活动的任何部分
多于-More	数量的增加
少于-Less	数量的减少
以及-As well as	所有行动/活动，连同增加的都完成
部分-Part of	只有完成部分的行动或活动
而是-Other than	完全取代，原来的行动/活动任何部分都没有完成，而是由一些不同的行动/活动完全取代
相反-Reverse	与所实现的行动/活动的逻辑相反
早于-Early	某些事物发生的比预计的时间早
晚于-Late	某些事物发生的比预计的时间晚
之前-Before	某些事物发生在预计的次序之前
之后-After	某些事物发生在预计的次序之后

除了引导词外，根据具体的系统，应准备一份与系统有关的关键字(此关键字根据具体的系统/子系统可做变化)，如表 9-6 所示的参数关键字，以辅助团队成员进行危险源的识别。

表 9-6 参数关键字

序 号	关 键 字	序 号	关 键 字
1	速度	4	电压
2	温度	5	压力
3	电流	6	距离

2. 系统危险源分析(SHA)

SHA 在系统需求开发阶段进行，安全保证团队针对工程项目中的安全功能和安全需求，进行系统功能的安全分析，同时参考以往项目的安全经验，组织识别系统级所有可预见的危险源，找出其潜在的原因、后果及对其进行风险分析，然后确定适当的措施，并根据这些措施建立初始的系统级安全需求，以将每个危险源的风险降至可接受的水平。SHA 中识别的危险源需纳入到危险源日志中进行管理。项目中需要各分包商提供各子系统的 SHA 补充完善，集成商进行审核与整理，最终形成项目的 SHA。

在工程领域，通常假设所有概率事件是相互独立的，这样就可以通过乘法运算得到所有概率事件的组合。而概率和严重程度的组合则采用风险矩阵(Risk Matrix)的方法表达，见表 9-7。

表 9-7　风险矩阵

频率（每年每个功能）			后　果			
			C1	C2	C3	C4
			无关紧要的	不重要的	严重的	灾难性的
			发生轻伤	发生重伤、多人轻伤或对环境有较严重威胁	单人死亡，多人重伤或对环境造成严重破坏	多人死亡或对环境造成重大破坏
F6	经常的	≥1	A	A	A	A
F5	可能的	≥0.1 to <1	B	A	A	A
F4	偶然的	≥0.01 to <0.1	C	B	A	A
F3	罕见的	≥0.001 to <0.01	D	C	B	A
F2	不可能的	≥0.000 1 to <0.001	D	D	C	B
F1	难以置信的	<0.000 1	D	D	D	C

注：(1)A(不可接受的)：风险不可接受，应消除或控制危险源；
(2)B(不期望的)：在合理可行的情况下，应进一步采取措施降低风险；
(3)C(可忍受的)：风险可以忍受，但若有合理可行的措施，则应进一步采取措施降低风险；
(4)D(普遍接受的)：风险可广泛接受，不需要采取其他行动。

危害发生频率分为 6 个级别，见表 9-8。

表 9-8　危害发生频率分级

频率类别	定　义	数　值（每年每个功能）
F1	极不可能出现。假设危害不会出现	<0.000 1
F2	不可能出现，但是可能性存在。认为危险可能例外地出现	0.000 1≥ F2 >0.001
F3	在系统生命周期可能有时出现。能合理预计危险的出现	0.001≥ F3 >0.01
F4	可能会出现几次。能预计危险发生几次	0.01≥ F4 >0.1
F5	会出现几次。能预计危险经常出现	0.1≥ F5 >1
F6	可能经常出现，将不断地经历危险	≥1

每一危险源危害严重度等级可分为 4 类，见表 9-9。

表 9-9　后果分级表格

后果类别	定　　义
C1	可能发生的较小伤害
C2	较小伤害和/或对环境有严重威胁
C3	单人死亡和/或严重伤害和/或对环境造成严重破坏
C4	多人死亡和/或多人严重伤害和/或对环境造成重大破坏

等效死亡换算公式：1 个等效死亡＝1 个实际死亡＝10 个重伤＝100 个轻伤

（四）危险源管理

识别出的危险源都应记录在危险源日志中，以使消除或将风险控制在可接受的范围内。列控系统系统级危险源日志由安全保证团队维护，并贯穿整个生命周期。表 9-10 为危险源日志的表头。

表 9-10　危险源日志表头

<table>
<tr><th rowspan="2">编号 No</th><th rowspan="2">系统 System</th><th rowspan="2">参考编号 Ref. No.</th><th rowspan="2">危险源描述 Hazard Description</th><th rowspan="2">受影响区域 Areas/Location affected</th><th rowspan="2">潜在原因 Potential Cause</th><th rowspan="2">后果 Consequence</th><th colspan="4">运营模式 Operation Mode</th><th colspan="3">受影响组别 Affect Groups</th><th colspan="3">原始风险 Original Risk</th><th colspan="2">危险源减轻/控制措施 Mitigation Measures</th><th colspan="3">剩余风险 Residual Risk</th><th rowspan="2">危险源管理员 Hazard Controller</th><th rowspan="2">状态 Status</th><th rowspan="2">备注 Remark</th></tr>
<tr><th>移动闭塞 CBTC</th><th>固定闭塞 BLOC</th><th>联锁闭塞 IL</th><th>维修 Maint.</th><th>乘客 Pa.</th><th>员工 St.</th><th>公众 Pub.</th><th>频率 F</th><th>后果 S</th><th>风险 R</th><th>序号</th><th>减轻措施</th><th>频率 F</th><th>后果 S</th><th>风险 R</th></tr>
</table>

表 9-10 的每一列定义见表 9-11。

表 9-11　危险源日志表头解释

列　　名	含　　义
编号 No.	危险源编号
系统 System	危险源所属系统
参考编号 Ref. No.	参考文件名称及编号
危险源描述 Hazard Description	描述可能导致人员伤亡或环境受破坏的情况
受影响区域 Areas/Location affected	描述危险源涉及的区域
潜在原因 Potential Cause	描述可能导致潜在的危险源发生的主要原因及次要原因
后果 Consequence	描述由于危害事件可能导致对系统及人员安全的影响，如延误运营、人员的受伤和死亡、设备的受损等
运营模式 Operation Mode	输入当故障模式或危害情况发生时的系统操作模式，如 CBTC 级别、点式级别、联锁级别
受影响组别 Affect Groups	当故障模式或危害情况发生时受影响的组别，如乘客、员工或公众

续上表

列　　名	含　　义
原始风险 Original Risk	根据风险矩阵,输入危险源的频率和后果,以确定其风险等级
危险源减轻/控制措施 Mitigation Measures	描述针对相应危险源形成的减轻及控制措施,该减轻及控制措施包括设计、运营、维护、限制条件等方面
剩余风险 Residual Risk	输入计划实施的风险控制方案后,可能造成危害事件发生的频率、后果,以评估其剩余风险
危险源管理员 Hazard Controller	针对该危险源实施减轻及控制措施的责任人
危险源状态 Status	每个危险源所处的状态,包括:当所对应的所有安全需求状态为关闭时危险源状态才为关闭;当所对应的安全需求为部分关闭但是不影响当前项目活动时为有条件关闭; 当所对应的安全需求全部未关闭或未关闭部分影响当前项目活动时为开放
备注 Remark	输入与危险源相关的其他信息或参考文件,以支持所描述的风险措施

危险源日志分配到子系统层面的,子系统安全经理需协助安全经理完成危险源的原因、后果、风险等分析。

当有新引入的危险源时(包括分包商和供应商),应向安全保证团队报告,安全保证团队将确认这些新增加的部分,并将它们放入危险源日志中。

危险源减轻措施由安全保证团队协调系统设计人员、分包商、供应商、运营维护专家等共同确定。

明确下来的危险源减轻措施就是系统的安全需求。安全需求应该是多层次的,可以先是对整体需要达到的风险目标的需求,之后可以是对设备局部的具体技术的需求。但是安全需求一定要明确表述并且切实可行,以便于之后对系统安全特性的验证,如下方面:

(1)无歧义性:每一条需求必须是无歧义的,即只存在唯一一种理解方式。

(2)完整性:安全规范应该是完整的,应该包括所有用户以及业主的要求、标准和法规的规定。需要完整声明会影响到系统设计开发的约束条件,也就是系统应该干什么,不应该干什么。

(3)正确性:规范必须是正确的,每一条需求至少需要经过业主以及具有认证系统安全能力的专业人员共同证明。

(4)一致性:规范应该是一致的,规范之间,以及规范与标准之间应该没有矛盾之处。

(5)可验证性:需求规范应该是可验证的,应该有特定的流程来验证开发的系统满足需求。

(6)可修改性:需求应该是可修改的,其结构和表述风格应该易于必要时的修改。

(7)可追溯性:每条需求应该是可追溯的。任何需求的来源应是明确的,而且具有唯一的标示以便于参考引用。

安全保证团队需整理危险源减轻措施及子系统限制条件、应用条件等形成安全需求,安全需求必须纳入到设计或运营维护活动中,安全需求需进行验证/测试和确认。

安全需求分为两类:设计类,运营维护类;分别采用测试、评审、管理三种方式进行确认。在确认前,状态为设计关闭和输出;在完成确认后,状态为关闭、评审关闭、输出关闭(并持续跟踪),如图 9-5 所示。

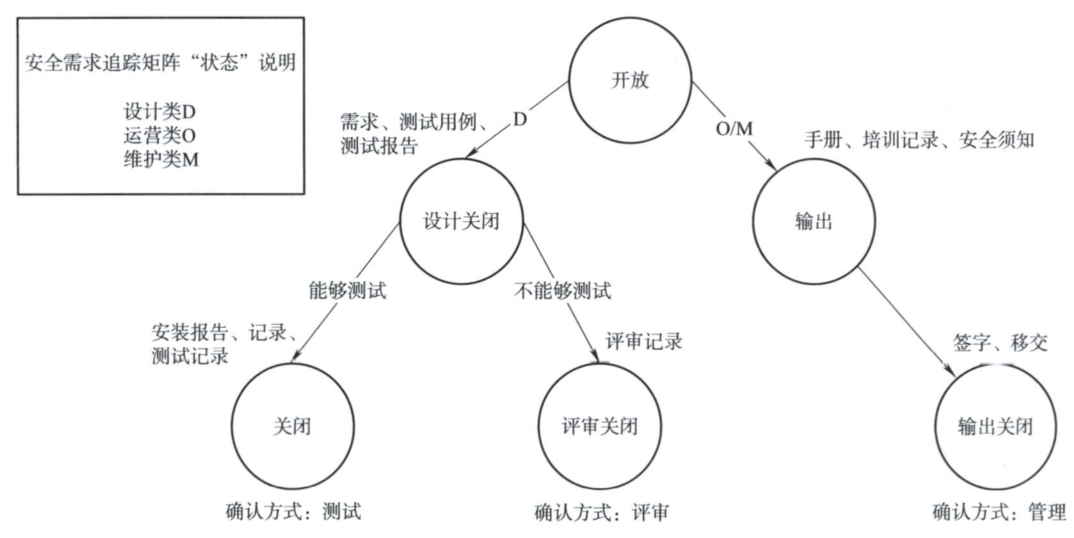

图 9-5　安全需求管理示意

安全保证团队确保所识别出的安全需求在系统设计中予以实现和在系统测试中予以通过测试确认，以及验证所要求的运营或维修程序在相关的操作手册或维护手册上予以写明，以将产品或项目的安全风险降低到可以接受的水平内。对于与各分包商相关的安全需求，会分配给各分包商，要求各分包商纳入管理。对于与其他系统（如车辆）相关的安全需求，输出给相关责任方，进行确认并接受。

二、系统设计阶段

系统设计阶段需要根据系统需求和安全需求进行系统设计和工程设计，确定每个安全功能的 SIL 等级，并将这些需求向子系统进行分配，编写子系统或产品技术规格书和系统接口说明书，针对内外部接口开展接口危险源分析。

（一）SIL 等级确定

根据 IEC 61508 中的风险图确定 SIL 等级，此方法是基于功能的风险水平确定 SIL 等级。功能的风险水平确定公式

$$R = f \times C$$

式中，R 是安全相关系统的风险；f 是安全相关系统的危险源频率；C 是危险源发生后果（后果与健康、安全或者环境危害有关）。

危险源频率 f 由以下 3 个因素组成：

（1）危险源发生频率和危险区域暴露时间。

（2）避免危险源发生的概率。

（3）无任何安全相关系统（但是存在外部风险减轻设施）时危险源发生概率被称作非期望事故的概率。

因此风险有以下 4 个参数：

（1）危险源后果（C）。

(2)危险源发生频率和危险区域暴露时间(F)。

(3)避免危险源的概率(P)。

(4)非期望事故的概率(W)。

确定每个功能的以上 4 个参数的等级(表 9-13),然后依据图 9-6 的风险图确定其 W 值,然后对照表 9-12 得出该功能的 SIL 等级。

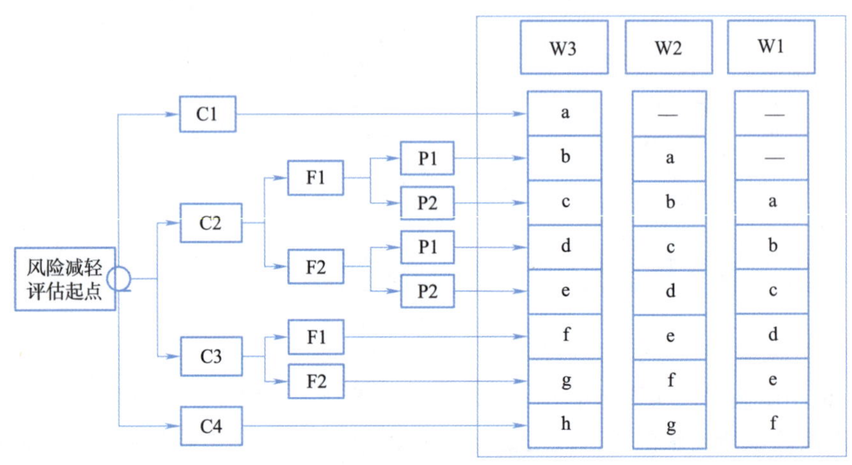

图 9-6　风险图

图中各参数的定义见表 9-12 和表 9-13。

表 9-12　W 中各等级的定义

最少需要的风险减轻	安全完善性等级 SIL	最少需要的风险减轻	安全完善性等级 SIL
—	无安全要求	e,f	3
a	无特殊安全要求	g	4
b,c	1	h	单个安全相关系统不能满足要求
d	2		

表 9-13　参数定义

风险参数		等　　级	备　　注
后果(C)	C1	发生轻伤	
	C2	发生重伤、多人轻伤或对环境有较严重威胁	
	C3	单人死亡,多人重伤或对环境造成严重破坏	
	C4	多人死亡或对环境造成重大破坏	
危险源发生频率和危险区域暴露时间(F)	F1	几乎不到经常暴露在危险区域	
	F2	频繁到永久暴露在危险区域	

续上表

风险参数		等级	备注
避免危险源的概率(P)	P1	在一定条件下可能	这个参数需考虑： 监控或者未监控（例如：由技术熟练或技术不熟练人员）的流程； 危险源发展速率（例如：突然、快速或缓慢）； 危险识别的难易（例如：很容易被识别，通过技术措施检测或无须任何技术措施就可检测）； 危险源规避（例如：可能的、不可能的或者一定条件下可能的逃避路线）； 实际的安全经验（在一些相同或类似的受控设备中存在的类似安全经验）
	P2	几乎不可能	
非期望事故的概率(W)	W1	非期望事故发生概率很小，且有很少数的事故可能发生	W 参数的目的是在没有任何安全相关系统情况下（但是包含外部风险减轻设施），评估非期望事故发生的概率。 如果受控设备没有存在或者存在很少类似系统的经验，W 参数的评估可能需要计算获得。在这种情况下，需考虑最坏的情况
	W2	非期望事故发生的可能性较小，一些非期望事故可能发生	
	W3	非期望事故发生的可能性相对较高且频繁的非期望事故可能发生	

（二）接口危险源分析

接口危险源分析（IHA）用于识别及评估列控系统内外部接口间的危险源，是通过各子系统的内外接口的功能和传递的信息去判断会产生的故障模式，以及对信号系统整体系统安全运营可用性的潜在影响进行危险源识别。IHA 识别可能出现危险条件的原因及影响，这些危险条件可能是由于独立的、依赖性的和同时发生的失效导致的。分析将考虑系统的内外部接口。IHA 中识别的危险源需纳入到危险源日志中进行管理。项目中需要各分包商提供产品级的 IHA 分析作为输入，集成商进行审核与整理，最终形成项目的 IHA。

三、产品实现阶段

产品实现阶段的主要工作是根据子系统或产品技术规格书进行产品设计、实现及系统集成等，对于已经应用过的成熟产品需要提供产品安全认证证书，并且就本项目的应用情况开展差异性分析，新开发的涉及安全的产品需要根据 CENELEC 标准进行产品研发工作，并且需要获得产品安全认证证书。产品相关的计划类、需求类、设计类、测试类文件需要准备好，以备项目调用。该阶段还需要根据产品实现和差异情况开展运营和支持危险源分析工作。

（一）产品安全功能设计和实现

根据系统特点，采用功能安全设计和技术安全设计原则提高系统的安全性。功能安全设计原则是来源于列车控制和运营专业相关的技术方法和设计原则；技术安全设计原则是普遍采用的“故障—安全”等设计原则。

“故障—安全”的机制有以下实现方式。

1. 组合式“故障—安全”

每个安全相关功能应至少由两个对象来执行。各对象之间相互独立，以避免共因失效。

只有当必要数量的对象取得一致时，才允许执行安全功能和命令。

2. 反应式“故障—安全”

允许一个安全相关功能由单个对象执行，通过快速的危险故障检测和拒绝来确保它的安全操作(例如通过编码，多路计算和比较，或通过连续的测试)，检查/测试/检测功能是独立的，以避免共因失效。

3. 固有式“故障—安全”

允许一个安全相关功能由单个对象执行，所有可信失效模式均为非危险的。

系统/子系统/设备在随机硬件故障情况下依然能满足规定的安全需求，包括量化的安全目标。

在发生单个随机故障时，系统/子系统/设备满足规定的危险侧故障率。

在包括多个对象并且各对象同时出错可能导致危险的系统中，各对象间的独立性是单一“故障—安全”性的强制性先决条件。

在组合式“故障—安全”条件下，在足够短的时间内检出第一个故障，并强制达到安全状态，以确保在检测和拒绝期间出现第二个故障的风险小于规定的概率指标。

在反应式“故障—安全”条件下，检测和拒绝所需最大时间不应超出规定的有潜在危险的瞬间输出持续时间限制。

表 9-14 是针对随机失效的减轻措施，表 9-15 是针对系统失效的减轻措施。

表 9-14　针对随机失效的减轻措施

随机错误/失效原因	错误/失效	可能的缓和/防护/注释
外部扰动共模模式(电磁)	软件随机跳出； RAM 随机错误	在冗余情况下，信道的同步损失； 数据地址多样化
在单一信道中，独立于组件的随机失效	可能的安全相关失效	内在故障导向安全； 编码技术 注：如果未采用内在故障导向安全，则需要使用全面数值计算
在独立信道中，独立于组件的随机失效	可能的待用状态失效	内置测试实施 注：平均率估计和可接受的风险时间评估
在共模模式的电路中，组件的随机失效	可能的安全相关失效	两种可能性： 完全数值计算； 依据 EN 61508(1%，5%)进行的标准计算

表 9-15　针对系统失效的减轻措施

系统错误/失效类型	可能的缓和/防护
系统、子系统、产品设计错误(规范或实施)	• 质量和安全流程； • 符合 EN 50129 或当地标准的设计和 V&V 循环周期； • 形式化规范； • 配置管理； • 针对系统错误的专用技术措施(嵌入式防护、多样化)； • V&V 循环周期中需求规范的可跟踪性

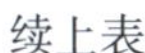

续上表

系统错误/失效类型	可能的缓和/防护
软件错误(规范或实施)	• 质量和安全流程； • 符合 EN 50128 或当地标准的设计和 V&V 循环周期，特别是完全符合附录 A 表格； • V&V 循环周期中规范的可跟踪性
编译器错误(用于复合故障导向安全的共模模式)	• 编译器确认； • 编译器多样化； • 编码微处理器； • 目标模块测试
硬件错误(用于复合故障导向安全的共模模式)	• 硬件多样化； • 内置测试

(二)运营与支持危险源分析

运营与支持危险源分析(OSHA)根据设备的制造、运输、存储、安装、测试和试运行、运营以及维护的过程进行危险源分析。OSHA 识别可能导致危险条件发生的原因及影响；验证设计变更不会引入新的危险源或是现有危险源的风险升级；识别危险源及其减轻措施，并对减轻措施前后的危险源进行风险评估，以确保减轻措施的风险水平符合安全准则。OSHA 中的危险源需纳入到危险源日志中进行管理。项目中需要各分包商提供各子系统的 OSHA 分析作为输入，集成商进行审核与整理，最终形成项目的 OSHA。

四、测试验证阶段

测试验证阶段的主要工作是通过设计、测试和分析的手段对危险进行控制，保证最终完成的系统符合用户要求，证明系统的安全性。

由于验证与确认在轨道交通安全保障之中的重要作用，欧洲标准委员会在其出版的轨道交通的标准中对验证与确认做出了相关的定义与要求。

在 2003 年出版的 EN 50129 中对验证和确认进行了定义：验证(verification)，是一种通过分析和测试，在系统生命周期的每一个阶段，对所分析和测试的阶段满足前一阶段的输出和该阶段按规定输出进行的认定行为。

换言之，验证为检验生命周期中一个阶段的成果是否满足前一阶段确定的要求的过程，它不仅仅验证输出是否完全正确，而且检验输出是否为该阶段的输入的期望结果，即单个阶段的正确性。

当输入的规范说明发生错误时，验证过程本身无法检测出规范说明的错误，其后果将使工程早期的错误在无法检测的情况下向后续阶段传播。此时“确认”作为验证的一个补充手段引入到系统开发过程，主要是为了保证在开发过程中规范的正确性。EN 50129 中对确认的定义：确认(validation)，是一系列通过测试和分析来表明产品满足各方面的安全规范的认定行为。

确认是确保开发阶段或者整个系统的规范与用户需求一致的过程。确认通常针对系统整体进行调查，检查原型系统、仿真模型或者细节设计是否满足用户的需求，从而认定系统是否正确恰当地运行并且保证所开发系统与原始规范的一致性，有时确认也可用于系统的不同层次，保证局部的系统符合规范要求。

验证和确认工作的方式大致可以分为三类:把验证和确认工作放到测试部门中开展;验证者和确认者独立开展工作;安全保证团队承担验证者和确认者的工作。

产品开发完成后,进行产品和数据的集成,并实施室内测试,测试人员在测试活动方面具有丰富的经验,并结合平台工具管理缺陷和变更,直至缺陷关闭。测试过程中形成测试记录,测试完成后形成测试报告,经批准后可以提供业主和监理审查。图 9-7 所示为生命周期验证与确认示意。

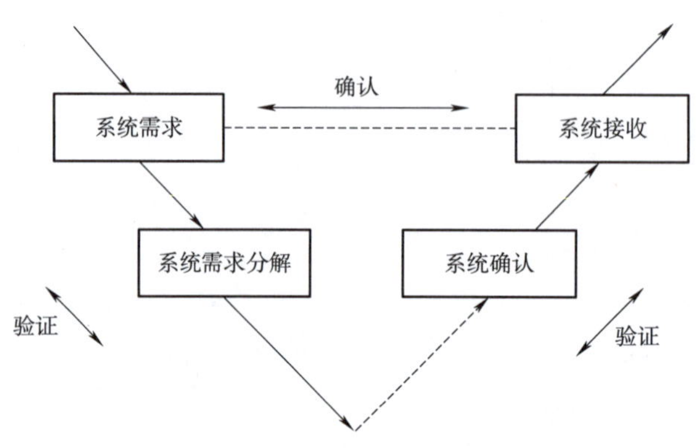

图 9-7　生命周期验证与确认示意

EN 50129 标准对于系统和产品设计的确认和验证工作要求见表 9-16。

表 9-16　系统和产品设计的确认和验证工作要求

序号	技术/措施	SIL1	SIL2	SIL3	SIL4
1	检查清单	R:准备检查清单,关注主要安全性问题		R:准备详细的检查清单	
2	仿真		R	R	
3	系统功能测试	HR:应实施功能测试、评审,以证实达到预定的特征和安全需求		HR:应基于良好定义的测试用例进行全面的功能测试,以证实达到预定的特征和安全需求	
4	环境条件下的功能测试	HR:应在指定环境条件下进行安全相关功能和其他功能的测试		HR:应在指定环境条件下进行安全相关功能和其他功能的测试	
5	抗浪涌测试	HR:应进行实际运行条件边界值的抗浪涌测试	HR:应进行比实际运行条件边界值更高的抗浪涌测试		
6	文档检查	HR:检查所有文档			
7	确保设计假设没有向生产过程妥协			HR:明确生产需求和防范要点,另外由安全组织审查实际生产过程	
8	测试装置	R:测试装置的设计者应独立于系统或产品的设计者		HR:测试装置的设计者应独立于系统或产品的设计者	
9	设计评审	HR:在生命周期的适当阶段进行评审,以证实实现了指定的特征和安全性需求		HR:在生命周期的适当阶段进行评审,以证实实现了指定的特征和安全性需求	
10	确保设计前提条件未受安装和维护过程影响	HR:明确安装和维护需求以及防范要点		HR:明确安装和维护需求以及防范要点,另外由安全组织审查实际安装和维护过程	

续上表

技术/措施		SIL1	SIL2	SIL3	SIL4
11	通过使用达到高置信度(当无法获得以往证据时)	R:10 000 h运行时间,有运行设备中运用至少1年的经历		R:一百万小时运行时间,有不同设备中运用至少2年的经历,其中包括安全性分析,运行期间的小修改也要有详细文档资料	

注:在阶段验证活动中,可以使用检查清单、计算机辅助规格说明工具和规格说明书检查。

根据产品特点、产品开发模型和工程项目生命周期模型,测试活动分为以下阶段:代码走查、软件(硬件)单元测试、软件(硬件)集成测试、软件确认测试、子系统集成测试(软硬件集成测试)、子系统测试、室内测试、现场测试,如图9-8所示。

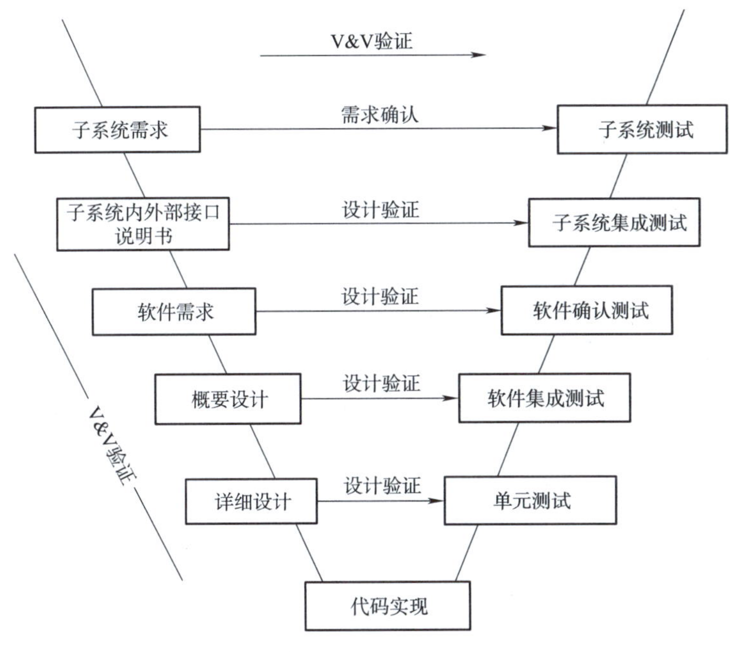

图9-8　测试活动各阶段示意

在对信号系统进行验证和确认过程中,主要采用4种验证和确认的技术和方法。

(1)动态分析方法:在模块测试、集成测试、系统测试阶段采用动态分析的方法,通过运行测试、比较测试、功能测试、回归测试等手段实施测试并生成测试报告,进而确认核心设备功能与系统需求的一致性。

(2)非形式化方法:非形式化方法更多地依赖人的主观因素,不考虑数学的、形式化的描述,仅供V&V组使用;非形式化方法可使用在需求及设计阶段,通过DOORS平台验证需求及测试文档的可追溯性。

(3)同行评审:通过组织项目相关人员以讨论的方式审查文档,从而对文档提出建议、意见以及指出缺陷。

(4)追溯矩阵:追溯的目的保证所有需求都得到正确地传递和实现,主要包括需求到设计文档的追溯,测试用例到需求文档的追溯等。

五、验收确认阶段

验收确认阶段是业主或是业主代表和独立第三方安全机构对于CBTC系统的设计开发和测试验证工作进行确认和验收,主要的工作形式包括文档审核和室内外测试见证活动。

(一)文档审核

系统总承包商根据工程项目进度和项目生命周期各阶段要求,安排安全管理活动。在生命周期流程框架下编制的正式文档包括需求、设计、实现、测试、安全分析等。各个阶段输出文档见表9-17。

表9-17　项目阶段相关任务

序号	生命周期阶段	各阶段输出文档	各阶段安全输出文档
1	系统需求	·项目管理计划 ·需求变更风险分析报告 ·质量计划 ·配置管理计划 ·验证与确认计划 ·测试计划 ·文件配置单 ·阶段V&V审查报告	·安全计划 ·需求变更风险分析报告 ·危险源日志 ·安全需求说明书
2	系统设计	·子系统需求说明书 ·子系统测试需求说明书 ·子系统测试计划 ·子系统技术规格书 ·子子系统硬件需求说明书 ·子子系统硬件概要设计说明书 ·子子系统硬件详细设计说明书	·更新安全计划 ·接口危险源分析报告
3	产品实现	·子系统架构说明书 ·子子系统需求说明书 ·子子系统软件需求说明书 ·软件概要设计说明书 ·软件详细设计说明书 ·软件质量保证计划 ·软件集成测试计划 ·硬件集成测试计划 ·子系统集成测试计划 ·单板测试报告 ·硬件集成测试报告 ·样机测试总结报告 ·样机试制总结报告 ·V&V阶段审查报告	·更新安全计划 ·更新危险源日志 ·运营和支持危险源分析报告
4	测试验证	·软件代码走查计划 ·软件单元测试计划 ·软件代码走查报告 ·软件单元测试报告 ·产品文件(安装手册,使用手册,维护手册) ·V&V阶段审查报告	·更新安全计划 ·需求变更风险分析报告 ·更新危险源日志 ·更新安全需求说明书

续上表

序号	生命周期阶段	各阶段输出文档	各阶段安全输出文档
5	验收确认	·软件集成测试报告 ·子系统集成测试报告 ·子系统应用软件确认测试报告 ·子系统测试报告 ·V&V阶段审查报告	·更新安全计划 ·需求变更风险分析报告 ·更新危险源日志 ·更新安全需求说明书 ·安全证明文件

(二)见证测试

见证测试活动分为:型式试验、出厂检验、空载试运行、最终验收。

1. 型式试验

型式试验按照由业主和供货商于系统设计阶段确认的设备性能标准在制造商当地进行。试验内容满足合同文件技术规格书中规定的要求,包括环境试验、电源波动试验和电磁干扰试验。型式试验包括以下内容:

(1)环境试验(兼容性审核,温度、湿度、冲击、振动以及其他环境因素,如受污染等)。

(2)电磁干扰试验(兼容性安全测试,辐射和传输,对来自地铁内其他设备的辐射和传输的抗扰度)。

(3)防雷试验。

(4)电源波动试验。

每一项型式试验都由一个试验方案和至少由一个测试程序来控制。测试程序由测试试验方案本身来确定。按照由供应商和业主双方在系统设计阶段确认的标准,在将要发往业主的同一批次货中抽取样机进行型式试验。试验的内容能够满足合同文件技术规格书规定的要求,包括环境试验、电源波动试验和电磁干扰试验。

①外购的成熟设备按照标书要求不做型式试验,但提供相应的质量证书和型式试验报告。

②属于国际标准的设备,按照要求可不做型式试验,但提供相应型式试验证书。

③大批量设备如车载设备及轨道占用检测设备等做型式试验,选取型式试验的对象,采取抽样的方法进行。

2. 出厂检验

出厂检验至少包括如下内容:

(1)连续通电72 h试验。

(2)功能试验、性能试验、显示试验。

(3)模拟故障及自动诊断试验。

(4)恢复供电后装置自动启动试验。

(5)设备外观检查。

出厂检验中有关以行车指挥为核心的检验包括但不限于如下内容:

(1)车次号跟踪及生成试验。

(2)自动进路排列试验。

(3)列车运行自动调整/人工调整试验。

(4)时刻表编辑及在线修改试验。

(5)运行图显示试验。

3. 空载试运行

在系统初步验收通过后，将开始系统的试运行测试，以验证系统的可靠性。在系统试运行测试开始前，整个系统应完全调试开通，并保持最佳状态，以接受系统试运行的考核。系统试运行测试和正常商业运行相似，由业主组织管理实施。系统试运行测试若按规定顺利通过，业主将按合同签发预验收证书。144 h 连续系统试验是在系统联调合格后，所有设备连接起来进行 144 h 不间断联合功能试验。144 h 连续系统试验必须在业主认为子系统试验合格后开始进行。连续试验过程中因系统、设备故障造成试验中断时，查明原因并消除故障后，重新进行该试验，重新计时。系统及设备的 MTBF 必须满足合同要求。

4. 最终验收

试运行结束后进行最终验收。所有的标准、可靠性、记录报告分析都由各方进行检查，所有的试验记录，软件数量，系统、设备、备件的质量都由对业主负责。

(三)编写安全证明文件

安全证明文件是为铁路领域安全相关系统、子系统、设备在其指定的应用中获得安全审批而向相关安全权威机构提交的一种文档化证据。安全证明文件可以是针对通用产品，也可以是特定等级或特殊条件下的应用。安全证明文件主要由两种内容组成：

(1)支持性证据：为推断安全性而对系统进行的观测、分析、测试、仿真以及评估结果等基础性信息。

(2)概括性论证：论述可使用的证据如何能够合理地表明系统具备可接受的安全性。通常这种论述是通过说明证据与需求的一致性，或者申辩证据已经充足地减轻及规避危险等方式实现的。缺乏证据支持的论证是未展开的论证，而没有经过论证的证据是未知的证据。

安全证明文件就是一个全面的、结构完善的安全文档集，应该在安全计划的尽早阶段启动。

第三节　CBTC 系统安全评估方法

安全评估是以系统安全分析为依据，通过分析信号系统中存在的潜在危险和薄弱环节、发生事故的概率和可能的严重程度等确定系统能否满足安全要求并达到设定的安全目标。安全评估是一个判断和系统相关的风险扩大或者减小到一定等级的过程。安全评估报告框架包括总结、要求、评估细节、发现、结论和建议。

安全评估有以下 4 种结论。

(1)安全评估者认为系统符合安全规范。

(2)安全评估者认为系统符合安全规范不需要进一步的评估，但是有一些小建议。

(3)安全评估者不能确定系统符合安全规范。

(4)安全评估者认为系统不符合安全规范。

独立第三方安全评估机构的工作是基于全生命周期，与项目进度紧密相关。项目新阶段开始时，独立安全评估机构评估已完成的工作，以确定新阶段中哪个目标需要进一步开展工作，哪个目标通过前一段工作有了结果，如图 9-9 所示。

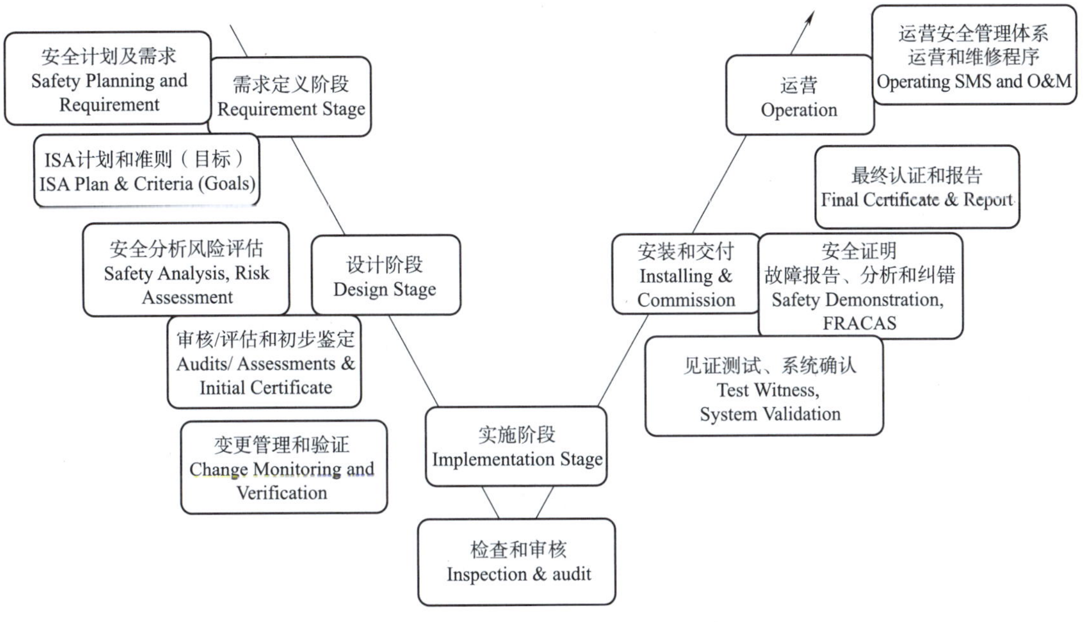

图 9-9　信号系统工程独立安全认证示意

表 9-18 列出了安全评估机构全生命周期关键活动及成果物。

表 9-18　安全评估机构全生命周期关键活动及成果物

<table>
<tr><th rowspan="2">生命周期阶段</th><th colspan="2">安全评估机构</th></tr>
<tr><th>关键活动</th><th>应提交的典型文档</th></tr>
<tr><td>系统需求阶段</td><td>（1）评估危害识别、危害分析、风险评估和安全需求；
（2）对需求进行独立审查（包括接口需求），以确保其完整；审查还可能包括项目审计-对照需求管理计划，以及需求管理工具；
（3）评估安全计划；
（4）评估确认和验证计划，尤其是所有安全需求的验收标准；
（5）在本阶段编制中期报告，详细地介绍评估结果以及发现的问题</td><td>①安全评估计划；
②安全审查报告；
③安全评估报告；
④进度报告；
⑤见证报告</td></tr>
<tr><td>系统设计阶段</td><td>（1）评估安全需求分配；
（2）评估危害分析；
（3）根据计划对设计和有关验证流程进行审计</td><td>①安全通知；
②安全审查报告；
③安全评估报告；
④进度报告；
⑤见证报告</td></tr>
</table>

续上表

生命周期阶段	安全评估机构	
	关键活动	应提交的典型文档
产品实现阶段	(1)评估特定的安全分析,如既有运营与工程实施间的安全影响分析; (2)在本阶段编制中期报告,详细地介绍评估结果以及发现的问题	①安全通知; ②安全审查报告; ③安全评估报告; ④进度报告; ⑤见证报告
测试验证阶段	(1)对系统实现进行评估和 FRACAS 报告,以确保与设计的一致,同时对实施流程进行审计; (2)审计配置管理流程; (3)评估正在进行的危害分析和风险评估,确认剩余风险降低到可接受程度以下; (4)评估项目中使用的相关工具; (5)审计工厂验收测试(FAT),尤其是安全需求,包括测试见证,可采取抽样形式; (6)评估安全分析报告中作为证据的安全论据,包括与安全需求的一致性; (7)在本阶段编制中期报告,详细地介绍评估结果以及发现的问题	①安全通知; ②安全审查报告; ③安全评估报告; ④进度报告; ⑤见证报告
验收确认阶段	(1)评估系统设备安装的正确性; (2)审计安装流程,评估安装记录; (3)审计现场验收测试(SAT),评估测试者的独立性和资质; (4)评估项目文档是否已经交付运营单位,并对相关人员进行充分培训; (5)评估现场安装及调试工作的安全措施是否足够和适当; (6)颁发各阶段安全授权书和对应的安全评估报告	①安全通知; ②安全审查报告; ③安全评估报告; ④进度报告; ⑤见证报告; ⑥安全授权书和安全评估报告 ◆车辆段/停车场可以使用的安全授权书和安全评估报告; ◆试车线可以使用的安全授权书和安全评估报告; ◆单车动车调试安全授权书和安全评估报告; ◆多车动车调试安全授权书和安全评估报告; ◆空载试运行安全授权书和安全评估报告(可针对不同的分段工程); ◆点式系统载客试运营安全授权书和安全评估报告(如果有,针对不同的分段工程); ◆系统开通安全授权书和安全评估报告(可针对不同的分段工程); ◆最终安全评估报告

安全评估者应该对做出的结论给出理由,指出系统目前达到的安全水平和相关的安全规范之间的差距。在系统通过安全评估之前,不合格的还要进行再次评估。评估应该对系统或设备的风险的可接受性有一个专业的判断,并指出任何与相关标准和法律条文不一致的地方。

安全评估人员由权威的安全评估机构指定或委托进行安全相关系统评估,其专业技术水平和评估能力直接关系到评估行为的质量。对于进行不同 SIL 评估的人员,要求也不尽相同，如图 9-10 所示。

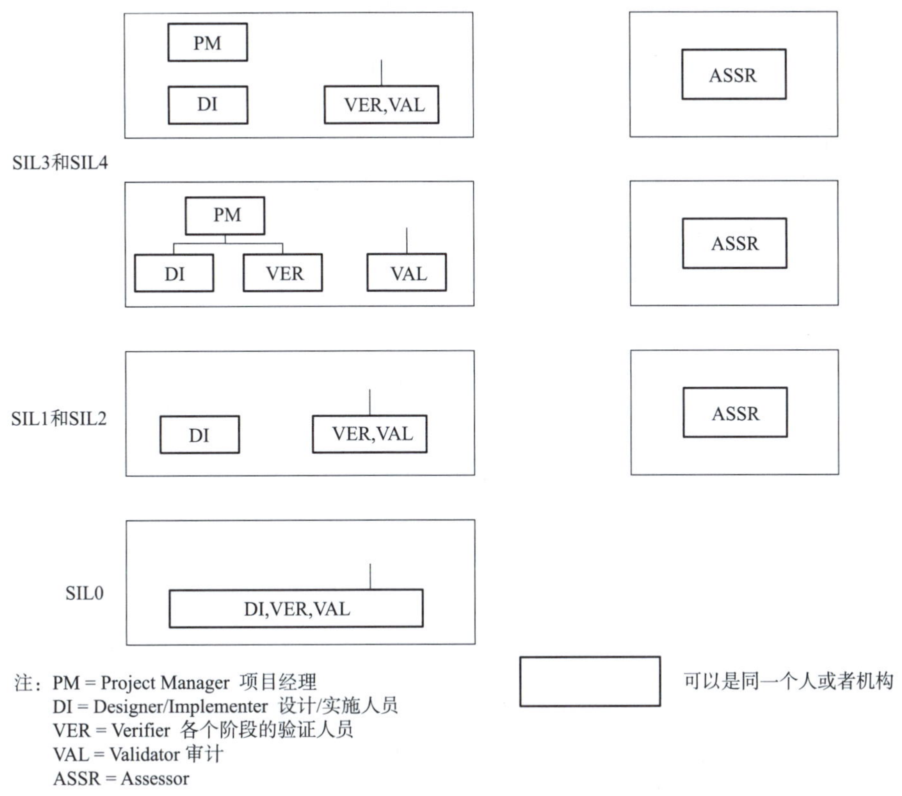

图 9-10　评估的人员和结构的独立性要求

表 9-19 列出了安全相关系统安全评估技术和手段。

表 9-19　安全相关系统安全评估技术和手段

序号	技术/手段	SIL1	SIL2	SIL3	SIL4
1	检查清单	R:准备主要安全检查清单		R:准备详细检查清单	
2	仿真、模拟	—	R	R	
3	系统功能测试	HR:安全功能的测试		HR:详细整体功能测试	
4	在各种环境下功能测试	HR:整体功能测试		HR:功能测试和其他测试	
5	应急容错测试	HR:系统临界值的测试	HR:比临界值还高的测试		
6	故障率的计算	HR:典型条件的计算		HR:最坏条件下计算	
7	文档检查	HR			
8	确定加工过程不会危及安全	—		HR:质量管理、安全管理组织	
9	测试设备	R:测试设备应由非系统设计人员设计		HR:测试设备应由非系统设计人员设计	
10	设计概况	HR:在生命周期的每个阶段			

续上表

序号	技术/手段	SIL1	SIL2	SIL3	SIL4
11	确定安装和维护过程不会危及安全	HR:规定安装和维护要求		HR:规定安装和维护要求,安全管理组织的审计	
12	通过应用高可信度描述	R:10 000 h运行时间,至少1年的运行经验		R:1 000 000 h运行时间,至少2年的运行经验	

注:"HR",特别推荐的技术或方法,如果不采用,则需要详细说明不采用该技术而保证安全的基本原理;"R",推荐的技术或方法;"—",自由选择。

实际项目执行中,评估方法使用以下方式中的一种或多种。

1. 抽样

抽样的目的在于不可能评估所有相关证据,或者为了更有效地利用评估资源的情况下,评估方依然可以获得对某一特定区域的足够的信心。通常在特定的工程过程内可能产生大量的证据或文件时,才需要抽样。评估员可能抽样评估对某一特定子系统的分析,或者抽样评估某一特定故障模式的分析。评估员定义并记录所有抽样评估的目的以及论证。如果抽样评估发现重大问题,则需开展进一步评估。

2. 纵向切片分析

纵向切片分析的目的是在系统生命周期内追踪危害减轻措施(即不同的安全控制措施)。评估方针对危害的安全需求(即安全控制措施)、设计要求、规定、实施以及辅助性的验证及确认证据。这样评估员就可以了解在生命周期内建立安全论证的方法。纵向切片分析相对于评估工作只关注某一特定项目阶段的做法,提出了一个非常不同的观点。

3. 访谈

访谈的目的在于深入了解相关问题,如安全文化、人员资质或者项目设计方面的安全问题。访谈的结果应用于指导评估员评估或审查特定区域。评估员收集客观证据以证实访谈过程中的观点。在访谈前应事先就访谈的事项、目的以及结果达成一致。

4. 多重分析

多重分析的目的为通过不同方法开展同一分析,来获得对安全报告关键方面的信心。这不代表简单的重复分析,而是开展足够工作以获得对于分析的信心。例如,评估员可能会针对整个系统开展独立危害识别工作,并将其分析结果与供货商的结果进行比较。

对于典型的CBTC系统工程项目来说,独立第三方安全评估机构会通过三种方法开展安全评估认证工作。

1. 文档评审

从项目建设初期开始,独立安全评估人员(独立第三方评估机构)就对项目计划、安全计划、质量计划、配置管理计划和测试计划,以及系统需求说明书等的文件进行评审,并以书面的形式提出相关的改进意见。

在系统设计、实现和室内测试阶段,独立第三方评估机构对所有的安全文件进行全面的评审,也抽取一定数量的设计文件进行评审,并以书面的形式提出相关的改进意见。

在集成商和各分包商完成相关子系统的开发工作后,独立第三方评估机构对各子系统的集成测试和系统测试的测试规格书、测试计划和测试报告进行全面的评审,并提出书面的改进意见。

所有由独立第三方评估机构提出的改进意见待文件修订并经独立第三方评估机构评审合格后方可关闭。

2. 现场审核

独立第三方评估机构根据 EN 50128、EN 50129 等标准的要求从系统保证、安全保证、软件保证和质量管理等方面，在系统需求、系统设计和实现、系统测试等主要阶段对系统集成商和核心技术供货商进行现场审核，并提出书面的审核报告。系统集成商和核心技术供货商需要对独立第三方评估机构提出的审核意见进行回复，并提供相关的证据后独立第三方评估机构才可关闭其意见。

此外，独立第三方评估机构也在试验室仿真测试和现场测试过程中进行见证测试，并设计适当的测试用例进行测试，特别是针对安全需求的测试用例，以确保能够满足相关的安全要求。

对于审核过程中存在的问题，业主、独立安全评估人员、系统集成商与核心技术供货商一同每周召开安全例会，对安全审核和评估过程中存在的问题及时进行沟通及跟进解决。

3. 安全确认

为确保信号系统在测试调试和投入运营后的安全，独立第三方评估机构对单车动车调试、多车动车调试、试运行、载客运营等阶段进行特别的监控。对这些阶段，系统集成商和核心技术供货商提供相关的设计文件、测试报告和安全证明文件后，独立第三方评估机构根据 EN 50128、EN 50129 的要求通过文件评审、现场审核和见证测试等手段进行安全评估，然后提供安全评估报告并发布安全证书后，方可开展这些阶段的测试调试和系统投入运营等工作。

针对日益复杂的系统，在系统开发或系统开发前期参照相关规范编制安全评估计划，包括在开发或建设期间需要开展的安全评估工作，安全组织架构，相关人员的职责及要求，工作开展的时间等内容。作为系统建设前的策划，确保安全评估工作顺利开展。从项目立项初期直至正式运营前，设备供货商与运营商相互协作，共同完成基础设施建设，为运营提供可能。安全评估工作整合到产品设备研发和系统开发的日常工作中，由安全评估部门与其他部门共同合作完成。在每一个里程碑工程节点，独立的评估机构开展安全评估工作，对本阶段安全活动评价，并在此基础上编制报告向权威机构汇报。权威机构依据报告内容判断是否可进入下一项目建设阶段，最终批准线路运营。通过建立明晰的体系结构，明确各个阶段相关人员工作范围、责任，确保项目有关人员的职责、权限得到规定，安全管理体系得到有效运行，并不断提高管理水平，有利于评估、审核工作的顺利进行。

独立安全评估项目应交付包括但不限于下列安全评估工作文档：

(1)安全审查计划(Safety Audit Plans)。

(2)安全评估计划(Safety Assessment Plans)。

(3)安全审查报告(Safety Audit Reports)。

(4)安全评估报告(Safety Assessment Reports)。

(5)季度报告。

(6)车辆段/停车场可以使用的安全授权书/负责任的安全评估报告。

(7)试车线可以使用的安全授权书/负责任的安全评估报告。

(8)单车动车调试安全授权书/负责任的安全评估报告。

(9)多车动车调试安全授权书/负责任的安全评估报告。

(10)空载试运行安全授权书/负责任的安全评估报告(针对不同的分段工程)。

(11)点式系统载客试运营安全授权书/负责任的安全评估报告(如果有,针对不同的分段工程)。

(12)CBTC 系统开通安全授权书/负责任的安全评估报告(针对不同的分段工程)。

(13)最终安全评估报告(Safety Assessment Final Report)。

一、系统需求阶段

需求阶段的目的是建立一套完整的严格的安全需求(包括功能和非功能两个方面)。

(1)评估危害识别(如有必要,检查 HAZOPS)、危害分析、风险评估和安全需求。

(2)对需求进行独立审查(包括接口需求),以确保其完整(检查表可以作为本工作的辅助工具)。审查还可能包括项目审计-对照需求管理计划,以及需求管理工具。

(3)评估安全保证计划。

(4)评估确认和验收计划,尤其是所有安全需求的验收标准。

在该阶段编制中期评估报告,详细地介绍观测的结果以及发现的所有问题。

独立安全评估计划将描述项目方法,安全批准流程,独立安全评估的范围,独立安全评估方法,风险识别,技术方法,技术应用,独立安全评估团队与项目团队之间的沟通方式,管理和监控独立安全评估工作的方法。此文档将在系统的不同生命周期阶段进行更新。

其格式如下:

(1)简介:介绍项目背景、目的、范围以及应用标准。

(2)评估方法:详述项目评估所应用的技术方法、风险识别和评审深度。

(3)工程实施:详述技术方法的应用与实施。

(4)组织结构:独立安全评估组织的结构、人员构成、责任及沟通方式。

(5)管理和监控:详述安全评估的进度监控、质量控制和安全评估计划。

安全评估报告的格式如下:

(1)评估概要:概述所做的评估、得出的结论和/或建议。

(2)介绍:介绍项目背景、目的以及报告范围。

(3)工作范围:介绍报告内包含的评估目标和范围。

(4)评估细节:描述评估活动。

(5)发现:描述评估结果,包括建议。

(6)结论:从独立第三方评估机构专业角度对审查(设备)项的安全提出陈述,包括对安全通知中未关闭的观察项的简短综述。

为将报告长度控制在合理范围内,适当引用报告其他章节和安全通知,将文字性重复减至最少。报告不全文重复安全通知观察项及响应。

报告将按照独立安全评估的标准文档模板编制,并按照独立安全评估文档分类和控制标准的要求发布、批准,分发。

二、系统设计阶段

设计阶段的目的是确定设计充分满足所有安全需求。

(1)评估设计的安全需求分配。

(2)评估进行中的危害分析[如系统危害分析(SHA)]及风险评估,特别检查用 ALARP 方法进行的分析。

(3)设计评估。

(4)根据计划对设计和有关验证流程进行审计。

(5)评估特定的安全分析,如既有运营与工程实施间的安全影响分析。

在该阶段更新中期报告,详细介绍观察发现的所有问题(包括按照 EN 50128 审核软件开发流程中发现的问题)。

在该阶段需要决定关键的设计,由研发机构自行做出决定,而不是独立第三方评估机构。因此,在该阶段的初期,独立第三方评估机构需要与项目单位的工作保持一定的距离,以避免独立第三方评估机构不适当地影响项目的设计。在初步方案确定之后和在设计评审阶段,独立第三方评估机构可以与项目单位更紧密协作,确保设计提供足够的证据来说明安全风险可以接受。

独立第三方评估机构必须确保在正确的配置管理下保留全部安全证据。这意味着必须配置管理中保存所有对安全论据起作用的文档和证据。任何条款版本的变更(版本升级),独立第三方评估机构应确保项目单位能够全面理解文档或证据修改的含义。因此,独立第三方评估机构应要求项目单位决定这些变化与已有安全论据一致或正在有步骤地更新安全论据以确保论据的连贯性和一致性。

独立第三方评估机构应要求配置管理覆盖所有的项目文档——计划、报告、安全例证、证据,以及相关的文件,如各种规定、规章和区域危险日志。安全论据应与自身及其应用和维护的铁路运营政策一致,并应与安全性能目标相称。

由于最初独立第三方评估机构对项目并不熟悉,项目单位必须了解独立第三方评估机构的最初的观察意见。在初始阶段,如果项目单位质疑或者拒绝独立第三方评估机构的观察结果,应提供为何观察结果不正确的确切及合理的解释。这是对项目单位的要求并会提供独立第三方评估机构独立性的重要证据。

三、产品实现阶段

产品实现阶段的目的是建立一个可靠的、能重复生产产品或系统的、充分实现设计的制造流程。

(1)对实施(结果)进行评估,如硬件制造、软件编码、单元测试和验证,以确保与设计的一致。同时对实施流程进行审计。

(2)审计配置管理流程(可能在生命周期的初期开展审计)。

(3)评估正在进行的危害分析[如失效模式和影响及重要性分析(FMECA)]和风险评估,特别是将剩余风险降低到可接受等级的实施活动。

(4)评估项目使用的所有安全相关工具。

(5)评估安全需求分配。

(6)评估危害分析。

(7)根据计划对设计和有关验证流程进行审计。

(8)评估特定的安全分析,如既有运营与工程实施间的安全影响分析。

(9)在该阶段编制中期报告,详细地介绍评估结果以及发现的问题。

在该阶段更新中期报告,详细地介绍观察发现的所有问题。

审核采样方式的选择要具有代表性或是项目的相互交叉部分。独立第三方评估机构事先通知审核采样方式时,应警惕其对项目单位的影响。

在本阶段,独立第三方评估机构主要检查实施与设计的符合性,因此更多是担任验证审核的角色。在本阶段,独立第三方评估机构不能只认可实施与设计的匹配度,而应根据评定活动的本性及其合理性与项目单位紧密合作,减少其对设计决定造成负面影响的风险。

四、测试验证阶段

测试验证阶段的目的是确定已安装的系统的确满足安全需求。

评估系统是否安装正确,特点是(抽样)检查。

(1)对系统实现进行评估,如硬件制造、软件编码、单元测试和验证,以确保与设计的一致。同时对实施流程进行审计。

(2)审计配置管理流程。

(3)评估正在进行的危害分析和风险评估,确认剩余风险降低到可接受程度以下。

(4)评估项目中使用的相关工具。

(5)审计工厂验收测试(FAT),尤其是安全需求,包括测试见证,可采取抽样形式。

(6)评估安全分析报告中作为证据的安全论据,包括与安全需求的一致性。

(7)在该阶段编制中期报告,详细地介绍评估结果以及发现的问题。

该阶段独立第三方安全评估机构编制一份关于安全管理体系成果的报告,颁发一个“适合运营”的证书。这代表独立第三方安全评估机构同意系统进入载客服务阶段。

此外,独立安全评估机构可能会展开额外分析,以支持风险可以接收的意见。这些工作包括以下内容而且可能会发生在生命周期的任一阶段。

(1)重新对某部分进行安全分析,以检查其正确度。

(2)差异分析技术,独立安全评估机构可能采用和项目团队不同的分析技术,并可能针对系统特定安全范围使用。

(3)纵向切片分析,通过对系统的复杂或关键部分的纵向分析,检查特定安全需求是否已被恰当地设计、实施、验证、测试和确认。

(4)可追溯分析,独立安全评估机构检查从安全需求到设计和测试文件,支持安全设计工作。

(5)完整性审查用于检查安全需求是否完整,确认安全需求的证据是否足够。

(6)测试计划审查,确保获取的目标证据满足安全需求。

(7)见证制造、安装或测试工作,可能包括独立安全评估必需的补充测试。

(8)出席(作为观察员)项目会议,包括设计评审、变更控制、危害识别和分析。

(9)召开项目团队安全通知审查会议,讨论安全通知中提出的问题。

五、验收确认阶段

获得独立第三方安全认证证书的信号工程项目即可投入载客试运营。

独立安全评估团队记录了对项目计划中确定的需向系统集成商和地铁公司提交的主要计划及提交文档的评估,并将记录独立安全评估机构对文档的可接受性提出的相关专业建议。

(1)评估系统设备安装的正确性。

(2)审计安装流程,评估安装记录。

(3)审计现场验收测试(SAT),评估测试者的独立性和资质。

(4)评估项目文档是否已经交付运营单位,并对相关人员进行充分培训。

(5)评估现场安装及调试工作的安全措施是否足够和适当。

(6)颁发各阶段安全授权书和对应的安全评估报告。

安全评估报告的格式如下。

(1)评估概要:概述所做的评估、得出的结论和/或建议。

(2)介绍:介绍项目背景、目的以及报告范围。

(3)工作范围:介绍报告内包含的评估目标和范围。

(4)评估细节:描述评估活动。

(5)发现:描述评估结果,包括建议。

(6)结论:从独立第三方评估机构专业角度对审查(设备)项的安全提出陈述,包括对安全通知中未关闭的观察项的简短综述。

从上一阶段开始,独立第三方评估机构就应关注项目单位的保证与监督活动,采样有关的假设与相关性。

对于分阶段的工作和试运行,独立第三方评估机构应保证每一阶段的安全措施明确、适用、安全并有时间限制。

移交时,独立第三方评估机构需要保证所有的假设都是合适的,所有的相关性都是令人放心的,并且所有安全警告都已向负责验收的当事人提供并被当事人完全接受。在该阶段,项目单位与独立第三方评估机构应密切合作。

第四节 CBTC 系统安全保障示例

本节以典型现场站形下的 CBTC 系统应用为例。如图 9-11 所示,典型线路为一段三站两区间的线路,长度约 6 km,完整地描述了 CBTC 系统安全保障的全过程。

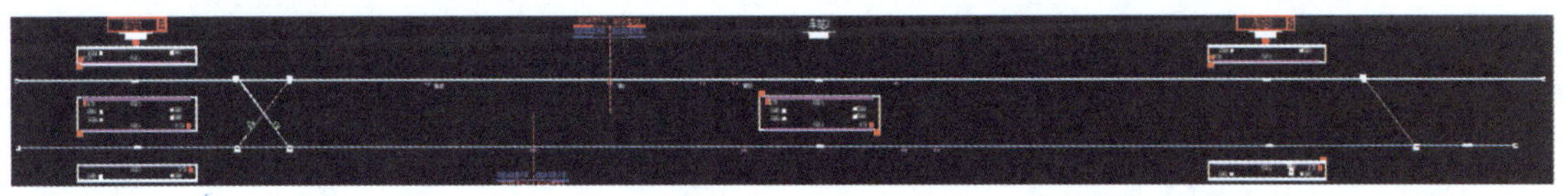

图 9-11 典型线路概况

典型CBTC系统由4个主要的子系统组成,包括ATP/ATO、DCS、CI和ATS。线路的运营管理主要依赖于覆盖整条线路的骨干传输网络,该网络支持各子系统之间的双向信息传输。通过2.4 GHz开放频段传播的无线链路为信号轨旁和车载设备之间提供双向安全信息传输通道,无线链路传送连续的CBTC信息。沿着全线轨旁分布的无线接入点(AP)和波导管(高架线路部分)、无线自由波天线(隧道线路部分)保证无线网络对整条线路的覆盖。轨旁ATP/ATO设备(区域控制器ZC)、AP管理单元和CI等设备为分布式设备,位于各个设备集中站,其数量根据设备集中站的分布来确定。列车利用铺设于轨道上的应答器来实现定位,正线区域和试车线装配计轴器,车辆段/停车场内通过相敏轨道电路来实现轨道占用检测。所有主要的子系统的配置和信号传输都是冗余的,单个设备和通道的故障都不影响系统的正常工作和系统间的信息传输。

在CBTC产品应用于工程项目之前,必须首先获得产品认证证书,如有产品在不同工程项目中有变更,针对变更项应该进行补充认证,如图9-12所示,1.0版本的产品应用于工程1,在应用于工程2时,产品由于有变更已经升级为2.0,这时需要首先针对2.0版本的产品进行安全认证,然后再进行工程安全评估。

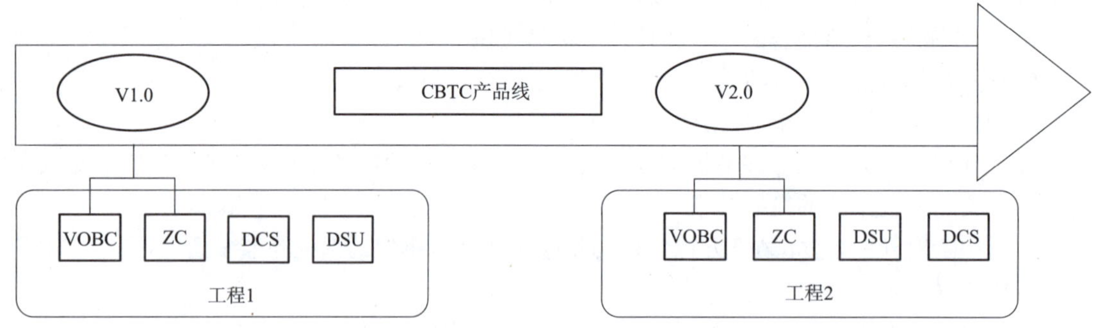

图9-12　CBTC产品和工程的关系

对特殊应用与已经过认证的通用产品之间开展了差异性分析,以识别由于特殊应用条件是否引入新的潜在的危险源。若产生新的危险源,则应采取适当的措施,以将其风险消除或控制在可接受的水平,并将其纳入危害日志中进行管理。

安全性的目标是由高安全性的列车自动防护、计算机联锁和列车定位检测等设备来保证的。这些子系统之间的通信使用编码技术,符合“故障—安全”原则。CBTC系统中涉及安全的设备的安全完善性等级(SIL)均达到4级或由相关国家权威部门出具等级相当的认证报告,证明其符合或兼容安全完善性等级SIL4级的要求,具体要求见表9-20。

表9-20　子系统安全完善性水平

子　系　统	安全完整性水平
列车超速防护系统(ATP)	4级
计算机联锁系统(CI)	4级
列车定位检测系统	4级
列车自动监督系统(ATS)	2级

工程项目的安全管理工作内容符合欧洲铁路安全标准要求，通过一系列完备的安全管理活动，将整个项目生命周期内各阶段的系统性错误的发生率降低到最小，为安全管理工作提供基础，最终确保产品和项目的质量和安全。工程项目的安全管理工作是基于一套完整的、系统化、流程化的管理体系实现的，主要涉及以下方面：

(1)人是所有项目活动的主体，因此人员能力的评估是保证项目活动质量的核心要素之一。

(2)所有项目成员按流程要求执行项目活动，从而减少人为错误的发生，将整个项目生命周期内各阶段的系统性错误的发生率降低到最小。

(3)测试工程师和检验工程师对产品进行详细和完备的测试和检验，从而确保产品的符合性。

(4)项目质量经理组织对项目生命周期全过程进行质量监督，确保项目生命周期全过程的符合性和体系符合性。

项目管理组织结构如图9-13所示。

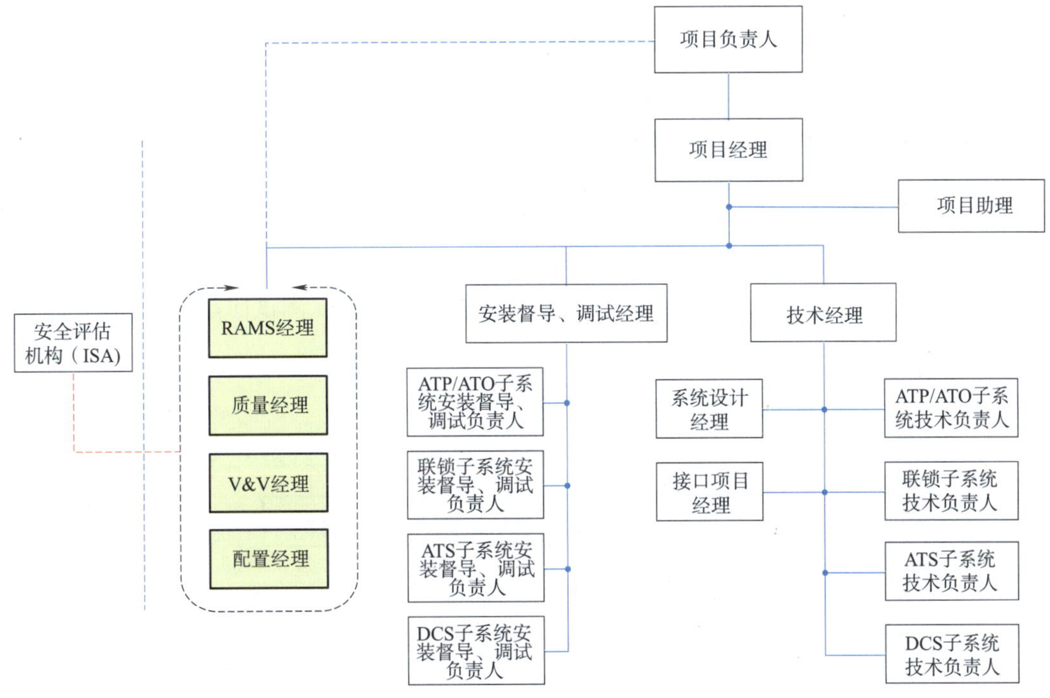

图9-13　项目管理组织结构

项目管理组织结构图中粗线框所示为安全质量团队，其中包含安全保证、质量保证（含软件和硬件）、系统保证（V&V）、配置管理4种角色，他们之间存在严格的分工，即互补又有互相监督，形成一个完备的安全和质量保证团队，如图9-14所示。

项目人员均达到一定能力资质，符合项目角色要求。管理人员的资质、经验、知识和能力情况等信息，确保每一位参与项目的人员都能胜任其工作。在基于教育水平、工作经验和进一步培训的基础上，全部人员能够胜任他们的工作，否则要接受相应的培训，确保充分满足项目要求。

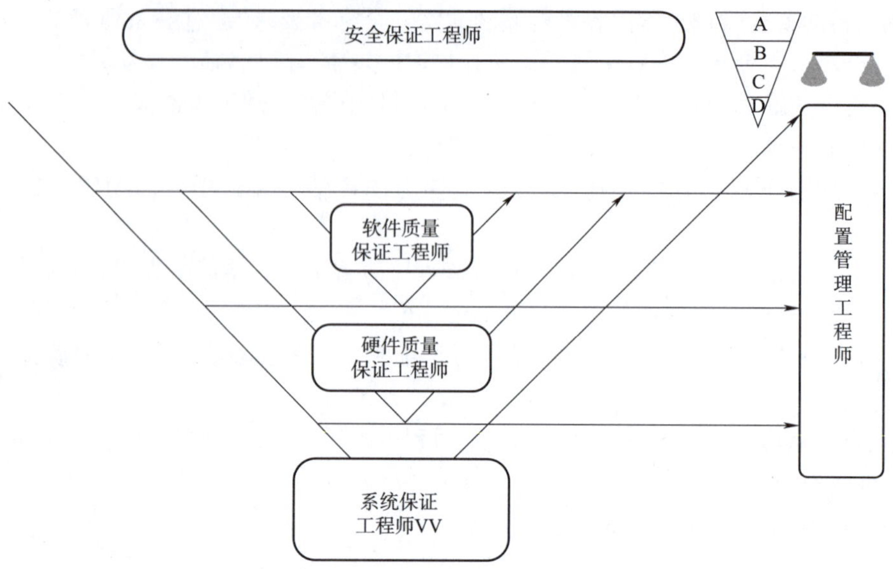

图 9-14　安全和质量保证团队组织结构

项目安全和质量保证团队符合以下资质：

(1)质量保证人员均参加 QMS 内审员培训，并通过内审员资格认证，其中软件质量保证人员参加 EN 50128 标准培训并取得培训证书。

(2)安全保证人员均参加安全标准培训，并取得培训证书。

在 CENELEC 标准中，针对 SIL1/2 和 SIL3/4 分别给出不同的人员独立性要求，如图 9-15 所示，主要差别是在 SIL3/4 产品研发过程中，验证团队需要从测试团队中独立出来，另外必须设立独立于项目经理的确认团队。

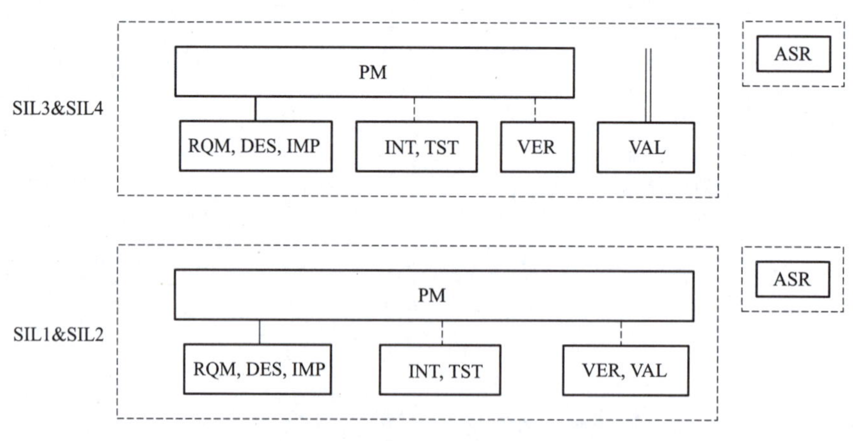

图 9-15　人员独立性要求示意图

一、系统需求阶段

(一)制定安全计划

安全计划在项目初期产生，包括使用的安全分析技术、生命周期安全活动的总体计划和获取安全需求的安全分析活动的总体描述。安全计划将在每个阶段开始时根据需要(如系统需求、公司组织结构或者项目计划等有变化)进行更新,以此可以确认所有安全活动在执行前有良好的计划。

安全计划是一个分阶段逐步完善的文件。在本阶段,安全计划是一个初步的安全计划,用于描述得出安全要求的安全分析活动。随着工程的进展,安全计划用于描述满足哪些安全要求活动。安全计划的文档结构建议如下:

1　引言;

2　背景和要求;

3　安全管理活动;

4　安全控制;

5　安全文档;

6　安全工程;

7　外部事项的确认。

安全计划最先考虑的就是研制开发安全相关产品的组织或机构的安全方针,主要需要明确全员参与、安全责任分担,确保客户、员工和承包商的安全,并提供风险在可接受水平内的产品。

安全计划需要重点考虑并且进行详细阐述的领域包括安全管理范围、系统边界、内外部接口、主要功能、安全原则、风险矩阵、团队人员资质、安全限制条件、安全生命周期阶段安排、危险源分析方法、安全审核与评估、系统运营升级和维护、分包商和供货商管理、安全文档签署与提交。

典型的安全计划文档目录如下:

1　引言

1.1　目的

1.2　范围

1.3　文档结构

1.4　缩写

1.5　安全术语

1.6　参考

2　背景及要求

2.1　项目综述

2.2　系统综述

2.2.1　结构

2.2.2　接口

2.2.3　运行模式

2.3　系统主要功能

2.3.1　ATS子系统功能

2.3.2　ATP子系统功能

2.3.3　ATO系统功能

2.3.4　CI子系统功能

2.3.5　MSS子系统功能

2.3.6　DCS数据传输子系统功能

2.4　系统软件列表

2.5　安全设计原则与限制条件
2.5.1　安全设计原则
2.5.2　安全限制条件
2.6　风险接受准则
3　安全管理活动
3.1　安全角色及责任
3.2　安全生命周期
3.3　差异性分析
3.4　安全分析
3.4.1　危险源识别
3.4.2　初步危险源分析(PHA)
3.4.3　系统危险源分析(SHA)
3.4.4　接口危险源分析(IHA)
3.4.5　运营与支持危险源分析(OSHA)
3.4.6　危险源管理
3.4.7　安全需求管理
3.4.8　量化风险分析
3.5　安全评估
3.6　安全审核
3.7　安全证明文件
3.8　分包商与供应商管理
3.9　配置管理
3.10　能力管理
3.11　系统运营、升级及维护
3.12　现场问题的跟踪及解决(FRACAS)
3.13　拆除和处置
4　安全控制和安全文档
5　外部项目确认与验证
6　附录 A 风险矩阵
7　附录 B 危险源日志
8　核心人员简历

(二)编写系统需求

1. 系统功能需求和运营场景

表 9-21 是 CBTC 系统功能需求。

表 9-21　CBTC 系统功能需求

系统功能需求
F1:保证行车安全
F1.1 计算列车安全位置
F1.2 更新轨道占用信息
F1.3 计算移动授权
F1.3.1 CBTC 级别下计算移动授权
F1.3.2 ITC 级别下计算移动授权

续上表

系统功能需求
F1.4 生成强制命令
F1.5 列车自主测速定位
F1.6 监控列车速度
F1.7 监控列车模式曲线
F1.8 退行防护
F1.9 红灯误出发防护
F1.10 列车注册
F1.11 列车注销
F1.12 管理临时限速
F1.12.1 CBTC 级别下管理临时限速
F1.12.2 ITC 级别下管理临时限速
F1.13 数据库版本比较
F2:保护和辅助乘客
F2.1 管理列车车门
F2.2 管理站台安全门
F2.2.1 CBTC 级别下管理站台安全门
F2.2.2 ITC 级别下管理站台安全门
F2.3 检查站台内安全停靠站情况
F2.4 授权驶离站台
F2.4.1 CBTC 级别下授权驶离站台
F2.4.2 ITC 级别下授权驶离站台
F2.5 管理站台紧急停车按钮
F3:辅助列车运行
F3.1 列车准备
F3.2 确定驾驶模式
F3.3 向司机显示详细驾驶信息
F3.4 子系统之间通信状态监测
F4:辅助驾驶
F4.1 管理跳停
F4.2 管理扣车
F4.3 管理列车折返
F4.3.1 CBTC 级别下管理列车折返
F4.3.2 ITC 级别下管理列车折返
F4.4 根据安全限制条件确定速度曲线
F4.5 根据运行限制条件确定速度曲线

续上表

系统功能需求
F4.6 计算牵引和制动命令
F5 提供技术支持
F5.1 时钟同步
F5.2 提供维护数据
F5.3 与其他系统接口
F5.4 系统故障报警

运营场景是对 CBTC 系统运营中系统工作方式的简要描述。主要体现 CBTC 系统的整体功能与原理，着重体现 CBTC 系统的正常流程，以及流程过程中的顺序关系，不要求形成详细的流程图设计，突出说明该过程中涉及的对象在做什么，而不需要知道它是如何实现的。

CBTC 系统的主要运营场景包括以下部分：

(1)列车上电与启动。

(2)列车定位。

(3)列车注册。

(4)出车辆段或停车场：点式 ITC 的处理；CBTC 的处理。

(5)移动授权处理：CBTC 的 MA 处理；ITC 的 MA 处理。

(6)列车运行：RM 模式；ATP 模式；ATO 模式；BYPASS 模式；模式转换。

(7)列车进出站。

(8)列车注销：切换注销；退出 CBTC 注销；折返注销。

(9)ZC 切换。

(10)列车折返：ITC 的折返；CBTC 的折返。

(11)进车辆段或停车场。

(12)车载故障(DMI、测速测距、主机、无线、BTM 等故障的处理)。

系统级状态如图 9-16 所示。

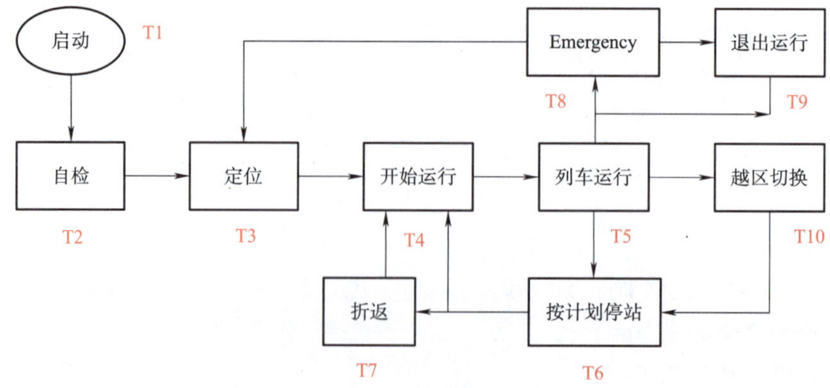

图 9-16　系统级状态

确定每个场景图所属的系统状态，见表 9-22。

表 9-22 场景图起始状态

符号	内　容	释　义
T1	启动	初始状态
T2	自检	S1
T3	定位	S2
T4	开始运行	S3,S4,S10
T5	列车运行	S10,S12,S13,S18,S22～S29
T6	计划停车	S7,S8
T7	折返	S16,S10,S30,S31,S32
T8	紧急情况	
T9	退出运行	S14,S17
T10	越区切换	S6,S15

本节以列车定位场景为例进行详细阐述。

列车断电再次上电后，原来列车的位置信息将丢失，需要通过车载设备自身的测速测距与地面设置的应答器进行列车位置的确定，主要体现为：线路数据库的版本比较、第一个应答器的接收、连续的第二个应答器接收、列车位置报告等过程。

(1)线路数据库的版本比较

列车与地面无线通信完好后，车载设备需要与地面 DSU 设备进行数据库的版本号比较：一致，则进入应答器的定位程序；不一致，则需要进行数据库的下载，保证列车上电后即将采用的数据库是最新的、正确的。

对于在点式控制等级下的数据库版本比较是通过接受到的应答器上的存储版本信息进行控制的。

(2)第一个应答器的接收

车载设备经过第一个应答器，则在数据库中确定列车的基本位置，但是不能确定列车的运行方向。接收的应答器信息应当包括但不限于：应答器版本号、应答器编号、进路信息等，对于列车定位主要采用应答器版本号、应答器编号信息，进行点式控制则需要进路信息。

(3)连续的第二个应答器接收

车载设备再次收到连续的第二个应答器后，需要在数据库中检测是否是连续的第二个应答器，并且确定列车走行距离与数据库的距离信息是否吻合。通过第二个应答器的接收处理，可以确定列车的运行方向，与第一个应答器结合处理得到列车在数据库中的位置。

接收的应答器信息应当包括但不限于：应答器版本号、应答器编号、进路信息等，对于列车定位主要采用应答器版本号、应答器编号信息，进行点式控制则需要进路信息。

(4)列车轮径自动修正

对于从车辆段或停车场离开进入 CBTC 区域的列车，一般在进入 CBTC 区域的入口设置两个间隔一定距离的应答器进行列车轮径的自动修正。

车载设备在正线复位上电后，不进行列车轮径的自动修正，而是沿用原来保留的列车轮径。

(5)列车位置报告

车载设备通过数据库的版本比较、两个连续应答器的接收以及连续应答器的间隔距离得到列车的准确位置，并形成列车位置报告信息 LOC 通知给相应的 ZC 控制器，接收它的移动授权控制。

2. 性能需求

(1)运营时间

运营时间为 04:30 至次日 0:30，信号系统设备须按 24 h 不间断运行设计，须满足特殊情况下 24 h 不间断运营的要求。

(2)运营间隔

以基于无线通信的移动闭塞 ATC 系统能力满足 6 辆编组，远期高峰小时开行 24 对列车、最小行车间隔 2.5 min 的运营要求为例。停车场/车辆段列车进/出正线的设计间隔与正线行车间隔相适应。正线列车设计追踪间隔小于或等于 120 s。

设计行车间隔原则如下：

◆ 满足 6 辆编组，初期高峰小时开行 15 对列车、最小行车间隔 4 min 的运营要求。

◆ 满足 6 辆编组，远期高峰小时开行 24 对列车、最小行车间隔 2.5 min 的运营要求。

◆ 满足 6 辆编组，停车场及车辆段的列车进入正线的设计间隔应小于或等于 120 s。

(3)最高旅行速度

列车运行最高速度为×× km/h。

(4)平均旅行速度

平均旅行速度不低于×× km/h。

(5)安全防护距离

折返线及临时存车线的 ATP 安全防护距离的长度应小于或等于 40 m(不含车挡)。

(6)列车在站台停车精度的指标要求

在保证列车舒适度的要求，即列车纵向冲击率≤0.75 m/ s^3 的前提下，列车在车站站台的停车精度为±0.3 m 时，应保证列车停在该停车精度范围内的概率为 99.99%。停车精度为±0.5 m 时，应保证列车停车在该停车精度范围内的概率为 99.999 8%。

(7)列车自动控制系统的主要响应性能指标

◆ 信息采集的表示周期，即设备状态变化至 ATS 控制中心的显示时间应小于或等于 1 s。

◆ 控制命令的反应时间，即命令发出至被控系统开始执行的时间应小于或等于 1 s。

◆ 监视器画面调用的响应时间不大于 1 s，键盘响应时间应小于或等于 1 s。

◆ 列车占用与空闲检测的应变响应时间应小于或等于 1 s。

◆ 车载信号设备自接收地面信息至完成处理的时间应小于或等于 1 s。

◆ 当车载信号设备识别到系统故障时，应立即发出紧急制动命令，且延时应小于或等于 1 s。

◆ 车地通信的更新率应小于或等于 1 s。

车地间采用基于通信技术的传输方式，其主要控制指标包括但不限于：

◆ 单次报文有效传输时间小于500 ms；

◆ 误码率小于10^{-6}；

◆ 移动切换：系统应做到无缝切换，单套车载移动终端通信时切换时间应小于或等于100 ms；

◆ 应实现在最高列车运行速度不小于110 km/h条件下的无缝切换。

3. 安全性需求

（1）信号系统中涉及安全的设备的安全完善性等级应达到SIL4级或由相关国家权威部门出具等级相当的认证报告，以证明其符合或兼容安全完善性等级SIL4级的要求，具体要求见表9-23。

表9-23　子系统SIL等级要求

子　系　统	安全完善性等级(SIL)
列车超速防护系统(ATP)	4级
计算机联锁系统(CI)	4级
列车检测装置	4级
列车自动监督系统(ATS)	2级
列车自动运行系统(ATO)	2级
数据通信系统(DCS)	0级

（2）整个信号系统安全设备导向危险侧的概率指标$\leqslant 10^{-9}$/h(h为行车小时)。

4. 可靠性需求

（1）ATS设备的平均无故障时间：MTBF$\geqslant 3.5\times 10^{3}$ h；

（2）计算机外围设备的平均无故障时间：MTBF$\geqslant 5\times 10^{4}$ h；

（3）电源设备的平均无故障时间：MTBF$\geqslant 10^{5}$ h；

（4）ATP/ATO地面设备平均无故障时间：MTBF$\geqslant 10^{5}$ h；

（5）ATP/ATO车载设备平均无故障时间：MTBF$\geqslant 10^{5}$ h；

（6）联锁设备的平均无故障时间：MTBF$\geqslant 10^{5}$ h。

5. 可维护性需求

（1）车载设备的平均故障修复时间：MTTR$\leqslant$30 min；

（2）控制中心设备的平均故障修复时间：MTTR$\leqslant$45 min；

（3）车站设备的平均故障修复时间：MTTR$\leqslant$45 min；

（4）轨旁设备的平均故障修复时间：MTTR$\leqslant$4 h。

6. 电磁兼容需求

（1）信号系统设备应能在电磁环境中安全、稳定、可靠地工作。

（2）信号系统设备应包括屏蔽、滤波或者其他器材和技术，以抑制自我产生的电磁干扰。电磁辐射应不超过可以接受的向外辐射电平。任何子系统的运行都不应受其他系统产生的电磁辐射的影响，即根据经验所知的城市电磁环境、轨道交通环境的影响。

（3）信号系统设备的电磁抗干扰度应满足GB/T 17626、GB/T 24338的要求。

(4)信号设备的电磁发射指标应满足 IEC 6100-3-2、3、GB 9254、GB/T 24338 的要求。

(5)信号系统设备应满足表 9-24 所列相关的通用铁路电磁兼容要求。

表 9-24 通用铁路电磁兼容要求

标准编号	标准名称
GB 50157	地铁设计规范
EN 50121-2	铁路应用—电磁兼容 第二部分:铁路系统对外界的辐射
EN 50121-4	信号及通信设备的辐射及抗扰标准

(6)信号系统设备应能防护雷电冲击和浪涌冲击。

(7)地面线、高架线的室外信号设备、与外线连接的室内信号设备必须具有雷电防护措施;信号设备的防雷装置可不对直接雷击设备实施防护。

(8)应在电源、计算机、数据通信线路、输入输出接口、机架结构及地线设置等方面采取电磁兼容和防雷设计,包括元器件的选用和印刷电路板的设计制作。

(9)正常情况下,防雷装置应不影响被防护设备的工作,在受到雷电干扰时,信号设备不应产生危险输出和错误输出,不能影响行车安全。

(10)所有室外设备应具有防雨、防鼠、防太阳辐射、防雷保护措施。

(三)危险源辨识

在系统需求阶段,进行危险源分析:

◆ 识别和定义必须控制的系统危险源;

◆ 确定系统级主要危险源的主要原因及其可能造成的后果;

◆ 对相关危险源的风险等级进行一个初步的评估。

根据分析的主要系统级危险源及初步风险评估的结果,将有关的安全要求纳入到系统的安全需求中,确保在设计阶段就已较为全面地考虑工程的安全要求,以使系统的风险控制在低至合理可接受的水平。

系统危险源分析是在详细设计资料不可用的情况下开始进行的,在系统需求说明书建立完成后便开始进行。系统危险源分析利用已有的设计信息和已知的危险源信息来识别和评估系统需求中的安全相关功能。

执行此系统级危险源分析是通过如下流程进行的。

(1)列出系统功能。

(2)对于系统功能中的功能首先进行识别,如果该功能不参与列车的运行控制,该功能的失效,不影响列车的运行控制,那么该功能为非安全功能,否则该功能为安全功能。

(3)针对安全功能,识别失效模式,通过分析每一个功能的输出进行失效识别。

(4)对于每一个失效模式,通过系统性的研究识别出原因。

(5)识别安全需求。在此阶段,将考虑系统需求,分析分辨出相关的安全需求,列入系统危险源日志中。

首先需要明确系统的运行原理,采用运营场景描述轨道交通运营中的工作流程,主要体现系统的整体功能与原理,以及流程过程中的顺序关系。其次,使用相关的引导词(Guide

Words)和系统正常运作偏差/偏离时可能产生的后果作为探索其中的隐藏危险源。最后，分析危险源发生的原因和带来的后果。

采用运营场景图描述系统的工作方式和原理，主要体现系统的整体功能与原理，着重体现系统的正常流程，以及流程过程中的顺序关系，不要求形成详细的流程图设计，突出说明该过程中涉及的对象在做什么，而不需要知道它是如何实现的。这里以列车定位场景为例进行说明，如图 9-17 所示。

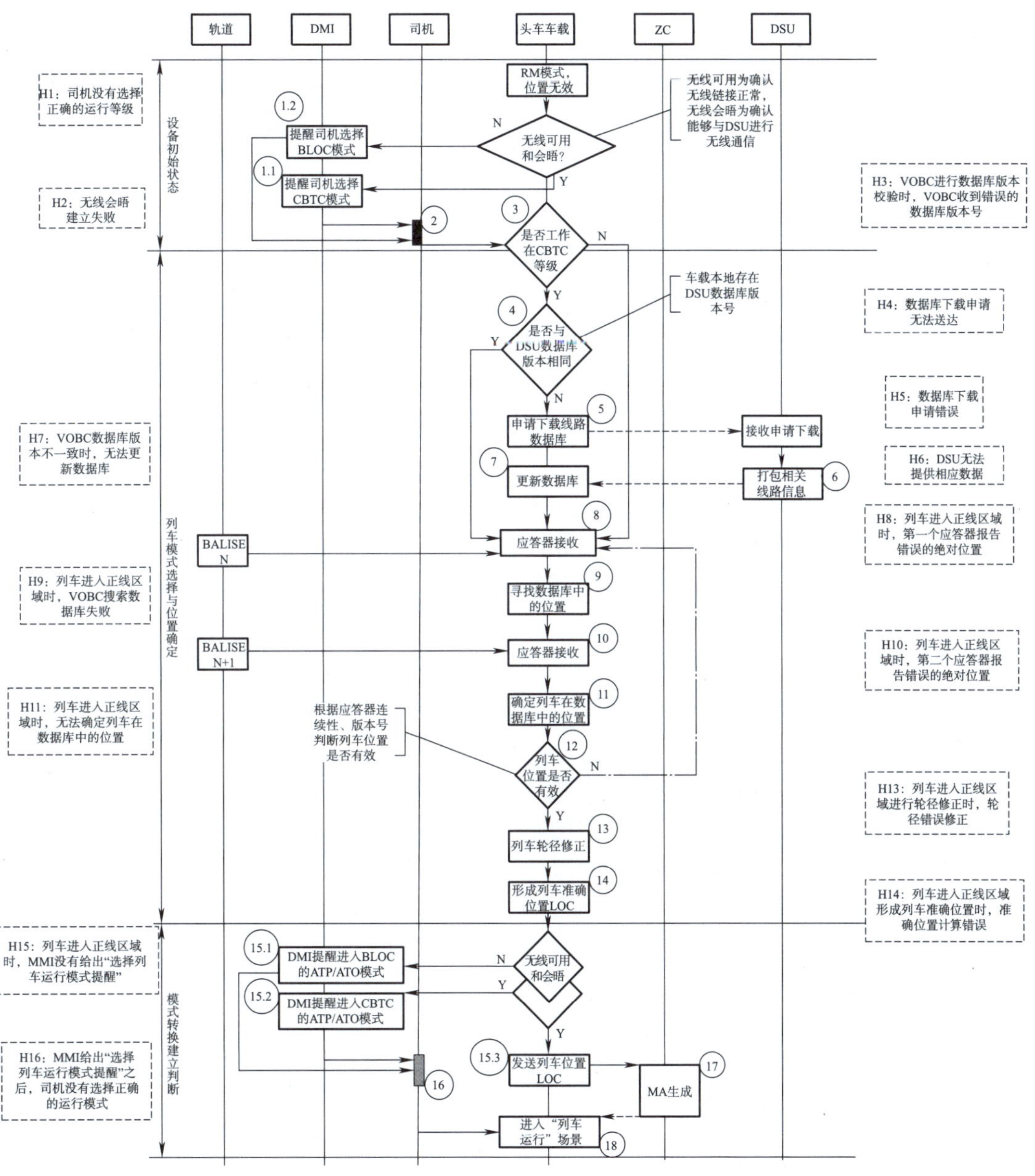

图 9-17 列车定位场景

列车断电再次上电后,原来列车的位置信息将丢失,需要通过车载设备自身的测速测距与地面设置的应答器进行列车位置的确定,主要体现列车第一个应答器的接收、连续的第二个应答器接收、列车位置报告等过程。

(1)第一个应答器的接收

车载设备经过第一个应答器,则在数据库中确定列车的基本位置,但是不能确定列车的运行方向。接收的应答器信息应当包括但不限于:应答器版本号、应答器编号、进路信息等。对于列车定位主要采用应答器版本号、应答器编号信息,进行点式控制则需要进路信息。

(2)连续的第二个应答器接收

车载设备再次收到连续的第二个应答器后,需要在数据库中检测是否是连续的第二个应答器,并且确定列车走行距离与数据库的距离信息是否吻合。通过第二个应答器的接收处理,可以确定列车的运行方向,与第一个应答器结合处理得到列车在数据库中的位置。

接收的应答器信息应当包括但不限于:应答器版本号、应答器编号、进路信息等。对于列车定位主要采用应答器版本号、应答器编号信息,进行点式控制则需要进路信息。

(3)列车轮径自动修正

对于从车辆段或停车场离开进入 CBTC 区域的列车,一般在进入 CBTC 区域的入口设置两个间隔一定距离的应答器进行列车轮径的自动修正。

车载设备在正线复位上电后,不进行列车轮径的自动修正,而是沿用原来保留的列车轮径。

(4)列车位置报告

车载设备通过数据库的版本比较、两个连续应答器的接收以及连续应答器的间隔距离得到列车的准确位置,并形成列车位置报告信息 LOC 通知相应的 ZC 控制器,接收它的移动授权控制。

对每个运营场景依据如下顺序进行分析:

(1)使用引导词和有关的参数关键字,对适用的系统/子系统/接口/运营和维护的任务进行讨论及澄清,以识别出由于有关的系统/子系统的功能而出现的偏差,从而导致人员伤亡(包括轻伤、重伤和死亡)、环境受破坏等的事宜,也就是所说的危险源。

(2)识别出每个所讨论的危险源产生的原因。

(3)识别出每个危险源可能导致的后果。

(4)针对每个危险源及其产生的原因,确定有关危险源的风险消除或控制措施。

在进行危险源识别时,将所发现的问题记录在“危险源记录表”上,见表 9-25。

表 9-25 危险源记录表模板

序号	系统	参考编号	VOBC、ZC、DCS、OSH、IHE、IHI	引导词	危险源描述	潜在原因	后果	现有的控制措施	建议的减轻措施

针对典型的 CBTC 系统进行了分析,共有 50 个运营场景,共辨识出 342 个危险源,经过分析和整理,最后确定 187 个危险源纳入危险源日志(Hazard Log),作为系统安全评价的依据。表 9-26 是针对图 9-17 列车定位场景分析得来的部分危险源记录。

表 9-26　危险源记录

序号	系统	参考编号	VOBC、ZC、DCS、OSH、IHE、IHI	引导词	危险源描述	潜在原因	后果	现有的控制措施	建议的减轻措施
1	ATP	S2-f1	OSH-002	Other than	司机没有选择正确的运行等级	1. 司机培训问题 2. 运营单位人员管理问题（规章制度、疲劳驾驶）	影响行车效率		运营： 1. 对司机进行培训，以提高驾驶技能和故障处理能力 2. 制定运营管理程序，并遵照执行
2	ATP	S2-f2	VOBC-001	No/ Other than	无线会晤建立失败	1. DCS 故障 2. DSU 故障 3. VOBC 无线接口故障	列车不能以 CBTC 级别进入正线，晚点	设计： 1. 无线通信设计安全层协议 2. 无线通信采用双网冗余设计 3. 通信设备、通信接口采用双机热备设计 4. DSU 使用二乘二取二平台	维修： 1. 定期对 ATP 设备进行维修
3	ATP	S2-f3	VOBC-002	Other than	VOBC 进行数据库版本校验时，VOBC 收到错误的数据库版本号	1. DCS 故障 2. DSU 故障 3. 无线接口软件错误	1. 误启动下载数据库，延长列车出段时间。（原本一致版本号错误成不一致的） 2. 线路临时限速未装入 VOBC，造成列车脱线等事故(原本不一致的版本号错误成一致的)	设计： 1. 应答器发送的版本号之后加 CRC 校验 2. 无线通信设计安全层协议 3. 无线通信采用双网冗余设计 4. 通信设备、通信接口采用双机热备设计 5. DSU 使用二乘二取二平台	运营： 1. 制定维修管理程序，以对线路数据更新时进行管理及确认

续上表

序号	系统	参考编号	VOBC、ZC、DCS、OSH、IHE、IHI	引导词	危险源描述	潜在原因	后果	现有的控制措施	建议的减轻措施
4	ATP	S2-f13	VOBC-011	Other than	列车进入正线区域进行轮径修正时，轮径错误修正	应答器消息接收延迟	导致列车位置报告错误，累计误差可能使列车脱轨、撞车	设计： 1. 只接受一定区间内的轮径值 2. 不接受变大的轮径值 3. 要求运营方换轮或镟轮时人工输入轮径	

危险源管理员应参与安全工作组对其负责的危险源的风险降低或控制措施进行的审查。如安全工作组认为所提出的风险降低或控制措施不足够，危险源管理员应重新考虑该危险源的风险降低或控制措施。

安全工作组将按以下原则对危险源的风险降低或控制措施进行审查。

(1)被评估为 A 或 B 风险等级的所有危险源事项，必须通过“设计”方法，将风险降低至 C 或 D 等级。只在没有可行的设计办法下，才可考虑运营、维修程序或为运营及维修员工提供训练等方法来解决。

(2)安全工作组应不接受剩余风险被评为 A 等级的危险源。设计人员可要求安全工作组批准特许剩余风险为 B 的危险源；在此种情况下，必须连同有关理由向安全工作组提出申请，并由安全工作组审核认可。

(3)C 等级的危险源一般可以忍受，若合乎成本效益且有可行的措施，危险源管理员仍须寻求机会将该类危险源降低为 D 等级。安全工作组可以选择接受风险等级为 C 的危险源事项，但若安全工作组对任何有特殊考虑的 C 等级的危险源，可要求设计人员提出证据，显示此危险源的风险已符合 ALARP 原则。

(4)风险等级为 D 的危险源，其风险均在可接受范围内。在正常情况下，不需要采取额外的风险降低或控制措施。

如安全工作组对危险源审查满意，应批准其剩余风险为 B/C/D 等级的危险源。

如危险源管理员想改变已经安全工作组批准的危险源，应通知危险源日志管理员准备修改危险源日志，并按照危险源资料的审批程序进行审批。

收到安全工作组的结论后，危险源日志管理员应将其登记到相关的资料(如会议纪要或危险源日志)中。

(四)危险源管理

基于已建立的危险源日志，以及相关法律法规、标准中规定的安全要求及产品的安全限制条件等，开展相关项目的安全需求分析，建立项目的安全需求。

在系统/子系统的需求分析过程中，设计人员应根据安全需求说明书中所规定的项目的安全需求进行安全设计，并在系统/子系统的需求文档中清楚描述。为确保项目能够满足所规定的安全需求，通过设计实现的部分，测试人员应采用测试的方法来展现系统、子系统的相应功能/性能的安全需求。若有不能测试的安全需求，则应通过分析或评审的方法予以验证。表9-27 给出了安全需求验证矩阵。安全需求的确认结果应提交给相关人员予以评审。若发现产品的功能/性能有不能满足所规定的安全需求之处，则应指派合适的人员进一步跟进，直至满足相关的安全需求或采取适当的防护措施。

表 9-27 安全需求验证矩阵

序号	参考符号	系统安全要求	来源	完成情况 C 已完成 O-未完成	需求验证		测试验证		备注
					需求文件	编号	测试报告	编号	
XX-SRS-001	SRS-122	ZC 在计算列车安全位置时考虑测速定位误差	XX-HL-127［1］	C	XX 子系统需求说明书	3.1-计算安全位置	安全位置计算分析报告	3-需求验证分析	

二、系统设计阶段

（一）SIL 等级确定

表 9-28 针对每一项系统功能明确了 SIL 等级。

表 9-28 系统功能 SIL 等级

功 能	可能的后果	SIL 等级
F1:保证行车安全	撞车、脱线	4
F1.1 计算列车安全位置		4
F1.2 更新轨道占用信息		4
F1.3 计算移动授权		4
F1.3.1 CBTC 级别下计算移动授权		4
F1.3.2 ITC 级别下计算移动授权		4
F1.4 生成强制命令		4
F1.5 列车自主测速定位		4
F1.6 监控列车速度		4
F1.7 监控列车模式曲线		4
F1.8 退行防护		4
F1.9 红灯误出发防护		4
F1.10 列车注册		4
F1.11 列车注销		4
F1.12 管理临时限速		4
F1.12.1 CBTC 级别下管理临时限速		4
F1.12.2 ITC 级别下管理临时限速		
F1.13 数据库版本比较		4

续上表

功　　能	可能的后果	SIL 等级
F2:保护和辅助乘客	乘客被车门挤压摔出车门	2
F2.1 管理列车车门		2
F2.2 管理站台安全门		2
F2.2.1 CBTC 级别下管理站台安全门		2
F2.2.2 ITC 级别下管理站台安全门		2
F2.3 检查站台内安全停靠站情况		2
F2.4 授权驶离站台		2
F2.4.1 CBTC 级别下授权驶离站台		2
F2.4.2 ITC 级别下授权驶离站台		2
F2.5 管理站台紧急停车按钮		2
F3:辅助列车运行	间接造成撞车、脱线列车紧急制动	2
F3.1 列车准备		0
F3.2 确定驾驶模式		2
F3.3 向司机显示详细驾驶信息		0
F3.4 子系统之间通信状态监测		2
F4:辅助驾驶	间接造成撞车、脱线列车紧急制动	2
F4.1 管理跳停		2
F4.2 管理扣车		2
F4.3 管理列车折返		2
F4.3.1 CBTC 级别下管理列车折返		2
F4.3.2 ITC 级别下管理列车折返		2
F4.4 根据安全限制条件确定速度曲线		2
F4.5 根据运行限制条件确定速度曲线		2
F4.6 计算牵引和制动命令		2
F5 提供技术支持	间接造成撞车、脱线列车紧急制动	2
F5.1 时钟同步		2
F5.2 提供维护数据		0
F5.3 与其他系统接口		2
F5.4 系统故障报警		2

确定功能与子系统的对应关系，找出每个子系统中功能的最高 SIL 等级，将此 SIL 等级作为子系统的 SIL 等级，见表 9-29。子系统 2 包含安全相关功能 F2、F4，F2 为 SIL2，F4 为 SIL4，因此子系统 2 的 SIL 等级应当与 F4 的 SIL 等级相同，为 SIL4。

表 9-29　子系统 SIL 分配

功能	SIL 等级	子系统 1	子系统 2	……	子系统 n
F1	1	√			√
F2	2		√		
F3	2				√
F4	4		√		
最高 SIL	—	1	4		2

表 9-30 针对每一项系统功能向子系统进行了分配。

表 9-30　系统功能及 SIL 分配

功　　能	可能的后果	SIL 等级	ZC	VOBC		DSU	DCS	应答器
				ATP	ATO			
F1:保证行车安全	撞车、脱线	4						
F1.1 计算列车安全位置		4	√					
F1.2 更新轨道占用信息		4	√					
F1.3 计算移动授权		4	√					
F1.3.1 CBTC 级别下计算移动授权		4	√					
F1.3.2 ITC 级别下计算移动授权		4						
F1.4 生成强制命令		4	√					
F1.5 列车自主测速定位		4		√	√			√
F1.6 监控列车速度		4		√				
F1.7 监控列车模式曲线		4		√				
F1.8 退行防护		4		√				
F1.9 红灯误出发防护		4		√				√
F1.10 列车注册		4	√	√				
F1.11 列车注销		4	√	√				
F1.12 管理临时限速		4						
F1.12.1 CBTC 级别下管理临时限速		4	√	√	√			
F1.12.2 ITC 级别下管理临时限速				√	√			√
F1.13 数据库版本比较		4	√	√	√	√		√
F2:保护和辅助乘客	乘客被车门挤压 摔出车门	2						
F2.1 管理列车车门		2		√	√			
F2.2 管理站台安全门		2						
F2.2.1 CBTC 级别下管理站台安全门		2	√	√	√			
F2.2.2 ITC 级别下管理站台安全门		2		√	√			√
F2.3 检查站台内安全停靠站情况		2		√	√			
F2.4 授权驶离站台		2						
F2.4.1 CBTC 级别下授权驶离站台		2	√	√	√			
F2.4.2 ITC 级别下授权驶离站台		2		√	√			√

续上表

功　　能	可能的后果	SIL等级	ZC	VOBC		DSU	DCS	应答器
				ATP	ATO			
F2.5 管理站台紧急停车按钮		2	√	√				
F3:辅助列车运行	间接造成撞车、脱线列车紧急制动	2						
F3.1 列车准备		0		√	√		√	
F3.2 确定驾驶模式		2		√	√			
F3.3 向司机显示详细驾驶信息		0		√	√			
F3.4 子系统之间通信状态监测		2	√	√	√	√		
F4:辅助驾驶	间接造成撞车、脱线列车紧急制动	2						
F4.1 管理跳停		2			√			
F4.2 管理扣车		2	√		√			
F4.3 管理列车折返		2						
F4.3.1 CBTC 级别下管理列车折返		2	√	√	√			
F4.3.2 ITC 级别下管理列车折返		2		√	√			√
F4.4 根据安全限制条件确定速度曲线		2			√			
F4.5 根据运行限制条件确定速度曲线		2			√			
F4.6 计算牵引和制动命令		2			√			
F5:提供技术支持	间接造成撞车、脱线列车紧急制动	2						
F5.1 时钟同步		2	√	√	√	√		
F5.2 提供维护数据		0	√	√	√	√		
F5.3 与其他系统接口		2		√	√			
F5.4 系统故障报警		2	√	√	√			

(二)接口危险源分析

接口危险源分析是安全保证人员在系统接口之间的详细设计资料可用的情况下开始进行的。接口危险源的目的为:识别和记录系统外部、子系统之间的危险源、确定危险源的原因和后果、对接口危险源进行风险评估、提出接口危险源减轻措施、对具有减轻措施的危险源进行剩余风险评估。

接口危险源分析范围包括信号系统与外部系统、信号系统子系统之间的接口。CBTC 系统内外接口示意图如图 9-18 所示。

接口危险源分析是基于已定义的各子系统之间的接口,将各相关子系统的功能当作一个黑盒,通过接口之间相互传输的接口信息、运营专业经验及以往的运营经验,以将各子系统之间相互信息的传输而可能产生的危险源系统地识别出来,并分析其产生的原因,提出每个危险源的控制措施,预防不期望事件的发生,并将其剩余风险降低至一个合理且可接受的水平,故对于其危险源的频率与后果,主要参考之前项目的危险源日志。对于项目中如果存在变化的接口,项目组组织专家进行评审,确定接口的危害的频率与后果。

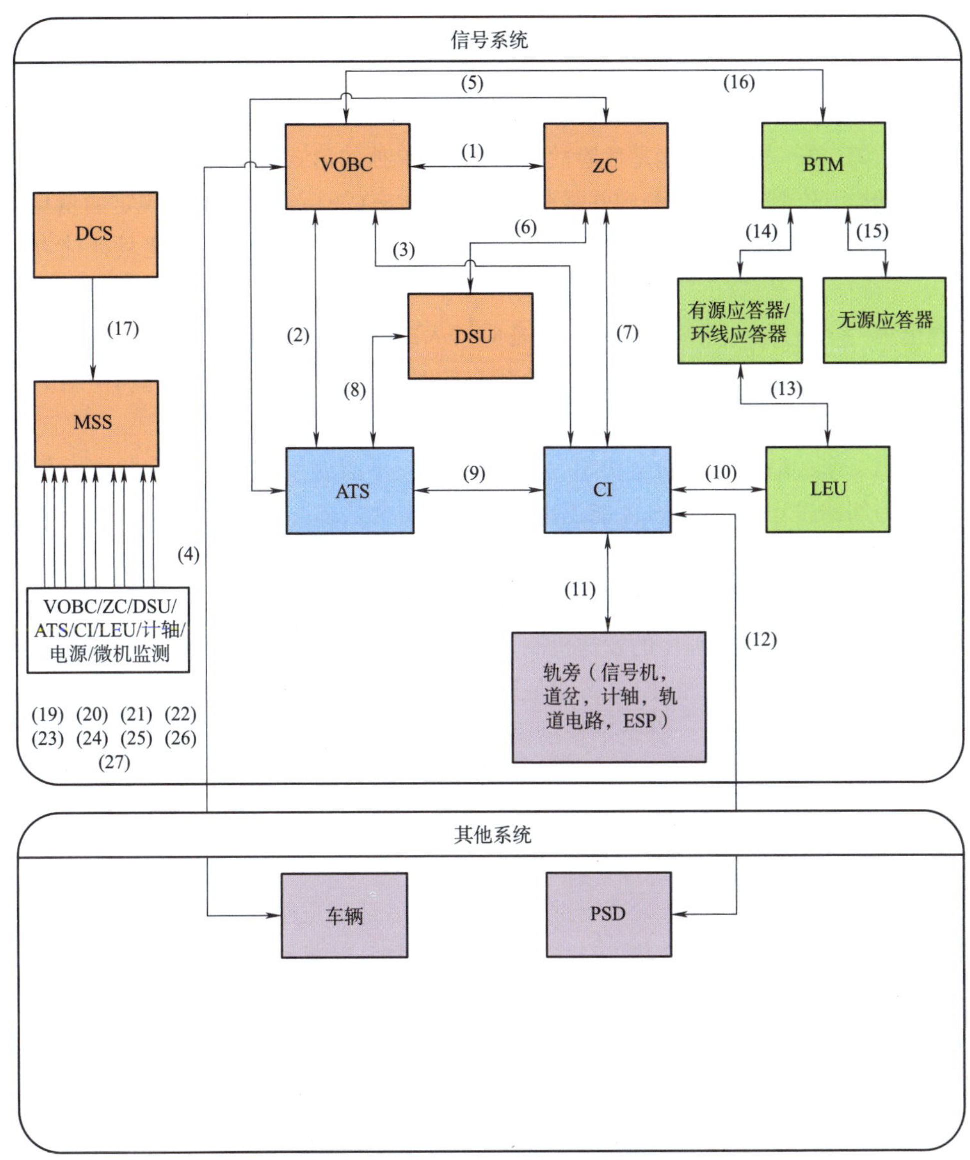

图 9-18 CBTC 系统内外接口示意

对于列车定位场景，可以辨识出相应的接口危险源，接口危险源记录见表 9-31。

表 9-31 接口危险源记录

编号 No	系统 System	接口关系 Interface	危险源描述 Hazard Description	受影响区域 Areas/Location affected	潜在原因 Potential Cause	后果 Consequence
IHA-0××	CBTC 系统	固定应答器→ BTM→VOBC	列车进入正线区域时，第一个应答器报告错误的绝对位置	全线	1. 电磁干扰； 2. 车载电子地图错误	列车定位错误，可能导致列车相撞

三、产品实现阶段

(一)产品安全功能设计和实现

第一个故障(单一故障)可能是危险故障,可能以单独的形式或与第二个故障组合的形式出现,应在足够短的时间内被检测到并强制进入安全状态(如拒绝),以实现规定的量化安全目标。这应通过采用失效模式和影响分析方法(FMEA)、随机失效完整性的定量评估方法来加以证明。

检测出第一个故障后,系统/子系统/设备应进入或保持在一个安全状态。这个安全状态通常(但非必要)是受更多限制的。达到安全状态的时间应足够短,以使检测和拒绝的总时间满足规定的安全指标。

检测出第一个故障并进入安全状态后,后续故障应不能使系统退出安全状态。仅在受控方式下并作为纠错过程的一部分,才能退出限制性的安全状态。

在第一个故障出现后允许的修复时间内,如果故障进一步发生,系统/子系统/设备应保持在安全状态。为实现规定的安全性指标,允许的修复时间应足够短。

例如,ZC 安全平台软件程序的发送机制是采用基于时间触发器的方法。为满足不同的应用程序,安全计算机平台软件的控制周期是适当的;软件流的检查点基于疏耦合,以降低共模干扰和缩短安全反应时间。安全平台的固有安全特征确保一旦发生错误,将关断其控制通道。

对于 ATP 子系统中的单点故障,当车地之间的通信中断超过一定时间后,车载 ATP 就对列车实施紧急制动,以迫使列车停车。

应及时检测可能直接造成危险或与继发故障组合后造成危险的多重故障(例如两重或三重故障),并且强制达到一个安全状态,这一时间应足够短,以满足规定的安全指标。交控科技已对 ATP 子系统采用故障树分析的方法,以论证多重故障的影响。

应进行共因失效分析(CCF),以确保多重故障只在多个随机单一故障组合情况下发生,而不是一个共因故障的结果。交控科技已对 ATP 系统进行了 FMECA 分析,以保证多重故障的发生仅仅可能是单个随机故障的组合,而不是作为共模故障的结果。

(二)运营与支持危险源分析

运营与支持危险源分析是为了在工程项目中,识别和分析与生产、储存、运输、安装、测试调试、操作、维护和处置等 8 个过程中所有可能预见的危险源,找出其潜在的原因、后果及对其进行风险分析,并采用适当的措施,以将每个危险源的风险降至可接受的水平。其中不包括在建造和施工过程中人员的职业安全和健康。

在列车定位场景中,如果连续丢失两个应答器的信息,则列车立即实施紧急制动。

OSHA 流程如下:

(1)在危险源记录表列出相关的分析元素及工作任务列表。

(2)对每项工作任务进行分析,以识别出与任务相关的危险源。

(3)将每项工作任务及其操作和支持程序与危险源检查表和以往的事故教训进行比较,以

识别新的危险源。

在无故障的常规运行条件下能证明系统/子系统/设备按规定的操作和安全需求正确运行，在系统/子系统/设备需求说明书里规定的运行功能需求都通过设计来实现，采用系统需求追踪矩阵来说明系统功能已得到满足，采用系统安全需求追踪矩阵来说明系统安全功能已得到满足。

在列车定位场景中，应答器更换或应答器报文数据更新后应进行一致性检查，确保所烧录数据的正确性，保证列车定位的正确性。

四、测试验证阶段

针对安全要求或功能，在系统的室内仿真测试和室外确认测试中应进行安全验证和确认，以证明系统/设备的设计符合所需的安全功能要求。CBTC 系统的测试验证阶段分为室内测试和室外测试两个主要阶段。

（一）室内测试

1. 子系统测试

将集成软硬件和线线路数据，主要测试子系统功能、性能测试等，这种测试基于黑盒测试方法，直接或间接给出测试结果。

2. 系统集成测试

通过对应的集成验证每个子系统，主要是每个子系统集成后子系统间的交互和功能，这种测试是基于黑盒测试方法，直接或间接给出测试结果。系统集成测试主要针对各子系统之间的接口进行测试，以验证接口功能。

为确保各子系统之间的通信协议正常运作，开展系统之间的集成测试，主要包括 CI 和 LEU 集成测试、CI 和 VOBC 的集成测试、CI 和 ZC 之间的集成测试以及 ATS-CI 集成测试。

点对点的测试工作，主要为 CI 和 LEU 点对点测试、CI 和 VOBC 点对点测试、CI 和 ZC 之间以及 ATS-CI 点对点测试等。

（二）现场测试

单体调试：对于信号机、转辙机、计轴、轨道电路、CI 进行单体调试，为现场一致性测试奠定基础。

现场一致性测试：为确保发送到现场的各子系统之间的接口功能正常运作，在完成室内的点对点测试后，有关的版本将发布到现场对其进行一致性测试，主要为 CI 和应答器系统一致性测试，CI 和信号机、转辙机、计轴和轨道电路一致性测试。

现场数据测试：进行现场数据测试，针对现场测试过程中出现的数据问题，对数据复核、修改及重新发布。

现场功能测试：开展单车动车调试、多车动车调试和跑图调试等测试验证工作。

表 9-32 和表 9-33 分别为轮径校正测试案例和列车定位测试案例。

表 9-32　轮径校正测试案例

测试案例编码	TEST-1.2
检查目的	通过此项测试,检查列车的测速功能
检查内容	检查列车在各种情况下的测试情况
检查方法	正常驾驶列车在不同的速度下行驶,制造空转或打滑的情况查看列车的测试情况
总体结果 / 签名	通过□　　未通过□
测试地点	全线区域
测试准备	·真实车载设备、CI 设备、ATS 设备 ·ATC 测试平台
初始状态	·车辆运行状态正常; ·列车控制等级为联锁级下的 RM 模式; ·车载设备已安装电子地图; ·车载日志工作正常; ·车载 MMI 显示正常
操作 1	设置列车的轮径符合实际情况,驾驶列车以不同速度行驶,制造空转与打滑情况
预期结果	VOBC 测得列车速度与实际相符,并且在空转及打滑情况下仍能正常测算速度 通过□　　未通过□
操作 2	设置列车的一个速度传感器故障
预期结果	列车测速不受影响 通过□　　未通过□
操作 3	设置列车的两个速度传感器故障
预期结果	VOBC 报告速度及位置无效,并实施紧急制动 通过□　　未通过□

表 9-33　列车定位测试案例

测试案例编码	TEST-2.1
检查目的	通过此项测试,检查列车连续经过两个应答器是否可以定位
检查内容	检查列车连续经过两个应答器的定位功能
检查方法	在正线重启 ATP,连续经过两个应答器确定列车位置(在非道岔区段),车载 MMI 上显示列车已定位;如果列车在经过第二个应答器时,车头或者车尾处于道岔区段,则经过两个应答器之后,列车不能定位
总体结果 / 签名	通过□　　未通过□
测试地点	全线区域
测试准备	·一列已完成车辆型式试验的列车; ·两名司机、一名车辆调试工程师、一名车上调度员、三名系统供货商工程师(一名在控制中心)、两名业主方工程师或代表
初始状态	·车辆运行状态正常 ·列车控制等级为联锁级下的 RM 模式 ·车载设备已安装电子地图 ·车载日志工作正常 ·车载 MMI 显示正常

续上表

测试案例编码	TEST-2.1
操作	先将列车的 ATP 重启，自检完成后显示 RM 模式，将预选级别选为 ITC-CM 模式，驾驶列车按进路连续经过两个应答器
预期结果	・经过第二个应答器时，如果列车不在道岔区段，则 MMI 上显示列车定位； ・经过第二个应答器时，如果列车的车头或者车尾在道岔区段，则列车不能定位，MMI 上仍然显示列车没有位置 通过□　　未通过□

(三)安全需求追踪

表 9-34 给出系统需求追踪矩阵的示例。

表 9-34　系统需求追踪矩阵

ID	需求简写	CBTC 系统需求	是否需求	需求类型	安全性相关	验证方式	确认证据
438	计算列车安全位置	本功能是指 ZC 子系统接收到列车汇报的非安全位置信息后，ZC 子系统需要结合系统参数来计算得到列车的安全位置信息，该功能是 ZC 子系统在进行列车移动授权时所必须的。 (1)输入/输出 输入：列车非安全位置，系统参数； 输出：列车安全位置。 (2)处理 ZC 子系统根据列车汇报的非安全位置，需要考虑如下系统参数来推断列车新的位置： ①位置汇报的生存周期； ②列车的最大速度； ③列车的加速度； ④退行距离； ⑤线路情况(如坡度等信息)； ⑥测距误差。 (3)安全 本功能与安全相关	是	功能	相关	分析	系统需求分析报告
464	CBTC 级别下计算移动授权	本功能是指 ZC 子系统在 CBTC 级别下，为每列通信列车计算移动授权。 (1)输入/输出 输入：列车安全位置、障碍物信息； 输出：列车 MA 信息 (2)处理 在 VOBC 与 ZC 周期性通信中，ZC 系统应周期性向列车提供移动授权，移动授权是指列车在任何情况下都不能越过的目标点。 ZC 子系统计算移动授权时应考虑非通信列车以及故障列车。 通信列车的移动授权应具有时效性。 (3)安全 本功能与安全相关	是	功能	相关	测试	系统测试报告

表 9-35 给出安全需求验证的示例。

表 9-35　安全需求验证

序号	ATP 系统安全需求	来　源	完成情况 C-已完成 O-未完成	需求验证		测试验证	
				需求文件	编　号	测试报告	编　号
SRS-001	ZC 在计算列车安全位置时考虑测速定位误差	HL-127 [1]	C	ZC 子系统需求说明书	3.1-计算安全位置	安全位置计算分析报告	3-需求验证分析
SRS-002	列车的追踪间隔中已考虑了前车可能发生的退行	HL-142 [2]	C	ZC 子系统需求说明书	3.1-计算安全位置	安全位置计算分析报告	3-需求验证分析

五、验收确认阶段

信号系统供货商应在交付运营前，提供系统安装手册、操作手册、维修手册、培训手册和安全须知。在系统进行升级和维护前，信号系统供货商应完成变更审核、室内测试和现场确认，并更新相应的安全报告，交付安全评估机构和运营单位审核。

在系统设备投入试运营前，配合独立第三方安全评估机构向业主提交项目的初步安全评估报告和安全认证证书，并明确告诉业主该信号系统设备是否能够安全地投入载客的试运营。只有在初步安全评估报告和安全认证证书中明确该信号系统设备可投入载客试运营时，方可投入试运营。

试运营结束并通过验收后，配合独立第三方安全评估机构向业主提交本项目的正式安全评估文件，并明确告诉业主该系统设备是否能投入商业运营。只有在正式安全评估文件中明确该信号系统设备可投入商业运营时，业主方可投入正式商业运营。

(一)文档审核

安全保证文件需要定期提交独立第三方和业主进行审核，见表 9-36。

表 9-36　安全保证文件状态维护

安全文档	项　目　阶　段							
	项目立项启动	项目策划	系统的定义、要求、设计，工程设计	轨旁、室内设备供货	联锁开通	动车调试和确认测试		开通
						动车调试	空载试运行	
安全计划	—	建立	更新	更新	更新	更新	更新	更新
初步危险源分析(PHA)	—	建立	更新	更新	更新	更新	更新	更新
系统危险源分析(SHA)	—	—	建立	更新	更新	更新	更新	更新
系统危险源日志	—	—	建立	更新	更新	更新	更新	更新
安全需求	—	—	建立	更新	更新	更新	更新	更新
系统接口危险源分析(IHA)	—	—	建立	更新	更新	更新	更新	更新
系统操作和支持危害分析(OSHA)	—	—	—	建立	更新	更新	更新	更新
量化风险分析(FTA)	—	—	—	建立	更新	更新	更新	更新
操作与维护安全须知	建立	更新	更新	更新	更新	更新	更新	更新
系统安全证明文件(SC)	—	—	—	—	建立	更新	更新	更新
FRACAS 记录	—	—	—	—	建立	更新	更新	更新

(二)见证测试

为保证工程项目交付产品的安全性和可控性，特编写此流程，以指导工程项目的见证测试活动，从而保证交付到现场的产品具有安全性、正确性和可追溯性。

根据已确定的测试时间和地点，见证组进入工程项目现场进行见证测试；测试案例由项目组的现场测试成员执行；见证组所有成员需要全程参与测试过程，并如实记录测试环境的版本信息、测试过程、测试结果和发现的差错，认真填写测试记录并签字确认。测试结束后，项目经理或是业主代表负责整理测试过程中发现的问题，并跟踪问题处理的进展情况。见证组综合考虑问题的严重程度和处理方式、相关的证据等因素，确定是否需要再次进行见证。

试运行测试旨在把所有合同设备、系统及材料放在实际运营环境中作为一个不可分割的系统进行检测。通过试运行，动态检测、调试系统设备，以满足信号系统功能规格书规定的功能、性能、操作方式等方面要求。信号系统在联调试验完成、获得系统供货商提供的允许投入空载试运行的安全授权后，系统设备须在实际环境下进行3个月的空载试运行。在系统空载试运行后期，系统需进行144 h连续系统试验，对信号系统性能和功能按照工程开通初期列车运行最小间隔进行连续检验、考核。在144 h连续系统试验期间，信号系统必须达到空载试运行所规定的各种信号系统性能指标。如果144 h连续系统试验未能通过，需要进行必要的整改后重新进行144 h连续系统试验。进行144 h连续系统运行测试，以证明信号系统可以达到以下试运行合格的指标要求。

(1)安全指标：在联锁、ATP安全功能正常的基础上，系统必须提供100%的安全运行。

(2)列车因信号系统原因产生非期望的紧急制动须小于7.5次/万组公里。

(3)信号系统设备操作成功率须达到99.95%/日。

(4)列车停车精度在±0.3 m的兑现率为99.9%，在±0.5 m范围内时正确率为99.99%。

(5)时刻表的兑现率不低于95%。

(6)列车到达折返轨能可靠实现自动折返(即不出现无自动折返信号)的正确率不低于99.95%。

(7)CBTC降级系统运行能力满足线路设计要求。

(8)CBTC系统运行能力满足线路设计要求。

见证测试项见表9-37。

表9-37 见证测试项

序号	测 试 项
1	检查列车连续经过两个应答器是否可以定位
2	检查车载模式转换功能
3	检查列车的移动授权点与信号机显示的一致性
4	检查在一条进路办理后，列车能否正常运行
5	检测信号机开放时机是否影响列车正常运行，即不因办理时机滞后，使列车降速或停车；也不因触发过早，影响线路的通过能力
6	检查接近区段设计的合理性

续上表

序号	测　试　项
7	检查车载ATP/ATO产品处于降级级别下，当列车进入停车股道时，防护区段开始进入倒计时解锁，检查解锁的时间是否合理
8	检测全线具有停车作业处，停车窗设置和相关控制是否满足技术要求
9	检查列车能否判别进入所设定的站台区域
10	检查填充应答器能否准确复示信号机状态
11	检查安全制动距离，检查防护距离长度与设计指标的一致性
12	检查扣车功能
13	检查列车门控及安全门联动功能
14	检查车载ATP/ATO产品模式建立和转换功能
15	检查在一条进路办理后，列车能否正常运行
16	检测信号机开放时机是否影响列车正常运行
17	检查列车处于CBTC级别下，当列车停稳后，联锁接收到ZC发送的列车停稳信息，防护区段立即解锁，检查解锁的时间是否合理
18	检查检测全线具有停车作业处，停车窗设置和相关控制是否满足技术要求
19	检查检查列车能否判别进入所设定的站台区域
20	检查列车速度监督功能是否正确有效
21	检查连续进路下的双非通信车是否可以追踪
22	连续进路下的双CBTC车追踪
23	检查连续进路下的CBTC车与非CBTC车的追踪
24	检查系统在CBTC级别下，两列追踪的CBTC车，先后跨越地面ATP/ATO边界，两车的运行状态正常
25	检查系统性故障的安全防护功能测试
26	检查列车通过能力

(三)编写安全证明文件

根据CBTC系统实际情况，推荐的结构如下。

第一部分　系统定义

摘要：总结安全证明文件中的关键信息。它应该包含以下几点。

(1)关于变更信息的简要描述，包括变更目的、功能和位置。

(2)关于安全计划和发展进程的保证的摘要。

(3)关于安全审核与评估的保证的摘要。

(4)关于测试与使用体验的摘要。

根据获得的证据和未解决的风险的安全状况的摘要。

简介：这一部分应介绍安全证明文件的目的、用途、应用范围和组织结构。

系统的定义：这一部分应当提供关于改变的总结，以准备理解安全问题的提出。它应当包括或涉及目的、功能、结构、设计、实施和评审支持条款的处理文件，包括：

(1)系统描述包括系统的实际安放位置。

(2)系统边界和接口定义，包括承载的其他系统、服务与设备。

(3)组成的子系统认证,如果适当则要提供子系统安全证明文件。

安全证明文件所申请的系统结构必须可明确识别。这一部分需要论证系统可以有效管理及变更控制,符合安全计划中任意一条标准。

1.1 介绍
1.2 ××线系统描述
1.2.1 物理结构概述
1.2.2 ××线线路结构
1.2.3 ××线轨旁结构
1.2.4 ××线车载结构
1.2.5 ××子系统分解结构
1.3 应用与参考文档
1.3.1 标准
1.3.2 ××线项目管理文档
1.3.3 ××线设计文档
1.3.4 ××线验证 & 确认文档
1.3.5 ××线 RAMS 文档
1.4 缩写和定义

第二部分 质量管理报告

质量管理报告是一份有效的安全证明文件的先决条件,证明系统工作质量可以或曾经被有效的质量管理系统(QMS)控制。这一部分必须记录 QMS 的活动以及证明它在项目中是适当的。如果 QMS 给出了精确的描述和证明,则不用给出大量的细节记录和证明文件。

2.1 简介
2.2 质量管理报告
2.2.1 组织结构
2.2.2 质量计划及质量程序
2.2.3 质量管理流程
2.2.4 设计管理
2.2.5 分包商/供应商管理
2.2.6 生产控制
2.2.7 操作和维护
2.2.8 安装及调试开通
2.2.9 文档管理
2.2.10 配置管理
2.2.11 质量综述

第三部分 安全管理报告

引言:描述和总结并提到安全计划中所描述的行为按照计划执行,并且证明这些改善的行为是适当且充分的。危险源的记录日志是最原始的证据来源,证明危险源已经被控制住了。

安全角色与责任必须提供证据表明项目中的关键安全人员完成了安全计划中所给出的任务,并且证明关键的安全人员具有相应的工作经验和能力。

安全生命周期:必须证明在项目以及项目的安全生命周期中,特别是当它们与安全计划中的定义有显著的不同时。

安全分析:必须介绍关于项目的安全分析过程中详细的讨论。它必须保证所有可预知的危险源都已识别出来，无法接受的危险源都已经被排除，而其他的危险源都控制在可接受的程度上。这一部分必须说明安全分析考虑到了系统全部活动范围以及正常与不正常的操作情况。系统与组件故障、程序故障、人为失误和环境条件都应该考虑进去。这一部分必须评审所有发生过的有关事件。陈述它们产生的原因、潜在的以及实际的影响，以及为防止所有曾经在运行经验中发生过的事件再次发生的要求行为，运行经验可能是在操作服务中产生折中安全策略的经验。这一评审必须涉及危险源日志。这一部分同时应当准备一个基于运营经验所获得的数据和危险源日志的可靠性数据的评审。这些数据应当运用在定量安全分析及证明上。这一部分必须论述一种方法来证明风险被控制在可以接受的程度并且这一方法遵循良好做法。这一部分必须记录任意一个安全政策中与分析相关的元素。这里面包括经过同意的安全对象和范围，以允许承包人和供应商对它们进行例如铁路环境方面的变更使得系统或设备能够运行。

安全需求：这一部分可能重申系统或设备的安全需求或者通过查阅安全需求规范总结系统需求。应该包括一个关于需求中安全含义的讨论，指示出每个需求是怎样对整个项目产生影响的。任何假设都必须按照规定并且可以证明其正确性。

安全标准：这一部分应当能给安全计划所提出的程序和标准提供证据，并且证明任何不一致的地方。

安全审核与评估：执行安全审核与评估过程的证据是安全证明文件中的重要部分。在审核与评估中的发现一般会在独立的文档中陈述。这一部分应当呈现：审核和评估时机的描述和证明；证明审核员与评估员有能力独立完成其工作；对于所有有关发现事宜所采取的行为正当的声明。

供应商管理：这一部分应该提出执行的合同方和供应商的工作应该满足的在要求的等级下的安全标准并且按照供应商的安全计划中规定执行。

安全控制：这一部分应当给出在安全计划中提出的安全控制认证已投入应用的证明。

结构管理：这一部分应当证明使用的结构管理系统及系统运行正确。所有在结构管理下的安全相关的项目的证明都应该提供。

项目安全培训：这一部分必须表明从事与安全活动相关的人员都通过按规定执行的培训计划进行了充分的培训。

3.1　简介

3.2　安全周期

3.3　安全组织

3.4　安全计划

3.5　××线信号系统危害记录管理

3.5.1　简介

3.5.2　危害记录管理

3.5.3　危害记录状态

3.6　安全需求说明

3.6.1　简介

3.6.2　标准和相关安全需求

3.6.3　安全需求一致性

3.6.3.1　××子系统 SIL 分配的原则

3.7　××线信号系统设计

3.7.1　简介

3.7.2　××子系统层次的设计活动

3.8　安全审核

3.9　安全验证与确认

3.9.1　验证 & 测试和确认安排

3.9.2　验证 & 确认策略

3.9.3　××子系统设计相关的验证 & 测试活动

3.10　安全证明

3.11　××线系统移交

3.12　操作和维护

3.13　拆除和处理

第四部分　技术安全报告

技术安全报告应该说明确保设计的安全性的技术原理，包括(或涉及)所有支持文件(如设计原理及其计算、测试规格与结果以及安全分析)。如果文件中已包括准确的证明文件，则其他大量细节文件和支持文件可以不包括进去。建议技术安全报告采用以下结构。

引言。

正确功能操作担保、故障影响和外部影响操作：这三个部分应当描述及讨论项目中相应阶段所做出的活动，以证明它们满足安全要求。这三个部分应该总结并提及在安全计划中描述的活动，并提供或者提出证据证明活动已经实施，并且这些证明的活动对于要求的完善都是充分合适的。危险源日志应当作为证据的原始来源。这些部分应当给出将风险控制在可接受范围内的方法。

安全相关应用条件：这一部分应当说明(或涉及)在系统应用时必须观察的规则、条件与约束。其中包括相关子系统或子设备的安全证明文件中的应用条件。

安全质量测试：安全质量测试受到操作条件引导，可称为“现场试验”或“列车引导运行”。这些测试的目的是使系统更好地达到其安全要求。这些测试并不能独立充分地证明系统的安全性，但是可以通过给出实际中能够达到分析预测的结果作为巩固前面部分分析的证据。它们将有代表性地检验分析中的预测与实际效果。这些测试要求系统在得到最终安全审批之前投入使用，因此必须有适当的预防与监测措施以保证系统在测试期间的安全性，包括必要的预防措施来应对在监测时产生的风险。在测试开始之前必须要有一份临时的安全审批。安全质量测试不能作为在安全证明文件完成之前无限制使用系统的手段。这一部分应当记录在投入使用时的时间、采用的方法；什么预防措施是合适的；运行时有无乘客以及各阶段已获得何种安全审批。同时应附带测试的详细描述和测试结果。

其他显著安全问题：所有在安全要求文件中没有提到的显著安全问题应该在这一部分讨论，只要它们影响到操作安全。

4.1　简介

4.2　系统定义

4.2.1　综述

4.2.2　系统设计原则

4.2.2.1　系统结构

4.2.2.2　系统配置

4.2.2.3 车载结构
4.2.2.4 整体方案特征
4.2.3 ××子系统功能
4.3 功能正确实现的保证
4.3.1 安全设计原则
4.3.1.1 功能安全原则
4.3.1.2 技术安全原则
4.3.2 系统功能的实现
4.3.2.1 系统需求设计实现
4.3.3 安全功能的实现
4.3.4 硬件功能正确实现的保证
4.3.5 软件功能正确实现的保证
4.4 故障影响
4.4.1 确定单个故障对系统的影响
4.4.2 组件之间的独立性
4.4.3 单个故障的检测
4.4.4 故障检测后的措施
4.4.5 多重故障的影响
4.4.6 针对系统故障的措施
4.5 外界干扰下的运行
4.5.1 气候条件
4.5.2 机械振动条件
4.5.3 海拔高度
4.5.4 电磁条件
4.5.5 非法网络侵入
4.6 安全相关应用条件
4.6.1 系统配置
4.6.1.1 配置管理工具
4.6.1.2 配置管理委员会(CCB)
4.6.1.3 配置数据库
4.6.2 变更控制
4.6.3 运营安全监控
4.6.3.1 不合格品的处置
4.6.3.2 使用和维修管理
4.6.4 系统升级
4.7 安全合格性测试
4.7.1 测试规程
4.7.2 测试过程
4.7.2.1 单元测试阶段
4.7.2.2 集成测试阶段
4.7.2.3 子系统集成测试阶段
4.7.2.4 子系统测试阶段
4.7.2.5 系统集成测试阶段
4.7.2.6 系统测试阶段
4.7.3 数据准备及测试

4.7.3.1　数据准备

4.7.3.2　数据测试

4.7.4　问题处理与跟踪流程

4.7.5　测试结论

第五部分　相关安全论据

这一部分应当包括这一安全证明文件所依赖的其他安全证明文件，以及证实在这一安全证明文件中实现或转自其他的相关安全证明文件中的假设、限制或约束。

5.1　介绍

5.2　相关安全论据参考

5.3　××通用产品安全论据

5.4　安全相关应用条件

第六部分　结论

这一部分应当根据系统的安全要求方面对系统的可接受性作一个总结。这一声明包括：

(1)安全证明文件所做的假设的列表，尤其是关于安全要求做的假设；

(2)系统仍然存在的风险的声明；

(3)关于系统的不足的声明；

(4)关于所有未解决的危险源和其他显著问题的鉴定；

(5)为保证安全的操作限制及程序影响；

(6)为长远工作实现所做的建议或说明。

结论部分应当包括使用时的假设、限制与约束。安全审批人员应当把它们作为本认证成立的前提。

小　　结

随着科技的日新月异，CBTC系统得到广泛的认可，迎来全面高速发展的春天。安全保障体系作为列车运行控制系统的“保护伞”，在前进中摸索，在扎根中创新。

CBTC系统的安全保障体系根据国际标准EN 50128、EN 50126、EN 50129编写，具有行业认可度和普适性。从系统全生命周期的角度剖析安全保障体系内容和安全评估方法，使得安全保障工作具有更强的针对性和更好的实际性。

高速度、高密度及重载运输的需求离不开信号系统的飞速发展，信号系统的发展也离不开安全保障体系的保驾护航。在RAMS水平持续提高的背景下，安全保障体系也将日益完善，精益求精，为越来越高的行车速度和越来越大的行车密度提供高效、稳定、可靠的保障。

第十章　CBTC 系统发展趋势与展望

CBTC 系统的应用，有力地支撑了城市轨道交通安全、高效、可靠、准点、舒适、低碳、人性化七大目标的实现。但是随着城市轨道交通建设里程的迅猛增长，CBTC 系统面临新的挑战，具体表现在如下几方面。

(1)轨道交通能耗明显优于公路交通，按照同等运力比较，轨道交通能耗仅仅相当于小汽车的 1/9，公交车的 1/2。但是随着运营里程的增长，客运量攀升，系统刚性能耗增加，能耗问题日益突显，如何进一步降低能耗成为轨道交通建设、运营面临的新课题。

(2)城市轨道交通初期按照单线建设、单线运营的方式发展，这种方式建设速度快，运营效率高。随着轨道交通网络的形成，网络内各条线路缺乏统一标准，各厂商设备互不兼容，设备、维护、培训均无法实现资源共享，不仅运营管理困难、成本高，乘客多次换乘也十分不便。

(3)城市轨道交通的运营需要大量的司机和乘务人员，成本高且容易因人的行为失误带来安全、运营问题。需要通过提高系统的智能化水平，实现运营的高度自动化，优化人力资源配置。

(4)CBTC 系统设备种类多，分布范围广；轨旁和车站设备多，施工调试耗时长；车站和轨旁需要布置大量的设备，不仅增加了故障率，而且运营维护十分不方便；是否能够对系统进行精简，减少设备是建设、运营方关注的问题。

在需求和新技术的推动下，CBTC 技术不断进化，发展出了集约型 CBTC 系统、互联互通 CBTC 系统、基于 CBTC 的 FAO 系统、基于车车通信的 CBTC 系统等新形式的 CBTC 系统。

第一节　集约型 CBTC 系统

一、发展背景

相对于其他交通方式，城市轨道交通运量大、效率高、安全准点、污染小，具有明显技术优势。按照同等运力比较，轨道交通能耗仅仅相当于小汽车的 1/9，公交车的 1/2。

但是随着运营里程增加、客运量攀升、各条线路行车间隔缩短，以及电梯、空调等设备增加，轨道交通刚性能耗持续增长。能耗已成为城市轨道交通不能回避的问题。根据北京地铁运营统计，截至 2015 年底，北京地铁已开通 18 条线路，日开行车列数已超过 7 000 列，年用电量超过 13 亿度，已经成为北京地区工业用电第一大户。应该说，尽快找到大幅降低城市轨道交通系统能耗的方法，实现轨道交通节能运行，已成为保持该行业高速度可持续发展必须解决的重要问题之一。

运用现代管理与技术，对轨道交通进行“精耕细作”，对轨道交通多专业进行高度集成、联动，从而降低能耗、提高运营效益，这就是集约型 CBTC 系统。

集约型CBTC系统的研究方面，国内外已有不少的研究成果。理论研究方面，自二十世纪六七十年代，Ishikawa 就提出了列车节能驾驶的概念，后被很多学者(以 Howlett，Khmelnitsky，Liu Ronfang 等学者为代表)拓展为列车的最优控制问题，分析得到列车的节能驾驶策略由“最大牵引、巡航、惰行、最大制动”四种工况构成，并采用最大值原理、遗传算法、动态规划算法、蚁群算法等求解列车节能驾驶策略的工况序列及工况之间的转换点。另一方面，一些学者也在列车运行时分优化方面进行研究(如 Thomas 和 Su)，基于列车在单站间的节能驾驶策略合理分配列车在多站间的运行时间，使得列车在多个站间的运行能耗最小。在再生制动的研究方面，Yang 和 Miyatake 等学者研究通过合理匹配列车的时空关系，更好地利用再生制动的方法。实际应用方面，2011 年，西班牙马德里地铁进行 ATO 站间驾驶策略优化，通过理论分析和实际测试结果显示，合理地改善 ATO 的驾驶策略可以减少列车站间牵引能耗 13%。2005 年，德国 Dresdon 大学和荷兰 Delft 大学将列车运行曲线调用的运行技术应用于德国 Schona 至 Meiben 线路中，得到近 20%的节能效果。1998 年，美国旧金山湾区的 BART 线采用基于再生能的两车协同节能运行控制技术。通过协调列车启动和制动的时刻，实现相邻列车对再生制动能量的充分利用。2007 年，日本学者采用通过设置仿真案例的方式多次分析无限速、无坡度、两车运行节能优化方法，可实现 4.2%至 17.9%的节能效果。另外，欧洲颁布 EN 50463 标准和 TECREC_100_001 技术推荐，用于列车的能耗测量以及运行能耗的规范和验证。

国内也有很多学者开展了此方面研究。王自力、金炜东、马超云、丁勇等研究采用智能算法搜索列车牵引制动策略来优化全局能量消耗。北京交通大学唐涛教授开展列车节能运行优化方案、多站间列车节能驾驶策略、列车运行用能评估流程等研究，并在北京地铁开展实际验证。中铁工程设计咨询集团有限公司、北京交通大学等在安徽芜湖研究将信号系统、PIS、CCTV、综合监控系统进行设备优化和集成，实现四电集成的、设备简化的、成本降低的、接口标准化的弱电集成控制系统，达到系统可靠性的提高，系统自动化程度的整体提升。

二、定义与关键特征

集约型CBTC是通过最优化理论、多目标控制算法、协同控制理论等现代控制理论和方法，优化列车运行控制和行车综合调度指挥，从而实现轨道交通节能运行的CBTC系统。

集约CBTC系统的关键特征是节能运行。集约型CBTC系统，在保证列车运行准时性、舒适性和高精度停车的前提下，降低列车牵引能耗，有效减少碳排放，减少大气污染，改善大气环境。以亦庄线为例，按照 5%的单车节能效果计算，亦庄线 2013 年牵引电耗 2 030 万度，每度电 0.859 5 元为计算依据，将降低牵引电耗 101.5 万度/年，节约运营成本 87.2 万元/年。如果推广到其他线路，节能效果是十分可观的。

三、技术特点

集约型CBTC系统的技术特点包括针对单车驾驶控制算法的优化和针对多车综合驾驶策略的优化。

1. 针对单车驾驶控制算法的优化

针对单车驾驶控制算法的优化主要分为三类：解析算法、数值算法和智能算法。解析算法是可直接用代数法求解目标函数的一类算法,具有求解速度快、能得到理论上全局最优解的优点,但是算法本身大部分基于基本假设,且现实环境中的复杂变量会增加建模和求解的困难,最常见的解析算法为应用极大值原理进行求解。数值算法一般用搜索法求解,求解速度根据算法的不同而不同,虽然其不能保证全局最优,但可针对现实环境中的特殊因素设计模型和算法参数。智能算法是一种基于人工智能和计算机技术的现代算法,其求解速度较慢,一般不适用于实时计算,但是可以针对现实环境中的复杂变量进行仿真求解,应用较为广泛。

(1)解析算法

1980 年,Milroy 以加速度为控制变量,以驱动列车所需的机械能为报酬函数,建立基于连续控制的机械能模型。由于当时轨道交通的研究以内燃机车为主要对象,通常机车的手柄位是离散的,因此连续控制的假设与实际情况不符,未能正确反映控制的机械原理。

2001 年,Howlett 运用一般的动力学方程来解决通用列车的控制问题,即在给定时间的前提下,连续坡度线路上列车驾驶能耗最小的问题。Howlett 提出,离散控制能耗模型可以通过连续的惰行和牵引工况切换来无限接近连续控制的机械能模型,并且提出了关键方程的两个推导。

(2)数值算法

程家兴教授于 1992 年与南澳大学 SCG 研究所的 Howlett 引入关键速度的概念,以牛顿迭代法调整关键速度的大小,提出对于任一确定手柄位操纵序列,只有在达到关键速度时进行手柄位转换,才能使能耗最小,继而对各不同手柄位序列的运行方案进行比较,得到最优的运行策略。在此基础上,1994 年,Pudney 和 Howlett 研究水平坡道无曲线且有限速的列车节能优化问题。他们采用三个关键速度,以离散的手柄位操纵序列状态集合为控制变量,得到能耗最优时操纵手柄位状态转换的必要条件。1994 年,西南交通大学王自力教授引入惰行进坡速度和动力制动进坡速度两个概念。他同样将线路分段,在每个区段内进行局部优化,继而通过比较各区段能耗降低率,优化分配给各区段的运行时间,最后确定各区段的进坡速度,迭代搜索总体能耗最低的全局优化方案。1996 年,Howlett 在水平轨道的优化运行方案基础上,将其推广到分段常数坡道的情况。他通过将行驶距离划分成若干常数坡度的区段,从而得到该条件下的关键方程和三个必要条件,并证明解的存在性和唯一性。1997 年,Howlett 再次和程家兴教授合作,讨论连续变化坡度的列车驾驶优化问题,并建立几个决定最优策略的关键方程。1999 年,Oavydova、Pudeny、Howlett 和程家兴研究分段常数坡度带限速的情况。2001 年,Howlett 讨论离散手柄位的通用机车控制问题。

(3)智能算法

1987 年 Mellit B 等学者提出在保证列车不晚点的情况下,应用专家系统动态控制列车惰行,以降低列车运行能耗。1988 年 Oshima H 等学者将模糊预测控制应用到列车自动驾驶中。1994 年,Khanbaghi M 等学者提出利用模糊逻辑控制来降低地铁列车的运行能耗,模拟结果表明,能耗比采用 PID 控制降低 6%。1997 年,Chug C S 等学者开始把遗传算法用于列车自动驾驶仿真中,在出发前就计算出列车运行过程中最适宜的惰行地点,在保证列车运行平稳、准时的基础上,以实现能耗最低。1998 年,金炜东教授进一步讨论生成列车优化操纵速度曲线的智能计算问题。该计算模型通过仿真计算获得局部优化的数值规律,通过神经网络实现局部优化规律的数据,作为在线实时信息处理的基础数据库,最后用遗传算法进行全局优化，从而生成列车驾驶优化速度曲线。1999 年 Hart S H 等学者利用并行遗传算法求解列车惰行控制的适宜地点，提高算法的计算速度与节能效果。2010 年，马超云、丁勇等设计实数遗传算法，并将其算法嵌入到城市列车运行计算系统，实现给定线路条件下站间最优惰行点的自动计算。

2. 多车综合驾驶策略优化

针对多车综合驾驶策略的优化主要通过运营调整来降低能耗，在满足系统运营需求的前提下，合理安排、科学规划线路中的列车运行。其主要手段分为两种：一是优化列车的站间运行时间，调整列车的发车间隔，增长列车在站间的运行时间，减少列车的运行能耗。据此原理，西门子公司为其信号系统设计节能模式。在早晚运营高峰，节能模式不启动，列车运行速度快、运行间隔小，上线运营的车辆也最多，此时地铁消耗的电力也是最多的。但在平峰期，运营公司可根据需要启动节能模式，减少上线运营的车辆，增大列车发车间隔，降低列车运行速度，延长站台候客时间，从而减少电能消耗。二是以再生制动技术为基础，在同一牵引供电区段合理分配到站及出站的列车运行，从而使列车在制动时产生的再生能量被同一牵引供电区段的处于启动阶段的列车所吸收，有效降低系统的总运行能耗。广州地铁针对一号线列车进行节能测试。当列车行车间隔在 170～240 s 时，大约有 48%的再生制动能量反馈到牵引网被其他列车使用，大约 2.9%的再生制动能量被制动电阻消耗；但是当列车行车间隔增大到 360～420 s 时，再生制动能量被其他列车所吸收利用率仅为 10%，再生制动能量利用率大大减少。

随着城市轨道交通用电规模的增大，对 CBTC 系统转变增长模式，加强成本管理控制提出新的挑战，只有通过科技创新和管理模式的创新，发展集约型 CBTC 系统，才能为城市轨道交通的进一步发展争取更为广阔的空间。

第二节　互联互通 CBTC 系统 I-CBTC

一、发展背景

轨道交通单线建设、单线运营虽然具有规划建设速度快、运输组织效率高的优点，但是随着城市轨道交通的发展，多条线路形成网络，其问题也逐渐地显现出来，具体如下。

(1)无法实现资源共享，设备、线路利用率低；设备供货商数目繁多，信号制式和实现方式不统一，培训和维护成本较高，不利于实现产业化发展。

(2)乘客换乘次数多，乘坐时间长，不方便出行，也降低了轨道交通线路的运输效率。

轨道交通的互联互通实现各条线路统一的运营和管理。互联互通的 CBTC 对于城市轨道交通的发展具有十分重要的意义，具体如下。

(1)实现城乡总体规划目标，适应城市发展的需要。

城市规模的扩大，“多中心组团式”的空间结构，需要以便利、快捷的交通为前提和保证。轨道交通的网络化运营，可通过不同线路之间的跨线运营，更多可能性、更有效地实现外围组团与中心城区的直接交通联系；通过快慢车运营，可实现外围组团与中心城区之间的快速联系。支持城市总体规划对城市空间的拓展要求，极大加强外围组团与中心城区的联系，有效缓解主城区人口、交通压力，有利于拉大城市骨架，拓展城市空间，优化城市结构布局。

(2)提高乘客长距离出行效率,满足快速直达的需要。

跨线运营可以减少乘客换乘次数,节省换乘站走行和等待列车的时间;快慢车运营能够根据线路沿线客流情况,灵活调整停站模式,让快车在乘降量较小的车站不停车直接通过,提高旅行速度,节省乘客出行时间。两者的有机结合,可满足乘客快速直达的需求,提高乘客整体的出行效率,提高轨道交通对乘客的吸引力。

(3)降低投资和运营成本,实现资源共享的需要。

随着轨道交通网络的形成,建设规模的不断扩大,线路、车辆基地、控制中心、变电所等数量及规模也将迅速增加,投资也将急剧增长。网络化运营将形成全轨道线网同一制式的车辆、信号等互联互通,使线网形成一个有机的整体,车辆、车辆基地、设备等实现共享,可提高资源利用率,降低建设规模,节约建设投资和运营成本,使轨道交通成为城市交通的优质资源。

国际上,2000 年由欧洲委员会提出城市轨道交通管理系统(Urban Guided Transport Management System,简称 UGTMS)的一个研究项目,旨在欧洲范围内建立一个城市轨道交通领域内的共同标准和规则,以提高公共交通系统的使用效率和安全,降低系统和社会成本,并使交通系统更加灵活,以满足运营商的需要。项目由 7 个国家及 15 个运营商和供应商共同参与。研究范围包括:信号与联锁、列车控制、列车管理系统、供电监控及维护辅助系统等。目标是定义一个完全开放系统的功能、系统要求及接口的规范。2005 年,MODURBAN 欧洲组织供货商、运营商、学校,进行欧洲现代城市轨道交通基于 CBTC 互联互通标准的制定。

在我国,有关部门也正牵头城市轨道交通信号系统的标准化和互联互通工作。北京市科委、交通委、发改委及其他委办局在自主化 CBTC 信号系统成功研发并成功应用之后,正在进行京津冀一体化协同发展的互联互通轨道交通信号系统的研究和部署。中交协组织于 2012 年开始编制城市轨道交通 CBTC 信号系统相关标准,并于 2013 年 6 月 6 日发布了《中交协 10 号—2013 城市轨道交通 CBTC 信号系统行业技术规范—需求规范(暂行版)》。2015 年重庆市正开展轨道交通互联互通信号装备产业科技支撑示范工程工作,重庆轨道交通 4 条线的信号系统,按互联互通统一标准进行招标和实施,其跨线接口、车地通信接口及车地通信制式统一,在技术层面上实现以上线路的信号系统互联互通。

二、定义与关键特征

轨道交通的互联互通(Interoperability)是指列车可以在一条以上的线路上安全运营,并且要求相对应的车辆、信号、通信、供电、线路限界和运营等方面能够一致,实现从一条线到另一条线的无缝过渡。互联互通的信号系统是轨道交通互联互通的基础和前提条件。互联互通的 CBTC 系统是基于统一规范和标准,实现不同厂商的信号设备互联互通,实现列车跨线运营的 CBTC 系统,简称 I-CBTC。

I-CBTC 系统的关键特征是资源共享和网络化运营。I-CBTC 系统可以实现资源的共享,运营管理、车辆调配、人机操作界面和方式、检修设备、维修工艺、备品备件、人力资源、培训资源等全方位的资源重组,盘活建设和运营单位的人力和设备资产。互联互通的 CBTC 系统可以实现网络化运营,实现路网间的联通、联运,在确保列车安全高效运行的前提下,实现不同厂商的信号设备互联互通,实现列车共走廊运营,提高线路和设备利用率。

三、技术特点

1. 统一互联互通信号系统架构和车地通信信息流

对 CBTC 系统中与车地互联互通相关系统架构和信息流等关键技术点进行统一，满足互联互通接口要求的信号系统需求和架构技术。采用互联互通的标准化的接口，包括如下接口：车地无线通信，地面 ATP/ATO 与车载 ATP/ATO，车载 ATP/ATO 与车辆，车载 ATP/ATO 与 ATS，车载 ATP/ATO 与联锁及 LEU，地面 ATP/ATO 与联锁，地面 ATP/ATO 与 ATS。

2. 实现满足互联互通需求的信息传输的安全编码与解码

双向连续大容量的车地信息传输是 CBTC 系统的基本特征和核心技术之一。互联互通下列车跨线运行的要求使得不同线路的设备必须采取安全、一致的信息传输编码和解码技术，约定所使用的关键参数或生成机制，保持不同线路上各关键设备之间数据流向和链路数量的一致性。车地接口信息进行规范和统一，才能既保证对上述信息传输系统风险的足够防护，又不妨碍有互联互通需求的列车与不同线路地面设备之间的正常双向通信。

3. 实现互联互通下不同地面设备控制下的线路间列车平稳切换技术

由于多条线路上可能使用不同厂家的信号系统地面设备，因此列车在互联互通跨线运行时必须与不同的地面设备同时进行通信，汇报列车位置和申请移动授权，各地面设备之间需正确进行列车监控权的交接，确保控制列车设备的唯一性、生成移动授权的安全性和连续性，并且实现不同线路的统一调度指挥，才能实现列车在不同地面设备控制下的平稳切换。

4. 统一规划互联互通线路网络的设计原则和资源配置

统一互联互通线路网络的设计原则，包括应答器、计轴、信号机等轨旁设备的布置原则和安装规范；统一规划无线制式、无线传输媒介、无线频点；统一配置线路网络的相关资源，包括编制互联互通线路网络的设备 ID、IP、端口等；统一应答器类型和编码方式；统一车辆、站台门、线路参数、限界、牵引供电等外部条件。

互联互通 CBTC 系统体系架构示意如图 10-1 所示。

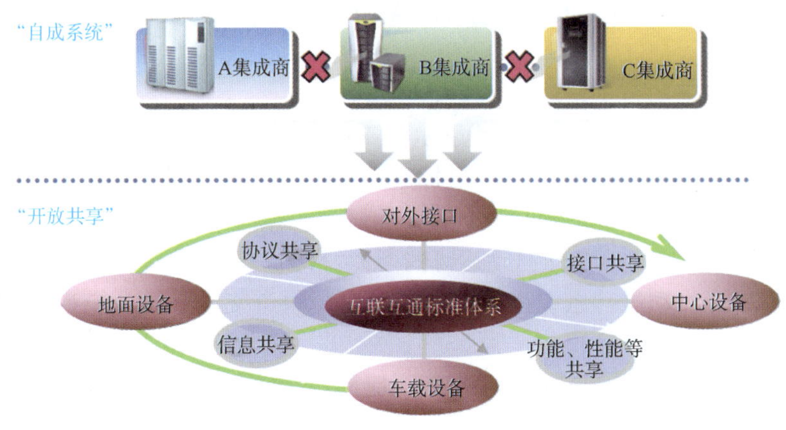

图 10-1　互联互通 CBTC 系统体系架构示意

第三节　基于 CBTC 的 FAO 系统

一、发展背景

国际公共交通协会(UITP)将列车运行的自动化水平(自动化等级,Grades of Automation,简称 GoA)划分为 5 级,如图 10-2 所示。

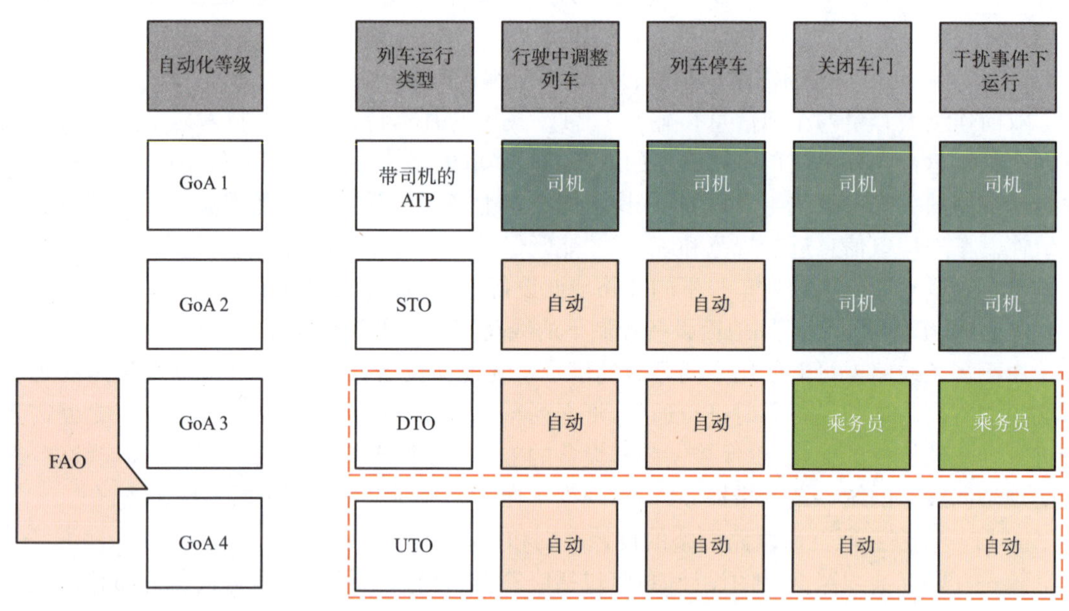

图 10-2　GoA 等级示意

各等级简要说明如下,

GoA0:目视下列车运行,司机负全责,无系统防护;

GoA1:非自动列车运行,即 ATP 防护下的人工驾驶;

GoA2:半自动列车运行(STO),即司机监督下的 ATO 驾驶;

GoA3:无司机有人值守下的列车自动运行(DTO);

GoA4:无人值守下的列车自动运行(UTO)。

GoA3(DTO)和 GoA4(UTO)统称为 FAO。FAO 系统在正常运营情况下,由自动化设备取代司机自动驾驶列车在全线运行。FAO 即全自动运行系统(Fully Automatic Operation),有些文献译为全自动驾驶系统。

全自动运行系统具备列车完全自动运行的能力,目的是进一步提升城市轨道交通运行系统的安全与效率。全自动运行系统是形象地衡量城市轨道交通系统功能和性能先进水平的标尺。

在国外城市轨道交通,全自动运行系统广泛应用,发展历程可以分为起步阶段和广泛应用阶段。

1. 起步阶段(1971—2004 年)

1971—2004 年是全自动运行系统的起步阶段,多用于轻轨或运量小的线路。1971 年,为提高城轨的服务品质，增强与其他交通方式的竞争力，法国开始研究城轨 FAO 技术，1973 年完成 VAL 系统的原型机研制。1978 年世界第一条 FAO 城轨线——法国里尔 1 号线动工，1983 年开通运营。1977 年开通运行的伦敦道克兰轻轨(Docklands Light Railway，DLR)是 DTO 等级自动化城轨的典型。1998 年，为纪念巴黎地铁 100 周年，巴黎第一条 FAO 线——14 号线开通运营。

图 10-3 为巴黎 14 号线设备布置示意。

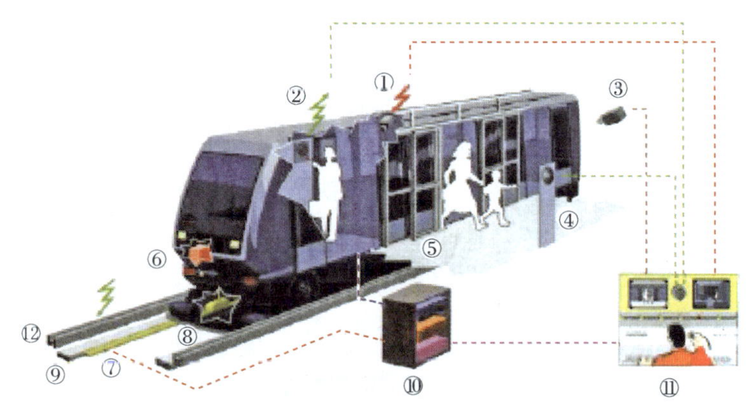

图 10-3　巴黎 14 号线设备布置示意

1—车载视频监控；2—车载乘客信息；3—车站视频监控；4—站台门；5—车门；6—防撞系统；7—车地通信；8—应答器；9—轨旁车地通信；10—轨旁控制单元；11—控制中心；12—波导管

2. 广泛应用阶段(2005 年至今)

2005 年之前 FAO 技术推广速度比较慢，2005 年之后发展速度逐渐加快，并开始在中、高运量地铁广泛应用。

截至 2016 年，全球共有 37 个城市开通运营 55 条线、848 座车站、803 km 全自动运行系统(FAO)。世界上新加坡东北线是全世界第一条实现正线、车辆段全自动运行的大运量地铁，2003 年 6 月开通运营。2008 年 6 月德国纽伦堡的 U3 线正式开通 DTO，该线路是德国首条 FAO 线。2009 年开通运营的阿联酋迪拜的地铁红线是全世界最长、最新的 FAO 线路。巴黎地铁 1 号线是世界上首条由人工驾驶改造为 FAO 的线路，1900 年建成。巴黎 1 号线是巴黎最繁忙、最拥挤(75 万人次/天)，同时也是最老旧的线路。

图 10-4 所示为全自动运行系统列车运行实例。

图 10-4　全自动运行系统列车运行实例

中国在全自动运行轨道交通系统方面的建设刚刚开始，目前仅有2条全自动运行线路，分别是北京机场快轨和上海地铁10号。北京机场快轨线全长28.1 km，最高运行速度100 km/h，控制系统采用阿尔斯通的Urbalis CBTC无人驾驶系统，2008年7月开通，2012年3月具备无人驾驶功能。上海地铁10号线(1期)全长36.2 km，最高运行速度80 km/h，控制系统采用卡斯柯公司的Urbalis CBTC无人驾驶系统，2010年11月开通，是国内第一条采用UTO等级建设的大运量轨道交通线路。为保障行车安全，2条线路在实际运营中均设置了1名乘务员，当无人驾驶系统正常运行时，乘务员负责监督列车的运营状态；当出现故障时，乘务员可及时进行应急处置，并操纵列车运行。

在北京市政府的支持下，北京市轨道交通建设管理有限公司、北京市地铁运营有限公司、北京市基础设施投资有限公司、北京交通大学、交控科技有限公司等单位完成了全自动运行系统核心技术研发、装备研制、试验过程，并在北京地铁燕房线开展工程实施。2017年9月完成空载试运行，于2017年底开通运营。北京新机场线也将采用全自动运行系统。

北京地铁燕房线全自动运行列车如图10-5所示。

图10-5　北京地铁燕房线全自动运行列车

过去，FAO系统每十年至少增长2倍。而据国际公共交通协会(UITP)估计，2020年FAO系统将增长3.5倍，到2025年总运营里程将达到1 800 km(见图10-6)。国际公共交通协会估计，到2020年国际上75%新线将采用FAO技术，40%的既有线改造时将采用FAO技术。

UTO发展趋势及国际FAO运营里程增长倍数分别如图10-6和图10-7所示。

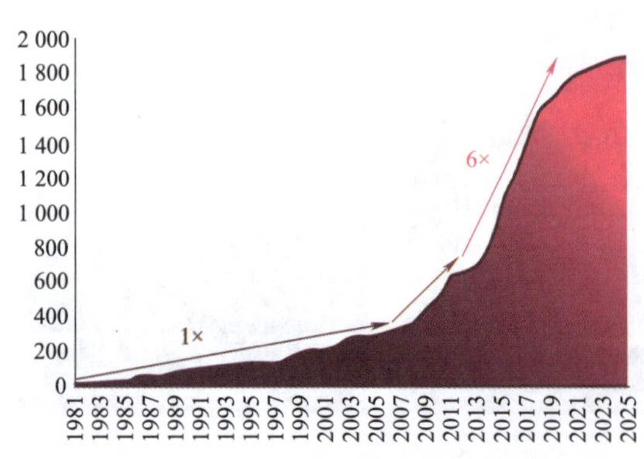

图10-6　UTO发展趋势

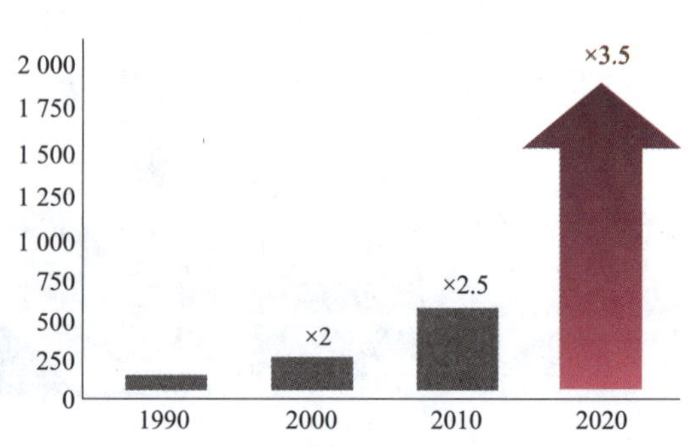

图10-7　国际FAO运营里程增长倍数

全自动运行列车运行控制系统是城市轨道交通系统集成技术的一次质的飞跃，是城市轨道交通列车运行控制系统未来的发展方向，具有广阔的发展前景。

二、定义与关键特征

全自动运行系统(FAO)是以现代信息技术提升运营服务水平为目的的新一代城市轨道交通系统，是系统自动化程度的最高等级。

全自动运行系统引入了全自动运行自动控制、优化控制、人因工程等领域的最新技术，将进一步提升轨道交通的自动化程度，其关键特征如下。

1. 实现运营的高度自动化，优化人力资源配置

全自动运行系统具备列车自动唤醒和休眠，自动出入停车场，自动清洗，自动行驶、停车和开关车门，故障自动恢复，根据客流量列车自动投入或退出运行等功能。具有常规运行、降级运行、运行中断和灾害状况等多重运行模式。

FAO系统提高系统的自动化程度，增强设备的自诊断功能，运营维护功能得到加强，降低运营人员劳动强度；将司机从重复作业中解放出来，列车上可以配置乘务人员，提高对乘客的服务水平，同时兼顾监视列车运行状态。

2. 系统更加安全

FAO系统不仅考虑运行中列车的安全，防止列车追尾、正面相撞、侧冲、脱轨、与障碍物相撞，而且考虑乘客及运营人员(如上下车乘客、车厢内乘客、站台上乘客、维护人员等人员)的安全。

FAO系统实现列车运行全过程(除正线外，还包括车辆段、停车场)、各种运行工况(正常和异常)的自动安全防护，有效地防止人为误操作引起的事故。

FAO系统增强列车上的视频监控和紧急对讲功能，提高应急处置及反恐能力。

3. 系统更加可靠

实现列车运行全过程自动化，进一步减少人为因素对运营的影响，提升运营能力。自动化程度的提高，使系统可以快速、有效地应对运营过程中的扰动，具备更强调整能力。系统全方位的冗余配置，运行的可靠性极高。

4. 运营组织更灵活

实现无人驾驶，摆脱有人驾驶系统司机配置和周转的制约。可以根据运输需求灵活地调整运营间隔，随时增、减列车，提高系统对突发大客流(大型活动，如体育比赛)的响应能力；有助于实现24 h不间断的运输服务；低峰或夜间以更低的成本和更灵活的运营提供可变的服务。

三、技术特点

实现全自动运行要求各专业必须高度自动化、系统之间深度集成，其技术特点如下。

1. 通过多专业的深度集成提升整体自动化水平

全自动运行系统多采用以行车指挥为核心的综合自动化系统，将ATS、PSCADA、BAS等系统统一纳入一个综合数据信息平台之内，从而使各系统的信息形成一个紧密结合的整体。保证在统一的信息平台之上实现对车、电、机的统一监控，实现正常及故障情况下多专业系统均能联动，提升轨道交通运行系统的整体自动化水平。实现列车上电、自检、段内行驶、正线区

间行驶、车站停车及发车、端站折返、列车回段、休眠断电、洗车等全过程自动控制。

以行车指挥为核心的综合自动化系统将行车指挥、设施监控、应急指挥、维护管理等与线路运营相关的功能无缝集成到一个统一的平台，实现城市轨道交通全运营过程智能化和自动化。以行车指挥为核心的综合自动化系统的核心功能是行车指挥，行车指挥主要包括运行图编辑、运行图自动调整、列车运行的自动追踪及控制、列车运行状态显示、进路自动排列、运行历史记录、运行报表制作等。

2. 通过全方位充分的冗余配置提高系统的可靠性

信号在既有设备冗余的基础上，增强了冗余配置，包括头尾终端设备冗余、ATO冗余配置、与车辆接口冗余配置等。

车辆加强双网冗余控制，增加与信号、PIS的接口冗余配置等。

3. 通过增强对乘客和运营人员的防护提升整体的安全性。

增强运营人员防护功能，在车站及车辆段增设人员防护开关，对进入正线及车场自动化区域人员进行安全防护。

增强乘客防护功能，对乘客上下车及车内安全进行防护。

扩大ATP的防护范围，车场自动化区域内列车运行进行ATP防护。

增加轨道障碍物检测功能，车上加装脱轨/障碍物检测器实现轨道障碍物检测功能。

增加应急情况下的各个系统联动功能，如火灾情况下，通风、行车、供电、视频、广播的联动等。

4. 通过丰富的中央控制功能提升应急处理能力

全自动运行系统将弱化车站功能，加强中心的控制功能，实现列车全自动运行的全面监控，详细的各设备系统监测与维护调度，提供远程的面向乘客的服务。控制中心新增车辆调度及乘客调度，实现车辆远程控制、状态监控及乘客服务的功能。控制中心新增综合维修调度，实现供电、机电、信号、车辆的维护调度功能。

5. 通过基于大数据的维护综合调度系统降低系统设备维护成本

针对现代运营需求，采用“互联网＋”思路，基于大数据方法，以用户为核心，各专业共建，搭建基于大数据的地铁运营维护调度指挥平台，从而降低系统故障率，降低维护成本。

第四节　基于车车通信的列车运行控制系统

一、发展背景

传统的CBTC系统需要在控制中心、车站、轨旁和车辆布置大量的设备，包括控制中心ATS子系统、车站ATS子系统、联锁子系统、ZC子系统，应答器、信号机、计轴、道岔控制器、电源屏、UPS、电池、LEU、通信控制系统等。CBTC系统设备多而且接口复杂，其建设、维护、运行方面存在以下的问题。

(1)CBTC系统的建设成本居高不下。轨旁和车站设备多，设备购买和建设成本高，设备用房大；功能和接口复杂，施工调试复杂，耗时长。以燕房线阎村北站为例：信号设备室面积为70 m^2，电池室25 m^2；室内线缆约15 000 m(含电源及通信线缆)；施工时间约20～30天；调试时间15～20天。尤其对于改造项目，由于其每天允许的施工调试时间短，而且夜间调试作业多，其难度相当大。

(2)CBTC系统的运行和维护也需要消耗大量的资源。CBTC系统数量多，其能耗总和巨大，如CBTC一个车站电源总功耗为35～40 kW。轨道交通设备具有高安全高可靠的运行需求，需要大量专业技术人员进行设备的维修维护，根据地铁调度中心统计，2011年北京地铁5号线车载设备、地面信号设备共发生故障1 109起。

(3)列车运行控制环节多，系统复杂而且响应时间长。列车运行经过ATS－CI进路办理命令、CI－ZC进路已办状态、ZC－VOBC发送MA、ATS－VOBC目的地、列车根据MA行车的控制流过程，系统的复杂度很高，其开发和维护的成本都很高。前车的位置信息传到后车，需要经过前车－区域控制器ZC－后车，影响信息的实时性。

通过以上问题分析，CBTC系统从建设、运行、维护、改造全生命周期成本优化角度，有精简设备降低系统复杂度的需求。

新一代基于车车通信的列车运行控制系统，是对传统系统架构进行简化，减少车站和轨旁设备，提高控制中心和车载设备的智能化程度，实现控制中心与车载设备的二级控制的列车运行控制系统。基于车车通信的列车运行控制系统具有下列优势。

(1)响应时间将更短，系统性能改善。一是通过车车通信的方式减少子系统和接口，优化数据流，尽可能减少系统传输延迟对追踪间隔的影响，二是通过列车直接锁闭轨旁设备的方式，优化轨旁设备资源在能力瓶颈区段(例如折返区段)的充分利用。

(2)减少建设投入和全生命周期成本。由于设备减少，从而降低建设成本和维护成本，根据阿尔斯通公司资料显示，新型的列控系统的应用可以减少20%的设备，相应的减少维护成本。由于新型信号设备将安装在车上而不是在轨道旁，维修工作也将简化，信号设备检修可以在车辆段进行，没有中间环节制约。线路扩建时更容易安装，不会影响现有线路区段重要的数据准备，在不影响运营的情况下，实现旧线的信号系统快速地改造。

(3)提升线路运行可用性。通过减少设备数量的方式降低系统故障率。随着不再有来自联锁的任何常规限制以及轨道变得共同化，列车可以从目前位置安全移动到任何地点，这种新的工作方法使列车运行非常灵活。列车其他移动都是可能的，像双向或梭行运营，以及在中间站或线路终点站折返。根据客户需求和实践，通过这种核心机制的覆盖，更灵活地实现运营规则。

国际上，法国阿尔斯通公司率先提出一种以车载为核心的CBTC系统的方案，并应用于里尔地铁1号线改造项目。里尔地铁路网有2条线路(1、2号线)，全长45 km。里尔线全部采用无人驾驶技术，停站时间较短，最小理论追踪间隔可以达到60 s。里尔线地铁车辆采用带有自动导轨的胶轮走形系统，路轨由混凝土走行面、导向轨(兼作供电轨)和导轨控制设备组成。里尔1号线全长13.5 km，阿尔斯通于2012年获得里尔1号线改造项目，并提出以车载为核心的CBTC方案——URBALIS Fluence。该方案简化进路设置和联锁功能，将这些功能合并到车载系统，包括更多的车载智能和直接的车车通信，其结果是优化系统响应时间和减少系统接口。

在我国，北京交通大学、交控科技股份有限公司联合北京市基础设施投资有限公司等单位于2015年开始调研车车通信系统,并在北京市政府的支持下设立科研项目,开展基于车车通信的列控系统的研发。采用基于分散自律的多车协同运行控制技术,基于资源竞争策略的多列车道岔通过与控制技术,满足车车、车地通信要求的高速度、高可信车地无线通信技术,基于多模融合的高性能可扩展一体化智能车载平台技术等关键技术。该系统已完成方案设计和原型机开发,搭建测试平台并进行原理验证。

二、定义与关键特征

本书介绍的常规CBTC系统中,CBTC系统的设备按照位置可以分为控制中心设备、车站设备、轨旁设备和车载设备。控制中心设备主要是中心ATS设备,车站设备主要是车站ATS、CI、ZC设备,轨旁主要有应答器、信号机、计轴、道岔控制器等设备。

常规CBTC列控系统数据流示意如图10-8所示。

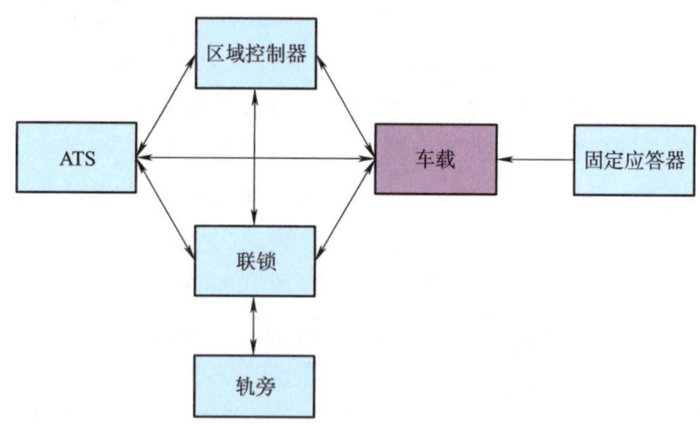

图10-8　常规CBTC列控系统数据流示意

基于车车通信的列车运行控制系统就是将车站、区间设备的功能转移到车载控制器实现,车站和区间少布置甚至不布置设备,依靠车载自主控制来实现列车运行控制的大部分功能。例如原来由轨旁、ZC、CI实现的测速定位、运行间隔控制、道岔控制等功能,全部由车载设备来实现。

基于车车通信的列车运行控制系统的技术特点就是对常规CBTC系统进行设备精简,由车载来实现列控系统的大部分或者全部功能,减少车站及区间设备的布置。关键特征如下。

(1)地面无设备或者大幅度减少地面设备。无专用ZC系统,利用车车信息交换、主动识别实现列车间隔控制功能。无专用联锁系统,以车载对轨旁设备的征用和控制来实现联锁功能。减少区间设备,例如利用车载来实现定位、信号机表示等功能,从而减少应答器、信号机等区间设备的布置。由于地面设备大幅度减少,因此系统的建设、维护成本更低,而且对于车载设备的维护要比地面设备维护更容易。

(2)高可靠的车地通信系统。系统通过车车之间的数据交互、车地之间的数据交互来实现闭塞控制和联锁控制功能,通信系统的故障将对系统的运行产生严重的影响,因此对于通信可靠性有更高的要求。

基于车车通信的列车运行控制系统运行示意如图10-9所示。

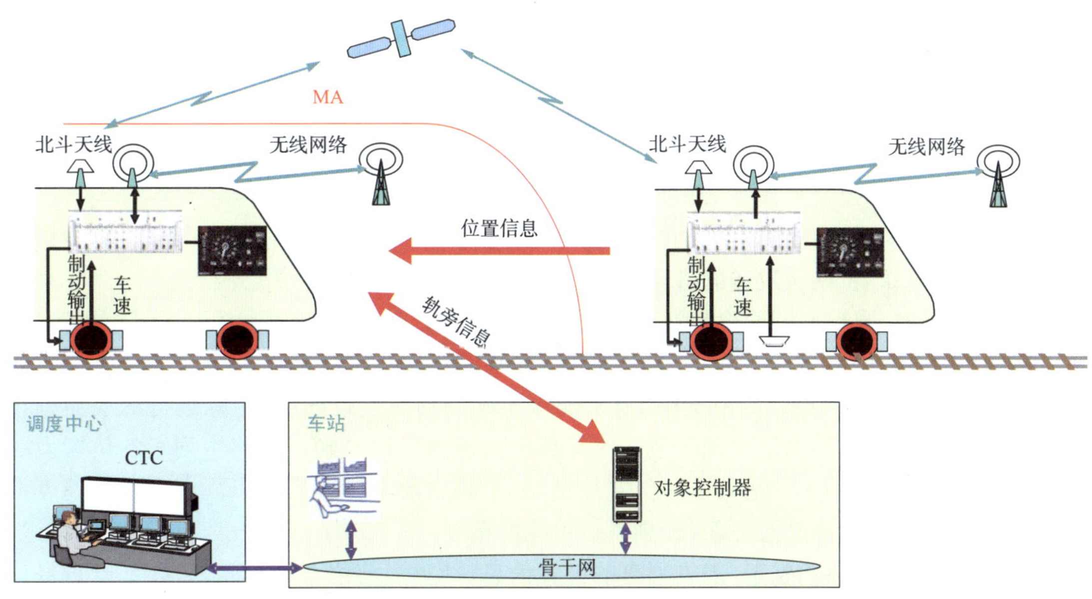

图 10-9　基于车车通信的列车运行控制系统运行示意

交通的目标是实现人（指挥）、车、路（轨道）的高效协调，将乘客运往目的地。传统的列车控制系统，基于技术条件的现状，为了实现这一目标，系统增加了若干轨旁设备来辅助控制；从公路交通和航空的控制方式来看，汽车和飞机的控制主体均为移动体，红绿灯和塔台仅作为指挥机构，而运输设备本身作为控制的核心设备实现运输功能；基于车车通信列车运行控制系统作为回归交通的本质的控制技术，相比传统 CBTC 系统而言，在性能、成本和可靠性、可维护性方面具有十分显著的优势。

基于车车通信的列控系统的核心是列车自主控制。关于列车自主控制的技术路线，根据目前欧美学界及工业界的经验探讨，以及无人驾驶汽车的发展路径，目前可以采取的路径有三条：

1. 以车辆厂家为主，开展自主控制系统的研发。完全由车辆厂家主导，以车辆网络为核心进行自主控制系统的平台及应用研究，类似汽车各厂家开展的无人驾驶研究。这种方案优势是：车辆、信号、网络等完全一体化，效率高，集成度高；缺点是：只能与一种车辆配合，或一家车辆厂配合，太封闭，开放性差，不利于市场化及行业推进。

2. 以信号厂家为主，开展自主控制系统研发。这个方案的典型就是目前 Alstom 在法国里尔的试验方案，完全由信号主导，车辆变成一个执行机构。这种方案优势是：信号系统是一个了解并控制整个运行的系统，在如何保证自主运行的调度指挥、智能控制、自主运行等方面有较大优势；缺点是：车辆的优势发挥不出来，而完全由信号系统解决又存在很大难点，很多功能无法实现。

3. 搭建一个开放的、标准的自主控制平台，使信号、车辆、运营有机融合在一起。这个方案就是目前汽车无人驾驶的平台策略，使得应用、平台、载体分别由多家进行，同时进行标准化、系统化，有利于长远可持续发展，从而也使得这样的系统能够适应更多的不同类型、不同年代、不同自动化程度的车辆。

三、技术特点

基于车车通信的列车运行控制系统技术特点如下。

1. 以车载的高智能化来减少轨旁设备

(1)利用车车信息交换代替 ZC 实现列车间隔控制功能。

在常规的 CBTC 系统中,列车有规律地向区域控制器发送其位置报告。区域控制器结合列车发送的位置报告、联锁发送的进路信息,为每列车生成移动授权并发送给列车。列车根据收到的移动授权信息定义其速度控制曲线。这意味着车上 ATP 和地面 ATP(区域控制器)之间周期性通信,由地面设备实现列车的管理和间隔控制。

在基于车车通信的 CBTC 系统中,为了确保正确的列车运行间隔,追踪运行的前后列车之间可以直接通信,减少通信中间环节。由车载根据各列车信息确认线路中列车的位置及顺序。前车周期性地向后车发送其实时位置信息,后车收到前车位置后可以立即更新其速度控制曲线,并通过实时计算动态更新,提高系统检测的精度。

列车根据前方障碍物状态、前方列车的位置信息,计算当前列车移动闭塞,并基于自身计算的移动闭塞计算安全防护速度曲线,并控制列车运行。

(2)以车载对轨旁设备的征用和控制代替联锁来实现道岔控制功能

车站没有设置联锁系统,而是通过车载控制器设置进路。在列车开始运营或运行中,列车从 ATS 接受任务,如时刻表或下一站信息。列车从地面接收线路占用状态、道岔状态、信号机状态等信息,根据事先存储的联锁表和运行任务,计算进路控制命令。在地面布置对象控制器作为执行单元,用于向车载和中心汇报轨旁设备状态,并执行车载的控制指令。对象控制器通过对资源的锁定来确定不会有多列车同时控制同一个设备。当列车需要对地面设备进行控制时,便向对象控制器申请资源。对象控制器应答列车,以确认需要资源已经分配并锁定。一旦轨道资源被锁定,只要不释放,就不能被其他列车使用。当列车检测通过 1 个轨道资源时,立即释放该资源,然后该资源被另一列列车征用并控制。

(3)基于视频、雷达的主动识别技术以及点对点通信技术的应用

基于车车通信的列车运行控制系统,采用了基于视频、雷达的主动识别辅助列车运行,利用摄像头、激光雷达等多传感器对列车运行环境进行数据采集,采用基于深度学习的图像识别算法,识别线路上的列车、人、动物、树木等侵入线路影响行车安全的障碍物以及距离,从而实现主动式的列车运行防护。不仅能够应对列车降级的场景,对于列车以外的障碍物也能实现安全防护。目前研究的重点难点包括:对于弯道、坡度情况下的识别,对于道岔状态的识别,大雾、恶劣天气等低可见度下的识别,多摄像头组合识别算法等。

基于车车通信的列车运行控制系统采用点对点通信,列车与前后车,地面之间直接通信,在无轨旁无线网络设备的情况下,仍然可以通过车车、车地直接的通信实现基本的列车追踪、运行。

2. 高 RAMS 的系统硬件及软件技术

RAMS 即可靠性、可用性、可维护性和安全性,轨道交通关系乘客的出行与安全,轨道交通控制系统的研发、维护必须满足 EN 50126 的 RAMS 要求,尤其安全相关设备应满足 SIL4 的安完善性成等级。列车运行控制系统由于其多样性、分散性、可靠性、实时性、安全性和系统

性的六维度的复杂性使得系统复杂程度极高，而基于车车通信的列车运行控制系统由于其设备更少，功能更复杂，对控制系统提出了更高的RAMS要求，必须采用全生命周期的高RAMS设计、开发、生产、维护的技术和管理手段来实现系统RAMS目标。

3. 高智能化的车载统一平台技术

车车通信系统要求车载平台更智能化。智能化要求平台具有更强的处理能力，更快的运算速度，还必须要保证安全。更智能化的车载平台使得车载设备具有更强的全自动运行功能，在城市轨道交通实现GoA4级的自动控制，并能够在大铁线路实现ATO驾驶。车载安全计算机平台应基于高可靠性的安全平台(如二乘二取二)设计。智能化车载平台包含安全控制子系统、非安全控制子系统、服务子系统和健康管理子系统，这四大子系统通过网络总线架构连接形成智能化车载平台，可方便地实现升级或扩展。

4. 多传感器融合的列车定位技术

ETCS、CTCS、CBTC目前主要采用车载测距与应答器定位结合技术，可充分利用卫星定位、惯性导航等技术与现有技术形成一个多传感器融合的定位技术，以适应不同制式、不同线路环境下的定位需求，替代目前以地面安装设备为主的定位方法，减少地面设备的布置。

小　　结

为满足人们安全、快捷、低碳的出行需求，我国建设了大规模的轨道交通。随着轨道交通规模的高速增长和网络化的形成，对列车运行控制系统提出新的需求，提出集约型CBTC系统、互联互通I-CBTC系统、基于CBTC的FAO系统、基于车车通信的列车运行控制系统。

但是以上几种系统不是独立发展的，而是相互联系，相互融合的。通过各个新技术的融合，最终是要发展一种基于车载互联互通平台的智能化列车运行控制系统：①能够实现列车的节能运行控制；②能够实现列车的高智能化、高自动化运行控制；③能够实现系统的互联互通，并能向下兼容传统CBTC等系统运行，实现不同制式之间的无缝切换；④能够实现设备的最简化，只保留控制中心和车载设备，车站和轨旁少设备或者没有设备。

列车运行控制系统的总体发展趋势是"基于智能车载"，车载的功能更强大，通过车载之间交互数据自主实现移动闭塞，可大大减少车站和轨旁设备；通过高度智能化的车载设备实现全自动化的列车运行和列车的节能运行控制。

CBTC制式是一种可持续发展的信号模式，也是具有发展潜力的列车运行控制系统。随着CBTC技术的成熟，在新的需求以及以计算机、互联网、人工智能为代表的技术的推进下，城市轨道交通将进入一个集约化、标准化、自动化、智能化的新时代。

附录　名词术语中英对照

英文简称	英文全称	中文全称
3GPP	3rd Generation Partnership Project	三代合作伙伴计划
AM	Automatic manual train operating Mode	自动驾驶模式
AMC	Auto Modulation and Coding	自适应调制编码
AP	Access Point	接入点
APM	Access Point Management	AP 管理系统
ATC	Automatic Train Control	列车自动控制系统
ATO	Automatic Train Operation	列车自动驾驶系统
ATP	Automatic Train Protection	列车自动防护系统
ATS	Automatic Train Supervision	列车自动监督系统
ART	Adaptive Res-onance Theory	自适应共振理论
CBTC	Communication Based Train Control system	基于通信的列车控制系统
CC	Carbone Controller	车载控制器
CI	Computer Interlocking	计算机联锁系统
CM	Code train operating Mode	编码人工驾驶模式
DCS	Distributed Control System	分散控制系统
DSU	Data Storage Unit	数据存储单元
EBI	Emergency Brake Intervention	紧急制动触发
ESP	Emergency Stop Plunger	紧急停车按钮
EUM	Emergency Unrestricted train operating Mode	紧急非限制人工驾驶模式
FAO	Fully Automatic Operation	全自动驾驶系统
FB	Fixed Balise	固定应答器
FTSM	Fault Tolerant and Safety Management	容错安全管理单元
GNSS	Global Navigation Satellite System	全球导航卫星系统

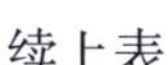

续上表

英文简称	英文全称	中文全称
GoA	Grades of Automation	自动化等级
HARQ	Hybrid Automatic Repeat request	混合自动重传
IB	Infill Balise	填充应答器
IBP	Integrated Backup Panel	综合后备盘
IIPP	Intelligent Information Push Pull	智能信息推拉技术
INS	Inertial Navigation System	惯性导航系统
LCC	Leaky Coaxial Cable	漏泄同轴电缆
LEU	Lineside Electronic Unit	轨旁电子单元
LTE	Long Term Evolution	长期演进技术
MA	Movement Authority	移动授权
MIMO	Multiple-Input Multiple-Output	多输入多输出
MMI	Multi Media Interface	人机界面
MSS	Maintenance Support System	维护支持系统
NSTL	Non-Safe Train Location	非安全位置
ODF	Optical Distribution Frame	光纤配线架
OFDM	Orthogonal Frequency Division Multiplexing	正交频分复用
OFDMA	Orthogonal Frequency Division Multiple Access	正交频分多址
PIS	Passenger Information System	乘客信息系统
PSD	Platform Screen Doors	屏蔽门系统
RAMS	Reliability, Availability, Maintainability and Safety	可靠性、可用性、维修性和保障性
RM	Restricted train operating Mode	限制人工驾驶模式
RTOS	embedded Real-time Operation System	嵌入式实时操作系统
SDH	Synchronous Digital Hierarchy	同步数字体制
SHL	Safety Head Location	安全车头位置
SIL	Safety Integrity Level	安全完善性等级
SP	Safe Profile	安全包络

续上表

英文简称	英文全称	中文全称
SRL	Safety Rear Location	安全车尾位置
SSI	Solid State Interlocking	固态联锁系统
STL	Safe Train Location	列车的安全位置
TCC	Traffic Control Center	交通控制中心
TD-LTE	Time Division Long Term Evolution	分时长期演进
TDT	Train Departure Timer	发车计时器
TMR	Triple Modular Redundancy	三重模块冗余
UPS	Uninterruptible Power System/ Uninterruptible Power Supply	不间断电源
VB	Variable Balise	可变应答器
VOBC	Vehicle on-board Controller	车载控制器
ZC	Zone Controller	区域控制器

参考文献

[1] 林瑜筠. 城市轨道交通信号[M]. 北京:中国铁道出版社,2011.

[2] 唐涛. 列车运行控制系统[M]. 北京:中国铁道出版社,2012.

[3] 中华人民共和国住房和城乡建设部. 城市轨道交通基于通信的列车自动控制系统技术要求[S]. 2012.

[4] 周达天. 基于多传感器信息融合的列车定位方法研究[J]. 北京交通大学学报,2007,23:14-17.

[5] 牛道恒,刘岭,崔俊锋,等. 高速列车测速测距系统滤波模型与融合策略研究[J]. 铁路通信信号工程技术,2011,4:8-10.

[6] 严建鹏,陈小强,侯涛. 基于改进联合卡尔曼滤波算法的列车测速信息融合[J]. 铁道科学与工程学报,2012,2:89-93.

[7] 中国交通运输协会城市轨道交通专业委员会. 城市轨道交通 CBTC 信号系统行业技术规范—ATP 子系统规范[S]. 2015.

[8] 中国城市轨道交通协会. 2015 年我国城轨交通线路概况[J]. 现代城市轨道交通,2016,(1):82.

[9] 郜春海. 基于通信的轨道交通列车运行控制系统[J]. 现代城市轨道交通,2007,(2):7-10.

[10] 唐涛,郜春海,李开成,等. 基于通信的列车运行控制技术发展战略探讨[J]. 都市快轨交通,2005,18(6):25-29.

[11] 吴书学. 阿尔斯通精简 CBTC 技术在法国城市 Lille 第一次投入商业运营[J]. 铁路通信信号工程技术,2013,10(5):107-108.

[12] 徐纪康. 基于车—车通信的新型 CBTC 系统分析[J]. 铁道通信信号,2014,50(6):78-80.

[13] 杜恒,孙军国,张强,等. 基于地面无联锁及区域控制器的新一代 CBTC 系统方案[J]. 都市快轨交通,2017,(4):91-95.

[14] 代继龙,李晓刚,李兆龄. 新一代 CBTC 系统方案研究与关键技术探索[J]. 铁路通信信号工程技术,2016,(6):41-44.

[15] 黄文彦. 浅谈 CBTC 系统中的车—地通信技术[J]. 铁路通信信号工程技术,2009,(2):38-40.

[16] 温杜仲. 基于车—车通信技术的新型城市轨道交通信号系统研究[J]. 中国新通信,2016(24):122-123.

[17] 郜春海. 自主创新 CBTC 系统的核心技术研究[J]. 都市快轨交通,2011,(4):1-4.

[18] 宗明,郜春海,何燕. 基于 CBTC 控制的全自动驾驶系统[J]. 都市快轨交通,2006,(3):34-36.

[19] 刘迪. 北京轨道交通燕房线(主线)工程阎村北停车场停车列检库工艺设计[J]. 科技与创

新,2015,(2):71-72.

[20] 金华.城市轨道交通全自动无人驾驶信号系统功能分析[J].铁路计算机应用,2014,23(1):61-64.

[21] 刘名元.地铁车辆段计算机联锁系统与洗车机的接口[J].城市轨道交通研究,2013,16(9):129-131.

[22] 张雄,李剑虹.论地铁车辆段洗车线布置型式及能力分析[J].铁道工程学报,2007,24(6):75-79.

[23] 杨莉.地铁车辆段停车列检库工艺设计探讨[J].铁道标准设计,2006,(4):83-85.

[24] 孙爽.从韩国大邱市地铁火灾谈地铁的防火安全[J].消防科学与技术,2004,(1):109-110.

[25] 刘浩江.地铁火灾的成因、预防和处置[J].现代城市轨道交通,2006,(5):48-50.